浙江大学中国语文研究中心

中国语言学前沿丛书

11

华语与华语传承

郭　熙　主编

商务印书馆
The Commercial Press

图书在版编目（CIP）数据

华语与华语传承 / 郭熙主编 . -- 北京：商务印书馆，2024. --（中国语言学前沿丛书）. -- ISBN 978-7-100-24532-6

Ⅰ . H12

中国国家版本馆 CIP 数据核字第 20242EX673 号

中国语言学前沿丛书

华语与华语传承

郭　熙　主编

商 务 印 书 馆 出 版
（北京王府井大街 36 号　邮政编码 100710）
商 务 印 书 馆 发 行
北京虎彩文化传播有限公司印刷
ISBN　978-7-100-24532-6

2024 年 10 月第 1 版　　　开本 880×1240　1/32
2024 年 10 月第 1 次印刷　印张 17⅝

定价：118.00 元

本书受浙江大学校长专项经费、
浙江大学教育基金会钟子逸基金资助

总　序

王云路

　　"中国语言学前沿丛书"是浙江大学中国语文研究中心近期的重要工作。中心的前身是浙江大学周有光语言文字学研究中心,于2015年5月成立,经过六年的建设,基本完成了以"周有光语言文字学"整理与研究为主题的使命。为了适应新形势和中长期可持续发展的需要,实现向语言文字学相关领域拓展和纵深发展的目标,2020年12月,中心正式更名为"浙江大学中国语文研究中心"。

　　语言文字是一个国家、一个民族的灵魂。考察中华文明发展与演变的历史,我们会清楚地看到语言文字研究所起到的巨大的、基础性的作用。语言文字不仅仅是情感交流的工具,更是文化传承的载体,是国家繁荣发展的根基,是民族身份的象征和标志。现在是研究语言文字的大好时机,近年召开的全国语言文字工作会议体现了国家对语言文字工作的高度重视。我们汉语研究者应该更多地立足和回应社会需求,更加积极有为地投身语言文字研究和文化建设。

　　有鉴于此,我们中心新的发展目标是:响应国家以语言文字凝聚文化自信、增进民族认同的号召,充分发挥浙江大学语言学研究重镇的影响力,汇聚全国语言学研究力量,强化语言学全方位的学术研究、交流与合作,着力构建具有中国特色和国际视野的语言学理论体系,打造具有前沿性、权威性、引领性的语言学研究品牌。为此,中心决定启动以学术传承为基调的"浙大学派语言学丛书"和以学术发展为基调的"中国语言学前沿丛书"两个项目。现在出版的"中国语言学前沿丛书"第一辑,正是这一规划的首批成果。

中国语言学是一门古老的学科。传统的中国语言学根据汉语汉字是形音义结合体的特点,形成了训诂学、文字学和音韵学三个学科,统称为"小学"。正如马提索夫所说:"世界上没有别的语言像汉语研究得这么深,研究的时间有那么长。"(《藏缅语研究对汉语史研究的贡献》)可以说,系统总结、反思汉语言文字一直是中国传统语言学研究的优良传统。19世纪末20世纪初,西方语言学思想传入中国,与传统语言学发生碰撞,有识之士便在比较的视野下,开始对中国传统语言学进行反思与总结。比如章太炎先生在《论语言文字之学》中认为,"小学"这一古称应当改为"语言文字之学":"此语言文字之学,古称小学。……合此三种,乃成语言文字之学。此固非儿童占毕所能尽者,然犹名为小学,则以袭用古称,便于指示,其实当名语言文字之学,方为塙切。"这种观念体现出当时学者对传统语言学现代化的思考与尝试,也标志着中国语言学开始走上现代化的道路。

近二三十年来,语言学研究观念不断拓展、理论不断创新、内涵与外延不断丰富,这些都是我们编纂这套丛书的基础。秉承着梳理、总结与审视学术历史发展的传统,我们也需要回顾这一阶段,总结我国语言学研究又有哪些新的起点、新的成果。推出"中国语言学前沿丛书"正是基于这样的考虑:展现当代中国语言学诸领域专家学者的经典论文,让我们重温经典;集中呈现某个领域的进展,让我们深化对学科本质的认识;引入新思想、新观念,甚至新的学科,让我们视野更开阔。我们的做法是:邀请在自己的研究领域精耕细作、有独到见解的专家,挑选并汇总一批在本领域、本选题研究中具有代表性的学术论文。这既是对既往研究的回顾总结，也是为新开端扬帆蓄力，正所谓承前启后、继往开来。同时，通过集中呈现前沿成果，读者能够了解、掌握该研究方向的最新动态和代表性成果，"辨章学术，考镜源流"，得参考借鉴之利。

本丛书编选有三个标准：创新性、前沿性、专题性。这三点同时也是我们编纂这套丛书的目的，更是我们编纂此丛书的难点。编选之难，首先在于鉴别是否具有创新性。陈寅恪先生在陈垣《敦煌劫余录·序》中说："一时代之学术，必有其新材料与新问题。"研究成果必须具备相当的深度和水准，可以代表这一领域的最新进展。学术研究贵在有所创造，周有光先生曾说："学问有两种，一种是把现在的学问传授给别人，像许多大学教授做的就是贩卖学问；第二种是创造新的学问。现在国际上看重的是创造学问的人，不是贩卖学问的人。贩卖学问是好的，但是不够，国际上评论一个学者，要看他有没有创造。"创造绝非无源之水、向壁虚构。创造之可贵，正在于它使得人类已有认知的边界再向前拓展了一步。

编选之难，其次在于如何鉴别前沿性。前沿代表了先进性，是最新的经典研究。时至今日，各学科的知识总量呈指数级增长，更兼网络技术飞速发展，人们获取信息的途径日益便利，使人应接不暇。清人袁枚已经感叹："我所见之书，人亦能见；我所考之典，人亦能考。"如今掌握学术动态的难点主要不在于占有具体的资料，而在于如何穿越海量信息的迷雾，辨别、洞察出真正前沿之所在。我们请专业研究者挑选自己本色当行的研究领域的经典成果，自然可以判断是否具有前沿性。

编选之难，最后在于如何把握专题性。当前国内的语言学研究正处在信息爆炸的阶段。仅以古代汉语的研究为例，近几十年来，无论在研究材料上还是研究方法上均取得了长足的发展。从材料来说：其一，各种地下材料如简帛、玺印、碑刻等相继出土和公布,这一批"同时资料"由于未经校刻窜乱,即便只有一些断简残篇,也足以掀开历史文献千年层累的帷幕,使人略窥古代文献的本来面目;其二,许多旧日的"边缘"材料被重新审视,尤其是可以反映古代日常生活的农业、医药、法律、宗教、经济、档案、博物等文献受到了普遍关注,因而研究结论会更接近语言事实;其三,还有学者将目光投向域外,从日本、韩国、越南、印度,乃至近代欧美的文献记载观察本土,使得汉语史研究不再是一座孤岛,而是与世界各民族的语言密切联系在了一起。从方法和工具上看:其一,由于方法和手段的先进,从田野调查中获得的材料变得丰富和精准,也成为研究汉语的鲜活证据;其二,随着认识的加深,学者对于材料可靠性的甄别日趋严谨,对于语料的辨伪、校勘、考订时代等工作逐渐成为语言研究中的"规范流程";其三,由于计算机技术的发达,研究者掌握大数据的能力更加强大,接受国际语言学界的新理论更及时、更便捷,交叉融合不同学科的能力也越来越强,借助认知语言学、计算语言学等新兴领域的方法也流行开来。由此,鉴别专题性的工作就变得纷繁复杂了。

曾国藩说得有道理:"用功譬若掘井,与其多掘数井而皆不及泉,何若老守一井,力求及泉,而用之不竭乎?"只有强调专题性,才能够鲜明突出,集中呈现某一专题的最新见解。

学术是相通的,凡是希望有所创见的研究者,不但要熟悉过去已有的学问,对于学界的最新动态也要足够敏锐,要不断地拓展思想的疆界和研究的视野。同时,在日新月异的信息浪潮之中,学术的"前沿"似乎也在一刻不停地向前推进,作为研究者个人,或许更便捷的门径是精读、吃透一些专门的经典成果,以此作为自身研究的路标和导航。这也是我们丛书编纂的目的之一。

　　这是一套开放性、连续性丛书,欢迎中国语言学各领域的学者参与编纂。第一辑我们首先邀请浙江大学中国语文研究中心的专家,让他们从各自的研究领域出发,以独特视角和精心阐释来编辑丛书,每个专题独立成卷。以后会逐步邀请更多学者根据自己的研究专长确定专题,分批出版。各卷内容主要分三部分:一为学术性导言,梳理本研究领域的发展历程,聚焦其研究内容与特点,并简要说明选文规则;二为主体部分,选编代表性文章;三为相关主题的论文索引。最后一部分不是必选项,看实际需求取舍。我们选编文章时将尽可能保持历史原貌,也许与今日的要求不尽相同,但保留原貌更有助于读者了解当时的观点。而且,更加真实地再现作者的研究历程和语言研究的发展轨迹,对于历史文献的存留也有特殊的意义。

　　这就是浙江大学中国语文研究中心编纂这套"中国语言学前沿丛书"的缘起与思考,也是我们的努力方向。希望本丛书能够兼具"博学"与"精研",使读者尽可能把握特定领域、范畴的最新进展,并对学界的热点前沿形成初步印象。

2022 年 7 月 22 日于杭州紫金西苑

目 录

第三编

前言:21世纪以来的华语研究及理论演进[*]

郭 熙

引言 华语研究在海外的起步

对华语展开研究,要满足两个条件,一是要有华语的存在,一是要有对华语研究的需求,而这二者是密切相关的:有了华语的存在,人们才会有华语的意识,才会有研究的志趣,而这种意识又常常是在实践中遇到问题时才会形成。

(一)"华语"的名和实

已有文献表明,作为南洋地区一些国家华人社会共同语的"华语",20 世纪 50 年代就出现了。卢绍昌(1984:43)指出:"华语"是新加坡、马来西亚等地在独立运动期间产生的新名词,流行起来是 50 年代的事情。它和"华族"意识的形成密切相关。然而,这种意识的成形和展示似乎并非始于语言学者。据张从兴(2003),1941 年就有人强调"马华"(即马来亚华人),认为它已形成一支特殊的派生队伍:一方面

　　* 本文原载《昆明学院学报》2024 年第 1 期,写作中得到李计伟、祝晓宏和王文豪的热心帮助。谨此致谢。另外,关于"华语",这里需要说明的是:不同时期、不同地区或不同的群体的人在使用"华语"这个词的时候,含义是不同的。本文所说的海外华语主要是指"以普通话为标准的华人共同语"或"以普通话为核心的华人共同语"的各种域外变体,例如新加坡华语、马来西亚华语,等等。另外,"海外华语研究"有两个意思:一是指对"海外华语"的研究;一是海外对华语的研究。本文的意思是前者。

是中华民族一个特殊的支脉，同时又是当地一个重要的基干民族。20世纪50年代以后，中国政府不再承认双重国籍，东南亚的华人开始自称"华人"，"华语"也应运而生。但是，到目前为止，我们并没有看到这段时间里对华语开展研究的文献。这或许与语言发展的稳定性有关：尽管海外华人已经有了"华语"这个名称，海外华人也与当地人接触了几百年，但强烈的侨民意识和对母语的固守，尤其是母语教育的持续开展，使得海外华人在语言上仍然没有分离于自己的母语，自然没有必要另外开展"华语"研究。还有一种可能，尽管当时已经有了"名分"意识，但华人在内心世界仍把"华语研究"作为"汉语研究"的另一个说法。直到今天，并非所有冠以"华语研究"者，都是这里所说的华语研究。例如，我国台湾有不少所谓的"华语"研究机构，实际上都是在从事汉语研究。

（二）海外华语研究在东南亚的兴起和发展

跟华语概念最早出现在南洋地区一样，对海外华语的研究也是从那里开始的。它们主要在新加坡和马来西亚的华人语言学工作者中展开。1973年，新加坡南洋大学还创设了华语研究中心。早期的研究主要集中在两个方面：一是对"华语"的认识，一是解决应用中的实际问题。新加坡学者卢绍昌从20世纪70年代开始研究华语问题，发表了一系列的论文，后结集出版《华语论集》（1984）。这些研究中或多或少地已经表现出了自我意识。他指出，"华语"这个词儿的创制及应用在政治上的意义是伴同独立运动而来的，同时它表示与所由来的国家方面保持一定的距离，站稳自己的脚跟，走自己的路。他同时也指出，华语的语音以北京语音为标准，语法要从中国的典范白话文中找规范，也可以从新加坡出版的典范的白话文著作中找规范（卢绍昌，1984：46—

47)。至于词汇,他认为基本的词汇跟中国的基本词汇一样,但特殊的词汇必须自己创造。其实,他在1973年的一篇文章中,就明确指出了"汉语"不同于"华语"(卢绍昌,1984:271)。

华语研究在新加坡开始并非偶然。第一,新加坡是中国以外华人比例最高的国家,而这里的华人社会本身又是多方言的,语言交流障碍比较突出;第二,新加坡是一个语言多样、文化多元的国家,政府历来把语言问题当作重要问题来对待;第三,新加坡语言教育和教学上面临着一系列问题,需要相应的研究工作作为支撑;第四,随着语言使用者逐步发生变化,国家意识、华族意识不断加强,语言变异越来越多,并形成新的华语观。事实上,时至今日,"坡式华语"已经成为新加坡人引以为豪的语言形式①。

如果说,身处海外的华人的华语"自觉"点起了华语研究之火的话,中国学者到海外后的加盟则给海外华语研究加了干柴。汪惠迪1984年受聘于新加坡《联合早报》,专事文字工作(后任语文顾问),发表了一系列的文章和讲演,提出了许多独到的见解。他从社会语言学角度出发,呼吁世界华人社区携手合作研究华语词汇变异现象。就目前看到的资料,汪惠迪是第一个开展海外华语研究的中国学者。

随着中国和新加坡1990年建立外交关系,一批中国学者相继到海外开展合作研究,这些对后来的海外华语研究产生了积极的影响。

一、国内研究概况

国内对海外华语的研究始于20世纪90年代后期,而真正全面推

---

① "新加坡学者:新加坡式华语与正统华语可并存",新加坡《联合早报》2016年12月6日,第5版。

开则是进入 21 世纪之后。21 世纪以来,华语研究成果纷呈,关注者也越来越多。对既有研究,已有不少学者从不同的角度进行了梳理,例如郭熙(2006)、刁晏斌(2015)、祝晓宏(2015)、李宇明(2017)、郭熙和祝晓宏(2016)、祝晓宏和周同燕(2017)、王晓梅(2020)、郭熙等(2020)、沈索超和王辉(2022)等。就最新的梳理而言,祝晓宏(2021a)概括出华语研究的两大理念(面向应用、倡导全球华语视角)和模型,沈索超和王辉(2022)还通过技术手段,绘制了华语研究的图谱。

从华语研究的内容出发,祝晓宏(2021a)把近年开展的研究归纳为华语学科、华语事实、华语规划、华语传承、华语传播、华语接触、华语社区、华语生活等八大主题。事实上,这八大主题的概括,放到 21 世纪以来的整个研究来看,也完全合适。它比较全面地涵盖了相关研究成果,可惜因刊物篇幅限制,许多成果未能列出。

海外华语研究得到了多方支持。有关方面设立了一系列重要研究项目,还成立了专门的科研机构,如国家语委研究型基地暨南大学海外华语研究中心。项目方面有国家语委重大项目《全球华语词典》(2010)、国家出版重大项目《全球华语大词典》(2016)、国家社科基金重大项目"全球华语语法研究""境外华语资源数据库建设及应用研究"、国家社科基金重点项目"海外华语资源的抢救性搜集整理与研究""华二代祖语保持研究"、国务院侨办支持项目"华文水平测试研究"等。创办学术刊物《全球华语》(*Global Chinese*);一些学术刊物开设了华语研究专题,例如《语言战略研究》就开设了"全球华语""华语传承研究",《华文教学与研究》开设了"聚焦大华语""中文作为传承语研究",《云南师范大学学报(哲学社会科学版)》在"语言国情研究"专栏,有两期围绕华语相关问题展开。语文刊物《咬文嚼字》开设的"华语圈"专栏,刊登了不少海内外华人的华语字词短文,给人不少启发。

21世纪以来在中国展开的海外华语研究,一直跟世界各地的研究紧密相连。不过其中有一个重要的变化:合作项目由海外邀请中国学者转变为中国邀请海外学者。如《全球华语词典》《全球华语大词典》《全球华语语法》等都有大批的海外学者参加。学术期刊也早已打破了国家疆界,如《全球华语》《语言战略研究》或联合出版,或有相当数量的国际编委参与。一些重要的学术会议,如"全球华语论坛"则分别在新加坡和中国举办。

下面,我们在以往讨论的基础上,结合不同研究阶段对华语的认识,以及由此带动的华语研究的一些进展进行理论探讨,并就未来华语本体研究、华语发展研究和华语传承研究的结合做出展望。

二、发展变化中的华语观

20多年来,中国的海外华语研究经历了正名、工具、资源、遗产、文明的过程。刁晏斌和周莲英(2021)专门讨论了华语"三观"——资源观、历时观和祖语观,他对这些华语观的总结对于认识海外华语研究的发展具有重要的意义。如果我们更进一步,把中国对海外华语的研究放到更大的语境中,从历史发展的不同阶段,观察其研究视角的发展和深化,以及不同华语观对华语研究的影响,或许对于未来研究的深化会有促进意义。

(一) 华语作为工具

1. 交际工具

传统的华语观总体上是工具观,其核心是强调华语的交际功能,这在早期的华语研究中占有统治地位。作为交际工具的华语,自然而然地被视为一种符号系统,对它的研究也就集中在本体方面。21 世纪以来,华语本体研究取得了长足的进步。例如,各地华语的特点,包括语音的特点、词汇的特点、语法的特点等;它与中国普通话、传统上使用而且今天仍使用于中国台湾的"国语"的关系,与汉语方言的关系;如何认识各地华语变体;等等。词汇方面的代表性成果有《全球华语词典》(2010)《全球华语大词典》(2016);语法方面,邢福义 2011 年获批国家社科基金重大项目"全球华语语法研究",目前已经出版了中国香港卷(田小琳主编,2021)、马来西亚卷(郭熙主编,2022)、美国卷(陶红印主编,2022)和新加坡卷(周清海主编,2024),依次还有印度尼西亚、菲律宾、越南、缅甸、泰国、中国台湾和中国澳门各卷,有的即将出版,有的还在研究中。其间还出版了各种各样的著作,如郭熙的《华语研究录》(2012)、祝晓宏的《新加坡华语语法变异研究》(2016)、陆俭明的《新加坡华语语法》(2018)、刁晏斌的《全球华语的理论建构与实证研究》(2018)、李计伟的《华语研究的理论与方法》(2022)等。还有一批相当数量的学术论文,如王彩云(2015)、李计伟(2015)、赵敏和方清明(2015)、王晓梅(2016)、齐环玉(2020)等,成就相当可观。比较起来,华语语音方面的研究相对薄弱,还停留在特点和现象的描述上,需要进一步去挖掘①。

　　就地域来看,海外华语本体研究的重点主要是在东南亚。已有的大多数成果均以寻找特点为动力,在描写比较方面成效尤其明显。所谓全球华语,本质上就是多样化的华语,有的形成了自己的系统,更多的还是零星的变异。以马来西亚华语为例。与世界上其他地方不同,

---

　　① 语音方面的成果主要是海外汉语方音的记录和分析,如陈晓锦《马来西亚的三个汉语方言》(中国社会科学出版社,2003)、赵敏《印尼廖内省巴淡市闽南话的语音特点》(《南方语言学》,2003 年第 1 期)等。

马来西亚华语自成一家,是一个具有系统特征的区域华语。汉语三大方言——闽南话、粤语和客家话是马来西亚华人的源方言,对马来西亚华语的形成具有很大影响(郭熙,2022)。同时,我们也看到,语言没有固定疆界,各地华语正在互动当中进一步发展。

从交际工具出发,也还有不少认识上的分歧。一些学者认为,海外华人说的华语是一种新方言,不标准,主张实行海外华语标准化等等。这跟他们不了解海外实际情况有关,更跟华语观和观察视角的差异分不开。华语观会随着认识的深入不断发展和变化,而变化的华语观则又会影响对华语的认识。笔者早期对海外华语的研究之所以集中在"共同语"上,主要是从工具的角度来比较"域内外汉语"的异同,试图对这些差异进行"协调"(郭熙,2002)。《全球华语词典》的编写实践和全球华语语法的分区域研究,促进了描写的深入,而描写的深入,则又加深了对各地华语的认识(赵敏,2018)。

2. 认同工具

在交际工具之外,传统上也会说到语言是民族纽带、思维工具之类,但多是一笔带过,少有围绕这些方面进行更深入的研究。社会语言学对语言和认同、语言和身份关系的认识,催生了语言认同工具说,这使学界开始注意研究海外华语与华人身份建构的关系。2010年之前,人们在谈到海外中文教学时,更多是从教学对象的角度,认识到华人和非华人分属不同的学习群体,更多关注"一语"还是"二语"。认同工具说的引入,提醒我们从教育目标上来区分华文教育和一般的汉语作为第二语言的教学。两者的教育目标有着重要差异:华文教育是通过华文教学维持或帮助建构华人的身份认同,旨在传承中华文化;非华人的中文教学是一种语言文化传播,使学生对中华文化有更多的了解,进而交流互动(郭熙、雷朔,2022)。在此认识的基础上,产生了一批新的研究成果。郭熙、王文豪(2018)等在推动华语研究服务海外华文教育方面,进行了初步尝试。具体国别的相关研究,如李岷(2013)、曹贤文等(2018)、雷朔(2022)、王玲等(2020)对美国的研究,王丹萍(2021)对新西兰的研究,李国芳等(2017)对加拿大的研究,陈雯雯(2022)对巴西的研究,刘慧(2021)对柬埔寨的研究,李春风(2021)对缅甸的研究等,也都有很多新的发现。

交际工具、认同工具遇到矛盾时如何取舍的纠结还在继续,也给我们带来很大的研究空间。周明朗(2017)在讨论全球华语时,同样显示了这种思考。他指出了全球华语的三大特征,包括全球华人大多放弃方言,转用普通话;世界各国的各级学校采用普通话、汉语拼音、简体字为华语教育的标准等。全球华语标准语在传播中出现新的变异现象,其深层原因就是语言认同的差异。认同带来许多文化层面上的问题,越来越多的人认识到华语研究中重视文化的重要性(邢福义,2016),在华文水平测试研究中特别强调对文化的重视(王汉卫,2016)。这就有了新的问题:华语传承教育中语言和文化孰先孰后?郭熙(2021)提出应文化优先,但这方面的研究更多还停留在理论逻辑推演方面,期待有更多的研究来证明。在相关矛盾处理方面,学界已经有过一些探索,例如有学者曾就世界各地中国话和汉字使用,提出"多样普通话"、香港的"一刊两字"、澳门的"繁简由之"等(郭熙,2023d)。

(二) 华语作为资源和文化遗产

1. 资源观

21世纪初,语言资源观受到有关方面的高度重视。在语言资源观的影响下,海外华语作为一种资源被明确提出,海外华语资源库建设也取得了积极的进展。华语资源问题后来又被提升到需要抢救的高度去认识(郭熙等、刘慧、李计伟,2020)。我们认为,海外华语是全球华人共同的社会资源、文化资源、经济资源,更是社会凝聚与动员的力量。对于每个人来说,也是个人的资源。它们是中华语言文化资源的一个重要组成部分,应进行抢救性搜集并开发、利用和保护。在重视文献的同时,我们开始大量搜集信息资源、口头资源、景观资源(郭熙、刘慧、李计伟,2020),把华语文学、口述史、历史文献等系统联系起来,对华语资源有了全新的认识。"海外华语资源抢救性搜集整理与研究""境外华语资源数据库建设及应用研究"先后获批国家社科基金重点和重大项目。在前期摸索和实践的基础上,我们对华语资源的构成、性质和意义等进行了较为系统的讨论,努力从实践中进行经验总结和理论探索,使华语研究的历史纵深感得到了体现,在学术层次上有所提升(郭熙、刘慧、李计伟,2020)。关于华语资源问题,郭熙等(2020)已经有过不少讨论,这里不再赘述。要说明的是,从近年的进展和更广的范围来看,越来越多的人开始认识到,华语资源不仅属于中国,属于华人,也属于那些华人所在的国家和地区,也应为那些国家或地区所共同拥有。一些华语所在国家的政府或机构正在积极开展相关工作。

2. 遗产观

在对海外华语资源的搜集中,我们逐步认识到,当今正在使用的或曾经使用过的海外华语还是特殊的非物质文化遗产,是一代代海外华侨华人给我们留下的一笔宝贵的精神财富。资源和遗产有交叉,但关注点不同,前者重在共时态的开发保护,后者重在历时态的发掘继承(郭熙、雷朔,2022)。王文豪(2020)考察的"爪哇华语"就是这样的一笔遗产:(1)它是口语;(2)它被冷冻了30多年。爪哇华语使用者的华语习得是在20世纪50至60年代完成的,说出来的是20世纪五六十年代印尼华人使用的口语。就笔者所看到的资料,这种语言的"复活"

只在希伯来语中发生过,"但它是一种几乎和人造语言一样的语言……当然,语音和语法结构是希伯来语的"(Bolinger,1993:844)。

近年来,在华语遗产发掘方面取得不少进展。主要体现在对南洋华语文献的搜集和整理方面。晚清以来,南洋成为海外华人最为集中的区域。李计伟(2023)、王文豪(2023)、徐新伟(2018)等发现了大批的华语文献,将这些文献跟早期的现代汉语材料,还有现在的马来西亚、新加坡的华语的一些典型特征做比较,有助于重新认识各地华语的来源。徐新伟近年致力于做海外汉字研究,在早期文献整理中,有很多有价值的发现。例如,国内的一些"死字"还在海外顽强地"活着",成为海外华语发展的重要见证(徐新伟,2018)。祝晓宏(2021b)对南洋华文教材基本面貌的勾勒和发掘,给新时代的国际中文教育带来不少启示。2023 年,中国—东盟文化交流周在贵阳举办,我们在会上明确提出,南洋华语及其文献是宝贵的文化资源和文化遗产,它们不只是属于华人,也属于所在国家和地区,值得各国各界共同搜集、整理、发掘、研究。这一建议得到了一些东盟国家与会学者的积极回应。

(三) 华语作为文明

华语和文化的关系一直受到关注。近年来的一个变化是,华语文明的话题也开始逐步浮出水面,与之密切相关的是华语传承。

1. 华语文明

郭熙(2023b)正式提出了华语作为文明的主张。这个认识实际上已经酝酿了很长一段时间。在此之前,2019 年国家语委的课题指南中设立了"新时代城市语言文明建设研究"的重点课题,就是希望在语言文明研究方面做出新的探索。郭熙(2022)在方小兵(2021)讨论的基础上,明确指出语言本身就是一种文明,应树立新的语言价值观,应让更多的人了解中华语言文明。郭熙强调,华语文明具有和合性和非排他性,历史上一次又一次地随着华人播迁到世界各地,与当地文明和睦为邻;华人在传承自己语言文化的同时,不断促进与其他文明的互鉴。就南洋华人来说,一方面与祖(籍)国保持着密切的横向联系,彼此共鸣共振,沟通中国与南洋,一方面在坚守与应变中演绎着中华语言文化的纵向传承。南洋华语和以南洋华语为基础的新马文学的形成和发展,中国南方三大方言在东南亚的落地生根,客家话在东马(沙巴砂拉越)、毛里求斯成为当地华人通用语,都是明证(郭熙,2023b)。

　　华语文明视角的提出,有利于更好地解释海外华人的祖语传承,华语和非华语之间的文明分享。近年来,马来西亚华文小学非华裔生的比例逐年攀升。在 2023 年的世界中文大会上,马来西亚华语规范理事会主席吴恒灿报告说,该国华文小学中的非华裔生的比例已经达到 23%[①],其中原因很值得进一步研究。李宇明(2023)在肯定语言文明传统含义研究的成果的同时,指出,"语言文明"指人类通过语言文字所创造的人类文明,或储存在语言文字中的人类文明。研究这种"广义"的"语言文明",是要认识人类社会如何利用语言文字创造文明与传承文明,是要认识语言文字对人类社会的群体及个人一生所起的作用。

　　2. 华语传承

　　与华语文明密切相关的是华语传承。在海外华语研究中,一个使用频率很高的概念是"华文教育"。它的本来之意是用华文开展教育,涉及语言文化传承的方方面面;不幸的是,它在不少场合被当作华文教

---

　　① "马来西亚汉文化中心主席:学习中文在马来西亚非华裔群体已蔚然成风",《人民网·国际频道》,2023 年 12 月 08 日,http://world.people.com.cn/n1/2023/1208/c1002-40134956.html。

学的同义词,其传承文化的主旨被忽略了。近年来,我们开始倡导"华语传承"这个概念,例如,把原来的华文教育口述史改为华语传承口述史等,以引起更多方面的关注。目前,"华语传承"这个概念使用频率越来越高,正在发挥它的积极作用,如李春风(2021a)、刘慧(2021)、姚敏(2021)、郭熙(2023c)等。林瑀欢(2021)对海外华语传承的特点进行了初步的概括:1)领域不断拓展;2)观察视角更加多元;3)研究重点因区域而异;4)理论探讨不断深化;5)传承路径、对象、影响因素诸方面研究不平衡。祝晓宏(2021a)则从家庭、社会和国家几个单元总结了华语传承的九个方面(见下表)。

华语传承	家庭	社会	国家
语言教育	家庭语言教育	社区语言教育	国家语言教育
语言使用	家庭语言使用	社区语言使用	国家语言使用
语言意识	家庭语言意识	社区语言意识	国家语言意识

　　基于上述认识,郭熙和祝晓宏(2023)建议将华语传承规划独立出来,作为国家语言能力建设的一部分,当下应积极开展海外华语传承维营机制的形成、海外华语传承意识的形成以及建构海外华语传承的体系(如家庭教育、社区教育、家庭使用、网络空间)拓展的研究。华语传承的核心是传承中华文化和文明,教华语只是手段。华语传承手段的时代化、现代化,更是一个崭新的课题。

　　长远看,许多以往或多或少被忽略的领域,例如海外华文文学这类移民文学对华语传承的作用,都可以进入未来的研究视野。文学家笔下呈现的南洋华语传承状况给人的认识更加直观,马来西亚华人作家白蒂的短篇小说《第二代》、新加坡华人作家希尼尔的微型小说《变迁——20世纪末南洋刘氏三代讣告实录》展示了华人移民语言传承的代际差异及其困境①。

可以看出,从工具到资源、遗产,再到文明,这几个阶段对华语认识的不断深化,是内涵的加深、外延的扩大、视角的多样,不是更替。这些华语观的形成和华语研究布局的发展,是基于华语研究的拓展和深入,从中可以看到华语生活对华语使用、变化、发展和传承的影响,看到语言生活研究与华语研究的互相促进。华语资源观和遗产观的出现,对于资源搜集和发掘的实践具有重要的意义。它们打破了传统上的语言研究的边界,使研究范围得到了扩展,实现了"从语言出发的研究"的新尝试。比较起来,华语文明的话题还在"预热"阶段,但前景可期,比如华人华语符号及其谱系的建构以及数字传播就是一个值得大力研究的课题。

三、概念、对象及方法的探索

概念是聚焦对象的术语,也是理论的基础。20多年来,华语、祖语和华语视角作为主要概念,对研究的发展起到了积极的推动作用。

(一) 华语

华语观影响到了理论方法的探索。海外华语本质是新的语言变体。早期对华语的关注主要是"正名"。正名研究牵涉到不同的华语观,不同学术背景使得对海外华语的认识呈现多样化。华语性质认识是华语观的最基本体现。对华语性质的认识经历了"标准""核心"和"基础"三个阶段(郭熙,2004,2006,2010)。刁晏斌(2014)、李宇明(2017)则都非常重视它与台湾"国语"之间的源流关系。刁晏斌

---

① 白蒂:《第二代(上)》,《蕉风》第2期,第18—23页;白蒂:《第二代(下)》,《蕉风》第3期,第21—26页;黄孟文主编:《希尼尔微型小说》,新加坡玲子传媒,2004,第85—86页。

(2014)重新定义华语为以普通话和传统国语为基础的华人共同语,李宇明(2017)也提出了类似的认识,赵世举(2017)重视华语的历史流变和共识格局的关系,强调它是全球华人共有的语言。多种界定,概念种差上的调整,反映了人们对华语属性、来源和发展等认识的深入(祝晓宏,2021a)。李宇明(2017)等还提出了"大华语"的概念。华语、大华语、全球华语,实际上是同一概念,他特别强调了这些术语之间的关系,希望以"大华语"起到凸显作用,让更多的人重视华语的跨国跨地区性。《全球华语词典》和《全球华语大词典》乃至后来的"全球华语语法"基本上都是本着这样一个思路展开。"华语"这个术语刚出现时曾受到一些质疑,认为它就是汉语,提出"华语"只不过是"标新立异"。事实上,"华语"这个术语的重要意义之一,就是展示了它不再是传统上所提到的汉语。它不仅是中国的,更是世界的(郭熙,2006)。用世界的眼光、从全球的视角来看华语是一个重要的演进,更何况它还有对全球华人共同体建设的标识作用。

跟华语概念相关的不只是内涵。如果用一个更广泛的华语的概念的话,方言也应该包括在内,南洋时期使用的华语就是包含方言的,彼时常见"谙多种华语"之语。郭熙2004年、2006年和2010年历次修正华语的定义,直到编写《全球华语词典》,全球华语语法描写等,都一直沿用华语作为全球华人共同语的思路。《全球华语大词典》开始关注文化,而随着资源观的进入,方言开始受关注。在海外华语资源的搜集、海外华语传承历史经验的总结中,为了不和已有的"华语"概念混淆,采用了"中国话"的表述(郭熙,2023a)。事实上,华语遗产和早期传承媒介就是方言,因为早期移民是没有现实含义上的华语的,华语标准语在海外的传播也是随着"国语运动"才开始的。历史上,书面语是统一的,但说话时则说各自的方言,即华语可以多样,华字仅有一种。

印尼的一些文献,例如庭审记录采用统一的书面语记录(王文豪,2023),但当时说的应该是方言。事实上,不同学者对华语外延也有"涵盖普通话、台湾'国语'、港澳中文、海外华语标准语及方言""专指海外华语(不含方言)"广狭两种理解(祝晓宏,2021a)。

(二)祖语

祖语概念源于对海外"Heritage Language"这一术语的翻译,但在含义上有所不同(郭熙,2017)。它的提出在理论上有助于深化海外华语与华人关系的认识。对许多海外华人来说,华语实际上只是一个祖辈的语言,是一个身份标志和文化符号,不再是母语。在实践上,祖语学习是一种语言文化传承教育,不同于母语教育,更不同于二语教学。在此基础上,祖语传承和祖语保持研究也走到台前,主要成果有方夏婷(2009)、林瑀欢(2021b)、陈雯雯(2022)、韦九报(2022a,2022b)、雷朔(2022)、王汉卫和白娟(2024)、王晓梅(2024)等。2023年公布的国家社科基金项目中,菲律宾华人祖语传承、日本华语祖语保持等课题都在其中。事实上,祖语保持和祖语传承是一个问题的不同方面。郭熙(2023)构想的华语传承话语体系就包括祖语保持。推动祖语传承是为了祖语的保持,而祖语保持的状况可以反映各种传承努力的实际成效。华二代的语言生活状态和语言元素发生变化是历史和现实的必然。祖语保持中看到的某些"语言磨损""语体萎缩"等现象,在一定程度上是祖语传承主动应变的结果,是一代代华人语言文化植根于当地社会的必要手段,是祖语新陈代谢的表现(郭熙,2024)。

王晓梅和梁小柔(2024)对马来西亚雪兰莪州沙叻新村的研究给我们提供了一个实例。该村是一个颇具特点的华人聚居区。论文对该村华人祖语传承的历史、现状进行了细致的描写,分析了它的走向和背后的影响因素。该村经历了从单一方言群聚居到多方言群杂居的变化,目前则面对人口外流所引起的人口老化等问题,进而威胁到祖语传承。跨方言群通婚、华语教育普及等因素是促成该村祖语更迭的主要因素;而当地华人社团是华文教育的坚定支持者。该研究是总结马来西亚华人社会祖语传承经验的重要尝试,对祖语传承研究的理论、方法的丰富很有意义。多方事实证明,祖语传承过程中想要完全保持祖语状态几乎绝无可能。

(三) 华语视角

华语作为研究视角的提出是这一时期理论方法探索中的一大进展。祝晓宏(2011)指出,华语视角是方法论上多角度全方位的一种。它是对吕叔湘先生通过对比来研究语法的继承和发展,本质上是把华语看作一种观察对比工具,通过世界各地的华语这个工具,进一步认识语言的变异和发展,分析解释华语的变化。刁晏斌(2012)认为,华语视角是一个重要的贡献,全球的华语视角可以扩大视野。从长远看,华语视角对现代汉语研究可以发挥更大的价值。正因为如此,北京师范大学成立了全球华语比较研究中心。

在华语视角的影响下,这一时期取得了不少成果。华语视角下的语言规划、华语视角下的新词语研究、华语视角下的词语变异研究及华语变体演化的平行对比等问题都有不少新的发现。王洁(2009)指出,不少所谓新词语,实际上就是在华人社会互动下形成的;祝晓宏(2011)在华语视角下考察了"插"类常用词的语义变异、历时变化和跨区域传播,证明华语视角应是汉语视角的一种有益补充;郭熙(2012)以华语为视角考察了"讲话"类词群在不同的华语社区的使用,"讲话"和"发言"之类词语在中国大陆已经层化,成为标示使用者身份的符号,但在海外华人社会还保持着原来的含义。刁晏斌(2021)开始进行理论探讨,通过比较发表了大量的成果。这些成果以全球华人母语使用的视野来观察各地的使用差异,有助于对词义和用法演变过程的认识。王晓梅(2019)专门论述了全球华语研究的古、方、普、外四个视角。作者认为,进入21世纪,汉语研究的视角开始由以普通话为核心转向全球华语,这一转变反映出中国在语言规划方面也开始采用全球的视野。

(四)深度田野调查

关注变体是社会语言学的传统。作为变体的本体研究在方法上也深受变异社会语言学的影响;同时,本体研究需要以事实描写为基础,用不同的方法围绕着语言事实来做,尤其是词汇语法历史、生活跟相关的理论。海外华语研究更深受描写语言学的影响。关于华语状况的研究方法多样,成就斐然,刘华和张馨月(2023)用计算语言学的方法对印尼华语书面语开展研究。重视口头调查是这一时期的一个特点,包括语法研究。通过深度田野调查,特别是半结构化的访谈,获取大量的一手资料,从中发现华语本身和华语传承等方面,都有非常大的研究空间(刘华、郭熙,2012;林瑀欢,2021a)。访谈要比发问卷难得多。郭熙重视华语研究中的田野调查,曾对新加坡中学生的华语词语使用做了40个点的调查(郭熙,2010),后又带队开展大规模的海外华语传承口述史访谈,目前,已经调查了40多个国家和地区,访谈对象达350人以上(郭熙、祝晓宏,2023)。

世界各地的华人社会情况不同,形成了不同的言语社区。不同言语社区研究方面,有必要提及王晓梅(2021)在国内出版的第一部以中文著述的《马来西亚华人社会语言研究》。作者在实际体验的基础上,通过深入细致的观察,结合一系列实证研究,讨论了社会语言学领域所关注的多个议题。时间跨度将近二十年,地域则跨越马来西亚的南北中,记录了当地华人社会的语言现状与变迁,涉及语言状况、语言认同、语言态度、语言规划、语言政策、各种各样的语言竞争,语言维护与语言转用、华语的传承和传播、华语规划和华文教育管理,以及关系到语言本体的词汇借用、语法复制。

四、未来的研究

21 世纪以来,关注海外华语的人越来越多,其范围已经跨出了语言学科。海外华语研究从现象、特点比较到理论方法的探索,落脚到解决实际问题,从名称到各种各样的语言事实收集再到建设资源库,认识也越来越深入。一步步走来,很艰辛,但很有成就。全球观、层次观、历史观、发展观、新语言价值观、语言文明观,逐步走到台前,这些都给未来的海外华语研究拓展了新的空间。未来的华语研究,有几个方面值得重视。

(一)新型华语社区调查研究

华人社会正在变化,我们正在告别传统的华人社会;华语社区也在变化,我们也正在告别传统的聚居形式,传统华校也将不复存在。这些构建华语生活的必备条件正在改变。未来世界各地的华语生活,从有边界物理空间的华语社区,迈向无边界的虚拟现实——言语社区。在新形态华语社区语境下,如何开展华语研究,赓续文明传承传播,扩大传承传播力,需要新的理念、新的思路。

(二)华语发展变化研究

华语自身也在变化。2007 年,笔者在荷兰莱顿大学举行的城市语言调查国际研讨会上,以《华语的"向心化"和"当地化"》为题,提出华语传播具有双向性,向心化和当地化共生的观点。多年下来,这一认识得到了更多的支持。华语主体在扩散的同时,也有股股暗流在反向涌动。遵从语言发展规律,各地华语向华语核心区靠拢是大趋势;但是,在这个过程中,有意识阻碍或者阻隔,力主保持多样性,也属自然。例如,新加坡和马来西亚近年越来越强的呼声,就是要保持当地华语的特异性。每一个地区都有权利去自我选择。无论是华语的多名,还是各地华语尽管有异却"疏而不离",都可以看出影响语言因素的多样性。政治、国家、民族和文化认同,语言本体及其介质,语言接触等等,无一不在影响着华语的发展。从各地华语及其使用的情况看,向心化和当地化这对孪生兄弟将会一直形影不离。由于语言政策、语言地位、语言规划和语言环境的不同,由于国家、民族和文化认同上的差别,向心化和当地化的主导方向会有所不同,但从根本上说,核心区语主的"实力"(包括如经济、人口、文化认同、汉字为介质下的共同书面语等)将是影响华语发展方向的主导因素。核心区华语传播得越广,使用华语的人越多,华语变异和变化的机会就越大。华语的所谓"方言化"现象等,并不意味着华语的"污染",在某种意义上却是华语生命力的表现。事实促使我们在研究不同的语言变异和变化的问题时,除社会语言学常用的调查分析外,还要从语言传播的角度审视这些现象,充分考虑到所研究语言自身的特点和不同的视角。这将有助于对全球华语的形成和发展的机制的认识。

(三) 本体、发展和应用结合的研究

本体研究、发展研究和应用研究的结合势在必行。本体研究方面,寻找华语特点一直是华语研究者的"兴奋剂"。在现象层研究阶段,这

无可厚非。然而,情况非常复杂,马来西亚有系统的华语,而印尼并没有形成统一的印尼华语;东南亚模式也不能推到欧洲和北美。随着研究的深入,会发现很多情况下找不到特点,而没有特点本身可能就是一种"特点",需要进一步深挖。而趋同性则正在"磨损"特点,从《全球华语词典》到《全球华语大词典》已经给予充分的证明。今后,除了马来西亚,可能很难找到一个可以作为整体来进行描写和分析的"华语"。如何在对各地华语本体描写的基础上,结合资源搜集、文献整理、遗产挖掘,认识华语发展规律,使研究进一步向纵深处发展,需要对华人社会历史、语言历史的进一步挖掘。要真正走入华人的语言生活里面。语言智能技术给语言研究带来了新的科研条件,但其无法取代田野也是不争的事实。华语已经经历了三次传播(郭熙,2023a),未来的华语传承,任务更加繁重,进一步总结海外华语传承历史经验,使成果服务于未来的国际中文教育,做到传承与传播协同发展,还需更多的研究。做好华语传承和传播研究并付诸实践,是华语本体研究、发展研究和应用研究三结合的最终归宿。

　　回望来时之路,汉语从中原雅语、北方官话、民国国语发展到海外华语、全球中文,这本身就是中华文明的创造性传承和发展,中华文明的深邃魅力让我们不能不对华语研究的未来充满遐想。中华文明和中华语言是一条水乳交融、奔腾不息的大河,事实证明,中文走向世界,华语自是潮头先锋。21世纪以来的华语研究,牵引着我们越来越清楚地看到,百余年来华语的形成、发展和应用,不过是汉语数千年前进河流中最为激荡的一股洪流。汉语研究前景有多大,华语研究就有多大!

参考文献

Bolinger, Dwight, 1993,《语言要略》,方立等译,外语教学与研究出版社。

曹贤文、金梅,2021,《美国新泽西州华二代华语传承调查研究》,《语言战略研究》第 4 期。

陈晓锦,2003,《马来西亚的三个汉语方言》,中国社会科学出版社。

陈新仁等,2023,《新时代城市语言文明建设研究》,科学出版社。

刁晏斌,2012,《从"华人社区"到"全球华语社区"》,《云南师范大学学报(哲学社会科学版)》第 2 期。

刁晏斌,2015,《论全球华语的基础及内涵》, Global Chinese(《全球华语》)第 1 期。

刁晏斌,2017,《试论建立"全球华语学"的可能性与必要性》,《语言战略研究》第 4 期。

刁晏斌,2018,《全球华语的理论建构与实证研究》,华语教学出版社。

刁晏斌,2021,《论华语词汇中的外来移植义——以马来西亚华语为例》,《语言文字应用》第 1 期。

刁晏斌,2022,《华语研究方法论的探索与思考》,《华文教学与研究》第 3 期。

刁晏斌、周连英,2021,《论华语"三观"》,《励耘语言学刊》第 2 期。

方小兵,2021,《从文明语言到语言文明:论"语言文明"概念的层次性》,《云南师范大学学报(哲学社会科学版)》第 6 期。

郭熙,2002,《域内外汉语协调问题刍议》,《语言文字应用》第 3 期。

郭熙,2004,《论"华语"》,《暨南大学华文学院学报》第 2 期。

郭熙,2006,《论华语研究》,《语言文字应用》第 2 期。

郭熙,2010a,《话说"华语"——答旧金山华文电视台"八方论坛"主持人史东问》,《北华大学学报(社会科学版)》第 1 期。

郭熙,2010b,《新加坡中学生华语词语使用情况调查》,《华文教学与研究》第 4 期。

郭熙,2012,《华语视角下的"讲话"类词群考察》,《语言文字应用》第 4 期。

郭熙,2012,《华语研究录》,商务印书馆。

郭熙,2017,《论祖语与祖语传承》,《语言战略研究》第 3 期。

郭熙,2022,《让更多的人了解中华语言文明》,《语言战略研究》第 5 期。

郭熙,2023a,《海外华语传承的历史经验与国际中文在地化传播》,《云南师范大学学报(哲学社会科学版)》第 1 期。

郭熙,2023b,《华语文明 生生不息》,《语言战略研究》第 1 期。

郭熙,2023c,《试论海外华语传承话语体系的构建》,《语言文字应用》第 2 期。

郭熙,2023d,《我的 20 年华语研究之路》,《中国语言战略》第 1 期。

郭熙、雷朔,2022,《论海外华语的文化遗产价值和研究领域拓展》,《语言文字应用》第 2 期。

郭熙、刘慧、李计伟,2020,《论海外华语资源的抢救性整理和保护》,《云南师范大学学报(哲学社会科学版)》第 2 期。

郭熙、王文豪,2018,《论华语研究与华文教育的衔接》,《语言文字应用》第 4 期。

郭熙、祝晓宏,2023,《海外华语传承规划应进入国家语言能力建设视野》,《语言科学》第 6 期。

李春风,2021,《缅甸华语传承模式研究》,《语言战略研究》第 4 期。

李计伟,2015,《基于对比与定量统计的马来西亚华语形容词研究》,《云南师范大学学报(哲学社会科学版)》第 1 期。

李计伟,2023,《南洋华侨的祖语传承:应变与植根》,《云南师范大学学报(哲学社会科学版)》第 1 期。

李计伟、张翠玲,2019,《传承语的保守性与东南亚华语特征》,《华文教学与研究》第 3 期。

李宇明,2016,《全球华语大词典》,商务印书馆。

李宇明,2017,《大华语:全球华人的共同语》,《语言文字应用》第 1 期。

林瑀欢,2021a,《海外华语传承研究综述》,《语言战略研究》第 4 期。

林瑀欢,2021b,《印度尼西亚华人祖语传承研究》,暨南大学博士学位论文。

刘华、郭熙,2012,《海外华语语言生活状况调查及华语多媒体语言资源库建设》,《语言文字应用》第4期。

刘华、张馨月,2023,《基于风格计算的印尼书面祖语代际传承研究》,《华文教学与研究》第2期。

刘慧,2021,《柬埔寨华人家庭语言规划与华语传承调查研究》,《语言战略研究》第4期。

卢绍昌,1984,《华语论集》,新加坡金昌印务。

陆俭明,2017,《新加坡华语语法》,商务印书馆。

齐环玉,2020,《"源方言"与马来西亚华语的形成——以补语标记"到"为例》,《云南师范大学学报(哲学社会科学版)》第2期。

沈索超、王辉,2022,《我国华语研究的知识图谱分析(1998—2020年)》,《中国语言战略》第1期。

陶红印,2022,《全球华语语法·美国卷》,商务印书馆。

田小琳,2021,《全球华语语法·香港卷》,商务印书馆。

汪惠迪,1985,《新加坡华语,走自己的路!——读卢绍昌〈华语论集〉》,《语文建设通讯》(香港)第31期。

王彩云,2015,《马来西亚华语介词的变异》,《汉语学报》第2期。

王丹萍,2021,《去殖民化理论视角下的新西兰语言生活研究》,《语言战略研究》第5期。

王汉卫,2016,《华文水平测试(HSC)的基本理念》,《语言战略研究》第5期。

王汉卫、白娟,2024,《华二代祖语保持研究》,暨南大学出版社。

王洁,2009,《区域变异与互动视角下的华语新词新义研究》,暨南大学博士学位论文。

王玲、支筱诗,2020,《美国华裔家庭父母语言意识类型及影响因素分析》,《华文教学与研究》第3期。

王文豪,2022,《早期南洋吧城华侨语言使用情况研究——基于华侨历史文献〈公案簿〉》,《中国语言战略》第2期。

王文豪,2023,《印尼华人身份认同变迁与华语传承》,《云南师范大学学报

（哲学社会科学版）》第 1 期。

王晓梅，2016，《马来西亚华语口语中的疑问成分"做么"》，《汉语学报》第
2 期。

王晓梅，2017，《全球华语国外研究综述》，《语言战略研究》第 1 期。

王晓梅，2019，《"古、方、普、外"——论全球华语研究的四个视角》，*Global
Chinese*（《全球华语》）第 1 期。

王晓梅，2020，《语言景观视角下的海外华语研究》，《云南师范大学学报（哲
学社会科学版）》第 2 期。

王晓梅，2021，《马来西亚华人社会语言研究》，商务印书馆。

王晓梅、梁小柔，2024，《马来西亚雪兰莪州沙叻新村的祖语传承研究》，
Global Chinese（《全球华语》）第 1 期。

韦九报，2021a，《日本华裔生祖语传承个案研究》，《华文教学与研究》第
4 期。

韦九报，2021b，《祖语水平保持的影响因素研究——以在日华裔青少年为
例》，《语言文字应用》第 4 期。

韦九报，2022，《日本华裔学生祖语保持研究》，北京语言大学博士学位论文。

邢福义，2016，《关注华语词句的文化蕴含》，《汉语学报》第 1 期。

徐新伟，2018，《新马泰主要华文媒体非通用规范汉字略论》，《语言文字应
用》第 2 期。

姚敏，2019，《"大华语"视角下的汉语国际传播策略思考》，《语言文字应用》
第 1 期。

姚敏，2021，《马来西亚华人社会、华语社区与华语传承》，《语言战略研究》第
4 期。

张从兴，2003，《华人、华语的定义问题》，《语文建设通讯》（香港）第 74 期。

赵敏，2018，《多区域华语比较研究的现状、特点与路径》，《深圳大学学报（人
文社会科学版）》第 6 期。

赵敏、方清明，2015，《马来西亚华语口语里的代词"酱"》，《汉语学报》第
4 期。

赵世举,2017,《华语的历时流变和共时格局及整体华语观》,《文化软实力研究》第 6 期。

周明朗,2017,《全球华语大同?》,《语言战略研究》第 1 期。

周清海,2024,《全球华语语法·新加坡卷》,商务印书馆。

祝晓宏,2011,《华语视角下"插"类词的语义变异、变化及传播》,《语言文字应用》第 2 期。

祝晓宏,2015,《新加坡华语语法变异研究》,世界图书出版公司。

祝晓宏,2021a,《近十余年来的华语研究:回顾与前瞻》,《语言文字应用》第 3 期。

祝晓宏,2021b,《试论早期南洋华文教材的基本面貌与当代价值》,《语言战略研究》第 4 期。

祝晓宏、周同燕,2017,《全球华语国内研究综述》,《语言战略研究》第 1 期。

第一编

论祖语与祖语传承[*]

郭　熙

　　20世纪70年代以来,祖语传承教育引起学术界的重视,陆续有成果问世;但是,作为事业的祖语传承教育也面临着许多挑战。中国是一个语言拥有大国,语言多而复杂,而历史上不同时期的移民又把中国的语言和方言带到世界各地,形成了多样的语言格局。海外华侨华人素有进行民族语言传承教育的传统,在不少方面积累了经验,但在理论方法上的梳理总结才刚刚起步。本文拟在前人研究的基础上,就祖语传承教育中的一些基本概念进行一些分析讨论,以期对语言传承教育的理论方法有所贡献。

一、"祖语"的来源和含义

(一)"祖语"概念的产生和发展

　　"祖语"这个术语译自英语 heritage language(以下简称 HL)。HL本是20世纪70年代加拿大安大略省的一个语言学习项目,当时指加拿大的非官方语言或土著语(Cummins & Danesi,1990:8)。20世纪90年代,中国曾有学者从加拿大语言立法(周庆生,1994)、加拿大的民族

* 本文原载《语言战略研究》2017年第3期。

语言传承教育(王燕燕、罗庆铭,1998)的角度有所提及或介绍,后者在标题中直接使用了"祖语"这个名称,但作者没有说明"祖语"这个名称的来源,也没有给"祖语"下定义;而在美国,这一时期开始把 HL 作为术语广泛用于语言政策和语言教育领域(Cummins, 2005;曹贤文,2014)。美国外语教学委员会(ACTFL)1996 年制定的《21 世纪外语学习标准》中,"说祖语者"(heritage speaker)一词首次被使用(曹贤文,2014)。一般说来,HL 这个术语在美国多用来指移民用语、土著语言或殖民者使用的语言(Fishman, 2001:89;Wiley, 2001:29)。菲什曼(Fishman,2001:81)认为,HL 是指除英语之外的语言,是与学习者有"某种特殊家族联系"的语言。这可能是因为没有人把英语作为传承语言来学习。在他看来,HL 是家庭和文化传承的一部分,这门语言可能已不再使用于家庭,也可能不会说,而要作为二语来学习。不过,家庭语言传承与祖语使用的关系比较复杂,需要进一步去探讨。国外学者在不同国别的 HL 研究方面取得了不少成果。在华语方面,吴英成、邵洪亮(2014)以新加坡华裔为视角,指出国籍身份、当地的社会语言生态以及华裔的不同世代、不同家庭常用语、不同教育背景等都会使个体对祖语的认同产生深远影响。周明朗(2014)则从华人社会的语言与身份的匹配的角度对华语传承教育进行了深入的讨论。

　　国内对 HL 研究的关注也已经开始。它以介绍西方相关研究为起点,发展得很快,正在受到越来越多的重视。吴文(2012)介绍了 HL 研究的历程以及对中国的影响;曹贤文(2014)则在梳理"继承语"研究历程的基础上,以"继承语"作为理论视角对华文教学进行了细致的考察;郭熙(2015)在长期关注海外华语和华文教育的基础上,把海外华语定义为一种"祖语",其学习者则为"祖语生"(heritage language learner),并就祖语生的祖语教学提出了建议;方夏婷(2016)对澳大利亚华裔中学生的祖语学习认同问题进行了调查和分析；王汉卫的"'华二代'祖语保持研究"被批准列为国家社科基金 2016 年的重点项目。

（二）"祖语"的中文译名

在我们将 heritage language 译为"祖语"（郭熙，2015）之前，HL 已经有多种中文译名，如"遗产语言"（周庆生，1994；秦悦，2013）、"祖裔语"（李丽、张东波、赵守辉，2013）、"祖裔语言"（赵守辉、张东波，2013）、"传承语言"（周明朗，2014）、"继承语"（吴文，2012；张广勇，2013，2014；曹贤文，2014）、"祖籍传承语"（张天伟，2014）、"族裔语"（吴英成、邵洪亮，2014）。而高虹（2010）还就 HL 的译名进行过专门讨论，作者建议译成"继承语"。

在我们看来，简单地把 heritage 翻译成"遗产""继承"或"传承"，在某种程度上限制了思考问题的范围。用"祖语"这个名称或许更能准确地表达 heritage language 的含义，更容易为中国人所理解，也更容易凸显语言传承研究的对象和范围。我们希望"祖语"这一术语能有助于从宏观上把握祖语传承的方方面面，为中国乃至世界范围的祖语传承研究的理论建设提供一些思考。

跟"传承语、继承语、族裔语、遗产语言"等相比，"祖语"的结合能力更强，更易构成概念链术语群，相关术语的语义透明度也比较高，容易"见字明义"。例如：

祖语现象、祖语能力、祖语生、祖语政策、祖语中断、祖语传承、祖语崇拜、祖语文化、祖语使用者、祖语环境、祖语文献、祖语生态、祖语维护、祖语景观、祖语教育、祖语教学、祖语习得、祖语学习、祖语保持、祖语认同、祖语期待、祖语压力、祖语焦虑（感）、祖语磨

损、祖语失却、祖语丧失、祖语消亡、祖语共同体、祖语机制、祖语分
化、祖语异化

这些术语应该会给我们带来更多的思考空间,就学科而言,涉及应
用语言学、理论语言学、社会语言学、语言教学法、语言政策以及其他相
关领域。

(三)"祖语"的含义

本文的"祖语"虽源自 heritage language,但我们对它的认识则有所
发展。这里的"祖语"取字面上的"祖传语言"之义,主要指社会主体语
言之外作为语言文化传承的祖辈语言。西方学者还用 heritage language
指"由于个体转向另一门主体语言而没有完全习得的第一门语言"(曹
贤文,2014),这是狭义的"祖语",本文暂不讨论。

祖语不等于母语,尽管二者有密切的关系。对于"母语"这一术
语,不同学者、不同国家或地区有不同的理解,常跟第一语言和民族语
言混淆。戴庆厦和何俊芳(1997)、李宇明(2003)、班弨(2005)、郭熙
(2007:5)等分别从不同的角度对母语问题进行过论述,方小兵(2015)
则在前人的基础上重新给母语下了定义。尽管如此,今后一个时期里,
分歧依然会存在。在新加坡和马来西亚,不少人不理解为什么教华人
华语要用"教洋人的方法来教",他们不了解华人的华语学习者中有的
确实需要用第二语言教学的方法去教。一些年轻的新加坡人还在英文
报上提出英语是自己的母语,老一辈新加坡华人面临一种忧虑:英语会
不会逐渐被新加坡人认为是自己的母语(周清海,2007)? 显然,新加
坡年轻人提出英语是自己的"母语",是"母语"这一概念的双重性所
致;如果用"祖语"这个概念或许就不会产生歧义了,因为他们应该不

会把英语当作祖语。因此,使用"祖语"这个术语,或许有助于厘清上述分歧,凸显研究焦点,更有利于教学教育目标的确定。

祖语也不等于民族语。不同的民族可能使用同样的语言,同一民族也可能使用不同的语言。祖语也不一定必然跟民族共同语、国家通用语或标准语相对应。它也可以指方言,例如,在澳大利亚,许多华裔都把粤语作为传承语言来学习(方夏婷,2016),而在菲律宾,有的华人社会把闽南话作为文化传承的工具。而且在我们看来,方言在文化习得和传承方面的作用更为重要和突出。

最后要说明的是,本文所说的祖语和历史语言学中作为原始母语的祖语名同实异,不是同一概念;西方也有学者用 ancestral language 这个概念(Grinevald & Bert,2011),与我们的想法相符。

二、祖语的性质和特点

按照我们的定义,祖语现象遍布世界各地,是一种跨文化现象。只要有移民、有殖民、有语言入侵,就会有祖语问题。因此,对祖语性质和特点的认识可以有多个角度,包括族裔、历史和社会政治,语言功能(如认同功能、情感功能和交际功能),语言学习等。下面主要从祖语的发展和现实中的地位出发做些讨论。

(一) 祖语的性质

1. 历史性

就理论上说,祖语之所以成为祖语,一定有"祖"的历史存在。祖语现象大都是在一定的历史条件下形成的。菲什曼(Fishman,2001:81—89)从美国社会的具体情况出发,把祖语分为三类:(1)移民祖语,指美国独立后来自世界各国的移民所使用的任何一种语言,比如华裔使用的华语、日裔使用的日语;(2)原住民祖语,指居住在美洲大陆的原住民使用的印第安语;(3)殖民者祖语,指独立之前到来的欧洲殖民者使用的语言,主要有荷兰语、德语、芬兰语、法语、西班牙语、瑞典语等(高虹,2010:50)。可见,菲什曼的分类实际上是基于"祖语"的成因。他对祖语的阐释之所以基于外延,大概也是出于这样的考虑。移民自然是导致"祖语"现象的主要因素,"原住民"之为"原住民"是因为有了"入侵者"。即使是征服者的语言,也可能伴随着征服者的语言消亡,成为弱者。他们在自己取得殖民胜利的同时,也会因为脱离"祖国"久远,无法习得自己的"祖语"而带来困扰。例如,葡萄牙语在世界各地发展很不相同。澳门的葡萄牙语曾经是唯一的官方语言,但随着澳门社会的发展,尤其是回归中国之后,葡萄牙语逐步边缘化,只能作为一种祖语存在。2011年澳门人口普查数据显示3岁以上用葡萄牙语的人数为4022。[①]

　　菲什曼没有提及多民族国家内部语言竞争导致的"祖语"问题。例如,在中国,国家通用语言的推广和使用,国内经济快速发展和人口的迁徙流动,以及国家通用语言基础方言的天然主体地位,汉族作为中华民族主体民族的地位,使得一些民族语言(如满语、畲语等)或方言正在或已经"祖语化"。

　　充分认识祖语现象发生的历史性,对于建立科学理性的祖语认识观非常重要。祖语现象的出现,不少都伴随着"语言征服"和"反征服",伴随着各种各样的语言权利,涉及多方的利益等,而对这些问题的认识都会影响到祖语传承,祖语保持,祖语教育和教学的目标、标准

　　[①]　数据由黄翊教授提供。

的成效等。

2. 象征性

周明朗(2014)指出海外华语教育的目标有四个方面:(1)与华语匹配的身份认同;(2)提高华语沟通能力;(3)传承中华文化;(4)维系与祖籍国的联系。作为祖语教育,这是一种非常理想的境界或状态,也有其实在的意义。然而,在不少情况下,祖语教育的象征意义却大于实际意义。

祖语与家族、家庭、认同、归属密切相关,它是与生俱来的、有特殊情感关系的语言(高虹,2010)。这种情感,主要是父辈的情感,随着代际距离的拉大逐渐减弱,大量移民第三代语言发生转移的现象已经证明了这一点。或许也正是因为如此,父辈希望通过祖语教育来努力拉近或提升这一感情。除了大规模移民而且又处于聚居状态,同时有系统的祖语教育之外,其语言文化传承是相当困难的,有的或许无法避免地衰减为一种象征性的纯粹的文化符号,真正成为所谓的"遗产语言"。这种象征性的祖语很难长久维持所属者的归属感。

身份纠结在不少移民的后代中都存在。笔者不止一次地被问到几乎相同的问题。例如,一位缅甸华人后裔问:在缅甸,我们被当成中国人;而在中国,我们被当成缅甸人。我们到底是什么人?前文所说新加坡青年的母语认同也反映出了这种纠结。澳门则是另一种情况。黄翊(2007:118)提及葡萄牙语在澳门有三种:(1)葡语土语;(2)土生葡语,说法虽因人而异,但十分接近宗主国的葡萄牙语;(3)中国人说的葡萄牙语。其中葡语土语有学者建议列为濒危语言,呼吁赶快抢救(黄翊,2007:121)。土生葡人在语言上的特征是通晓葡汉两种口语,不少是严格意义上的双语人,即同时以葡语和汉语粤方言为母语,但土生葡人大多认为葡语是他们的母语(黄翊,2007:117)。

3. 资源性

"语言是资源"的观念近年来得到越来越多的认可。祖语虽然是一种被边缘化的语言,但它的资源性并没有改变。祖语的资源性是其价值的一个体现。

有人把祖语当作一种政治资源或社会资源,更有学者指出,语言是一种人力资源(徐大明,2010)。在语言传承问题上,祖语在个体人力资源方面或许会缺乏活力,因为它往往不能直接获取个体利益;但作为族群或社会群体资源,祖语则具有指向群体利益的作用(郭熙,2013),成为族群的黏合剂,成为一种文化符号。语言话题很容易引起社会的共鸣,最容易跟情感联系起来,"保卫母语"之类的口号往往跟感情有关。中国纳西族的东巴文已经处于濒危状态,但在丽江古城区的语言景观中被大量使用。这里东巴文的使用更多的是体现了其作为旅游文化资源使用的文化符号(李丽生、夏娜,2017)。由此可见,祖语作为文化资源已经引起了高度重视。

祖语是否可以作为经济资源还值得进一步讨论。语言的市场价值也决定了祖语的地位。一般说来,政治、宗教、科技和经济是祖语保持和祖语教育的动力,是祖语活力的决定因素。在一些地方,由于祖语教育的要求,使得它成为获取经济利益的一个手段;但与此同时,也意味着社会或者个人也得为祖语传承付出经济上的代价。

祖语作为学术资源应该是没有疑问的,因为它可以给学者带来新的研究领域,形成新的研究视角。以澳门的葡萄牙语为例。黄翊(2007)说到的三种形式可供不同学术背景的人分别进行研究,例如,葡语研究者可以去研究葡萄牙语的殖民地变体,汉语研究者可以研究土生粤方言,社会语言学可以去研究克里奥尔化。近年来展开的华语视角下的新词语研究、中国语言规划研究等也在不断地取得成果。

新加坡的发展在很大程度上获益于英华的双语资源。当我们说华语是资源的时候，就强调不只是中国的国家资源，也是华语所在地区的资源（郭熙，2010b）。在中国，葡萄牙语是一门外语，但在中国澳门，如果我们充分重视它的祖语地位，对中国的发展会有不少的帮助。

（二）祖语的特点

目前对祖语的特点还缺乏足够的认识。这里从社会中的地位和祖语自身的使用两个方面做些讨论。

1. 边缘化

被"边缘化"是祖语的一大特点。从历史和现状看，随着祖语使用者社会生活环境发生的各种变化，祖语的应用价值不断衰减。这种衰减首先表现在交际功能的弱化上。作为主流社会以外的语言，祖语的使用范围受到一定的限制，是劣势语（迪克森，2010：67），它的交际范围和场合十分有限，通常主要是在家庭或社区使用，在更广阔的领域往往失去了交际功能，甚至在社区和家庭也无法讨论"高层次"的问题。在新加坡，华语虽然被作为官方语言之一，但它不是行政语言，只限于华人社会使用，很多情况下，只是"巴沙语言"（郭熙，2008）。在马来西亚，所谓"福建话"只用于家庭，华人社会讨论高层次的问题，要使用华语。

导致祖语边缘化的原因各种各样。人们通常会首先想到生态。由于历史和现实的各种因素，不同祖语的生态并不相同。祖语的生态可以从内外两个方面考虑。祖语外部生态主要指祖语的母体的活力，内部生态则主要指内在的活力。例如，海外华人祖语的母体是中国的汉语，包括汉语的各种形式，如方言、不同时期的标准语或通用语等；澳门葡萄牙人的祖语母体是葡萄牙语；东干人的祖语是汉语西北方言。在共时状态下,有的祖语母体仍活跃在它的发源地,如华语和葡萄牙语;也有的祖语母体已经不存在,或处于濒危中,如中国的满语。历史上也有不少例子。西夏亡国后,党项族人遭受蒙古人屠杀,失去了共同生活的地域,少数幸存者不得不与其他民族间错杂居,从而渐渐为藏族、蒙古族等族所同化。而南徙川康的党项人的后裔,即现在所谓四川木雅人的语言特征至今尚未完全泯灭,但该语言使用人口在减少,范围在缩小(达瓦卓玛,2015)。

祖语的生存和发展与祖语国或地区的关系非常复杂。祖语母体的强弱对祖语传承会有影响,但影响力似乎非常有限。

祖语的边缘化也受到内部生态的影响。国家的语言政策决定了内部生态的基调。不同国家、地区祖语的地位和生命力各不相同。所谓地位包括政治地位、经济地位、文化地位、功能地位等,生命力包括活跃、稳定、衰减等。其中语言地位的影响应该是很大的。以新加坡为例,无论是人口比例还是华人的地位,华语在这里都不应该成为一种"祖语"。但是,新加坡的社会实际决定了新加坡的语言政策,从而构成了新加坡的祖语生态。在这里,马来族群是少数,但是由于地缘关系,保证了马来语传承的正常进行;印度族群因为自身的英语化,其使用的泰米尔语也就自然"祖语化"了。

语言功利主义带来了祖语的危机,但这种功利主义似乎又无可厚非:因为语言之所以存在就是以作为工具为前提的。政府对某种语言地位的确立,使的语言更易获取经济利益;也有使用者自身的原因,特别是处于双语状态下,其中一种语言的使用不如另外一种自如,或者其中一种语言的某种功能变体的适用范围受限,于是选取更方便的一种。陈保亚(2016)则认为提升语势需要提升语言积淀,政治、军事、经济条件不能完全取代语势在走向国际化中的作用。此外,祖语体系在不同国家、地区和群体中的发展也不同,有的存在体系性差异,也有的甚至"走样",例如东干语。

2. 需要学习

关于祖语需要学习的情况,林奇(Lynch,2003)有过详细的讨论。赵元任(1968)发现,美国华人原先的语言在一代或两代人以后就会消失。"第二代"只对口语拥有有限的被动知识,而"第三代"就完全融合在这个大熔炉里了。父母和祖辈常常煞费苦心保留祖语,但所有这一切都全盘消失。

由于缺乏得习环境,或是语言政策的不支持,加上一些移民无条件或无意愿让下一代自然获得祖语,祖语学习就成了祖语传承的重要途径。

祖语学习的内容包括几个方面:(1)祖语的语言系统,包括语音、词汇、语法和语用;(2)祖语所负载的文化;(3)祖语书面语。可以看出,与一般的母语学习相比,祖语学习的压力要大得多。除了多出语言系统的学习外,还要跟主流社会语言或强势语言争时间。如何安排、调节祖语学习安排,是相关语言规划设计的重点和难点。

祖语学习也不同于一般的二语学习,可惜的是我们在这方面还所知甚少。就目前的情况看有习得的,也有非习得的;所习得的,有的是方言,有的是共同语。习得有不同的过程,学习也有不同的阶段。可以从静态的角度去看,也可以从动态的角度去看;可以从群体的角度去看,也可以从个体的角度去看。祖语生在祖语学习中有两端:一端是社会或家庭希望传承的语言,另一端则是祖语生的语言使用结果。

坎贝尔和罗森塔尔(Campbell & Rosenthal,2000)提到祖语学习者的一些语言特征:类似母语[①]的发音和流利性,掌握大部分句法规则,

---

① 作者这里的"母语"指向当是"第一语言"。

词汇量丰富,熟悉与语言使用有关的基本隐性文化规范(转引自曹贤文,2014)。这里说的显然是"一语"祖语生的情况。作者还谈到这些学生缺乏正式的、高级的语域知识,读写能力差,使用不标准的变异形式,以及不同继承语说话者在语言能力上存在很大的差异等,这应该是属于语文学习的问题。事实上,祖语使用的主要问题是词汇量不足,尤其是文化词汇缺乏、表达不自如等,而也正是这种表达的不自如,使得祖语学习或使用者缺乏自信,从而减少使用频率,进而导致学习成果的不稳固。不应该把语言习得和语言学习混为一谈。有的祖语本身就没有书面语。把基本语言能力和经历过学校教育的语文水平混起来,是语言教育界的一个普遍现象,应引起注意。

影响祖语学习和使用的还有交际本身。例如,在新加坡,一些华语使用者不知道对方的祖语状况,为了避免交际的困惑,只好采用回避祖语使用的方式,优先选择地位强势的英语;为了照顾对方,还会采用语码混合的方式。我们曾调查了 40 多个华文水平优良的中学生的词语使用情况,他们在说华语时大量使用英语词汇,而且多是常用词。这样的一个后果是,下一代无法习得这些常用词,而只能通过第二语言学习的方式来获得(郭熙,2010a)。

祖语传承需要动用大量社会和个人资源,尤其是移民后裔,会把祖语学习看成是一个包袱,因为祖语教育给他们带来了学习上的压力,需要许多付出。即使是华人占多数的新加坡,也因种种原因出现了"来生不愿做华人"的现象。英语华人语群为政府逼迫自己的孩子学习华语愤愤不平(郭熙,2008),一些人曾经为下一代祖语学习的压力而离开新加坡。可以说,新加坡为保持祖语所付出的代价是巨大的。

三、对祖语传承研究的初步思考

祖语传承的理论问题讨论得已经不少,下面根据已有的观察和研究对祖语传承的类型做些初步的归纳,并就祖语传承研究应关注的方面做些讨论。

(一) 祖语传承的类型

就目前已知的情况来看,祖语传承类型主要有以下几个方面:

1. 完全传承

完全传承者通常有其社会和家庭基础,除了完整习得母语外,还有机会接受系统的祖语教育,例如马来西亚华裔、新加坡部分华裔。

2. 传承中断

祖语传承中断的情况远比我们过去所想的复杂。

就新移民后代而言,大体有两种情况:一是习得期中断;二是语言教育期中断。例如西班牙、葡萄牙、意大利、匈牙利有大量的新移民,其后代有的尚未完成母语习得,即随父母到新的居住地生活;也有不少是在学龄阶段随父母到这些地方。这些类祖语生虽说已经受到关注,但目前还缺乏具体的数据。美国有相当数量的收养儿童,其中不少都出现了不同程度的祖语中断,也可以归属此类。

就史上华裔来说,又有种种不同的情况。例如,有的是家庭中部分习得祖语,但缺乏后续的祖语教育;有的则是部分接受了祖语教育,但没有持续下去。不同地方的学习情况不同,有的纳入正规的民族语言教育,如菲律宾的华文教育;也有的地方仅以半日制、周末班等方式进行。

3. 完全隔绝

这里所说的完全隔绝是说下一代完全没有接触祖语的情况。当然，所谓完全隔绝其实并不绝对，因为他们所处的祖语家庭或者社区或多或少地给了他们一定程度的接触机会。

上述复杂情况导致了祖语生群体的复杂性，也带来了祖语层级复杂多样。吴英成（2003）采用卡奇鲁（Kachru, 1982/1992）的理论，把全球华语划分为三大同心圈：内圈、中圈与外圈。他们各自的祖语学习是不同的。从语言习得的角度看，祖语生可以分为一语祖语生和二语祖语生两类。一语生显然不同于外语生，但二语祖语生也与外语生有一定的差别。有迹象表明，他们中尽管有的并不会祖语，但其学习祖语的速度高于同等情况下的二语学习者，可惜的是还缺乏系统的比较。另一方面，第二语言教学在理论和方法上都取得了巨大的成就，但对祖语教学的研究才刚刚开始。探寻这两种学习的不同，显得非常重要。传统上有人把祖语限定在习得中的第一顺序，这可能会把具有祖语基因的学习者排斥在外。祖语教育在不同的国家会呈现不同的状态，甚至在一个国家的不同地区也呈现不同的状态，需要区别对待。有一些祖语生习得了祖语，但可能是祖语源地社会的方言，这种源语言的优势如何利用，也是这些祖语标准语教学应该注意的。

（二）祖语传承研究

祖语和祖语传承的复杂性带来祖语传承研究的广泛性和复杂性。下面提出几个较为迫切的话题做些初步讨论。

1. 母语到祖语的演变过程

从母语到祖语，是一个复杂的演变过程。祖语传承研究应该重视这一演变过程。祖语现象多发生在移民及其后裔身上。由于多语言、多文化引起沟通的障碍和文化冲突,因此移民语言历来被有关方面看作问题,而且很长时间里一直致力于去解决它;但长久以来,对母语演化为祖语的条件研究不够。前面我们曾试图从不同的方面讨论祖语被边缘化的因素,包括外部和内部生态等,这些实际就是祖语化的因素,但并未能将其具体化。联合国教科文组织曾就濒危语言的确定制定了各种活力指标,母语和祖语的鉴别似乎也需要类似的指标或标准。事实上,明确了这些指标,也就明确了祖语形成的条件;而了解了这些条件,也就为防止或阻止"祖语化"打下了基础,做好了准备。

蒙特鲁(Montrul,2016:26)讨论了美国华人祖语传承的情况。他发现,这些祖语使用者属于中等社会经济地位,受过较好的教育。他们重视教育,即使孩子以前没学过英语,也会很快掌握以求在学校表现好一些,即使他们使用祖语,可能也不如其英语好。这一研究给我们的启示是,祖语使用者的经济地位、学习态度以及家庭和社会传统的影响或许都可以成为检验指标。

2. 祖语教育目标的确定

何纬芸、苗瑞琴(2007)认为,祖语生"是对祖裔语言产生兴趣的人",他们具有某种"传承动机"。

但事实情况并非如此。就目前的祖语生来说,多是迫于家庭或社会的压力学习华文的。从社会和家庭的角度,不少家长希望下一代能尽可能地传承好自己的语言,希望他们能具有一定程度的祖语能力,而不仅仅限于家庭使用,但他们对下一代的最终能力未必能真正地认识。例如传承什么? 是语言能力、语文能力还是其他? 这种视角更加关注继承语学习者的语言能力及其水平上的差异。因此,如何建立与之相适合的教育目标非常重要。祖语生有责任也有权利学习和掌握祖语,重拾丢失的传统以再造历史。祖语教育是一种特殊情况下的语言文化传承教育。中国素有祖语教育的传统,打开华文教育的历史,到处都可以看到对祖语的重视。从私塾式教学到新式学堂,都是以祖语文化传承为目标的。然而,中国祖语教育传统的贡献只是近年来才为人们所重视(郭熙,2013)。

3. 祖语保持与祖语教育的形式

祖语保持是祖语社群所迫切希望的。在祖语、当地主流语言和国际语言之间的角逐中,祖语并不占优势。祖语保持需要多重努力,祖语教育是一个重要方面,但不是唯一的方面。祖语生组成复杂,背景动机各异,如何有针对性地开展教育,用何种方式进行教育,需要有更多的研究投入。祖语保持一直以来的理念是建立在教育上的,但"永久第二代"应该是很有诱惑力的一种假想。教育的关键期应该予以重视。有必要进行关键期前的祖语储备,一旦祖语生的祖语意识得到增强,这将为他们提供更好的学习资源。上学和受教育有不同。上学是受教育的条件,但如果学校教育不能很好地开展,就等于打断了孩子受教育的过程。与上学相比,教育更具开放性,内容更广泛,可以在任何场合下进行。

4. 祖语本体研究

祖语有原祖语,也有变异或本土化后的祖语。祖语的混合和交错也是常见现象。祖语在核心区会继续发展,这种发展的新形式也属于祖语;祖语使用者因种种原因也会拉大与祖语母体的距离。"世界英语""世界西班牙语"和"全球华语"这些概念都表明了语言在不同区域的发展和变化。其中的共性和个性及其关系,需要有更多的关注。世界英语、世界西班牙语的研究有不少成果,全球华语研究也开始了词汇、语法的系统研究。这种研究既有学术意义,也有语言传承实际上的需要。

5. 祖语资源库建设

祖语是一种资源,建设祖语资源库既是祖语传承教育的需要,也是语言研究的需要,更是语言服务的需要。祖语资源库可以给祖语传承者提供线上虚拟现实服务。祖语资源库可以包括语言景观或风貌、语言实况的数字化转化,以及语料、相关典藏、数据等。不少语言研究者都在濒危语言、方言方面做了类似的工作,但祖语资源库的建设还很少看到,而这些祖语在各地的足迹留下的历史印证,是一批宝贵的语言遗产。《全球华语词典》《全球华语语法》的编纂和研究过程一再给我们提出了类似的警示。

6. 祖语活力调查与祖语能力评估

祖语活力是从社会的角度看相关祖语的存活状况或前景预测。可以通过不同的方式评价一种祖语的活力,应该充分认识祖语的外部生态和内部生态,就内部而言,包括祖语政策和祖语地位、祖语使用者及下一代的祖语态度、祖语的功能、祖语使用的场合等。

祖语能力则是祖语使用或学习者个体的祖语潜力和使用能力。祖语能力缺失有群体和个体两种情况。就华语作为祖语来说,目前所谓的"华二代、华三代"规律在不同的地方情况并不相同。"华二代"未必是实际上的第二代,在有的地方,第四代、第五代,仍然可能是祖语的第一代。如何保持祖语处于第二代状态应该是祖语传承的一个重要任务。

四、结语

本文试图建立一套与祖语传承相关的概念,并以此推动语言传承研究。祖语现象是世界范围内的一种复杂的语言现象。在推崇多元语言文化的时代,祖语传承受到越来越多的重视。世界的语言多种多样,祖语现象也多种多样,有的语言以祖语状态呈现,有的则是二者并行,还有的则没有祖语形式存在。这些都值得我们去分析,去思考。以往的研究多就单一祖语的现象进行观察和分析,缺乏宏观的理论思考。祖语传承中的一系列问题该有一个整体的理论框架和概念系统。祖语的历史性、象征性和资源性以及边缘化和需要学习的特点,促使我们关注祖语的外部生态和内部生态,有针对性地对祖语状况、祖语态度、祖语活力和各种祖语中断现象进行研究;祖语的变异、祖语规范的缺失、祖语规范的依赖、祖语的"独立"等也应该逐步进入我们的视野。此外,在祖语与当地主流语言和国际语言的角逐中不占优势的情况下,如何处理祖语保持和融入主流社会,获取更多政治、经济资源等的关系,更应引起重视。语言学、应用语言学和社会语言学家们可以从不同的角度来研究祖语问题。

参考文献

班弨,2005,《关于母语和本族语》,《民族语文》第 6 期。

曹贤文,2014,《"继承语"理论视角下的海外华文教学再考察》,《华文教学与研究》第 4 期。

陈保亚,2016,《语势:汉语国际化的语言条件——语言接触中的通用语形成过程分析》,《语言战略研究》第 2 期。

达瓦卓玛,2015,《甘孜州木雅语濒危现象分析》,《中国藏学》第 4 期。

戴庆厦、何俊芳,1997,《论"母语"》,《民族语文》第 2 期。

方夏婷,2016,《澳大利亚华裔中学生祖语学习与认同研究》,暨南大学博士学位论文。

方小兵,2015,《多语环境下"母语"概念的界定:困境与出路》,《语言文字应用》第 2 期。

高虹,2010,《Heritage language 的由来及其中文译名》,《中国科技术语》第 2 期。

郭熙,2007,《华文教学概论》,商务印书馆。

郭熙,2008,《多元语言文化背景下母语维持的若干问题:新加坡个案》,《语言文字应用》第 4 期。

郭熙,2010a,《新加坡中学生华语词语使用情况调查》,《华文教学与研究》第 4 期。

郭熙,2010b,《华文课程 B 应该真正"外语化"》,新加坡《联合早报》3 月 26 日。

郭熙,2013,《华语传播和传承:现状和困境》,《世界华文教育》第 1 期。

郭熙,2015,《论汉语教学的三大分野》,《中国语文》第 5 期。

何纬芸、苗瑞琴,2007,《继承语之习得及其社会化》,见姬建国、蒋楠主编《应用语言学》,中国人民大学出版社。

黄翊,2007,《澳门语言研究》,商务印书馆。

李丽、张东波、赵守辉,2013,《新加坡华族儿童的家庭华语读写环境与词汇知识和阅读能力》,《华语文教学研究》(台北)第 4 期。

李丽生、夏娜,2017,《少数民族地区城市语言景观中的语言使用状况——以丽江市古城区为例》,《语言战略研究》第 2 期。

李宇明,2003,《论母语》,《世界汉语教学》第 1 期。

罗伯特·迪克森,2010,《语言兴衰论》,朱晓农等译,北京大学出版社。

秦悦,2013,《加拿大官方双语政策背景下的汉语教育》,《国际汉语教育研究》第 1 期。

王燕燕、罗庆铭,1998,《加拿大的祖语教育与华文教育》,《语文建设》第 3 期。

吴文,2012,《继承语研究:应用语言学界冉冉升起的新星》,《西安外国语大学学报》第 1 期。

吴英成,2003,《全球华语的崛起和挑战》,新加坡华文研究会《新加坡华文教学论文三集》,泛太平洋出版社。

吴英成、邵洪亮,2014,《华裔汉语学习者解读:新加坡视角》,《世界汉语教学》第 2 期。

徐大明,2010,《有关语言经济的七个问题》,《云南师范大学学报(哲学社会科学版)》第 5 期。

张广勇,2013,《美国继承语教育对我国少数民族语言保护的启示》,《贵州民族大学学报(哲学社会科学版)》第 3 期。

张广勇,2014,《国外继承语习得研究新进展》,《现代外语》第 1 期。

张天伟,2014,《美国祖籍传承语者英语提升项目:启示与思考》,《语言政策与规划研究》第 2 期。

赵守辉、张东波,2012,《语言规划的国际化趋势:一个语言传播与竞争的新领域》,《外国语(上海外国语大学学报)》第 4 期。

周明朗,2014,《语言认同与华语传承语教育》,《华文教学与研究》第 1 期。

周清海,2007,《全球化环境下的华语文与东南亚华人的语言困境》,《周清海卷:全球化环境下的华语文与华语文教学》,新加坡青年书局。

周庆生,1994,《语言立法在加拿大》,《语文建设》第 4 期。

Campbell, R. & J. Rosenthal, 2000, Heritage languages. In J. Rosenthal (ed.), *Handbook of Under-graduate Second Language Education*. Lawrence Erlbaum Associates.

Chao, Yuen Ren (赵元任), 1968, *The Language Problems of Chinese Children in America*. Aspects of *Chinese Socio-linguistcs*, Stanford University Press. 中译本见卢德平(1987)《美国华裔儿童的语言问题》,《国外外语教学》第 4 期。

Clyne, Michael, 1991, *Community Languages: The Australian Experience*. Cambridge University Press.

Cummins, J., 2005, A Proposal for Action: Strategies for Recognizing Heritage Language Competence as a Learning Resource within the Mainstream Classroom.*The Modern Language Journal*, 89(4) .

Cummins, Jim & Danesi, Marcel, 1990, *Heritage Languages: The Development and Denial of Canada' s Linguistic Resources.* Our Schools/Our Selves.

Fishman, Joshua A., 2001, Three Hundred-Plus Years of Heritage Language Education in the United States. In Joy K. Peyton, Donald A. Ranard & Scott McGinnis (eds.) , *Heritage Languages in America: Preserving a National Resource.* Center for Applied Linguistics & Delta Systems.

Grinevald, C. & Bert, M., 2011, Speakers and Communities. In P. K. Austin and J. Sallabank (eds.) , *The Cambridge handbook of Endangered Languages.* Cambridge University Press.

Kachru, B. (ed.) , 1982/1992, *The Other Tongue: English Across Culture* (2nd edition) . University of Illinois Press.

Lynch, Andrew, 2003, The Relationship between Second and Heritage Language Acquisition: Notes on Research and Theory Building, *Heritage Language Journal*, 1(1) .

Montrul, Silvina, 2016, *The Acquisition of Heritage Languages.* Cambridge University Press.

Wiley, Terrence G., 2001, On Defining Heritage Languages and Their Speakers. In Joy K. Peyton, Donald A. Ranard & Scott McGinnis (eds.) , *Heritage Languages in America: Preserving a National Resource.* Center for Applied Linguistics & Delta Systems.

试论海外华语传承话语体系的构建*

郭　熙

一、引言

　　华文教育是海外华语传承的主要路径。在过去的几十年里,华文教育事业得到了长足发展,也受到越来越多的关注。随着国际中文教育概念的提出,有学者呼吁将其纳入国际中文教育通盘考虑(郭熙、林瑀欢,2021;王辉、冯伟娟,2021;等)。我们看到,有关机构也开始把海外华文教育纳入自己的视野。2022 年教育部中外语言交流合作中心公布的课题指南中,将"海外各国华文教育发展现状调查研究"列为重大课题,占总数的 1/10;"华人传承语在国际中文教育中的作用研究"也列为"重点、一般、青年课题(方向性条目)",占总数的 1/28。就海外华文教育在国际中文教育中的作用来看,这个比例并不高,但能实现这一零的突破,仍让我们感到欣喜。2021 年 9 月 18 日,首都海外华文教育联盟成立。而随着该联盟的成立,一些高校必然会逐渐参与到华文教育之中。

　　汉语教学界早就有学者关注华文教育。2007 年,由赵金铭、齐沪扬、范开泰和马箭飞任总主编的"商务馆对外汉语专业本科系列教材"

　　* 本文得到国家社科基金重大项目"境外华语资源数据库建设及应用研究"(19ZDA311)和国家社科基金重点项目"海外华语资源抢救性搜集整理与研究"(19AYY003)的资助。原载《语言文字应用》2023 年第 2 期。

陆续推出,其中特别加入了《华文教学概论》,与《对外汉语教学概论》并列,反映出主编们的远见卓识。就目前所见,这是国内唯一考虑到华文教学特殊性的对外汉语教材系列。

社会各界长期以来对华文教育的了解很少,即使是汉语教学界也还很不够。2005年,在"商务馆对外汉语专业本科系列教材"编写大纲研讨会上,就有学者质疑:既然有《对外汉语教学概论》,为什么还要编《华文教学概论》?至今仍有人把华文教育等同于对外汉语教学或一般意义上的国际汉语教学,把华语传承等同于中文传播,把汉语水平考试等同于华文水平考试(王汉卫,2016)。一些华文教育工作者自身对这一事业及其学科的定位、目标和价值等的认识还停留在一般的"教育""教学"方面,有的还质疑:既然已有汉语水平考试(HSK),为什么还要研制华文水平测试(HSC)?

尽管有学者提出二者应该"合流"(黄启庆,2020),但海外华文教育与传统上所说的对外汉语教学无法相互替代是不争的事实。在充分认识到汉语教学三大分野的基础上(郭熙,2015),我们又提出国际中文教育应该统筹布局,明确其中的不同类型,包括传统上的对外汉语教学、国际中文教学和海外华文教育(郭熙,2015;郭熙、林瑀欢,2021)。在长期的观察、调研和相关领域研究发展的基础上,学界又逐步形成了国际中文教育需要多方协同发展的理念(郭熙,2023a),提出应促进海外华语传承与中文在地化传播协同,与国内主导的对外汉语教学一起形成国际中文教育的合力,推动学科和事业的共同发展。

鉴于国内对海外华语传承的研究还处于起始阶段,本文试图通过介绍、梳理和分析有关研究与发展现状,让更多的人认识到跳出传统的华文教育研究,转向视野更为广阔的海外华语传承研究的意义和价值。希望能以构建海外华语传承话语体系引导更广泛深入的研究,逐步形成相应的理论框架,全面审视海外华语传承中的相关问题,为推动国际中文教育的全面发展做出贡献。

二、从华文教育到华语传承:话语构建的努力

海外华文教育历史悠久,成就巨大,经验丰富。特别是最近几十年,在全球华人的共同努力下,不断取得新的成果,相关学术研究不断深入,学界对此也有不少总结梳理(彭俊,2009;陈璇波,2011;陈水胜、李伟群,2018;郭熙,2007,2020,2021a;等)。但是,社会各界对海外华文教育的知晓度与它对历史和现实的贡献度相比,显然不相称。

(一)海外华文教育的话语局限

新时期中国对海外华文教育的推动和支持始于 20 世纪 80 年代。经过 30 多年的努力,它在国际中文教育事业中已占有"半壁江山"(郭熙,2021b)。从华文教学到华文教育,从华文教育学科到华文教育事业(贾益民,1996;郭熙,2009),从华侨的国民教育到华人的民族语言文化传承,从华语的工具性到华语的资源性,再到华语的文化遗产性(郭熙,2015;郭熙、王文豪,2018;郭熙,2021b;郭熙、雷朔,2022),我们对这一领域的认识不断加深,定位逐步清晰,具体措施的可行性和可操作性越来越强,各种教育资源也越来越丰富。

就话语表述方面而言,学术界逐步形成了一个以"华文教育"为核心的概念群,其中既包括"华语、华文、华校、华裔生、华文教学、华教、华文教师、华文教材、华文水平测试"等教学体系相关的概念,也出现了如"三化(正规化、专业化、标准化)""因地施策"等相关的引导管理的概念。这些概念对华文教育事业的发展和相关学术研究起到了积极的

作用,也标志着该事业初步有了自己的话语叙事。

与此同时,"华文教育"这一概念的局限性也逐步显露出来。

第一,概念难以区分。"华语""华文""汉语""中文"等这一系列的同义词,不仅让普通人眼花缭乱,即使是中文教学领域的学者,若不关心海外华人祖语传承问题,也会认为它们是一回事;而"教育""教学"在很多人心中更是无法区分。因此,由它们分别组成的"华文教育""汉语教育""华文教学""汉语教学""中文教学""中文教育"等术语,也无明确的语义区分度。其结果是,面向不同对象、目标的语言教育和语言教学的区分不够明确,教学和科研工作自然也受到影响。

第二,未能凸显华文教育事业的核心目标。华文教育的目标是海外华侨华人传承自己的民族语言文化。历史上的华文教育,是"大华文教育",即用华文开展教育,是学习者在华文学校用华语包括汉语方言学习文化知识和技能,通过母语教育的方式,掌握自己的民族语言的标准语和民族语言文化知识,提升民族语文能力和民族语言文化认同。今天的华文教育,除了个别国家和地区,则主要是教下一代学习华语。不少人认为其工作重心是语言学习,轻视或忽略了民族语言文化传承这一核心任务。从某种意义上看,华文教育和华文教学之所以常常混淆,可能与此有关。随之而来的是,在实际的教学实施中,华文教学与对外汉语教学、中文国际传播中的汉语教学就难以区别了。这也是我们许多在国内学习第二语言教学法的外派教师,无法胜任海外华文学校的教学工作的重要原因。

第三,限制了华语传承目标实现路径的拓展。语言文化传承本来是多路径的,但由于传统上的语文教育主要是通过学校教育来实现,形成了过度依赖学校的传统。同时,由于海外华语传承事业被"华文教育""华文教学"中的"教育""教学"遮蔽,其代际传承地位的重要性被严重低估。事实上,除学校外,家庭、媒体、华人社区的各种文化活动,都是传承目标实现的重要方面和路径(林瑀欢,2021a)。在当前语言环境下,除了学校,尤其需要考虑家庭和媒体。单一学校路径无法满足新时代的海外华语传承,应特别重视华文教育和华语传承的这种关系。

第四,影响了学术空间的提升。华文教育中"教育""教学"的概念使得海外华语传承事业被"窄化","三教问题"一直被看作核心,而许多重要的应用和学术问题被忽略。这就导致在解决实际问题方面做得不理想,学术上也难以融入国际相关领域。

一直以来,重视华文教育的呼吁不断,一年一度的"两会"也不断有代表委员就相关问题提出议案。我们应根据社会发展和相关研究进展,及时更新自己的话语表述,建立更为合乎现实需要的话语体系。

(二) 海外华语传承话语提出的尝试及其意义

华语作为祖语的系统传承实践已经有了上百年历史。它有自己的特点,也积累了丰富的经验;但由于我们缺乏话语权意识,对世界华语传承的实践缺乏理论概括,未能用自己的话语讲华语传承故事,长时间处于"沉默"状态,也就难以在相关领域取得应有的影响力。

作为语言传承中的一个重要概念,"祖语"是翻译过来的(郭熙,2017)。祖语传承是当今的一个世界性难题。20世纪70年代以后,国外对祖语传承开展了大量的研究。从20世纪80年代开始,一些学者开始关注国外的祖语传承、祖语教育(王燕燕、罗庆铭,1998;郭熙,2013,2015,2017,2021a;曹贤文,2017;方小兵,2017;李国芳,2017;郭熙、王文豪,2018;任弘,2019;林瑀欢,2021b;祝晓宏,2021;等)都对此进行过介绍和讨论。

2016年,《语言战略研究》创刊不久,就组织了"语言传承"专栏,并于 2017 年正式推出,成为国内最早刊发语言传承专题研究的期刊。这一期专题研究之外的"语言传承多人谈",发表了多篇角度观点各异的短文。同年,《语言战略研究》又推出以"家庭语言规划"为主题的专栏,从更为具体的角度讨论语言传承、语言教育方面的相关问题。2021年,《语言战略研究》在第 4 期开设了"华语与华语传承研究"专栏,从不同的角度对不同国别、不同历史阶段的相关问题研究,进一步用事实深化了华语传承这一概念,提出了华语与华语传承研究再出发,期待把华语传承的学术研究推向一个新的阶段(郭熙,2021a;李春风,2021;刘慧,2021;姚敏,2021;等)。而来自世界各地华教人士的抢救性访谈实录,更让人看到海外华语传承的艰辛奋斗历程。目前,海外华人的祖语传承研究,范围不断拓展,话题讨论不断深入,如林瑀欢(2021a)、陈雯雯(2022)、韦九报(2022)等成果都可视为华人祖语传承研究话语构建尝试的"破冰"。

与"华文教育"相比,"海外华语传承"不仅有助于突破"华文教育的话语局限",或许还有望实现以下几个"突破"。

一是在国际中文教育事业中的地位突破。尽管我们认为华文教育已经有了国际中文教育"半壁江山"之态势,但持这种认识的还是少数。在实际运作和认识中,它仍然处于非主流地位。国际中文教育专业教学中,只有极少数学校开设了相关课程。人们对华文教育所知甚少。"海外华语传承"含义清晰易懂,凸显其代际纵向性,跟中文国际传播的语际横向性形成鲜明对照,不至于将二者混同起来,互相取代。同时,我们对"传承"与"传播"关系的讨论,也有利于各自方向目标的确定和任务布置实施,在此基础上,做到相辅相成,协同发展。我们已经对海外华语传承历史经验进行了初步的总结,看到海外华语传承在世界各地的发展及其影响,明确了传播和传承不应该是不相交的平行线(郭熙,2023a)。我们对华语文明的新认识,则有利于解释海外华人的文明传承,有利于在人类文明新生态构建中,扩大其传承力和传播力(郭熙,2023b)。

二是凸显文明互鉴的国际突破。用海外华语传承这一概念有利于说清道理,避开纠缠。多年来,我们强调海外华文教育的工具性和民族文化教育性,但无论怎么解释,总有人进行曲解。多元语言文化保护、不同文明互鉴是当今语言文化界的重要共识,更容易得到理解和支持。2014年,世界语言大会在中国召开,通过了《苏州共识》;2018年,首届世界语言资源保护大会在长沙举办,通过了保护和促进世界语言多样性《岳麓宣言(草案)》。把海外华语传承看作一项多元语言文化保护的工作,更容易为不同文化环境中的大众所理解。

三是国际语言传承研究的学术突破。语言传承已经是一个学术增长点,这从近年关于语言传承研究的进展可以明显地看出来。世界范围的华语传承积累了丰富的实践经验,对这些历史经验和现实进行深入研究,上升到理论和学术高度,有助于帮助破解祖语传承这一世界难题,在国际语言传承研究领域取得自己的学术声誉,提升学术话语权。例如,李计伟(2023)就从一个侧面反映了海外华语传承与其他国家的"heritage language"的差异。可以预见,以华语作为祖语传承的角度开展研究,对于丰富和发展世界语言传承理论,丰富祖语传承历史、演变和发展的学术研究,具有重要的意义。

四是语言文化传承模式上的突破。无论是华语传承还是中文传播,都有文化教学问题。语言教学为主的传播更强调语言工具属性,而以语言文化为目标的传承则应该考虑身份和文化教育传承。以往的中文教育中,重点多放在交际工具上,这是很自然的。问题在于:第一,掌握一种新的语言并非易事,不管是何种语言;第二,随着新科技发展,未来人们对语言作为交际工具的依赖性会不断降低,为满足交际需要而学习外语的意愿也可能会有所下降(郭熙,2022)。因此,从实际出发,在充分利用华文学校开展相关教育的同时,积极采取措施,守住传承这一阵地,并进行拓展,通过传承助力传播,步伐会更坚实稳妥。

自然,讨论海外华语传承话语体系,不可能绕开华文教育。华文教育是个广泛使用的概念,多年来一直是海外华语传承的主要路径,它不可能被取代。我们的目的在于,打破传统的华文教育的局限,建立适应时代发展的海外华语传承的话语体系,探寻适合时代发展的华语传承体系的理论框架和实践程序,使得未来的工作更切实际、更接地气、更有实效。

三、海外华语传承话语体系构想

话语体系是由概念和概念之间的关系构成的系统。学术话语离不开概念表达,离开概念,空谈话语体系构建是没有意义的。多年来,围绕海外华语以及传承,已经出现不少新事物、新概念,而相关研究方面也出现了一批新的术语,或者是原有的术语被赋予了新的内涵。它们是海外华语传承话语体系构建的初步基础。在研究的过程中,我们对这些术语或概念进行了初步的记录和整理。作为术语或概念,它们中的不少还未定型,其内涵和外延人们也有不同的认识。例如,"1.5语",就是海外华语传承研究领域一些学者对华裔子弟华语性质的一种认识。他们认为,海外华人社会中的华裔对华语的习得是不完整的,既不是第一语言,又不同于一般意义上的第二语言,介于第一语言和第二语言之间,故称"1.5语"。下面,我们在初步分类的基础上列举若干,作为今后华语传承理论研究和社会实践中不断完善的"靶子"。我们相信,把这些概念或术语纳入华语传承话语体系中去考察、使用、发展,将对海外华语传承话语体系的构建有积极的推动作用。

（一）概念梳理及示例

1. 华语及华语产品

华语、华文、中文、汉字、汉语、祖语、华语歌曲、华语电影、华语片、华媒、华文报刊、华乐、区域华语、南洋华语、坡式华语、居銮华语、暹达华语、华语规范

2. 华语性质

大华语、全球华语、母语、祖语、传承语、继承语、祖传语、族裔语、1.5 语、华语资源、华语遗产、特殊非物质文化遗产、中华语言文明、华语文明

3. 华文教育

祖语生、祖语学习、祖语中断、祖语习得、祖语焦虑、祖语保持、华文教学、华文教育、华文教材、华文水平测试、低龄化、洋留守、双向生、流动生、华二代、永久第二代、1.5 代

4. 华人及相关组织

华人、华侨、华裔、华族、华语社区、华社、华团、海峡华人、土生华人

5. 华语传承路径和影响因素

华语生活、中文生活、云端华语社区、华语认同、华语向心力、华校、华小、华中、三语学校、中文学校

6. 理念

服务华语传承、大华文教育、华语+华语在地化、公益结合市场、当地化、在地化、本土化

7. 华语传承性质和特点

情感性、民间性、群众性、服务性、多样性、自治性、封闭性、自发性、

人为性、非排他性

8. 传承传播策略

服务化、精准化、智能化、时代化、生活化、中文在地传播、传承协同传播、公益+市场、双向互动

（二）核心概念构建：以祖语和继承语为例

海外华语传承话语体系构建需要有自己的研究理念。作为话语体系的基本元素，术语本身就反映了研究理念。上文提到的一些术语或概念，许多还没有统一的认识，需要在已有认识的基础上认真总结分析，深化理论思考，才能实现术语在使用上的可持续发展。下面以祖语和传承语为例做些讨论。

传统上，海外华人的华语传承一直遵循母语教育的理念进行，尽管海外学界对"heritage language"的问题已经有许多新的认识，但对华文教育的触动似乎并不大。2010 年后，我们在教学科研中逐步有了关于"祖语"的意识，后来正式使用"祖语"一词来翻译"heritage language"，相应地还把"heritage language learner"翻译成"祖语生"（郭熙，2015）。对此，我们后来又专门进行讨论，并尝试以"祖语"为引领，构建一个术语群（郭熙，2017），如下所示：

祖语现象、祖语能力、祖语生、祖语政策、祖语中断、祖语传承、祖语崇拜、祖语文化、祖语使用者、祖语环境、祖语文献、祖语生态、祖语维护、祖语景观、祖语教育、祖语教学、祖语习得、祖语学习、祖语保持、祖语维持、祖语认同、祖语期待、祖语压力、祖语焦虑（感）、祖语磨损、祖语失却、祖语丧失、祖语消亡、祖语共同体、祖语机制、祖语分化、祖语异化、祖语适应、祖语复活、祖语再造、祖语

再生、祖语圈

可以看出,这个术语群里的"祖语"大多无法为"传承语""继承语"等所替换,尽管它们都具有同样的来源。术语的翻译不应只是翻译术语(魏向清语,见唐凤英,2022)。两种语言很难有完全对等的翻译,翻译过程中应充分考虑到译入语言里含义的差异。"继承语"这一译名因为是字面直译,很多人不知其为何物,对它丢掉了原文词义中"遗产"含义也浑然不知(郭熙、雷朔,2022)。不少使用者并没有真正地去斟酌这些概念在中文中的内涵和外延,类似的还有"语言管理""家庭语言政策"中的"管理""政策"等。

一个好的中文术语,应该具有较高的语义透明度。在此基础上,最好还要具有可拓展性。"祖语"是海外华语传承研究话语体系中的一个核心概念,对它的认识直接影响到海外华语传承目标的设定和实施。海外华语传承需要号召力,如果能从一些概念中表现出来会很有意义。在实际工作中,"祖语"作为术语在海外华人社会中使用,几乎无须解释就可自然理解。一位海外华文教育工作者在听完韦九报博士的相关课程后写道:

> 我本人特别喜欢您用"祖语"这个充满感情的词汇,比目前国外普遍运用的"继承语"亲切多了……我知道的都是把"heritage language"叫作继承语,干巴巴的,看到祖语一词眼睛一亮。

作为术语,"干巴巴"本身并不是毛病。在这里,引起说话人共鸣的应该主要是"祖"传递出的"故土"的文化信息,这或许表明"祖语"比较准确地传递了"heritage language"背后的语义信息。

　　但是,从海外华语传承事业发展看,仅有"祖语"还不够。我们在使用祖语的同时,主张保留"继承语"(或"传承语")这个概念。在海外华语传承话语体系中,我们不但要区分祖语和祖语传承(郭熙,2017),还应区分祖语和继承语:祖语是传承对象,继承语是传承的结果。作为祖语,华语分布在世界各地,有的已经形成了自己的系统,如马来西亚;而继承语的结果则多种多样。这一区分有利于总结中文的祖语传承理论和实践经验,提升学术话语权,有利于从根本上扭转我们的研究跟在传承语理论后面、用中文事实去阐释传承语理论本身的局面。

(三) 基本框架

　　参照近年学界的一些认识,本研究构建的海外华语传承研究话语体系可以包括三个基本领域:华语维营、华语意识和华语践行。华语维营主要指海外华人社团对华语的维护和经营;华语意识指华人社群对华语价值的认同;华语践行指包括传承教育在内的各种华语生活。由此可以搭建一个话语体系的基本框架。这个框架大体包括以下几个方面:(1)推动者;(2)内容和目标;(3)路径和方法;(4)影响因素;(5)受传人(祖语生)。

1. 推动者

　　海外华语传承的推动者主要包括:华社、华校、家长、祖籍国有关机构和其他文化人士、商业机构等。华社指相关的华人社会团体组织,他们的骨干成员通常都是海外华语传承的积极倡导者、支持者和组织者,是海外华语传承的核心力量。他们采取各种维营措施,组织社区的各种语言文化活动,使之以广泛的形式存在发展。他们中不少还都是当地华校董事会成员。华校通过开展华文教学活动来推动华语传承。家庭是华文教育的最小核心单元,在这个单元中,家长的作用至关重要。

林瑀欢(2021a)在研究印尼华人祖语传承中,就家庭在保持家庭祖语生活的作用做了比较深入的讨论。韦九报(2021a)证明,中文作为祖语保持动机体系除了语言、学习者、学习情景这三个层面外,还应加上家庭层面。

2. 目标和内容

目标是指推动者对下一代祖语教育结果的期许。目标可以分为宏观、中观和微观等不同的方面。具体的目标,如祖语教育目标和母语教育目标的异同,应该如何确定祖语教育目标,什么样的目标,既定目标是否实现等等。

内容主要是指传承推动者希望下一代学习、掌握的知识和拥有的能力。传承的具体内容通常由教材编写者和教师在教学中来具体安排。显然,内容要受到目标的影响,而内容本身的选择也是一件很复杂的事情,需要进行大量的研究。目前海外华语传承内容的安排受到两个方面的影响,分别是国内语文教学和对外汉语教学。

3. 路径和方法

海外华语传承的路径应该是多样的,传统上的主要路径是华文学校,目前人们主要关注的也主要是华校,学界对其他路径的研究非常少。通过"路径"这一话语,或许可以给人有更多的思考空间。

海外华语传承及其研究的方法至关重要。不少国家的华人用自己的双脚走出自己的道路,形成了自己的模式。姚敏(2021)、李春风(2021)、刘慧(2021)、曹贤文和金梅(2021)分别对马来西亚、缅甸、柬埔寨和美国的华语传承模式进行了探讨,给人很多启发。学者们不断走向田野、走入海外华人的语言生活,观察语言传承,将会走出新的道路。

4. 影响因素

影响海外华语传承的因素有很多。王建勤(2018)曾通过对汉语二语学习者和华裔汉语学习者的语言生活及其场域的考察,揭示和解释了不同场域语言生活的活力和变化、汉语能力的获得、传承和保持的影响因素。我们对280多位海外华语传承人士的访谈结果表明,所在国语言生态,包括语言政策、教育政策、语言环境、语言景观、华侨人数、居住方式、社区华语生活、华文媒体、历史传统等对语言传承至关重要。当然,如上所说,家庭更是重中之重。在这些因素影响下,华语传承中的各方在感性与理性、个人与社会等五组关系中纠结、取舍(韦九报,2021b)。

5. 祖语生

祖语生是海外华语传承中的主要受传人。这是海外华语传承话语体系的关键端。祖语生主要由学龄段的学生构成,目前学龄前祖语生的人数快速增长,成人也有所增加。祖语生作为关键端,对未来海外华语传承包括国际中文教育的理论和实践研究会有较大的影响。祖语生华语学习的目的、华语传承的目标、学习方法、家庭语言背景以及当地"学友"对他们的影响等应该受到更多关注。

本部分梳理了一些概念,并尝试提出了一个供讨论的基本框架。一个理想的完整话语体系还应该包括一些基本范畴和研究范式。这些问题非常复杂,非本文篇幅所能容纳,还需要学界更多的思考和论证。

四、结语

海外华语的传承是中外文明交流互鉴的一种成功实践(郭熙、雷朔,2022)。努力在百年未有之大变局下促进海外华语传承事业,共同书写中华民族发展的时代新篇章(郭熙,2020),是全球华侨华人的历史使命。海外华语传承研究的重要意义不言而喻。

作为学术活动,海外华语传承研究同样非常重要。遗憾的是,我们看到的直接研究成果并不多。传统上用得比较多的概念是华文教育,而且更多地集中在华文教学上。华文教育是一个随时空变化而异的概念。历史上的华文教育和今天的华文教育并不是一回事。传统上主要以华文学校为主要途径,关注华文教育,符合当时的社会实际;但是现在更应该把注意力放在家庭、科技手段利用、华语生活等更广泛的方面,且都需要开展新的尝试。

华文教育不是目的,它是传承中华语言文化的重要手段。我们的目标是把中华语言文化在世界各地的华人中传承下去,使中华语言文明得以发扬光大。

构建话语体系也不是我们的最终目的。话语体系构建是标,确立学术转向是本。通过构建话语体系,积极吸收近年来在海外华语传承研究方面的成果,形成自己的祖语传承理论框架和方法论系统,进而制定自己的方略,促进海外华语传承事业,也促进国际中文教育事业的发展。作为学术研究,海外华人的祖语传承、演变和发展的历史更是为我们展示了新的拓展空间,我们应该借此为世界范围的祖语传承研究做出中国贡献。

参考文献

曹贤文,2017,《海外传承语教育研究综述》,《语言战略研究》第 3 期。

曹贤文、金梅,2021,《美国新泽西州华二代华语传承调查研究》,《语言战略研究》第 4 期。

方小兵,2017,《国际祖传语研究焦点分析——基于〈祖传语期刊〉历年文献》,《语言战略研究》第 3 期。

郭熙,2009,《华文教育专业建设之我见》,《暨南大学华文学院学报》第 1 期。

郭熙,2013,《对海外华文教学的多样性及其对策的新思考》,《语言教学与研究》第 3 期。

郭熙,2015,《论汉语教学的三大分野》,《中国语文》第 5 期。

郭熙,2017,《论祖语与祖语传承》,《语言战略研究》第 3 期。

郭熙,2020,《新时代的海外华文教育与中国国家语言能力的提升》,《语言文字应用》第 4 期。

郭熙,2021a,《主持人语:华语与华语传承研究再出发》,《语言战略研究》第 4 期。

郭熙,2021b,《服务海外华语传承之思考》,《华教播种者:纪念董鹏程先生文集》,台北世界华语文教育学会。

郭熙,2022,《让更多的人了解中华语言文明》,《语言战略研究》第 5 期。

郭熙,2023a,《海外华语传承的历史经验与国际中文在地化传播》,《云南师范大学学报(哲学社会科学版)》第 1 期。

郭熙,2023b,《华语文明 生生不息》,《语言战略研究》第 1 期。

郭熙、雷朔,2022,《论海外华语的文化遗产价值和研究领域拓展》,《语言文字应用》第 2 期。

郭熙、王文豪,2018,《论华语研究与华文教育的衔接》,《语言文字应用》第 2 期。

黄启庆,2020,《新形势下看汉语国际教育与华文教育的双流合一》,《云南师范大学学报(对外汉语教学与研究版)》第 5 期。

李春风,2021,《缅甸华语传承模式研究》,《语言战略研究》第 4 期。

李国芳、孙茁,2017,《加拿大华人家庭语言政策类型及成因》,《语言战略研究》第 6 期。

李计伟,2023,《南洋华侨的祖语传承:应变与植根》,《云南师范大学学报(哲学社会科学版)》第 1 期。

林瑀欢,2021a,《东南亚华校的三语教学:趋势与方向》,《全球教育展望》第

10 期。

林瑀欢,2021b,《海外华语传承研究综述》,《语言战略研究》第 4 期。

刘慧,2021,《柬埔寨华人家庭语言规划与华语传承调查研究》,《语言战略研究》第 4 期。

王汉卫,2016,《华文水平测试(HSC)的基本理念》,《语言战略研究》第 5 期。

王建勤,2018,《语言生活视角下的汉语国际教育》,《语言战略研究》第 6 期。

王文豪,2023,《印尼华人身份认同变迁与华语传承》,《云南师范大学学报(哲学社会科学版)》第 1 期。

王燕燕、罗庆铭,1998,《加拿大的祖语教育与华文教育》,《语文建设》第3 期。

韦九报,2021a,《祖语水平保持的影响因素研究——以在日华裔青少年为例》,《语言文字应用》第 4 期。

韦九报,2021b,《日本华裔生祖语传承个案研究》,《华文教学与研究》第4 期。

姚敏,2021,《马来西亚华人社会、华语社区与华语传承》,《语言战略研究》第 4 期。

祝晓宏,2021,《近十余年来的华语研究:回顾与前瞻》,《语言文字应用》第 2 期。

祝晓宏、周同燕,2017,《全球华语国内研究综述》,《语言战略研究》第 1 期。

传承语特征还是习得偏误？[*]

——汉语传承语学习者与二语学习者的区分及其相关问题

李计伟

一、引言

本文拟基于对"HSK 动态作文语料库 2.0 版"（以下简称"HSK 作文"）的考察，通过例证呈现汉语传承语学习者（Heritage Chinese Learners, HCLs）与汉语二语学习者（Chinese as Second Language Learners, CSLLs）的一些差异，引起大家对汉语学习者语料库建设、偏误分析、汉语作为传承语教学、海外华语研究及其与华文教育衔接等问题的关注。

对这样一个问题的研究，触发原因是我们在"HSK 作文"中发现，华裔学生使用的东南亚华语特色词汇语法现象被简单地作为偏误处理了。从语言教学的性质来讲，海外华文教育、来华华裔留学生的汉语教学，属于汉语传承语教学，而非典型的汉语二语教学（郭熙，2015）。但遗憾的是，截至目前，这两种类型的汉语学习者在中国国内的汉语教学和研究实践中，尚未得到充分、明确的区分，因而带来了一些问题。对这一问题的认识及解决，在"深化国际中文教育"的背景下，显得迫切而重要。

---

　　* 　本文原载《国际中文教育（中英文）》2023 年第 1 期，中国人民大学复印报刊资料《语言文字学》2023 年第 7 期全文转载。此处收录时略有改动。

　　传承语及其习得是近 20 年来语言研究领域的热点话题。蒙特鲁（Montrul，2016）和波林斯基（Polinsky，2018）将传承语及其相关的理论与应用研究提升到了一个新的高度。21 世纪以来，尤其是最近几年，中国陆续介绍了这一概念及其引发的相关研究，如曹贤文（2014）、吴英成和邵洪亮（2014）、张广勇（2014）、周明朗（2014）、郭熙（2017）和李计伟（2019）等。

　　根据蒙特鲁（Montrul，2016）的研究，传承语通常是双语环境中的少数语言，它具有如下特征：①传承语者成长于双语家庭，熟悉两种或几种语言；②第一语言或者第一语言之一，在家使用，是一种社会语言学上的少数语言；③双语者通常更熟悉社会多数语；④传承语通常是弱势语言；⑤传承语精通度的个体差异很大：从极少语言知识到类似母语；⑥对社会多数语的精通度通常超过母语水平或类似母语水平。理解这一定义的关键是语言优势和精通度。根据精通度，可以将传承语者分为传承语使用者和传承语学习者。从这一定义及传承语者的诸多特征出发，海外华裔汉语学习者应该定性为汉语传承语学习者，至少部分如此（吴英成、邵洪亮，2014）；面向华裔或华侨学生的汉语教学，是传承语教学或祖语教学（曹贤文，2014；郭熙，2017）。

　　受家庭和社区语言环境影响，传承语者个体语言能力差异较大，并且传承语者的初始传承语能力会对其后来的传承语学习过程产生影响。吴英成和邵洪亮（2014）根据初始语言能力，将新加坡华裔分为"a.族裔语汉语单语人""b.社会主导语英语单语人""ab.汉语一语、英语二语的双语人"和"ba.英语一语、汉语二语的双语人"四类。"华裔个体幼年的初始语言能力不同，其双语能力线形衍变进程也会有所差别。"传承语学习者不同的初始语言能力和双语能力衍变进程，让越来越多的人认识到，面向传承语学习者的语言教学，要从教学方法、课程设置、教材编写、语言能力测试等各个方面与二语教学区别开来。例如，吴英成和邵洪亮（2014）提及的 a 和 ab 两类人参加 HSK 考试，其考试表现应该有反映其初始语言能力与语言环境特色的地方，比如会在其汉语输出中夹带体现新加坡华语特色的词汇语法特征，而这些语言项目是在普通话教学中学不到的。本文将基于对"HSK 作文"偏误标注的考察，呈现汉语传承语学习者与二语学习者在一些语言项目上的差异。

　　本文的写作思路是：选取新加坡华语和马来西亚华语若干典型的词汇语法现象，考察其在"HSK 作文"中的表现、偏误标注及与其他国家汉语学习者的差异，进而说明对汉语传承语学习者与二语学习者进行区分的必要性、相关理论及应用问题。需要说明的是：虽然该语料库仅标明留学生国别，而没有任何语言背景信息，但由于本文考察的语言项目全部为新加坡、马来西亚华语常见而现代汉语普通话没有或基本消亡的典型特色词汇语法现象，使用这些语言项目者，绝大多数为华裔汉语学习者无疑。由此我们可以认为这些语言项目或为其自身初始语言能力，或为华语区的华语教育使然，或在学习过程中受家庭、社区语言环境影响，而非来自正常的汉语课堂教学。

二、新、马华语特色词在"HSK 作文"中的表现及其偏误标注

　　限于篇幅，这里仅涉及 3 个主要词类的 6 个特色词：名词"当儿""素质""巴仙"，动词"帮忙""使到"和形容词"优越"。

　　首先来看名词。

　　《现代汉语词典》（第 7 版）中的名词"当儿"有"当口儿""时候"的

意思,在今天的现代汉语普通话中,"当儿"已经罕有使用(李计伟, 2018a)。但在新加坡、马来西亚的华语中,这一意义的"当儿"很常见, 如例(1)和例(2)。

(1)就在新加坡准备庆祝 42 周年国庆的当儿,新加坡也在举办一个巡回展,要让新加坡人对首十年的建国路程,有深一层的了解。(新加坡)

(2)因为<u>在经济不景及民怨高涨当儿</u>,政府应该会发送更多的支援。(马来西亚)

"当儿"不见于"HSK 词汇等级大纲"。在"HSK 作文"中,"当儿"一共 14 例,均来自新加坡和马来西亚籍的学生,其中新加坡籍学生使用 8 例,马来西亚籍学生使用 6 例。在这 14 例中,有 7 例被标注为偏误,7 例没有标注。被标注"当儿"的偏误类型分为两类:一类是"错词中的多词(CD①)",如例(3);一类是"错词中的该用甲词而用乙词(CC②)",如例(4)。例(5)是未标的例子。

(3)我非常地{CC 的}无助,也感到很羞耻,真{CC 正}不知如何是好<u>{CD 的当儿}</u>。(新加坡)

(4)在各界都鼓励尽早让孩子认识及接触性教育的<u>时候{CC 当儿}</u>;显然,男女分班的制度并不符合{CC 适合}现代社会的倾向。(马来西亚)

---

① CD,多词标记,用于标示作文中不应有而有的词。把多余的词移至{CD}中 CD 的后面。

② CC,错词标记,用于标示错误的词和成语。把写错的词移至{CC}中 CC 的后面,并在{CC}前填写正确的词。

（5）但幸而在所有人都放弃我的当儿，刘老师并［F 并］没有这么做。（马来西亚）

在"HSK 作文"中，名词"素质"共有 223 例，涉及 20 余个国家和地区。其中因"素质"本身的使用而被标注为偏误者共 34 例，除去"错字（如将'质'写作'资'）"和"繁体字（'质'写作'質'；为保持原文，繁体字例句或例句中的繁体字，本文援引时不做改变）"外，涉及"素质"词义及搭配的偏误共 25 例，主要来自东南亚国家、韩国、英国。这些偏误从类型上看非常集中，可分为两类。

第一类：从词义上讲，"素质"等同于"成分""物质"，这是受粤语影响所致。在粤语中，"质素""素质"均有使用，但前者常用，且具有"成分"义。例如：

（6）蔬菜或其他果实｛CC 食品｝长得大，｛CQ 看起来｝挺让人满意，可是它本身的质量降低，它里面的营养物质｛CC4 素质｝、［BC，］｛CQ 和｝维生素也少了。（印度尼西亚）

（7）这是因为咽喉里的酒使身体吸［D 引］烟的不好的成分｛CC 素质｝吸［D 引］得更快。（英国）

（8）因为他们是被动｛CJsd｝［BQ，］所以［B 在］身体内还没有构成抗毒的抗体｛CC 素质｝，还有他们所吸进去的空气更不干净。（印度尼西亚）

上述三例，均被标注为"CC"，即"错词"，例（6）改为"物质"，例（7）改为"成分"，但例（8）改为"抗体"，囿于上下文，可见修改随意。

第二类：从词义上讲，"素质"等同于"质量""品质"。例如：

(9)当全世界人的生活水平{CC 素质}普遍提高、其社会环境也随之逐渐改善之际，"绿色食品"成了{CC2 成为 [C] 了}热门{CD 的}话题。(韩国)

(10)现[F 現]代，由于世界各国[F 國]都不再追求军[F 軍]事力量的庞[F 龐]大，转[F 轉]而{CD 进[F 進]入}力求繁荣[F 榮]和稳定；积[F 積]极[F 極]提高一般人民生活的质量{CC 素质[F 質]}。(英国)

(11)它不仅[F 僅]能够提高我们的{CJ+dy 生活}素质，更{CJs}人类[F 類]沟[F 溝]通、表达[F 達]思想的重要工具。(印度尼西亚)

(12)从而提高了人们[F 們]的{CD 生活}素质[F 質]。(马来西亚)

(13)因此，我深信若我能成功受聘于贵司的话，必定能为贵司的旅客们提供高质量{CC 素质}的服务。(马来西亚)

(14)就因为这个现象，使得音乐市场上的"垃圾音乐"过度泛滥，造成许多中文歌曲质量{CC 素质}下降。(新加坡)

例(9)至例(12)中，留学生原文出现的均为"生活(的)素质"这个搭配，但偏误类型标注却有 4 种之多，例(11)的标注甚至认为"素质"之前的修饰成分"生活"多余而予以删除。这些例句中的"素质"均可以解释为"质量""品质"，偏误修改结果也多改成了"质量"。在"HSK 作文"中，"生活(的)素质"的搭配共有 13 例，其中印度尼西亚 6 例，韩国 3 例，新加坡、马来西亚、英国及中国香港地区各 1 例，被标注为偏误者 6 例。下面两例均未被标注：

（15）随着人们的<u>生活素质</u>发展，很多人感到了用化肥和农药长出来的农作物不好［C］［BQ,］所以他们开始生产"绿色食品"也{CJX}很多人购买了。（韩国）

（16）因为"吃饱"是人类最基本的需要之一，只有在最基本的生存需要能够［C］被满足之后，人们才会接着去考虑如何提高<u>生活的素质</u>。（新加坡）

其实，"素质"的"质量"义，在东南亚华语、"港式中文"及粤方言中是其常用义。周清海和萧国政（1999）提到，新加坡华语中"素质"有"质量""品质"之义而普通话没有，比如新加坡华语中可以说"高素质的生活"，而普通话要说成"高品质的生活"或"高质量的生活"。据考察，除了新加坡华语以外，马来西亚华语、菲律宾华语以及印度尼西亚华语中的"素质"也有"品质""质量"之义。需要指出的是，"素质"的"品质、质量"义在20世纪80年代之前的现代汉语中依然有使用，比如"书籍的素质""秧苗的素质""产品的素质""企业的素质"等搭配比较常见（李计伟，2018a）。从这个角度而言，我们可以认为，新、马、印尼华语学生的"素质"用法源自其华语或粤方言，而中国香港学生的用法源自"港式中文"或粤方言。至于韩国学生的用例，则源自韩语对应词语"소질"的迁移。例（10）标注为"英国"的学生极有可能是来自中国台湾地区或香港地区的华裔。

名词"巴仙"是英语 percent 或马来语 persen 的音译，在整个东南亚地区，它是一个极富特色的华语词，使用极其广泛、频繁，且百余年前南洋地区的报刊文章中就有了。"百分之X"就说"X巴仙"，与现代汉语中的"百分百"一样，可以在句中作定语、状语，表示"肯定（的）""绝对

（地）"，"一百巴仙"也具有同样的用法；另外，现代汉语中的"百分比"，在新、马华语中常说"巴仙率"。

　　（17）在上届大选中安顺选区的投票率为 80%，但这次只有<u>六十多巴仙</u>。（马来西亚）
　　（18）为了<u>一百巴仙</u>恢复隆雪华堂的原貌，他指出，隆雪华堂也找来专业的工程队伍进行修复工作。（马来西亚）
　　（19）今年在城市及乡区考获全科 A 成绩的<u>巴仙率</u>普遍下降，降幅分别是 1.64% 和 0.89%。（马来西亚）

　　在"HSK 作文"中，"巴仙"共出现 5 次，3 例被标注了偏误，2 例未标：

　　（20）在我国，男女分班并不占太大的<u>比例</u>｛CC 巴仙率｝。（新加坡）
　　（21）严格分析来说，上、中和低等｛CC 辈｝家庭，也面对着这个问题，但是中等家庭的<u>发生</u>｛CC 巴仙｝率会比上等和下等的来得稍低。（印度尼西亚）
　　（22）如今，市政府规定每年都会增加<u>一百巴仙</u>的香烟进口｛CC 入口｝税。（马来西亚）

　　在"HSK 作文"中，"帮忙"共出现 143 次，涉及韩国、日本、马来西亚、新加坡、美国等 16 个国家和地区，其中因"帮忙"本身的用法而被标注为偏误者共 32 例。参考李计伟（2018b），"HSK 作文"中"帮忙"的偏误有如下几类。

A 类:帮忙+NP$_{对象}$+VP$_{原因}$

(23)在法国期间,我除了进修以外,课余时间有时<u>帮忙</u>｛CLH｝法国一些名牌服装公司设计简单的服装。(马来西亚)

(24)诸[F 諸]葛亮是<u>帮助</u>｛CC 帮忙｝刘备打天下的军师。(新加坡)

(25)不但在学校读书[F 書],放了学还要<u>帮</u>｛CC 帮忙｝老人家照顾店位。(印度尼西亚)

上述三例,都属于"帮忙+NP$_{对象}$+VP$_{原因}$"结构。但是,这三例偏误说明及改正的方式却不同,例(23)认为是"离合词错误(CLH①)",例(24)和例(25)分别将"帮忙"改为"帮助"和"帮"。

B 类:帮忙+NP$_{对象}$

(26)爸爸从来没有为了钱,为了东西,<u>帮忙</u>｛CLH｝自己的朋友。(日本)

(27)但有些老同学们热[F 熱]情地<u>帮忙</u>｛CLH｝我[BQ。]后来我的留学生活好多了。(韩国)

(28)我们艰难的时候,她老是<u>帮忙</u>｛CLH｝我们。(印度尼西亚)

(29)父亲一生很快乐,注重友情,乐意<u>帮助</u>｛CC 帮忙｝朋友。(新加坡)

C 类:帮忙+NP$_{原因}$

---

① CLH,离合词错误标记,用于标示各种和离合词相关的错误。标在有错误的离合词的后边,表示前边的离合词用法有误。

(30)现在的情况之下,帮助{CC 帮忙}安乐死的人受到惩罚{CC 犯罪}。(日本)

(31)这部电[C]影里男主人公非常固执,不喜欢听别人的话[C],更是一点也不帮忙{CJ-sy 做}①家务。(韩国)

(32)虽然才挣几个钱[C],但他却不肯让[C]老婆出去帮忙{CJ-sy 维持}生计。(新加坡)

D 类:NP+的+帮忙

(33)但是一旦习惯了接受{CC 受到}同屋的帮助{CC 帮忙}之后,{CJ-zhuy 我}越来越缺少{CC2 淡薄了}感激之心。(日本)

(34)正是因为我们的帮助{CC 帮忙},他的人生才变得丰富多彩。(韩国)

我们将"帮忙"使用次数最多的前六个国家及其偏误类别数量用表 1 表示如下,国别下面为该国学生使用"帮忙"的总数量。

表1 "帮忙"的偏误类型与数量

	韩国 (33 次)	日本 (30 次)	新加坡 (29 次)	印尼 (16 次)	马来西亚 (11 次)	泰国 (6 次)
A 类	0	0	3	1	4	0
B 类	1	3	1	2	0	0
C 类	1	1	1	1	0	0
D 类	4	1	0	0	0	0

---

① CJ,病句标记,用于标示错误的句子。CJ+,句子成分多余错误标记,用于标示由于成分多余(赘余)造成的病句。{CJ-/+sy},述语残缺或多余。

根据上表，A 类偏误只出现于马来西亚、新加坡、印度尼西亚学生中，D 类偏误只出现于韩国、日本学生中，而 B、C 类两组学生皆有。如果不考虑东南亚华语的实际情况，我们可以将它们统一归为习得偏误。彭小川等（2004）以"'我要帮忙他'为什么不对？"为题，将"帮忙"列为"对外汉语教学语法释疑 201 例"之一。但如果考虑到东南亚华语的实际情况，尤其是考生为华裔的时候，我们就应该将日、韩学生与东南亚华裔学生在"帮忙"用法上的偏误区别对待了：前者属于习得偏误，后者多为其自身华语能力的体现。根据李计伟（2018b），"帮忙"的 A、B、C 类三种用法在东南亚华语中是很常见的，且这些用法应该源自早期现代汉语。例如：

（35）内阁资政李光耀说，新加坡在<u>帮忙马来西亚和印尼发展特别经济区</u>上，将给予同样的重视。（新加坡）

（36）他中学时身兼数职，除了上学，还得到阿依淡巴刹<u>帮忙爸爸看档</u>，同时也到菜馆当学徒。（马来西亚）

（37）我还以为是什么事，这个我一定<u>帮忙你</u>的。（新加坡）

（38）我一心想着要<u>帮忙乞丐</u>，通常会施舍 1 令吉至 5 令吉。（马来西亚）

（39）她已婚，丈夫也是工人党党员，但是只会在幕后<u>帮忙竞选活动</u>，所以两人组成竞选"夫妻档"的可能性不大。（新加坡）

（40）母亲让孩子<u>帮忙家务</u>。（马来西亚）

在新、马华语中，双音节使令动词"使到"很常用，其意义和功能与现代汉语普通话中的"使得""让"相当。根据陈重瑜（1986），"使到"乃受粤方言、闽方言影响。在"HSK 作文"中，"使到"共有 26 例，均来自东南亚国家,其中新加坡14例,马来西亚8例,泰国3例,印尼1例。这26例中,19例被标注为偏误。下面例(41)至例(43)为标注者,例(44)为未标者。

(41)男女分班也造成{CC使到}往后他们进入{CC出来}社会时的一种心智的不平衡。(马来西亚)

(42)这种想法,时常使得{CC使到}事情不能如期完成,是非常要不得的。(新加坡)

(43)人们只会花费,购买东西[BQ,]却不提高生产[C]量,[BC。]导致{CC使到}发生通货膨[C]胀[C]。(马来西亚)

(44)因为[F爲]车[F車]辆[F輛]多马[F馬]路每车[F車]辆[F輛]的数量不时对比,这便使到曼谷成为[F爲]世界最大的停车[F車]场了!(泰国)

在现代汉语中,形容词"优越"多与"条件""地位""地理环境"等名词搭配。但新、马华语中除了这些搭配以外,还有很多搭配是现代汉语中没有的,比如可以修饰"成绩""表现"等,如例(45)、例(46),具体可参考李计伟(2015)。

(45)马来西亚并不是没有能力在体坛取得优越的成绩,只不过是需要获得来自各单位的全力合作与协助。(马来西亚)

(46)连续三年外资每年45亿,槟城的经济表现也非常优越。(马来西亚)

在"HSK作文"中,"优越"共出现22例,被标注偏误者共9例。这

9例被标注的偏误集中于以下三点。

第一，"优越"搭配"成绩"，共3例，1例来自韩国学生，2例来自新加坡学生，同时还有2例未被标注。如：

(47)当我考完试后取[B 曲]得不优秀{CC 优越}的成绩时，我可以听一下很酷的流行歌曲来让{CC 给}我放松放松自己。(韩国)

(48)在攻读美专时，成绩一向非常优异{CC 优越}，并常常得到校方的奖励[B 历]。[BC.](新加坡)

第二，"优越"搭配"表现"，共2例，全部来自新加坡学生。例如：

(49)第一份工作为在××旅游公司作导游，因工作表现[F 现]优秀{CC 优越}，及对行政工作有浓[F 濃]厚之兴趣，于[F 於]××年被提升为公司行政主任。(新加坡)

(50)我在求学时期一直表现都非常优秀{CC 优越}，在我的大学考试都在{CC4 考上}前五十名。(新加坡)

第三，"优越心"这一汉语中没有的固定搭配的使用，共4例，全部来自日本学生，见例(51)。

(51)还有，心里{CD 当中}可以想到的是优越感{CC 优越心}。(日本)

"优越心"一词，仅为日本学生使用，属于母语迁移。而"优越"跟

"成绩""表现"的搭配偏误除 1 例外全部来自东南亚留学生。这些学生极有可能为华裔,"优越"的这种特殊搭配源自其自身的华语使用习惯。

三、新马华语特色语法结构在"HSK 作文"中的表现及其偏误标注

语法结构方面,本文选择以新、马华语中使用频繁的"谓词+回""V$_单$获"两个动补短语和"获+VP"被动结构为例。

"谓词+回"是新加坡华语颇具特色的一个结构,在马来西亚华语中也有使用。陆俭明等(2015)指出:"在新加坡华语里,'回'做趋向补语可表示一种特殊的引申意义,即表示'回复'的意思。这时 V 不是表示位移的动词,而是一般的动词。"朱元(2014)提到,从频率上来说,"V回"在新加坡华语里使用频率颇高,甚至已经成为凝固结构。林春海和潘秋平(2015)将新加坡华语中的"谓词+回"的语义类型分为 10 类,如表 2 所示。

表 2　新加坡华语中"谓词+回"的语义类型

语义类型	例子
①返回原处	这次新年又靠近周末又碰上 Recess Week,那些留学生不飞回家才怪。
②领有权的回复	好像交画那天,……我们会派罗厘来接,展出以后我们会再用罗厘送回(画),这样子给他们安心了。
③强调领有权的回复	等我一下,我去还回书。
④宾语状态的回复	以前也是钢筋水泥,但是英国人撤走的时候,就把这个桥炸坏。炸坏了,日本人后来就用木头来修回这条桥。

（续表）

语义类型	例子
⑤意念上回复理想	有没有搞错，在新加坡包马币给人家，这样我不是要换回新币才可以用？
⑥宾语的类同	如果我写回 Transcript 里的东西，其实就没有多大帮助。
⑦主语状态的回复	这几天，天气好像热回了。
⑧动作持续而只回复宾语	这样讲回您祖父的事业……
⑨动作及宾语的重复	我买回一样的巧克力蛋糕，要吃自己拿。
⑩先后式交互事件	他打你，你打回他啦！

在"HSK 作文"中，被标注的"谓词+回"使用偏误一共有 3 例，全部来自新、马。例（52）中的"得回"属于类型③，例（53）属于类型⑧，例（54）属于类型⑤；例（52）被认为"得回"应该改为"得到"，例（53）和例（54）则被认为"回"字多余。例（55）、例（56）也属于颇具新加坡华语特色的"谓词+回"结构，但均未被标注。

（52）小雪的父亲[F 親]为了让[Y]她能再得到{CC 得回}母爱，决定娶一个很贤惠的女人给小雪当后母。（新加坡）

（53）话[F 話]说[F 說][D 回]①第一个和尚，[BC；]开始时，他非常的勤劳，每天为了自己{CD 的}吃水{CC 食水}。（新加坡）

（54）爸、妈，今年的春节不能陪您们[L]度[B 渡]过了。可喜的是，又省[D 回]一封红包了是不是？（马来西亚）

（55）而且这女儿，脾气虽然坏，但却很爱她[B 他]妈妈，他被

---

① D，多字标记，用于标示作文中不应出现而出现的字。把多余的字移至[D]中 D 的后面。

女儿尖酸刻薄的语言骂醒,不但原谅了她,也认[F 認]回了她妈妈。(新加坡)

(56)时光一过就难补[Pbu]回,你的一生也难有好开始。(新加坡)

在新、马华语中,常见的动补结构"V_单获"有"考获""接获""寻获""搜获"等。在"HSK 作文"中,最常见的"V_单获"结构是"考获",共出现 53 例,全部来自新加坡和马来西亚两个国家的学生,新加坡 42 例,马来西亚 11 例;其中因"考获"本身的使用而被标注为偏误者达 30 例,其偏误修改方式多达 8 种。例如:

(57)我今年三十四岁[C],现[F 现]为新加坡公民,毕业于中正中学,并[F 並]于一九九二年荣获{CC 考获}南洋美专艺术学院广告设计特优{CQ 奖}。(新加坡)

(58)于 1989 年毕业于新加坡国立大学文学系,并[F 並]于次年,即 1990 年考获合格导游证书,同年同时考取{CC 考获}日语高级水平证书。(新加坡)

(59)具有{CC 考获}旅游促进局导游专业证书者将优先考虑。(新加坡)

(60)拥有{CC 考获}新加坡旅游局导游证书。(新加坡)

(61)我在德明政府中学修完中四课程并取得{CC 考获}剑桥普通水准文凭,其中我的英文、数学、物理与美术俱得特优。(新加坡)

(62)我也通过{CC 考获}了日本语文高级考试,同时{CC 冈时}也会说流利的英文与华文。(新加坡)

(63)本人于两{CC 二}年前毕业于马来西亚艺术学院广告设

计学系,并[F 並]{CD 考}获一等专业文凭。(马来西亚)

(64)本人于前年毕业于槟城钟灵中学{CD 高中三},全班考试获得{CC 考获}第三名,美术一科获取特优成绩。(马来西亚)

在新加坡、马来西亚华语中,"获"还能够出现在动词前面构成"获+VP"被动结构,个别情况下,也可以构成"获+NP+VP"被动结构。例如:

(65)要当上拍卖官,必须通过州政府考试、面试,才会获颁发执照,正式具备"拍卖官"的资格。(马来西亚)

(66)1985 年被政府公报为渔业保护区的巴雅岛,是在 1990 年被开发,并在 4 年后,获中央政府升格为海洋公园。(马来西亚)

石定栩等(2006)曾经指出,"港式中文"被动句根据褒贬义分为两个下位类型,分别使用不同的标记词,表贬义的一般只用"遭",表褒义(含中性义)的一般用"获"。在"HSK 作文"中,"获颁(发)"出现 8 例,其中新加坡学生 7 例,中国香港地区学生 1 例,其中被标注为偏误者5 例:

(67)我刚毕业于新加坡国立大学文学系,主修中华历史,荣获{CC 获颁}一等荣誉学士{CQ 学位}。(新加坡)

(68)本人亦于[F 於]一九八九年至九二年于[F 於]新加坡理工大学进修对华贸易文凭课[F 課]程,并于[F 於]九二年底获得{CC2 获颁发}该[F 該]文凭。(中国香港)

显然,这种被动结构是新、马华语和"港式中文"的典型特征,而非习得偏误。

应该说,上节及本节谈及的"HSK 作文"中被标注的这些用例,是华裔汉语学习者或使用者自身语言能力的体现,而非汉语学习过程中的偏误;该语料库偏误判定上的不充分、标注标准不一,在一定程度上也显示了这一点——几乎所有项目均有未标注用例。从全球中文教育的角度看,在一个华语社区正常使用的语言项目,在另外一个华语社区被认定为偏误,这显然不利于中文的国际传播。

四、结论及相关问题讨论

通过前文的举例分析,我们可以发现,在"HSK 作文"中,作为汉语传承语学习者的华裔学生的正常华语表达被作为习得偏误处理了,与全球的汉语二语学习者"一视同仁"。从该语料库的语料来源看,这无可厚非,毕竟 HSK 作为大规模标准化水平考试,无法详细辨别或者要求学生填写其具体语言背景以及族裔身份,且大规模标准化考试须有一定的标准。但从传承语习得与二语习得的区分、全球华语研究、华语研究与华文教育衔接、全球英语教学亦面临同样问题等角度来看,这种状况需要引起我们的重视,并进而做出一定的改变。

(一) 汉语传承语学习者与汉语二语学习者的区分

蒙特鲁(Montrul, 2016)第八章以"Are Heritage Speakers Like Second Language Learners?"为题,专门论述了传承语者与二语者的异同,并且强调指出:没有对传承语学习者和二语学习者异同的准确认识,就难以判别应用于二语学习者的教学方法是否适用于传承语学习者。传承语学习者和二语学习者的全面对比不仅与语言教学相关,而且迫在眉睫,很多国家均是如此(Montrul,2016)。

如果从"国内外第一本以华文教学为出发点的教材"《华文教学概论》(郭熙,2007)明确提出面向华裔学生的华文教学不同于一般的汉语作为第二语言教学算起,汉语教学界对华文教学性质的探讨至今已十余年,起步不可谓晚。其中,新加坡等地的华人学者由于对其华语面貌及华人学生语言背景与语言能力多样性、差异性的切身认识,提出的一些见解颇具启发性。随着传承语习得理论的引介与全球华语研究的深入,人们更明确地认识到华文教学本质上是汉语作为传承语教学或者祖语教学(曹贤文,2014;郭熙,2017;李计伟,2019)。如果将华语教学视为传承语教学,那么对华语教学性质的认识就必须跟传承语及传承语者的特征联系起来。本文第一节提到,传承语者对传承语的精通度个体差异很大,从极少语言知识到类似母语,也就是说它一端接近于面向非母语者的对外汉语教学,一端则接近于汉语母语教学,即介于二者之间。传承语者及其传承语能力的多样性、复杂性,对人们如何准确认识汉语传承语学习者与二语学习者的关键差异,并从教学设计、教材编写、测试评估、语料库建设等方面采取有效措施来应对这些差异,提出了挑战。

(二) 从"全球英语"看"大华语"

罗斯和加洛韦(Rose & Galloway,2019)认为,英语主要通过殖民性移民、奴隶贸易、掠夺性殖民、全球化扩散四个渠道传遍世界,并由此形成各种英语变体。与英语不同,全球华语变体的形成主要源于中国人向外的自然移民。李宇明(2017)在前人基础上重新定义了"大华语",认为"大华语是以普通话/国语为基础的全世界华人的共同语",并将华语变体分为"大陆的普通话""台湾的'国语'""香港、澳门的华语"

"新马印尼文莱的华语"和以欧洲、北美为代表的正在形成的"其他华语"。众多的英语变体以及世界范围内对英语的持续需求,让英语教学成为一项全球性的事业,英语语言教学(Englishes Language Teaching)亦转变为全球英语语言教学(Global Englishes Language Teaching)。这一转变,"迫使人们重新思考英语语言教与学的目标,重新认识英语语言本身"(Nero,2012)。同样,"大华语"概念的提出、国际中文教育的深入发展以及全球范围内语言习得的"多语转向",也需要我们重新考量并积极应对全球中文教育的一些新变化。比如:我们要做好顶层设计,将华文教育视为国际中文教育中与汉语国际教育地位等同的组成部分;不同的华语变体,在国际中文教育中的地位及作用如何? 如果要与不同华语变体的使用者交流,中文学习者要具备什么样的能力? 如果要开展"海外华裔青少年华语水平测试"(王汉卫,2018),测试过程中华裔学生输出的华语特色词汇语法现象如何处理? 等等。钟荣富(2008)认为新加坡华语应该拥有与中国普通话一样的地位,是一种教学应该要教的对象。周清海(2021)在为王晓梅著《马来西亚华人社会语言研究》所作的序中说,"马来西亚有好的华文基础,但没走出去,过去的二三十年,在华文世界发挥的作用有限"。在"深化国际中文教育"的背景下,在"大华语"的视域中,这些观点和呼吁值得我们思考。

(三) 全球华语视域中汉语/华语教学与测试标准的弹性

本文选取的华语特色语言现象,多来自马来西亚华语和新加坡华语。如果没有对这些海外华语变体特征的认识,我们就无法进行此项研究。这也是华语研究与华文教育衔接的主要议题之一:"既然华语是全体华人的共同语,华文教育中就必须重视'共核',需要采用共同的标准;既然尊重华语的变异,教学中也要顾及各地的具体情况。"(郭熙、王文豪,2018)采用共同的标准并不难,汉语国际教育和华文教育一直以现代汉语普通话为标准,但如何尊重华语的变异,并在语言教学、教师培训乃至汉语水平测试中有所体现,却是个难题。正如陆俭明(2019)所说:"建立并确认'大华语'概念对推进全球范围的汉语教学有很大的好处。但同时也给我们带来了新的思考——如何具体理解那'弹性'？具体该如何掌握那'宽容度'之'度'？在语音、词汇、语法、语用上具体该怎么操作,怎么落实？目前尚无研究。科学研究的最终目的是为了应用。现在,全球华语研究正蓬勃开展。我想全球华语研究必须落到'华文教学'这一实处。"

如何将全球华语研究落实到华文教学中？就像本文重点论述的,如何不再单纯地、简单地用习得偏误的眼光来审视华裔学生的华语特色输出,这是一个值得我们思考的问题。类似的问题同样也困扰着全球英语及其教学研究。罗斯和加洛韦(Rose & Galloway,2019)提到,关于英语语言教学与英语全球化的关系,教学界一直关注母语者和核心英语圈层的标准,全球英语视角下的英语教学,要从教学标准、课程设置、教学内容、教师培训、测试评估等方面做出改变。比如,在教学标准方面,传统的英语教学仅对标标准英语,但全球英语语言教学的标准应是多样的(diverse)、动态的(flexible)、多重的(multiple);在课程设置、教师培训方面,应该加入"全球英语"专题,讲授英语的历史、英语传播、卡齐鲁的英语三圈模式、英语变体及其使用者、日本英语、新加坡英语等;在测试层面,当前的标准化测试,囿于观念、时间与经济成本,主要是基于单一标准的测试,判断学生的偏误及其对标准的背离,单一标准显然无法兼容全球英语的地域差异与动态变化,全球英语教学认为测试标准应该基于交际能力,重点考察学习者在各种真实交际情景中的语言表现,关注其交际的有效性与适用性。

　　全球英语与全球英语教学对相关问题的探讨为我们回答陆俭明(2019)的问题提供了一些思路。就以本文探讨的问题来说,如何不再将华裔学生的正常语言输出判定为习得偏误? 从语料库的角度讲,汉语传承语学习者与汉语二语学习者要分别建设,或者详细标注学习者的族裔和语言背景等信息;从教师培训的角度说,要将"全球华语"纳入汉语国际教师、华文教师培训的课程体系;从测试层面讲,在无法改变大规模标准化水平考试单一标准的情况下,我们应该尊重华语变体的典型特色,在这些语言项目上对华裔学生的自然输出采取多重、动态标准。这里需要着重指出的是,如果没有测评标准的改变,就会扼杀课程体系与教师培训上的创新,同样也会阻碍华语研究与华文教育、国际中文教育的衔接。

　　中国语言与文化"走出去"是一个长期的、逐步积累的发展过程,将来还需要各方面的研究和探索。其中最根本的问题是如何传播中国的语言,如何制定语言和文化并行走出去的规划(柯彼德,2020)。在这样的形势下,如何为国际中文教育领域内不同类型的学习者提供更科学、多元的中文教育,如何充分发挥华文教育在华侨华人语言文化传承中的作用,需要我们认真考虑并采取相应的措施。

参考文献

曹贤文,2014,《"继承语"理论视角下的海外华文教学再考察》,《华文教学与研究》第 4 期。

陈重瑜,1986,《新加坡华语语法特征》,《语言研究》第 1 期。

郭熙,2007,《华文教学概论》,商务印书馆。

郭熙,2015,《论汉语教学的三大分野》,《中国语文》第 5 期。

郭熙,2017,《论祖语与祖语传承》,《语言战略研究》第 3 期。

郭熙、王文豪,2018,《论华语研究与华文教育的衔接》,《语言文字应用》第 2 期。

柯彼德,2020,《汉语国际化的若干问题》,《语言教学与研究》第 3 期。

李计伟,2015,《基于对比与定量统计的马来西亚华语形容词研究》,《云南师范大学学报(哲学社会科学版)》第 1 期。

李计伟,2018a,《东南亚华语视角下的现代汉语词汇变化研究》,《马来西亚华人研究学刊》第 21 期。

李计伟,2018b,《大华语视域中"帮忙"用法的共时差异与历时变化》,《汉语学报》第 4 期。

李计伟,2019,《〈传承语习得〉述评》,《外语教学与研究》第 2 期。

李宇明,2017,《大华语:全球华人的共同语》,《语言文字应用》第 1 期。

陆俭明,2019,《话说汉语走向世界》,商务印书馆。

陆俭明等,2015,《新加坡华语语法的特点》,见郭熙编《全球华语研究文献选编》,商务印书馆。

彭小川、李守纪、王红,2004,《对外汉语教学语法释疑 201 例》,商务印书馆。

石定栩等,2006,《港式中文与标准中文的比较》,香港教育图书公司。

王汉卫,2018,《华文水平测试的设计与初步验证》,《世界汉语教学》第 4 期。

王晓梅,2021,《马来西亚华人社会语言研究》,商务印书馆。

吴英成、邵洪亮,2014,《华裔汉语学习者解读:新加坡视角》,《世界汉语教学》第 2 期。

张广勇,2014,《国外继承语习得研究新进展》,《现代外语》第 1 期。

钟荣富,2008,《新加坡华语的特色与文化在教学上的角色》,《华语文教学研究》(台北)第 1 期。

周明朗,2014,《语言认同与华语传承语教育》,《华文教学与研究》第 1 期。

周清海、萧国政,1999,《新加坡华语词的词形、词义和词用选择》,《中国语文》第 4 期。

朱元,2014,《触因变异与语言共性:以新加坡华语为个案》,《华语文教学研究》(台北)第 2 期。

Montrul, Silvina, 2016, *The Acquisition of Heritage Languages*. Cambridge University Press.

Nero, S., 2012, Languages Without Borders: TESOL in a Transient World. *TESL Canada Journal*, 29.

Polinsky, Maria, 2018, *Heritage Languages and Their Speakers*. Cambridge University Press.

Rose, H. & Galloway, N., 2019, *Global Englishes for Language Teaching*. Cambridge University Press.

近十余年来的华语研究:回顾与前瞻[*]

祝晓宏

一、引言

21 世纪以来,伴随全球华语崛起的大势,华语研究受到空前的重视,国内外学术力量逐渐汇聚,在平台搭建、成果质量和数量、课题立项、队伍建设等方面陆续取得重要进展,其研究价值和意义愈发凸显,建立全球华语学的呼声越来越高(刁晏斌,2017;刘善涛、党怀兴,2020),华语研究已成为语言学科内一个不容忽视的学术方向。但是,一个同样不容忽视的事实是,华语学科在研究实力、学术影响、学科地位等方面仍然比较薄弱。

2020 年 10 月,新时代以来第一次全国语言文字会议召开,我国语言文字事业和语言学科站在了新的历史方位。立足新的方位,华语研究需要回首过去,谋划未来。我们曾略述华语研究进入 21 世纪后格局为之一变,在于积极响应国家语言战略,"汇入中国语言生活派的洪流"(祝晓宏、周同燕,2017)。本文拟进一步从研究主题、研究理念两

* 本研究得到国家社科基金重大项目"境外华语资源数据库建设及应用研究"(19ZDA311)、国家社科基金重点项目"海外华语资源抢救性搜集整理与研究"(19AYY003)、教育部人文社科研究项目"东南亚华语传承口述史数据库建设研究"(19YJC740125)资助。本文曾在海外华语资源库建设国际研讨会上宣读,得到郭熙教授、侯敏教授的鼓励和指点,匿名审稿专家也提出很好的修改意见,谨此致谢。本文原载《语言文字应用》2021 年第 2 期。

方面回顾十余年来的华语研究,在学科和事业两大坐标下,思考华语研究的双重使命,并对未来愿景做出展望。

二、华语研究的八大主题

(一)华语学科建构

华语研究的学科自觉意识不断增强,学者们围绕术语正名、概念体系、研究对象、研究内容以及创建全球华语学做了不少阐述。

华语正名是通过确定华语内涵和外延进行的:对华语内涵有"以普通话为核心/标准/基础的全球华人共同语"(郭熙,2012)、"以普通话/国语为基础的全世界华人的共同语"(李宇明,2017)、"全球华人共有的语言"(赵世举,2017)等多种界定,概念种差上的调整,反映了人们对华语属性、来源和发展等认识的深入;华语外延则有"涵盖普通话、台湾'国语'、港澳中文、海外华语标准语及方言""专指海外华语"广狭两种理解。

针对华语的名称,学者提出了"大华语、全球华语、国际汉语、国际华语、整体华语、华语语系"等概念,形成了华语的概念群;《语言战略研究》还专门组织了一期"大华语"多人谈栏目。比较而言,"华语"和"大华语"两个概念的接受度最高。明确"华语"概念的所指,既是确定华语研究对象的需要,也有现实意义。

(二)华语事实

学者们在词汇、语法、语用等多个平面对华语事实开展了挖掘,对华语本身广泛细致地探察、研究,强化了学科的根基。

在词汇平面,出现了一批描写国别、区域华语特有词的成果。从差异、变异角度来描写华语词语的成果最多,覆盖名词、动词、形容词、副词、连词、助词、语气词等各种词类;另一方面,随着全球华语的接触,也出现了研究华语词语互动的案例(李昱、施春宏,2011;盛玉麒,2012;刁晏斌,2015;施春宏,2015)。从特征词到词语变异、互动研究,反映了人们试图捕捉华语词汇系统动态变化的努力。在语法方面,邢福义领衔的国家社科重大项目"全球华语语法"是一个标志性成果,这是第一次系统调查全球华语语法面貌,进一步带动了学界对于境外华语语法的关注。《中国语文》"'一带一路'的语言调查与分析"专栏也刊发了一些境外华语语法研究成果。

境外华语中的人名、称谓语、招牌语等功能语言研究增多(王晓梅,2010;刁晏斌、邹贞,2014;林凯祺、洪丽芬,2014),这些讨论推动了华语研究融入语言生活范畴。在方法论上,出现了"华语视角、多样性下的倾向性、两个三角、直接对比、参数分析"(祝晓宏,2011;李计伟2012;储泽祥、张琪,2013;刁晏斌,2015;邓思颖,2018)等多种研究思路,口语材料、语料库方法和区域比较受到重视,这些都有利于更深入地发掘华语事实。

总的来看,华语事实研究"明差异、析成因、立变体",描写和解释走向全面、立体。

(三) 华语规划

华语规划是在大华语的视角下对华语和华语生活进行的语言规划。在本体规划层面,规范标准引起许多争议。争议焦点是,各地华语应遵照普通话标准,还是依从自身的发展逻辑。从促进沟通角度考虑,不少人主张趋同(尚国文、赵守辉,2013;周清海,2016),而从汉语国际传播角度考量,也有人倾向保持个性(侍建国,2015;李泉,2016)。这些争论促使人们进一步思考华语规划的目标是什么。

地位规划方面有一些共识。郭熙(2012)论述了华语规划的内容和意义,认为现阶段声望规划是华语规划的核心;赵守辉、刘永兵(2008)也认为新加坡华语规划的重点在于声望规划;李宇明、王春辉(2017)则在全球视域下论述扩展汉语的功能,其中也指出要提高华语声望。可见,华语声望、地位和功能规划具有重合性;而在传播规划、获得规划等相关领域,华人家庭语言规划受到越来越多的关注。

在大华语的视角下,华语规划既是在国家民族框架下展开,也是一种跨境规划。跨境规划意味着,它不仅是华语视角下的中国语言规划,也是面向全球华人的语言规划。这要考虑各地华语的实际使用和认同情况,更要做好华语协调。《全球华语词典》《全球华语大词典》等华语辞书的出版,为华语规划和协调创造了示范,也产生了后续效应。值得注意的是,这些辞书虽然是描写性的,但是"词典"本身蕴涵规范和承认功能,对各地华语是一种认同强化。例如,2019年新加坡推广华语理事会推出"新加坡华语资料库",目的正是加强人们对新加坡华族文化和身份的认同。

语言生活派主张规划语言就是规划语言生活,对华语规划来说更是这样。海外华社一直缺乏强有力的规划机构,华人的语言生活多由华文教育和传媒来引导,这就形成了如今华语多样化的复杂局面。要减缓华语生活中的矛盾,促进华语趋同,还要加强华语声望提升、华语标准传播、华语产品开发等研究,华语规划需要继续做好协调和服务工作。

(四) 华语传承

华语是华人的祖语,有很多因素会造成祖语传承中断,导致祖语资源的流失(郭熙,2017)。从语言生活角度而言,打破祖语"传不过三代"的模式,需要在"语言教育、语言使用、语言意识"三个维度发力;从研究角度而言,祖语保持和发展研究有微观、中观、宏观三个层面,分别是家庭、社会和国家(Schalley & Eisenchlas,2020)。将这三个层面和上述三个维度组合,可以得到华语传承研究的九个方面,如下所示:

表1 华语传承研究的九个方面

华语传承	家庭	社会	国家
语言教育	家庭语言教育	社区语言教育	国家语言教育
语言使用	家庭语言使用	社区语言使用	国家语言使用
语言意识	家庭语言意识	社区语言意识	国家语言意识

在语言教育层面,华语传承主要由华文教育来担当。华文教育事业的推进,使人们认识到海外各地情况的多样性和复杂性,华文教育有向华语传承研究转变之趋势,例如,研究华文教学的继承语性质、认同目标、学习者身份与华语语码匹配等问题(曹贤文,2014;周明朗,2014;郭熙,2015;韩晓明,2018);关注海外主流学校的继承语分班、课程、项目、教师信念等课题。

在语言使用和语言意识层面,祖语保持领域的一些常识得到证实。例如,家庭环境是关键指标;父母作用重大;语言态度和认同非常重要。实证研究还深化了对华语传承机制的认识,例如,从一代到三代、从家庭到社区华语使用率直线降低,当地语则升高,存在显著的"剪刀差"现象(王建勤,2018);父母的语言意识存在不同的类型(王玲、支筱诗,2020)。

可见,现有的华语传承研究集中在微观和中观的教育层面,媒体、移民社会结构、社团组织、国家语言政策、历史经验都是华语传承的生态环境,这些宏观方面的研究还很少。

(五) 华语传播

过去的华语传播主要是自然传播,华语的传播局势多跟移民模式相关。21 世纪以来,华语传播和国际中文传播形成了合流,更多地具有了组织传播和大众传播的色彩。以传播学理论 5W 来看,传播研究涉及"传播者、内容、渠道、受众、效果"等要素,华语传播领域对这些要素都进行了探索。

在传播主体方面,国别化的华语传播受到关注。姚敏(2019)将汉语国际传播分成大华语传播圈、汉字圈和辐射圈,这三圈在传播主体和受众方面都有各自的特点;文章比较了不同传播主体的优劣势,指出要调整汉语国际传播的策略。华语传播包括普通话、台湾"国语"和其他华语等多种形式。多变体既丰富了传播内容,也造成了分歧,特别是繁简字、标准语和方言教学在不少地区构成了矛盾,这些矛盾随着新移民的增多会越发突出;另外,文化传播内容关注者众。李泉和丁秋怀(2017)批评了当前文化传播中重古轻今的一些误区,这些问题在海外中文学校也广泛存在。调查表明,一些中文补习学校文化教学内容老套,文化知识竞赛和京剧表演最不受学生欢迎(Wang,2016);部分孔子学院文化教学局限在 4F 层次:食物(food)、展览(fairs)、民俗(folklore)和事实(statistic fact)(Zhu & Li,2014)。在传播渠道方面,经贸交往、文化互动、民间活动等传播途径,华文传媒、学校、宗教组织等传播机构,在传播华语、构建中华认同方面都发挥了重要作用(王玲玲,2006;丁和根,2017;曾小燕、吴应辉、缑世宇,2020)。在受众方面,明确了华语传播的主要对象是海外华侨华人,他们也是传承意义上的祖语者(郭熙,2012)。

目前,汉语国际传播效果还缺乏科学的评估体系。很多人已经注意到孔子学院的困境问题,人们将会转而更加瞩目华语传播的优势,其"接力站"角色将会得到更多的关注。

(六) 华语接触

华语接触分为内外两层:内层是大华语圈内变体之间的接触,外层是华语及其变体和其他语言的接触,接触的过程和结果发生在语言结构的各级平面。

内层的华语接触研究成果较多。例如闽粤方言对于东南亚华语语法的影响(邢福义,2005;潘秋平,2009;王晓梅、何元建,2016;孙莉萍,2017),普通话跟境外华语在语法项目上的相互融合(刁晏斌,2015);陈保亚(2013)把语言在自然接触过程中的传承势力称为语势,依据语势的概念,认为马来西亚华语和方言的接触,导致了方言的萎缩。

华语和其他语言接触研究也有一些。例如,英语对港式中文的影响(邵敬敏,2008;赵春利、石定栩,2014);印尼语对华语词语的借用(唐根基,2016);华语磨蚀、转移(潘秋平、何佩芩,2010)等问题。华语接触是观察现代汉语演变很好的窗口。例如,现代汉语很多新成分也是通过华语中转站输入进来的。

(七) 华语社区

华语社区研究是在言语社区理论和世界英语圈层模式基础上发展出的一个研究方向。目前,大家的兴趣点主要在于华语社区的结构、地位和互动等方面。

华语社区结构主要有两种分层结果:一种是参照世界英语经典圈层模式,以母语人口和地域为标准,将华语社区划分为内圈、中圈和外圈;徐大明、王晓梅(2009)则提出"全球华语社区",按语言认同和使用的双重标准将其划分为核心圈、次核心圈和外圈,核心圈包括使用并认同华语的新加坡、马来西亚等地。这种划分法淡化地域、强调认同,扩大了全球华语社区的核心范围,可以起到促进华语大同的作用,可谓华语社区划分的进阶版,一些调查也确证了认同在华语社区建构中的作用(杨荣华,2011;陈颖,2017;王晓梅、朱菀莹,2019)。继续讨论华语分圈是有益的,多元分层模式可以与世界英语的多圈层模式形成呼应。全球华语社区的提出,突显了各圈层华语的主体性地位,拓展了华语研究的空间。例如,相对成熟的马来西亚华语社区研究自主意识萌发(王晓梅,2018;邱克威,2018);印尼先达国语、爪哇华语等变体受到关注(甘于恩,2015;王文豪,2020)。

华语社区互动越来越引起重视。这从华语辞典编纂理念的变化可以看出,《全球华语词典》收词"视点在异",《全球华语大词典》还收录了华人社会的共用词。李宇明(2017)指出,要关注华语社区的相互影响,一些具体的语法项目研究已经对此做出回应(王晓梅、张新怡,2019)。华语社区多方面的讨论,也将进一步启发华语规划、传播和认同研究。

(八) 华语生活

以上论述的华语传承、华语传播、华语规划、华语接触、华语社区都属于华语生活的某个局部,整体上的华语生活研究成果更为突出。国别华语生活调查研究成果较多,除了传统的东南亚华语区外,非洲、美国、英国等成长型的华语区报告增多(Li,2015;陶红印,2019;孙德平,2020;等);单点的调查报告集聚,使得区域概括研究变得可能(李春风、郭熙,2012)。

在调查专题方面,包括华语使用及语言态度、华语景观、域外汉字、华语交际、语码转换与转用研究(王晓梅,2011;徐新伟,2018;祝晓宏,2019;等);调查场所从家庭、学校、商场、寺庙、医院延伸到社区;在调查方法上,问卷、观察和民族志方法的结合渐成趋势。这些调查研究为我们打开了一幅全景的华语生活图。

语言资源理念的普及,使得华语资源研究受到重视。郭熙领衔的"境外华语资源数据库建设及应用研究"获批国家社会科学基金重大项目,课题组全面阐发了华语资源的构成、性质和意义等(郭熙、刘慧、李计伟,2020)。该课题将华语事实、华语文献、华语传承口述史料及其精神、华语言语作品等系统地勾连起来,将其看作中华语言文化资源的重要组成部分,提升了华语研究的层次。可以预见,这又将带动华语生活和华语资源研究的新一波热潮。

总之,在中国语言生活研究的带动下,华语研究内涵不断丰富,议题走向拓展、深化,其语言战略价值愈发突出。

三、华语研究的理念与使命

(一) 华语研究的两大理念

十多年来,华语研究在方法论和理论上积极探索,聚焦应用和全球华语两个实践场域,展现出两大研究理念。

1. 面向应用

从诞生之初,有组织的华语研究就是为了服务华文教学。面向应用的理念在新时期继续得到发扬,形成了从华文教学到"华语传承、华语传播、华语规划、华语生活"等一系列现实意义鲜明的学术课题。从服务教学到对接国家语言战略,再到事实调查和挖掘,华语研究的应用具有"层次性"和"循环性"。再如,一方面华语研究需要跟华文教育衔接起来(郭熙、王文豪,2018),另一方面,华文教育也要在国家语言能力提升中发挥独特的作用(郭熙2020)。

华语研究面向应用,就是面向全球华人的语言生活。从第二部分可以看出,语言生活研究的理念在华语研究的内容和目标中贯彻得比较充分,无论是华语事实的观察还是华语生活的调查,都有比较明确的应用指向,它拓展了华语研究的对象、范围,提升了华语研究的价值和格局。

2. 倡导全球华语视角

祝晓宏、周同燕(2017)将华语研究的特点概括为"在大华语的视野下,以比较、发展的眼光来看汉语跨疆域的事实",大华语视野就是全球华语视角。如上所述,华语研究的许多课题和学术行动就是在全球华语视角下开展的。全球华语理念的发扬,扩大了汉语研究的视角和范围,也对汉语研究的内容和观念有所补充、更新。

例如,在社区词鉴定、比较、测量的基础上,更加关注社区词的流通,社区词研究由普通话视角过渡到大华语视角的新阶段(田静、苏新春,2019);不只是跟普通话比较来看华语特征,还在全球华语视角下注意区域华语的共性(Lin,Shi,Jiang & Huang,2019);过去从普通话视角看到的一些华语特征,可能既非变异也非偏误,而是对早期现代汉语的继承(李计伟,2018;郭熙,2018,2019)。

(二)华语研究的双重使命

驱动学术发展有学科内在和社会外在双重动力,华语学科自身发展和国家语言战略赋予了华语研究双重使命。

1. 学科使命

在语言学科里,华语研究是从汉语研究衍生出来的方向,将华语研究置于语言学的学科坐标中,观察它和汉语研究的关系,更容易看清其定位和使命。

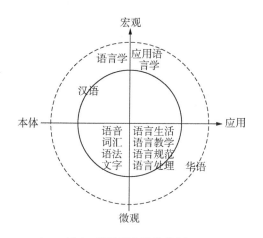

图1 华语研究的学科坐标

图1是华语研究的学科坐标。在此学术坐标中,**本体到应用、微观到宏观**的两轴交叉,可得到四个象限,对应语言学的四个方面:语言本体研究、语言应用研究、语言理论研究和语言应用理论研究。新中国成立七十多年来,我国语言学研究"进入历史上发展最快、学术最繁荣的时期",汉语言文字研究堪为代表(刘丹青,2019),将华语研究与之对比,可以粗略观察到几个情况:

第一,作为汉语研究的补充和拓展,华语研究扩大了汉语研究的学术半径,也就有了向更多未知探索的可能。例如华语资源现状、华语保护与转移问题、华语演变问题等等。

第二,华语本体与应用研究还有很多空白。例如语音、修辞、文字、本体界面、历时研究等,传承模式、习得机制、政策生态、产业开发等,都需要华语研究迎头赶上。

第三,华语学科意识在增强,但学科规划较弱,学科影响力有限。应该清醒地认识到,华语研究在语言学群内的声音还很小,研究力量还很弱很分散,组织化程度很低。

从根本上说,探索未知、弥补空白、提升学科影响力,还是要靠华语学科自身,学科规划关键是要强化学科认同。这既需要有关方面携起手来筹划行动,也需要聚焦学科本真方向,瞄准"华语传习规律、华语生活实态、华语资源保护与开发"等重大问题协同攻关,用扎实的研究成果夯实学科基础。

2. 事业使命

陈平(2020)指出,"我国现代语言学的发展进程显示,将学术活动与社会需求相结合,侧重应用的导向,是几代语言学家的共同特点"。不同的时期,国家和社会有着不同的应用需求。可以说,作为一项事业,语言学带有鲜明的时代特色。

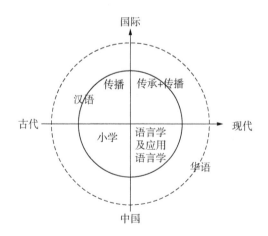

图 2　华语研究的事业坐标

图 2 是华语研究的事业坐标。在这个参照系中，古代到现代、中国到国际两轴交叉，构成了语言学事业发展的四个象限：立足中国，古代"为往圣续绝学"的小学发展到现代的语言学及应用语言学；立足国际，古代中国语言传播主要是为了睦邻友好，现代华语传播则是服务国家政治、外交、文化战略，有了更多的担当。相比汉语研究，华语研究的使命在于：

首先，在现代化语境中传承华语。现代华语传承应有发展的眼光，培养兼具中华语言文化素养和跨语言文化能力的世界公民（任弘，2019）。梁培炽（2014）认为，"美国的华文教育是要培养具有中华文化优秀传统教养的美国人，而不只是会讲华语写华文的美国人"，也就是说，不能将华语传承简单化地理解为只是传习汉语，全球华语传承需要有更大的胸怀。

其次，在全球化语境中传播华语。全球化拉近了中国和世界的距离，世界人民比以往任何时候都需要学习和运用汉语；同时，华语传播依然面临国际政治、经济、意识形态等不确定因素的挑战。机遇与挑战并存，华语传播研究需要因应形势，迎难而上。

再次，在流动和虚拟社会中服务华语应用。移动社会和网络社会的全面来临，出现了许多新的应用情景，例如旅游、医疗、司法等，线上的华语交际出现了"超语"等一些新的情况，向华语规划提出了更多的需求，华语研究应该通过具体的调查呼应这些需求。

最后也是最根本的，在后现代社会的多元认同状况中继续建构华语认同。华语是个彻头彻尾的现代概念（徐大明，2006），在现代社会，华语及华语研究已经为促进华人认同做出了贡献。当今世界后现代思潮弥漫，在转向后现代的过程中，认同趋于多元复杂甚至是分裂和冲突。前文所述华语研究八大主题都跟认同问题有所关联，今后如何继续以华语为中介，构建民族、国家和文化认同，铸牢中华民族共同体意识,是华语研究的核心任务。

四、华语研究的愿景

　　华语研究的前景,取决于学术使命的实现情况。十多年来,华语研究为完成学术使命中的一些清单已经做出了很多努力,不仅在议题拓展、实证调查方面取得显著的进步,在理论上也进行了积极探索,形成了一些颇具理论色彩的新观念和新认识。例如,大华语观带来了看问题的新视角,引发了一系列学术研究新课题,甚至促成了语言活动的新实践(李宇明,2017);华语资源观丰富了语言资源的理念,彰显了华语研究的应用品格,也有力推动了汉语应用研究与国际应用语言学主流接轨(Li,2011)。华语生活观促进了华语研究汇入语言生活研究,与之产生了良性互动,扩大了中国语言生活研究的内涵。

　　学术使命就是学科方向,在使命的召唤下,华语研究还有很多工作要做。陆俭明(2015)、周清海(2016)、李宇明(2017)、赵世举(2017)罗列了华语研究的不少重要课题,开展这些课题尚需一些基础工程托底。未来的华语研究应该会强化以下几个方面:

　　(1)扩大华语研究学术共同体。目前投入华语研究的力量与华语崛起形势远不相称。可以建设学术组织(如成立华语学会)、开展学术行动(如编纂"华语研究书系")、设置学术议程(如举办专题会议),引导有关话题扩散和深入。学术界可通过对"华语名称、规范标准、华语分层"等重要而未决的问题展开学术讨论来扩大"朋友圈"。目前来看,华语研究的潜在力量遍布世界:海外分布着大量的华语学者和相关组织,几十万华文教师,他们既是华语生活的实践者,也是构建中华语言文化共同体的重要力量。

（2）全面调查海外华社语言生活。华语研究还处在"观念萌生、材料收集"的初始阶段（李宇明，2017），华语研究要像方言研究一样，勤于扎根田野，用材料说话，靠调查事实来认识华语实态。传承和传播华语，最理想的状态还是要让华语深入广泛地应用于日常生活，这就需要全面调查境外华语各种应用的场景，包括虚拟社区和新兴社区的华语应用。可以组织海内外同仁编写《全球华语生活状况报告》，以此来跟踪、展示、引导全球华语生活，促进全球华语生活的和谐共振，凝聚华语认同，推动华语传播。

（3）建设开发各类华语资源平台。华语资源的内涵非常丰富，从应用的角度来说，至少包括面向保护类的（如华语事实、历史文献、语言景观、口述史料）和面向教学类的（如祖语生言语作品、教材教案等），这两类资源都有不少有待开发。我们可以在逐步摸查华语资源的基础上，分类建设"全球华语口语语料库""全球华裔传承语者语料库"等平台，编纂《全球华语地图集》《全球华语资源状况报告》《海外华语传承语者案例集》等，推进华语资源和华语传承等研究。

对于一个领域而言，十多年的历程并不算长。但是，当我们把这个时间段放在中华民族伟大复兴和建构全球华语共同体这个更大的时空跨度里，它就有了特殊的意义，这一段的华语研究，承载了几代人对于华语课题的关切和探索。我们相信，在更多研究者的努力下，未来华语研究的空间将会更加广阔。

参考文献

曹贤文，2014，《继承语理论视角下的海外华文教学再考察》，《华文教学与研究》第 4 期。

陈保亚,2013,《语势、家庭学习模式与语言传承——从语言自然接触说起》,《北京大学学报(哲学社会科学版)》第 3 期。

陈平,2020,《理论语言学、语言交叉学科与应用研究:观察与思考》,《当代修辞学》第 5 期。

郭熙,2012,《华语研究录》,商务印书馆。

郭熙,2015,《论汉语教学的三大分野》,《中国语文》第 5 期。

郭熙,2017,《论祖语与祖语传承》,《语言战略研究》第 3 期。

郭熙,2020,《新时代的海外华文教育与中国国家语言能力的提升》,《语言文字应用》第 4 期。

郭熙、李春风,2016,《东南亚华人的语言使用特征及其发展趋势》,《双语教育研究》第 2 期。

郭熙、刘慧、李计伟,2020,《论海外华语资源的抢救性整理和保护》,《云南师范大学学报(哲学社会科学版)》第 2 期。

郭熙、王文豪,2018,《论华语研究与华文教育的衔接》,《语言文字应用》第 2 期。

李计伟,2012,《"两个三角理论"与海外华语语法特点的发掘》,《汉语学报》第 3 期。

李计伟,2018,《大华语视域中"帮忙"用法的共时差异与历时变化》,《汉语学报》第 4 期。

李泉、丁秋怀,2017,《中国文化教学与传播:当代视角与内涵》,《语言文字应用》第 1 期。

李宇明,2017,《大华语:全球华人的共同语》,《语言文字应用》第 1 期。

李宇明、王春辉,2018,《全球视域中的汉语功能》,《云南师范大学学报(哲学社会科学版)》第 5 期。

梁培炽,2014,《美国华文教育论丛》,中国华侨出版社。

任弘,2019,《永续经营:从几个理论概念再思考华文教育》,《台湾华语教学研究》第 19 期。

王建勤,2018,《语言生活视角下的汉语国际教育》,《语言战略研究》第 6 期。

王玲、支筱诗,2020,《美国华裔家庭父母语言意识类型及影响因素分析》,《华文教学与研究》第 3 期。

王晓梅、何元建,2016,《从语言接触看马来西亚华语疑问句尾的"的"字》,《中国语文》第 5 期。

徐大明,2006,《"华语"宣言书——评徐杰、王惠〈现代华语概论〉》,《语言科学》第 6 期。

徐大明、王晓梅,2009,《全球华语社区说略》,《吉林大学社会科学学报》第 2 期。

姚敏,2019,《"大华语"视角下的汉语国际传播策略思考》,《语言文字应用》第 1 期。

赵世举,2017,《华语的历时流变和共时格局及整体华语观》,《文化软实力研究》第 6 期。

赵守辉、刘永兵,2008,《新加坡华族社群家庭用语的社会语言学分析》,《社会科学战线》第 8 期。

祝晓宏,2011,《华语视角下"插"类词的语义变异、变化及传播,《语言文字应用》第 2 期。

祝晓宏、周同燕,2017,《全球华语国内研究综述》,《语言战略研究》第 1 期。

Wang, Danlu, 2016, Imagining China and the Chinese: Cultural Identities of British Chinese Young People in and around London. Doctoral Thesis of University College London.

Zhu, Hua & Li, Wei, 2014, Geopolitics and the Changing Hierarchies of the Chinese Language: Implications for Policy and Practice of Chinese Language Teaching in Schools in Britain. *The Modern Language Journal*, 98(1).

第二编

海外华语语言生活状况调查及华语多媒体语言资源库建设[*]

刘　华　郭　熙

　　海外华语基本面貌如何？如何监测和引导华语的发展？如何利用华语研究成果更有效地制定国家语言政策和进行语言规划，辅助华文教学和汉语国际推广？这些都和海外华语的基础研究——华语语言生活状况调查分不开，应该抓紧调查和描写各地华语的语言生活实态。

　　海外华语语言生活状况调查包括：

　　1. 海外华文传媒现状调查及华文媒体语料库建设。对海外各种华文媒体，如网络、报纸、教材等，进行现状调查，以此为基础，建设华文媒体语料库。

　　2. 海外华文媒体语言生活状况调查。基于华文媒体语料库，进行华文网络、报刊、教材等书面语形式的语言生活状况调查，如用字用语的调查研究。

　　3. 海外华语口语语言生活状况及华语风貌调查。包括海外华语、方言录音记音，海外华语语言调查场景录音录像；对华语日常交际场景、带有当地文化特色的重大华语节假日语言生活场景录音录像；对海外含有汉字的路牌、招牌、楹联、广告、标语、墓志等日常生活中的华语

　　*　本研究得到"中央高校基本科研业务费专项资金（暨南跨越计划）"（08JNKY09）资助。本文原载《语言文字应用》2012 年第 4 期。

媒介进行录像照相。以期全方位、多角度、生动真实地反映鲜活的海外华语语言生活实况。

　　海外华语多媒体语言资源库,指的是基于海外华语语言生活状况调查基础上构建的,通过文本、音频、图片、视频等多媒体手段,实态反映华语语言生活的资源库,包括海外华文媒体语料库、华语有声数据库、华语风貌资源库。与单调的传统语料库不同,该资源库通过多种媒体形式全方位多角度展示华语风貌,声色并茂、图文并茂,是"多媒体语言资源"理念的创新和实践。

一、国内外研究现状述评

(一)国外语言资源建设与监测方面的研究

　　国外语言资源建设和监测始于 20 世纪。主要关注语言的多样性,重视非强势族群语言及方言土语的调查、整理,以及各种语言或方言使用变化的动态监测,以实现抢救、保护、开发语言资源的目的。联合国教科文组织 20 世纪 90 年代编制的《世界语言报告》,可以看作对语言资源进行监测、开发的开始。随后成立的相关研究机构有语言数据联盟(LDC)、欧洲语言资源联盟(ELRA)、跨欧洲语言资源基础建设学会(TELRI)、国际性非政府组织"语界"(Terralingua)、全球语言监测网(GLM)等。

(二)国内语言资源建设与监测的研究

　　语言资源问题直到 21 世纪初才受到关注,张普(2003)指出:"国家要像对待人力资源、地矿资源、国土资源、森林资源、水资源一样对待语言资源,语言资源是国家最重要的信息资源……"

随后,教育部语信司成立了国家语言资源监测与研究中心,形成了领域齐全的国家语言资源建设和监测的体系,标志着中国语言资源建设和监测工作开始启动。中心对中国的语言生活状况进行了系统、连续的研究,从 2006 年开始,每年发布前一年的《中国语言生活状况报告》绿皮书。

其他的中文资源联盟还有中国语言资源联盟(CLDC)和国际中文语言资源联盟(CCFC)。

(三) 有声(口语)资源库、方言方面的研究

国内外多媒体方面的语料库主要是有声(口语)资源库;国家语言资源监测与研究有声媒体中心建设了现代汉语传媒有声语言普通话样本库;暨南大学汉语方言研究中心建立了岭南方言资源库;汉语方言也取得了很多标志性成果。

国家语委自 2008 年开始,以市、县(市)为单位,采集当代中国的汉语方言、带有地方特色的普通话、各少数民族语言及其方言的有声资料,整理加工,建设了中国语言资源有声数据库。

除了常见的方言调查方面的文献,真正论述汉语有声(口语)资源库建设方面的文章并不多。侯敏等在《现代汉语普通话数字化样本库的设计与建设》一文中,详细介绍了构建现代汉语普通话数字化样本库的思路和方法;王铁琨在《基于语言资源理念的语言规划——以"语言资源监测研究"和"中国语言资源有声数据库建设"为例》一文中,介绍了中国语言资源有声数据库建设的宗旨、方法和预期成果;李宇明在《论中国语言资源有声数据库的建设》一文中,阐述了中国语言资源有声数据库建设的方法、数据、特点和作用。

（四）华语方面的研究

国家语言资源监测与研究中心海外华语研究中心已初步建成海外华语书面语语料库,但尚无大型的华语有声(口语)语料库。

目前,海外华语方面的研究主要集中在"华语的界定、性质研究"(张从兴,2003;郭熙,2004,2006;陆俭明,2005)、"华语语言特点研究"(陆俭明、张楚浩、钱萍,1996;周清海,2002;徐杰、王慧,2004)、"华语区域词语、特色词语及变异研究"(周清海,2002;曾晓舸,2004;汤志祥,2005;刘文辉、宗世海,2006)、"华语和现代汉语对比研究"(周烈婷,1999;刑福义,2005;贾益民、许迎春,2005)、"华语规划与华语规范研究"(谢世涯,2000;林万菁,2001;郭熙,2002,2006)、"华语推广与华语文教学研究"(郭熙,2007)等几大块。

但总体上,由于缺乏第一手的海外华语分布的详细调查资料,现状的描写多偏重理论分析,所用语料大多来自作者自身的体验和总结,多从经验出发,比较单薄。尚未见到概括整个东南亚华语的字词研究。另外,在方法上,大多是卡片式、个案式、专家经验式的研究,尚未进行基于大规模真实语料库的统计研究。

二、海外华文传媒现状调查及华文媒体语料库建设

（一）海外华文传媒（网络、报纸）现状调查及语料库建设

我们搜集了目前中国大陆地区可以登录的所有海外华语网站(含报纸网络版),并对这些网站进行分类整理和内容分析。调查共获得涵盖6大洲40余个国家的海外华语网站467个,其中包含驻外机构(中国驻外使馆,驻外总领馆,驻外团、处)网站173个,其余为由海外

华人或当地机构开办的华语网站,共计 294 个。对于网站汉字使用情况(简繁体)和结构内容,进行了分类分析,形成《海外主要华文媒体调查报告》(约 3 万字),构建了海外华语导航网站"海汇网"(www.global-huayu.com/seatogether/index.htm)和海外华文媒体语料库。

语料库时间跨度为 2002—2011 年,共 29 种华文媒体(网络、报纸),约 120 万个文本文件,12 亿字,其中,东南亚华文媒体最多。基于"本土化语言生活"的考虑,语料库收集了各国主要华语代表地区的报纸,如印尼除了通用版的《国际日报》外,还考虑其华语及其方言区特点,收集了雅加达地区的《国际日报》(雅加达版)、泗水地区的《泗水晨报》、棉兰地区的《讯报》、坤甸地区的《坤甸日报》,等等。

语料库已经分词和标注词性,并按主题分类。对于每一媒体的子语料库,统一做了用字用语的标记和统计分析,例如,针对汉字分类使用的统计分析,分别标记出了规范字、繁体字、异体字、不规范的简体字、旧印刷字形、日本汉字、旧计量用字和韩国汉字。已完成例句检索和用字用语网络检索系统(www.globalhuayu.com/corpus.htm,可分国家、分媒体检索,可复杂检索)。

东南亚主要华文媒体用字用语在线检索

你要查找的汉字 堅 是 异体字

语料来源媒体	位序	频次	文档数	频率	累加频率	文档频率
联合早报	1740	1947	724	3.56604777452702E-05	0.979358737427871	0.0113822160734499
维文新闻在线	3842	7	4	6.38167736554877E-07	0.999630045046438	0.000472032098182676
光华日报电子新闻	2857	202	83	5.9300767622015 7E-06	0.996745855698334	0.00131032631861453
韩视新闻中心	4228	11	3	1.6185041519781 3E-06	0.998931492986211	0.00084088573297 2064
马新中文网	3824	6	5	5.0640864358529 2E-07	0.999750171735827	0.000166886909655 013
亚洲时报	null	null	null	null	null	null
世界日报	null	null	null	null	null	null
新动网	2803	48	24	6.91386419903171E-06	0.996389810577406	0.00091505261582 5393
亚洲新闻网	2191	495	211	1.69660378310425E-05	0.990875390655875	0.00241349728338576
东南亚媒体汇总	2345	2668	1036	1.46755163844172E-05	0.991184734140618	0.00300946703965467
监测语料	3812	6685	null	1.80193127975622E-06	0.998845815709568	null

图 1　用字用语检索示例

（二）东南亚小学华文教材调查及语料库建设

华文教材的语言状况是海外华人社会语言生活中一个重要内容，它对华语作为母语、第二语言教学，都会产生极为重要的影响。大规模的东南亚小学华文教材语料库将为教材编纂者提供宝贵资源，为研究教材语言动态变化提供支撑和保障。

据我们调查，印尼、泰国、马来西亚、新加坡、老挝、菲律宾、柬埔寨、缅甸、越南都在小学阶段开设了华文课程，都有自编的本土化教材。此次调查涵盖东南亚主要国家，获得了各国详细的华文教育情况和华文教材的使用情况，形成调查报告《东南亚小学华文教育与华文教材》（约2万字）。

立足"本土化、主流性、成套、公开出版"的基本原则，我们采集了各种东南亚小学华文教材，以新加坡、马来西亚、菲律宾、印尼、泰国、越南的小学华文教材为主，选取那些当地主编或合编的、具有本土化特色、正式出版并且较大规模使用、各个年级齐全成套的教材。总共选取20套（200本）小学华文教材，已经录入电脑，总共约300万字，并已经分词标注词性。

小学华文教材语料库包含教材本身的外部信息，如国家、教材名称、主编者、出版者、出版年份、版次、教材说明等；还包含教材内部的内容信息，对于每一本教材，标记了每一课文的详细栏目，如生词、课文、练习（细分为语音、词汇、语法）等，全部文字按栏目分层存储。已完成网络检索系统（www.glabalhuayu.com/corpus.htm，可分国家、分教材检索）。

（三）东南亚华裔留学生作文语料库建设

主要收集在华学习华语的东南亚华裔留学生的作文，包括平时作文和考试作文。该语料库收集了2001—2010年的留学生作文，约400

万字,按国别和作文类型分类存储。学生作文以记叙文为主,包括记人与叙事两个方面,此外还有书信、说明文、议论文、应用文等,应用文包括请假、启事、个人简历、求职等。已经完成网络检索系统(www.global-huayu.com/corpus.htm,可分国家、分类型检索)。

三、海外华文媒体语言生活状况调查

用字用语是语言生活的基本情况。基于东南亚华文媒体语料库,海外华语研究中心进行了东南亚华文媒体用字用语的调查研究,并完成了4个研究报告(约10万字),分别发表在国家语言文字工作委员会发布的2008、2010年《中国语言生活状况报告》(商务印书馆,2009,2011)上。

(一) 东南亚主要华文媒体用字用语调查研究

我们调查了东南亚主要华文媒体中汉字的基本使用情况,如覆盖率与字种数的关系;详细分析了其规范字、繁体字、异体字、不规范的简体字、旧印刷字形、日本汉字、旧计量用字和韩国汉字的分类使用情况;与现行规范汉字表进行了比较。

对东南亚主要华文媒体中的词语使用情况进行了详细分析,特别对频次与词种数的关系、词语的覆盖率、高频词语的词长分布、高频词语用字情况和成语的使用进行了详细的描述。

同时,对东南亚主要华文媒体语料和中国主流媒体监测语料[①]进行了字词使用情况的详细对比,如频次与字词种数的关系对比、字词的

---

① 监测语料,指的是国家语言资源监测与研究中心的平面媒体中心、网络媒体中心、有声媒体中心收集的从2005年至2008年的语料。

覆盖率对比、高频区段字词的共用独用对比、高频字词的频序比、高频词的词长分布对比、高频词语用字对比和成语对比分析等。

（二）东南亚主要华文媒体特色词调查研究

对于东南亚主要华文媒体独用词语，我们进行了人工干预，去掉了一般性的、偶发性的人名地名等专名，但保留了具有东南亚特色的通用专名。同时，对于中国主流媒体监测语料中出现频次较低，但在东南亚主要华文媒体中出现频次较高、具有东南亚特色的词语，我们进行了人工干预，抽取出部分词语作为东南亚特色词语。

综合上面的方法，获得了具有东南亚特色的词语共 604 条，对频次排在前 282 条（频次 10 以上）的词语做了简要的提示性说明，并配上例句和频次、文本数。对前 100 个词条进行了详细的词语来源的分类分析。

（三）东南亚主要华文媒体字母词调查研究

基于大规模东南亚华文媒体语料库，采用计算语言学方法提取字母词，调查方法如下：

1. 按特定标点符号（?!《》,。、()｜｜∞;）粗切分，将由拉丁字母、希腊字母、罗马字母、数字、"_ * .%+ /? -MYM-:"等结合在一起的串捆绑，如果长度低于 7，次数大于 9，则在该串左右最多各取 7 个字符，提取出来作为候选串。同时，自动剔除纯粹的日期、数字、网址、邮箱名，以及数字和度量的结合串。

2. 在《汉语字母词词典》（刘涌泉编著，外语教学与研究出版社，2009）、《全球华语词典》（李宇明主编，商务印书馆，2010）的基础上，根据长度优先原则匹配候选串，提取出确定的字母词。

3. 人工归纳字母词常用的后缀,如"指数、准、型、机、卡"等,在剩下的候选串中,采用这些后缀自动匹配,提取出可能的字母词串。

4. 在剩下的候选串中人工查检,找出可能的字母词串。

5. 对于所有字母词串,以字母、数字和符号的捆绑串为锚点,分别按其左右汉字排序,去重,人工检查,确定最终的字母词。

最终抽取出约 300 条高频字母词(频次 10 以上),对每个字母词做了基本解释,并提供频次和例句信息。

(四) 东南亚小学华文教材用字情况调查研究

此次调查选取新加坡、马来西亚、泰国、印度尼西亚、越南 5 国目前使用的 8 套华文教材作为对象,详细调查分析了各教材课文用字的基本情况,如字次与字种数情况,各教材共用独用、频率差情况,各教材课文用字在《汉语水平考试汉字等级大纲》中的分布情况。

调查分析了各教材课文用字的分年级情况,如各教材分年级字次和字种数基本情况,各教材分年级课文用字的《汉语水平考试汉字等级大纲》分布情况,各教材课文用字按年级增量变化情况。同时,进行了东南亚小学华文教材和中国内地小学语文教材课文用字的详细对比分析。

四、海外华语口语语言生活状况及华语风貌调查

(一) 构建调查基站网络

针对全球不同华语背景的华侨华人区域的特点,将全球划分为若干大区,在各区设立华语语言生活状况、风貌调查及多媒体资源库建设

的基站网络。

　　每个国家根据省级行政单位设置调查点,原则上"一省一点",特殊情况下可以增减。本调查重在反映当前语言生活的实态,因此调查点选择各省中的市级首府行政机构,以及在当地影响较大或者有明显区域特色(如华语方言特色)的其他市级机构,建立基站。

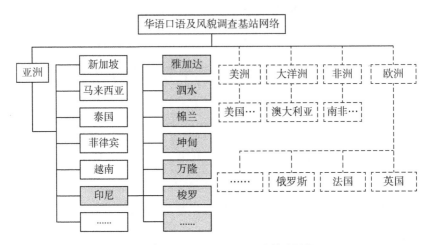

图 2　海外华语口语及风貌调查基站网络

　　暨南大学华文学院在图 2 已经列出的国家和城市设有海外函授教学点或合作伙伴机构,每个点都有当地专人负责。

(二) 海外华语口语语言生活状况调查

1. 调查对象

　　每个调查点选择有代表性的 4 名发音合作人,其中男女各 2 人,老年青年各 2 人,新生代和老一代华裔各 2 人。

2. 调查内容

　　参照国家语委编写的《方言调查》,分语言结构调查和话语调查两大部分。语言结构调查采用 1000 字调查语音系统,1200 词调查基本词汇系统,50 个句子调查主要的语法现象。

话语调查分为讲述和对话两部分。讲述包括"规定故事"和"自选话题"。"规定故事"选定《牛郎和织女》。"自选话题"可选择具有当地文化特色的话题,例如:当地口耳相传的民间故事、童谣、谚语、歇后语、顺口溜;或当地的风俗习惯和传统节日,个人和家庭的情况,时事热点评论等。"讲述"指发音合作人从这些话题中自选若干个进行讲述。"对话"指 4 名发音合作人在上述话题中自选话题进行对话。

同时,对整个调查现场和过程进行录音录像。

（三）海外华语风貌调查

选择比较典型的华人华侨家庭,或者是华人社会团体,通过录音摄像,完整记录其日常华语生活交际场景,或者华人社区具有地方特色的重大华语节假日的语言生活场景。

对海外含有华文的路牌、招牌、楹联、广告、标语、门牌、牌匾、墓碑等日常语言生活风貌书面载体进行录像照相。

构建华语风貌的多媒体资源库,以期能全方位、多角度、生动真实地反映鲜活的华语语言实况。

五、华语多媒体语言资源库系统及其特色

（一）华语多媒体语言资源库系统

整个资源库系统包括几个子系统:数据库、加工系统、管理系统和查询系统。

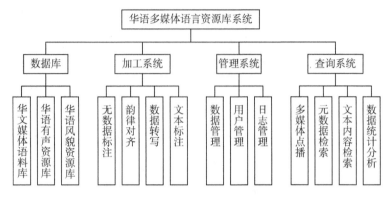

图3　华语风貌多媒体语言资源库系统

（二）华语多媒体语言资源库网络演示平台开发

开发一个网络演示平台,全面演示华语多媒体语言资源;用户可以自由在线点播和检索海外华语多媒体语言资源;平台开放给全球研究华语、文化学、社会学等各方面的学者使用。

（三）华语多媒体语言资源库的特色

1. 地域覆盖面广

资源库的语料取自全球各主要华语区,以东南亚为主,基本上覆盖了亚洲、美洲、欧洲、大洋洲、非洲各主要国家。其中,重点对东南亚国家进行语料取样,特别对印尼等华人居住大国,按城市布点或者按华语方言特色分区布点,进行语料取样。

2. 载体来源丰富

资源库的语料取自各种载体,既有华文网站、华文报刊、华文教材、华文学习者作文等,也有口语材料和图片、视频等。

3. 媒体形式多样

与单调的传统语料库不同,该资源库通过多种媒体形式全方位多角度展示华语风貌，包括文本、音频、图片、视频等多媒体形式，声色并茂、图文并茂。

4. 用途多样广泛

资源库的多来源、多媒体的特点，决定了其用途的多样性。除了一般的对语言学研究的数据支持之外，还在对外汉语教学、社会语言学、方言学、语言地理学，甚至文化学、人类学、传播学等多学科的研究方面具有重要的意义。

六、华语语言生活状况调查及资源库建设的价值和意义

（一）学术价值

1. 多媒体语言资源库扩展了华语语料库的来源和样式，是华语全方位实态描写的基础。

语言的研究既包括书面语的研究，更包括口语的、有声的，甚至是可视化的言语交际的研究。目前的华语语料库都是基于书面语的，华语的研究也大多基于书面语。华语多媒体语言资源库大大扩展了华语语料库的来源，丰富了语料的样式，为华语全方位实态描写奠定了基础。

2. "多媒体语言资源"是对语言资源理念的更新，突破了以往语料库格式单调的局限，能更多维度、更生动真实地反映语言生活实态。

华语多媒体语言资源库的建设是基于"多媒体语言资源"理念，是对"语言资源"理念的进一步更新。有助于对语言观念的更新，特别是对语言风貌的多媒体展示手段、语言文化遗产保护理念等的更新。

3. 多媒体语言资源库是汉语有声资源库的补充，是汉语全球电子

语言地图的重要部分。

华语研究是汉语研究的一部分,是现有汉语研究基础上的一大拓展。华语多媒体语言资源库建成后,将会成为一幅海外华语分布的多媒体语言地图,和国内汉语有声资源库一起,构成全球汉语的多媒体语言地图。

4. 华语语言生活状况调查的方法对社会语言学、方言学、人类语言学、语言地理学研究的理论和方法都有重要的借鉴意义。

华语语言生活状况调查和资源库建设对于语言规划、语言政策有重要意义;对于语言演化、语言接触、语言变异有借鉴意义,可以丰富社会语言学理论;华语本质上是汉语的域外变体,华语中还包含很多种方言,对于汉语方言的研究很有价值。

(二) 实践意义

1. 华语多媒体语言资源库的建设是国家语言规划和汉语国际传播的重要支撑。

华语的基本面貌如何? 如何监测和引导华语的发展? 如何更有效地制定国家语言政策和语言规划? 如何利用华语的研究成果辅助华文教学和汉语国际传播? 这些都和华语的基础研究——华语风貌调查和华语多媒体语言资源库的建设分不开。

2. 描写、展示华语面貌,抢救性记录和保存华语多媒体语言资源,是保护民族语言文化遗产的历史使命。

语言,包括方言是文化最重要的载体和组成部分,是构成文化多样性的前提,是珍贵的非物质文化遗产,是不可再生的宝贵资源。全面科学地描写、展示华语的传统面貌,抢救性记录和保存华语多媒体资源,是一项保护民族语言文化遗产的历史使命。

3. 华语多媒体语言资源库对于语言信息化和语言科技有巨大的

推动作用。

华语多媒体语言资源库不仅仅为语言学研究服务,还可以对这些资源进行应用开发,例如海外华语、方言的语音识别和语音合成。

七、结语

我们以语言资源观、语言生活观、语言风貌多媒体展示理念为指导,对海外华语的语言生活状况进行全面的数据调查和监测,在此基础上,构建集成的华语多媒体语言资源库,建立海外华语语言风貌多媒体展示网,为海外华语的语言与文化研究、语言资源的开发与利用奠定基础。

参考文献

郭熙,2002,《域内外汉语协调问题刍议》,《语言文字应用》第 2 期。

郭熙,2004,《论"华语"》,《暨南大学华文学院学报》第 2 期。

郭熙,2006a,《论华语视角下的中国语言规划》,《语文研究》第 1 期。

郭熙,2006b,《论华语研究》,《语言文字应用》第 2 期。

郭熙,2007,《华文教学概论》,商务印书馆。

国家语言资源监测与研究中心(编),2009,《中国语言生活状况报告(2008,下编)》,商务印书馆。

侯敏、邹煜、滕永林、何伟、张佳,2010,《现代汉语普通话数字化样本库的设计与建设》,见戴庆厦、赵小兵主编《中国少数民族语言文字信息处理研究与发展》,民族出版社。

贾益民、许迎春,2005,《新加坡华语特有词语补例及其与普通话词语差异分析》,《暨南大学华文学院学报》第 4 期。

教育部语言文字信息管理司（组编），2011，《中国语言生活状况报告》，商务
　　印书馆。

李宇明，2010，《论中国语言资源有声数据库的建设》，《中国语文》第 4 期。

林万菁，2001，《新加坡华文词汇规范的趋势：与过去相比》，《语文建设通讯》
　　（香港）第 68 期。

刘华，2010，《东南亚主要华文媒体用字情况调查》，《华文教学与研究》第 1 期。

刘华，2011，《东南亚主要华文媒体非通用汉字使用情况调查研究》，《华文教
　　学与研究》第 1 期。

刘文辉、宗世海，2006，《印度尼西亚华语区域词语初探》，《暨南大学华文学
　　院学报》第 1 期。

陆俭明，2005，《关于建立"大华语"概念的建议》，《汉语教学学刊》第 1 期。

陆俭明、张楚浩、钱萍，1996，《新加坡华语语法的特点》，《南大中华语言文化
　　学报（创刊号）》第 1 期。

汤志祥，2005，《论华语区域特有词语》，《语言文字应用》第 2 期。

王铁琨，2010，《基于语言资源理念的语言规划——以"语言资源监测研究"
　　和"中国语言资源有声数据库建设为例》，《陕西师范大学学报（哲学社
　　会科学版）》第 6 期。

谢世涯，2000，《新加坡汉字规范的回顾与前瞻》，见陈照明主编《二十一世纪
　　的挑战——新加坡华语文的现状和未来》，联邦出版社。

邢福义，2005，《新加坡华语使用中源方言的潜性影响》，《方言》第 2 期。

徐杰、王惠，2004，《现代华语概论》，新加坡八方文化创作室。

詹伯慧，2009，《汉语方言研究 30 年》，《云南师范大学学报（哲学社会科学
　　版）》第 3 期。

张从兴，2003，《华人、华语的定义问题》，《语文建设通讯》（香港）第 74 期。

曾晓舸，2004，《论泰华语书面语的变异》，《云南师范大学学报（对外汉语教
　　学与研究版）》第 4 期。

周烈婷，1999，《从几个例子看新加坡华语和普通话的词义差别》，《语言文字
　　与应用》第 1 期。

周清海，2002，《新加坡华语变异概说》，《中国语文》第 6 期。

语言景观视角下的海外华语研究[*]

王晓梅

一、引言

近年来,海外华语的研究开始与全球华语的研究合流,视角由普通话看华语/国语,慢慢转为由华语/国语看普通话(刁晏斌,2019)。这体现了目前语言研究的全球化视野以及将普通话、华语、国语等现代汉语标准语变体同等看待的社会语言学观念。无论是就研究取向来说,还是就研究内容来说,当前的海外华语研究都迈入了一个新的阶段。这个崭新历史阶段的一个突出特点便是研究方法的多样性以及学科的交叉性。刁晏斌(2018)指出:全球华语借鉴了社会语言学的若干理论,例如语言变异理论、言语社区理论等。语言变异理论的应用有助于从变异角度分析海外华语语音、词汇、语法等方面的差异;言语社区理论有助于将海外华语变体置于具体的社区之中,考察言语社区成员内部的互动与认同。这些社会语言学理论视角已经在实证研究中得到验证。例如,祝晓宏(2016)应用语言变异理论考察了新加坡华语语法的变异现象;王晓梅、张欣怡(2019)借鉴语装配对实验法调查了华语区与普通话区说话人对马来西亚华语语法结构的使用与认同,从而探讨了未来两圈互动的走向。此外,海外华语研究自身也开始从实证与国

---
* 本文原载《云南师范大学学报(哲学社会科学版)》2020 年第 2 期。

别研究中进行理论提炼,例如王晓梅(2019)提出的研究全球华语的
"古、方、普、外"四个视角,主张从古代(近代)汉语、方言、普通话、外语
等四个视角分析海外华语的语言特点;李计伟(2012)以两个特殊的马
来西亚华语结构为例,展示了"两个三角"理论在海外华语语法研究中
的应用。社会语言学的理论和方法的确在海外/全球华语的研究中起
到了重要作用,因为就语言本质来说,无论华语还是国语,都是现代汉
语标准语的地域变体,而语言变异本身往往带有身份认同的功能,为同
一言语社区的成员所使用并认同。本文所讨论的正是社会语言学领域
近年来兴起的语言景观研究在海外/全球华语研究中所起的作用,或称
之为语言景观视角下的海外华语研究。①

　　语言景观(linguistic landscape)的研究始于20世纪末,是研究多语
社会语言使用的直接、快速、简便的研究方法,以量化研究见长。这个
研究取向以特定社区范围内可见的公共空间的语言文字作为研究对
象,其语料通常以数码相机拍摄取得,取样范围涵盖招牌、招贴、广告、
路牌、建筑名、霓虹灯等。近年来,也有学者将移动的语言景观(例如汽
车广告、文化衫等)和影音素材(例如地铁广播、商店店员与顾客的对
话等)纳入研究范围。尚国文、赵守辉(2014a、b)曾对这一新兴研究领
域的理论、方法、分析维度做了比较全面的梳理,在此不再赘述。2008
年之后,该研究方向迅速发展,根据徐茗(2017)对 Web of Science 的统
计,2008 年之后所发表的相关论文占 87.2%。孔珍(2018)统计了
2007—2017 年间 Web of Science 语言景观方面的论文,得出 2012—
2017 年是语言景观研究的迅速发展期,相关论文占总发文量的78.9%。

　　那么,语言景观研究是否可以应用到海外华语研究中呢? 答案是

----

　　① 本文为了叙述的方便统一使用"海外华语",意为中国之外的国家或地区所使用的
现代汉语标准语变体。

肯定的。结合目前的研究文献与动态,海外华人社会中的语言景观研究主要集中在宏观层面的语言使用与语言认同研究。这些研究关注华语(中文)在多语社会公共空间的使用情况(Wang & Velde,2015)、象征功能(Lou,2016)以及身份认同作用(刘慧,2016;Amos,2016;Wang et al.,2017)。近年来,微观层面的语言景观研究也开始兴起,与海外华语相关的内容包括具体的华语变异研究(祝晓宏,2018)、繁简体选择、拼音化特点(Curtin,2009;Wang & Velde,2015)等。可以说,语言景观是了解海外华人社会语言生活的重要窗口,其量化统计是测量海外华语语言活力的重要指标,其认同研究是了解海外华语作为当地语言资源的重要参考,其语言政策研究则可推动海外华语研究的现实应用。

　　下文首先分别介绍语言景观的研究内容和方法,然后从宏观和微观语言景观研究视角讨论海外华语研究所涉及的研究内容,并辅以相关的研究实例进行说明。

二、语言景观的研究内容及其方法

(一) 研究内容

　　就研究内容来看,语言景观研究的范围可分为宏观与微观两个层面。宏观研究关注多语社会的语言使用、语言政策、语言认同、英语全球化等,而微观研究从具体的语言标识出发,关注语言变异、翻译、专名等问题。

　　目前,宏观语言景观研究是热点,孔珍(2018)根据研究文献统计为"多语语言景观""语言景观与语言政策""语言景观与英语全球化""语言景观与少数民族语言"等四个研究热点。尚国文、赵守辉

（2014b）将语言景观的研究维度归纳为"语言权势和地位""语言政策与具体实施之间的落差""英语的国际传播和扩散"等三项宏观内容、"标牌语言的形式特征"一项微观内容以及动态的、发展的"历时维度"。

以上研究内容与海外华语相关的有宏观层面的"多语语言景观"与"语言景观与少数民族语言"。海外华语所处的语言环境通常是多语环境，华语作为少数族群的语言是构成当地语言景观的重要组成部分。此类研究多关注华语在多语景观中的地位，例如华语的出现概率、是否是主导语言（dominant language），华语与其他语言的组合情况（例如双语组合、三语组合的类别），等等。语言景观宏观研究的结果可以测量海外华语的语言活力，并与当地的语言政策、语言认同联系起来。微观语言景观方面，"标牌语言的形式特征"主要指语言标牌的词汇选择与句法特征以及多语标牌的语言混合和文字替代现象（尚国文、赵守辉，2014b）。而目前的研究主要集中在英语对当地语言（主要是拼音文字）的影响，以及因此而产生的语言创新现象等。而海外华语研究可以拓展的是繁简体汉字的使用情况、各类罗马拼音形式（汉语拼音、方言拼音、本土化拼音等）的分布情况、社区词的使用情况、词义变异情况，等等。

（二）研究方法

就语言景观的研究方法[①]而言，宏观研究多采用量化的统计，收集特定研究范围的公共标识进行统计分析，为研究主题提供数据支持。除了传统的描写统计之外，也有学者采用电脑程序（例如 MapGeoling，

---

① 有关语言景观的研究对象、数据收集方法、语料分类和处理以及分析方法等可参考尚国文、赵守辉（2014a）。

转引自尚国文、赵守辉,2014a)或者分析软件包(例如 Filemaker,转引自 Wang & Velde,2015)分析数据。宏观语言景观研究通常使用量化研究法,然而近年来质化研究也开始出现,例如采用访谈法搜集商店业主的信息与观点。在较新的一项研究中,阿尔伯里(Albury,2018)采用小组座谈(共 9 组,每组 4—6 人)的方式,让马来西亚华裔大学生针对他所展示的 3 张不同类型的语言景观照片(吉隆坡酒店的多语警示照片、古晋华人私人企业招牌、马来人聚居的吉兰丹州连锁超市招牌)发表想法。研究者借助民间语言学(folk linguistics)的视角,根据学生对语言景观的观察与观点,联系马来西亚的多语情况、语言政策、族群关系等,讨论了马来西亚语言的多样性以及多项社会语言学议题。其中与身份认同相关的是,这些年轻人试图通过语言景观来定义自己不同于中国人的华人身份,例如他们是多语人、更加国际化、流动性更强等。阿尔伯里(Albury,2018)借助此项研究,提出语言景观可以作为研究社会认知的一项有效的研究工具,应用前途十分广阔。

三、语言景观宏观视角:海外华语的语言使用与语言认同

海外华语所处的社会一般都是多语社会,例如新加坡、马来西亚、印度尼西亚等,即使是英国、美国这样的英语国家也因其复杂的移民背景而形成若干多语的社区。海外华语嵌套在多语背景之中,其使用情况以及与族群认同之间的关系便成为大家关注的焦点之一。社会语言学的问卷调查与访谈法是传统的解决这一研究问题的方法,社会语言学家们通过大规模的抽样调查,了解华语在各地的使用情况,包括使用人群、场合、功能等。语言态度也是调查重点之一,一般包括华语的情

感价值和功利价值。语言维护与转用也是海外华人社会普遍关注的问题,涉及方言维护与转用等议题。典型的研究个案包括李嵬(Li,1994)对英国华人家庭语言的调查,徐大明、周清海、陈松岑(Xu, Chew & Chen,2005)对新加坡华人社会语言的调查,威利等人(Wiley et al.,2008)对美国华人移民与留学生语言使用与态度的调查,王晓梅(Wang,2012)对马来西亚华人社会华语传播的调查等。传统的社会语言学调查为我们了解海外华语的语言活力提供了第一手资料,然而问卷调查的先天缺陷也经常为学界所诟病:填卷者的主观性判断是否反映语言使用现状? 怎样才能更加客观地记录海外华语的使用情况?

　　语言景观的研究视角在一定程度上可以解决以上的难题。它主要以城市公共空间的语言标识为研究对象,其量化特点可以相对客观地反映特定语言或文字的具体使用情况(如在多语社会的使用比例、是否是主导语言、与其他语言的搭配使用情况等)。就海外华语研究来说,语言景观视角无疑提供了一个观察华语华文(通过汉字及其拼音形式)使用实况的窗口。研究者可以就特定地域展开量化研究,统计华语的出现比例,并以此数据展开一系列问题的探讨。就宏观层面来看,这些问题主要涉及语言使用、语言政策、语言认同等,以下我们结合具体研究实例分别介绍。

　　王晓梅、汉范田(Wang & Velde,2015)采用语言景观量化研究法(共有2080条记录,404家店铺)与民族志学研究法(主要是访谈法和观察法),对荷兰和比利时的六个城市(阿姆斯特丹、乌特勒支、海牙、鹿特丹、布鲁塞尔、安特卫普)的唐人街语言景观进行了调查。该研究关注的焦点是六地语言景观的多语、多文状况以及不同语言文字所折射的身份认同。就荷比两国的华人社区来说,汉字的繁简体、汉语的罗马拼音形式(粤式拼音、汉语拼音、荷式拼音①)反映了当地华人移民的背景与社会构成。64.2%的标识使用繁体字、54.9%的标识使用粤式拼音,这主要是因为香港移民是当地华人社会的主流;简体字和汉语拼音呈上涨趋势,这主要是因为来自中国大陆的新移民的增加。唐人街的语言景观也出现繁简混杂的现象。与业主的访谈显示,荷比两国的华人对汉字的繁简、拼音形式等并不敏感,其身份认同逐渐趋向"泛华人认同"。而语言景观中的荷式拼音是长期语言接触的结果,也是当地华人本土化的一种体现。该研究也调查了六地唐人街英语的使用情况和双语、多语组合,分析了复杂的语言景观背后不同层次的身份认同(泛华人身份、本土化认同、国际化身份)。这些身份往往叠加在一起,就如语言标识中的多语共现一样。类似的研究还有柯廷(Curtin,2009),她对台北语言景观的质化研究聚焦于不同语言背后的身份指向,例如繁体字的使用投射出地域认同:汉字本身既是族群标记,也是文化和政治认同的象征。刘慧(2016)考察了印尼峇淡、坤甸、北干巴鲁三地佛院的语言景观,将华语在语言景观中的使用与华人族群感知、华人族群态度、行为模式与族群认同联系起来,认为华语景观有助于华人族群认同的建构。

　　语言景观与海外华语使用和认同方面,还可以拓展历时维度的研究。王晓梅等(Wang et al.,2016)采用社会语言学的真实时间研究法对马来西亚吉隆坡唐人街的语言景观的历时变化进行了调查。他们从殖民时期(1824—1956)、建国后(1957—1990)、全球化时代(1991年至今)唐人街语言景观的变化来看马来西亚华人社会的变动。具体的语言表现为:从华语单语(使用繁体字)过渡到中英双语,再演变为中英

---

① 　荷式拼音指的是受到荷兰语拼写规则影响的汉字注音形式,例如"Tjauw Min"(炒面)。

马三语。语言景观的历时研究可以借助老照片来完成,其中关键是能够界定这些照片的拍摄年代和地点,并联系相关的社会历史研究文献。图1展示了吉隆坡"建发药行"在20世纪50年代(左图)和2015年(右图)招牌的演变,从中英双语到中马英三语的变化历程。

图1 "建发药行"招牌的对比(Wang et al.,2016:186, 189)

具体到海外华语方面,相关社会的华人移民史和华人社会的结构是重要的研究线索。利曼和莫丹(Leeman & Modan,2009)对美国华盛顿唐人街语言景观的研究也涉及了历时的维度:20世纪70年代、80年代和90年代,两个时期的华语景观呈现不同的象征意义。

语言景观视角下的海外华语研究有一个先天的研究优势。海外华人社会所构建的唐人街为语言景观研究提供了便利条件,因此很多研究都选择唐人街为研究地点,例如美国华盛顿的唐人街(Leeman & Modan,2009;Lou,2016)、荷兰和比利时的唐人街(Wang & Velde,2015)、英国利物浦的唐人街(Amos,2016)、马来西亚的唐人街(Wang et al.,2016)、泰国的唐人街(Wu & Techasan,2016;祝晓宏,2018)等。唐人街的存在让语言景观的研究与华人移民、华人社会的研究很自然地联系在一起,可以使语言景观研究横向、纵向拓展。

海外华语的使用与认同研究近年来拓展到一些新的语言使用域,

例如旅游业。这些新兴的领域恰好与语言景观的研究取向契合,即可通过可视、可听、可感的公共空间的华语使用来分析语言(文字)选择背后的原因及其涉及的问题。阎喜(Yan,2019)调查了澳门文化旅游与博彩业的语言景观,讨论了繁体字、简体字、葡萄牙语、英语、日语的使用情况。他认为繁体字是传统文化的载体,其使用象征着文化的延续、纯正及正宗,澳门官方选择繁体字是想把澳门打造为传统文化的守卫者;简体字用于博彩业则是出于营销策略的考量。繁简字体背后隐含的是澳门的地域认同与国家认同之间的关系,是语言景观中的"一国两制"。

四、语言景观微观视角:海外华语的语言变异

海外华语的本体研究本质上是对语言变异的研究。早期的研究以普通话为参照点,挖掘不同变体的特点,讨论变异的原因;目前的研究聚焦于海外华语本身(词汇、语法、语音、语用等),并通过其变异形式回看普通话(刁晏斌,2019)。这些本体研究通常以书面语为语料,少数以口语为语料(通常牵涉通俗变体的研究)。那么,语言景观视角能提供哪些不同的语料呢? 尚国文、赵守辉(2014b)将语言景观中涉及微观研究的语言形式特征概括为两个方面:广告语言的特征以及语言或文字接触现象(如语码混合、文字替代等)。这显然不能完全涵盖全部海外华语的变异特征。

海外华人社会的语言景观的标识基本上是自下而上的(Bottom-up),与官方的自上而下(Top-down)的公共标识有本质的差异。除了官方语言的使用差别之外,非官方的语言标识在语言选择与使用方面有更大的自由度。这种自由度也体现在语言规范方面,由于华语在海

外通常不是官方语言①,因此华语(包括文字及其拼音形式)在社会上的具体使用并未受到严格的规范管理。也就是说,语言景观中的华语与书面语(报纸、杂志、教材等出版物)的性质是不同的,是比较鲜活的语料,反映该华人社会真实的语言使用情况。从这个意义上来说,语言景观是研究华语变异的第一手材料,在海外华语研究中应该给予充分的重视。另外,海外华语中保留了许多老国语(近代汉语)的用法,同时又受到了闽粤等方言、英语、当地语言的影响,因此产生了许多与普通话不同的特点(王晓梅,2019)。其中老国语的用法在商店招牌中很常见,例如"庄、行、铺"等通名的使用在马来西亚十分普遍(杨欣婷,2019)。以下我们以祝晓宏(2018)在泰国所做的语言景观研究为例,进一步说明语言景观微观视角在海外华语研究中的具体体现。

祝晓宏(2018)在泰国曼谷五个地区(老唐人街、新唐人街、四面佛景区、湄南河岸码头夜市、西部美攻火车市场)展开了华语景观的调查。他将发现的语言变异按照形成原因分为两大类:泰国文化传承形成的语言变异和泰国华语习得造成的语言变异。前者主要指词汇变异,包括佛教文化形成的与佛教相关的词汇、皇权文化形成的与之相关的词汇、旅游文化形成的以"泰"为构词语素的词汇、汉语方言影响的方言词汇。后者包含的变异情况较多:词序变异、语体/节奏变异、数量词变异、文字书写变异、翻译变异、标点符号变异等。这项研究尝试从微观角度分析泰国华语景观的语言特征,虽然其语言变异的分类有待商榷,但是其对词序变异、语体变异的分析是比较独到的。

海外华语景观还有许多可以深入研究的课题,例如前面提及的繁简字的问题、罗马化拼音的问题。针对字体的繁简,既可以从历时的角

---

① 华语是新加坡的官方语言之一。

度研究海外华语景观在不同历史时期的演变(Wang et al.,2016),也可以从共时的层面分析繁简字的功能(Curtin,2009;Yan,2019)。汉字在海外语言景观中的拼音形式种类繁多,柯廷(Curtin,2009)在研究台北的语言景观时指出中国台湾地区共有三套罗马拼音系统:威妥玛拼音、汉语拼音和通用拼音。她认为这三套拼音系统有不同的认同指示作用:威妥玛拼音是旧有的系统,仅少数人知晓,保留在地名、路名里;汉语拼音代表着文化上的华人性、支持统一、接受国际化;通用拼音则意味着宣扬多元文化、突显本土认同等。当然,汉字的拼音形式也会考虑到经济实用的因素,前述荷兰和比利时唐人街受荷兰语影响的本土化的拼音形式就是为了当地顾客点菜的便利而创制的(Wang & Velde,2015)。东南亚一带的华人社会则普遍存在不同的方言拼音形式,例如"陈"姓可拼写为"Chan"(粤方言)、"Tan"(闽南话)、"Chin"(客家话)、"Ting"(福州话)等。图2是马来西亚雪兰莪州一间华人诊所的招牌,以医生的姓氏"陈"命名,从其方言拼音"Tan"可看出其籍贯是福建。

图2　马来西亚雪兰莪州的华人诊所

语言景观中(尤其是商店招牌)也不乏方言拼音,它们早期具有指示方言群身份的作用,现在方言群认同弱化,方言拼音更多是起象征作用了。而近年来汉语拼音在东南亚华人社会中的使用与日俱增,其使用并无任何政治认同的取向,而是因为华语的普及和教育的需求①。

　　与海外华语景观微观研究相关的课题还有词义变异。先期的海外华语研究已经指出各地的华语词汇存在同形异义、词义扩大和缩小的情况(郭熙,2012),这些研究语料基本来自报纸等书面语体。而语言景观也可以提供这方面的语料,例如"工程""学院"等词经常出现在马来西亚店铺招牌中,其词义有扩大的趋势。"工程"除了原本的"土木建筑或其他生产、制造部门用比较大而复杂的设备来进行的工作;泛指某项需要投入巨大人力和物力的工作"(《现代汉语词典》,446—447页)义项之外,也指"中小型生产、制造、服务业",例如"泉电器工程"(杨欣婷,2019)。"学院"除了指"高等学校的一种"(《现代汉语词典》,1480页)之外,也指"专业技术学校或培训机构",例如"皇城教车学院"(杨欣婷,2019)。由于语言景观可以进行穷尽式拍摄,特定地域的词义变异现象就有可能进行穷尽式研究。由此取得的语料与报纸等书面语体的语料可以互补,进而完善海外华语词汇变异的研究。

五、海外华语景观研究的特点

　　语言景观与海外华语研究的结合促生了海外华语景观这一崭新的研究方向,总体上来说,海外华语景观研究具有以下三个特点:

　　1. 语料新

　　语言景观所提供的语料是研究海外华语崭新的语料,包括文字、拼音、篇章结构、翻译、有声语言等。而以往的海外华语研究主要以书面语为研究对象,当然,近年来利用口语语料的研究有增加的趋势,但是

---

　　① 新加坡和马来西亚的华文教学都是以简体字和汉语拼音为标准。

仍不能完全反映海外华语的全貌和细节。如前所述,华语景观中汉字的繁简、多样化的拼音形式、文字的排列、词义的变异、社区词的使用、华语与其他语言的权势关系等内容都是海外华语研究可以利用的语料。

2. 方法新

海外华语景观研究采用语言景观调查法、民族志学、访谈法、历时比较法等研究方法,拓展了海外华语的研究路径。总体上来看,这些研究方法既有定量研究,也有定性研究。定量研究的长处在于构建华语景观语料库,统一设立建库参数,实现各地华语景观研究的统一化、标准化,为进一步跨地域研究奠定基础。定性研究的长处在于深挖海外华语景观背后的历史沿革、社会制度变迁、语言意识形态,为深入解释海外华语景观特点提供背景资料。

3. 观念新

海外华语景观研究是建立在社会语言学语言变异理论基础上的,从语言变异的视角分析海外华语及其使用。这样的语言观念有别于以往的静态的、规范的语言观(郭熙,2006),从动态的、变异的视角来看待海外华语(周清海,2009)。这样的语言观念体现了全球华语的思想,即同等看待各地华语变体(李宇明,2017)。

六、结语

语言景观作为新兴的社会语言学研究方向,为海外/全球华语研究带来了新的研究视角。如果说海外/全球华语的兴起是比照世界英语的话(李宇明,2017),那么目前语言景观研究领域对于英语全球化的热点研究(尚国文、赵守辉,2014b)在不久的将来也会延伸至对华语全球化的研究。事实上,分散于世界各地的唐人街已经成为海外华语景观研究的主要研究地点。这些在唐人街展开的语言景观研究既涵盖宏观的语言使用与认同问题,也有微观的华语变异内容;既可以进行共时的语言使用情况描写,又可以借助历史材料(如老照片、纪录片等)进行历时的语言景观比较。

随着各地华人联系的日益密切,跨区的语言景观比较研究也将是未来的发展趋势之一。我们在荷兰和比利时做过初步的尝试(Wang & Velde,2015),将来可进行跨洲的比较。另外,从全球华语研究的角度,跨圈①的互动与比较也是研究趋势之一。我们尝试对华语圈和普通话圈的互动进行了研究(王晓梅、张欣怡,2019),发现两圈有互动的基础,即标准华语。然而,我们还未看到将语言景观与全球华语的跨区跨圈比较相结合的研究,这将是很有发展前途的研究领域。综上,我们认为海外/全球华语研究与语言景观研究可以互相补充,美美与共。

参考文献

刁晏斌,2018,《全球华语研究的理论建构与实证研究》,华语教学出版社。
刁晏斌,2019,《论普通话研究的国语/华语视角》,《华文教学与研究》第 2 期。
郭熙,2012,《华语研究录》,商务印书馆。
孔珍,2018,《国际语言景观研究现状与发展趋势分析》,《中南大学学报(社会科学版)》第 2 期。
李计伟,2012,《"两个三角"理论与海外华语语法特点的发掘》,《汉语学报》第 3 期。
李宇明,2017,《大华语:全球华人的共同语》,《语言文字应用》第 1 期。

---

① 李宇明(2017)按照华语变体将全球华语划分为普通话圈、华语圈、国语圈。

刘慧,2016,《印尼华族集聚区语言景观与族群认同——以峇淡、坤甸、北干巴鲁三地为例》,《语言战略研究》第 1 期。

尚国文、赵守辉,2014a,《语言景观研究的视角、理论与方法》,《外语教学与研究》第 2 期。

尚国文、赵守辉,2014b,《语言景观的分析维度与理论建构》,《外国语(上海外国语大学学报)》第 6 期。

王晓梅,2019,《"古、方、普、外"——论全球华语研究的四个视角》,*Global Chinese*(《全球华语》)第 1 期。

王晓梅、张欣怡,2019,《论华语区与普通话区的共时融合与历时预测》,《华文教学与研究》第 2 期。

徐茗,2017,《国外语言景观研究历程与发展趋势》,《语言战略研究》第 2 期。

杨欣婷,2019,《从语言景观的视角看马来西亚华语词汇的变异与认同》,厦门大学马来西亚分校中文系本科论文。

中国社会科学院语言研究所词典编辑室(编),2015,《现代汉语词典(第 6 版)》,北京:商务印书馆。

祝晓宏,2016,《新加坡华语语法变异研究》,世界图书出版公司。

祝晓宏,2018,《语言景观视角下泰国华语使用及其变异》,《中国语言战略》第 1 期。

Albury, Nathan John, 2018, Linguistic Landscape and Metalinguistic Talk about Societal Multilingualism. *International Journal of Bilingual Education and Bilingualism,* 24.

Amos, H William, 2016, Chinatoun by Numbers: Defining an Ethnic Space by Empirical Linguistic Landscape. *Linguistic Landscape*, 2(2).

Curtin, M., 2008, Languages on Display: Indexical Signs, Identities and the Linguistic Landscape of Taipei. In E. Shohamy and D. Gorter (eds.), *Linguistic Landscape: Expanding the Scenery*. Routledge.

Leeman, J. & Modan, G., 2009, Commodified Language in Chinatown: A Contextualized Approach to Linguistic Landscape. *Journal of Sociolinguistics*, 13

(3) .

Li, Wei, 1994, *Three Generations, Two Languages, One Family: Language Choice and Language shift in a Chinese Community in Britain.* Multilingual Matters.

Lou, J., 2016, *The Linguistic Landscape of Chinatown: A Sociolinguistic Ethnography.* Multilingual Matters.

Wang, Xiaomei & Velde, Hans Van de, 2015, Constructing Identities through Multilingualism and Multiscriptualism: The Linguistic Landscape in Dutch and Belgian Chinatowns. *Journal of Chinese Overseas*, 11.

Wang, Xiaomei, 2012, *The Spread of Mandarin in Malaysia.* University of Malaya Press.

Wang, Xiaomei, Chern, Koh Yi, Riget, Patricia Nora and Shoniah, Supramani, 2016, From Monolingualism to ultilingualism: The Linguistic Landscape in Kuala Lumpur' s Chinatown. In Li Wei (ed.) *Multilingualism in the Chinese Diaspora Worldwide.* Routledge.

Wiley, T. G., Klerk, G. de, Li, M., Liu, N., Teng, Y., Yang, P., 2008, Attitudes towards Mandarin, Heritage Languages, Dialect Diversity among Chinese Immigrants and International Students in the United States. In He, W. & Xiao, Y. (eds.) *Chinese as a Heritage Language: Fostering Rooted World Citizenry.* University of Hawaii.

Wu, Hongmei & Sethawut Techasan, 2016, Chinatown in Bangkok: The multilingual landscape. *Journal of Humanities*, 22.

Xu, Daming, Chew, Cheng Hai & Chen, Songcen, 2005, *A Survey of Language Use and Language Attitudes in the Singapore Chinese Community.* Nanjing University Press.

Yan, Xi, 2019, A Study of Language Choices in the Linguistic Landscape of Macao' s Heritage and Gaming Tourism, *Journal of Multilingual and Multicultural Development*, 40 (3) .

基于风格计算的印尼书面祖语代际传承研究*

刘 华 张馨月

一、引言

海外华语是汉语的域外变体,是一种传承语或祖语(heritage language)。所谓祖语,主要是指社会主体语言之外作为语言文化传承的祖辈语言(郭熙,2017)。海外华文文学是一个时代语言生活的生动写照,是海外华人与祖籍国情感连接的书面表达,更是华语及华族文化传承与传播的重要载体。陈贤茂(2017)将海外华文文学定义为:"在中国(包括港澳台)以外的国家或地区,凡是用华文(即汉语)作为表达工具而创作的文学作品,都称为海外华文文学。"海外华文文学作品为祖语及祖语代际传承研究,提供了丰富的语料素材。

印度尼西亚是全球华人最多的国家,约有 2000 万华人。① 印尼华语是一种祖语,操持着祖籍国方言的印尼华人是典型的祖语传承者,也是中华文化的传播者,他们为华语的传承与传播做出了重要贡献。1965 年,印尼"九·三〇"政变爆发,华文教育断层近 32 年,印尼华语的发展也被迫中断、冻结,曾经欣欣向荣的印尼华文文学随着华文教育

---

　* 本文为 2019 年国家社科基金重大项目"境外华语资源数据库建设及应用研究"(19ZDA311)子课题"华文媒体及教材语料数据库"成果。本文原载《华文教学与研究》2023 年第 2 期。

　① 该数据来自"中国侨网",网址:www.chinaqw.com。

的突然断层而几近死亡,直至 1998 年才逐渐复苏。

印尼华语在该断层期发展缓慢,具有明显的保守性特征。传承语的保守性是海外华语特色形成的原因之一(李计伟、张翠玲,2019)。刘上扶在《东盟各国语言纵横谈》(2009)一书中指出:"印尼华人受到特定的社会环境和语言环境的影响,使其语言形式与内涵形成了独特的风格。"本文尝试将计算风格学与祖语代际传承研究相结合,进一步实证印尼华语独特的祖语风格及代际差异。

二、语料库与研究方法

(一)新、老华裔语料库的建设

本文选取《东南亚华文文学大系·印度尼西亚卷》①作品集作为主要研究语料,该套文集共有 10 册,总计约 110 万字。印尼华裔作家忠实地记录了从 1936 年至 1997 年间近两代人的语言生活,这套文集代表了该时期华人社会较高的祖语水平,也为祖语代际传承研究提供了珍贵的语料。具体如下表 1 所示:

表 1　印尼新、老华裔作家信息一览表②

序号	作家笔名	祖籍	出生年份	平均年份
1	阿五	广东梅县松口云车乡	1912 年	
2	严唯真	广东梅县	1933 年	1932 年
3	林万里	福建省福清县	1938 年	

① 本语料全部选自该套文集:严唯真主编《东南亚华文文学大系·印度尼西亚卷》,共 10 册,鹭江出版社。

② 此表格按照出生年份由早到晚顺序排列。

（续表）

序号	作家笔名	祖籍	出生年份	平均年份
4	高鹰	广东梅县	1938 年	
5	立锋	广东梅县	1938 年	
6	广月	广东梅县松口车田村	1940 年	
7	刘昶	广东梅县	1946 年	
8	白放情	广东紫金县	1947 年	1947 年
9	明芳	广东梅县松口	1949 年	
10	袁霓	广东梅县	1955 年	

根据上表,本文以 1940 年为研究分界,将十位作家分为新、老两组。序号 1—5 归为老华裔作家,平均出生年份为 1932 年;6—10 号归为新华裔作家,平均出生年份为 1947 年,两组相差 15 年,属于代际传承研究范畴。除了对新、老华裔作家进行整体的代际对比分析,也会探讨传承者个体的祖语风格,即案例研究。在本语料中最年轻的女作家为袁霓(叶丽珍),最年长的男作家为阿五(李伟康),年龄相差 43 岁,分别作为新、老华裔案例研究的代表。

(二)"祖语风格"概念的提出

将计算风格方法应用于汉语语言风格学研究始于 20 世纪 70 和 80 年代,美国威斯康星大学陈炳藻(1980)用词频统计方法考证了《红楼梦》作者的归属问题。目前,计算风格学常用来解决"作者考证",以及不同作者之间作品风格比较等问题,如:刘颖、肖天久(2015)发现金庸、古龙的小说在词语、词类、标点的使用上差别较大;黄晖(2017)发现丰子恺和林文月所译的《源氏物语》在句长、词语使用、标点使用分布上存在显著差异。

　　语体风格是指人们在语言表达活动中的个人言语特征,能够区别文学作品特征的方法主要有用词、句式、修辞手法、中心意象、主题等信息。曾毅平、朱晓文(2006)指出计算风格学近年来扩展到语言本体研究领域,通过统计不同时代作品语言使用上的特点来研究语言的变迁,提出国内计算风格学主要是描写性统计,缺少推断性统计。本文所提出的"祖语风格"概念,主要指的是海外华裔作家在用华文书写过程中所呈现出来的具有个人特色的语言风格。

　　鉴于此,本文将借助暨南大学刘华教授研发的"汉语助研"①软件对祖语风格进行统计与分析。该软件全面综合了语料库建设、检索和统计功能,集成了基于语料库方法的汉语字、词、句、篇等研究的各项辅助功能。利用该软件对新、老华裔作家作品中的祖语特征进行定量对比分析,本文旨在找出作品中较为明显的代际差异特征并尝试解释背后的成因。

(三) 研究流程

　　1. 将"东南亚华文文学大系·印度尼西亚卷"的纸质版进行扫描和 OCR 识别,生成生语料文本的电子版,分别建立"印尼新华裔作家作品语料库""印尼老华裔作家作品语料库""袁霓作品语料库"和"阿五作品语料库",共 4 个语料库。

　　2. 对照纸质版语料进行人工辅助校对,并删除前言、后记、注释等,只保留正文部分,保证文体的一致性和平衡性。新、老华裔作家语料库的样本量均保持在 55 万字左右,袁霓作品集和阿五作品集的样本量均在 11 万字左右。

　　3. 使用"汉语助研"软件,对语料库分词、标注词性,进行词汇、句子及篇章层面的风格统计与分析,着重对平均词长、词类、词的频序比、

---

① "汉语助研"软件下载网址:http://www.languagetech.cn/corpus/tools.aspx。

成语、词语多样性、平均句长、标点符号、文章难易度等方面进行考察。

4. 从祖语代际传承角度进行分析并得出相关结论。

三、风格计算与结果分析

（一）对词汇层面的风格计算与分析

1. 对平均词长的考察

平均词长是指词的平均长度。本文以汉字作为文本语料的词长测量单位，即一个字为一个词长。具体如下表 2 所示：

表 2　平均词长对比表

分类	作品集	平均词长
整体	新华裔作家	1.44
	老华裔作家	1.16
案例	袁霓	1.48
	阿五	1.12

从整体分类来看，新、老华裔作品集的平均词长之间存在明显差异。新华裔作品集的平均词长为 1.44，老华裔作品集为 1.16。新华裔作品集的平均词长相对更长，是老华裔的近 1.24 倍。在案例分类中，袁霓作品集的平均词长为 1.48，阿五作品集为 1.12。袁霓作品集的平均词长相对更长，是阿五的近 1.32 倍，与整体分类的结论一致。

新华裔作品集的平均词长相对更长，很大程度上是新华裔作家更倾向于选用双音节词语的结果，这更接近现代汉语词语的特点。老华裔作品集的平均词长相对更短，这集中表现在对古语词和缩略语的使用上。

（1）古语词

古语词是现代汉语的组成部分，也是祖语的显著特征。古语词多为单音节词，这大大缩短了老华裔作品集的平均词长。刁晏斌（2022）指出："在华语中存在不少古今对应的同义词，经常会出现放弃同义的现汉词而使用古语词的现象，即为'舍今取古'现象。"这在老华裔作品集中也有所体现。具体如下表3所示：

表3 老华裔作家"舍今取古"用例表

分类	古语词①	现汉词	用例
单音节词语	莫＜古＞	不要	（1）他委婉地说："五兄莫怪我寡情，我与德良早已有约在先，不便出尔反尔，有失信用，也会引起对方不良反应。"（阿五《商战一招》，第100页）
	甚＜古＞	非常	（2）我甚感不安，再次追问，他这才吞吞吐吐把刚发生过不久的事件经过说给我听。（阿五《红珊瑚的故事》，第90页）
	何＜古＞	什么	（3）那一架七彩电视，尺寸够大，我还满意，可是那一架录像机有何用处呢？（白放晴《驾鹤西归》，第69页）
双音节词语	纸鸢＜古＞	风筝	（4）自从古远以来，人们把一种利用风力上腾空的玩具称作风筝，客家人管它叫纸鸢。（阿五《风筝》，第154页）
	车资＜古＞	车费	（5）在离开巴刹还得付十五盾车资的小村子，以一间竹屋充当店址兼住家的一间小小"阿弄店"。（阿五《人面》，第77页）
	迎迓＜古＞	迎接	（6）小舟靠岸，头一个趋前握手迎迓的是鲁博士。（阿五《信徒》，第8页）

---

① 本文对古言词的分类以《古代汉语词典》（商务印书馆2020年第2版）中的＜古＞为依据。

（2）缩略语

缩略语是指现代汉语中双音节词或多音词的缩减形式。文言色彩较浓的缩略语多为文言词语缩略。老华裔作家使用缩略语也会在一定程度上缩短老华裔作品集的平均词长,在此展示在老华裔作家阿五作品集中的典型用例。具体如下表4所示:

表4　老华裔作家阿五缩略语用例表

作家	用例
阿五	(1)我顿时反省自己,除了<u>自谴(自我谴责)</u>之外,一时找不出其他解辩和借口。(阿五《信徒》,第11页)
	(2)不过,若说何先生的举动是纯然起于<u>护持(保护维持)</u>感情的动机上,则又不尽然。(阿五《小花猫玛丽娜》,第3页)
	(3)赖我们的交情,不烦他人妄自<u>猜度(猜测揣度)</u>。(阿五《信徒》,第9页)
	(4)阿杰来不及答应,她母亲接口说,她现在念<u>高中二(高中二年级)</u>,毕业后有计划出国升学。(阿五《十年》,第128页)

2. 对词类的考察

词类是词在语法上的分类,强调的是词的语法性质。一些词类的过频或过少出现,所呈现出来的文体风格的效果是不同的(刘世生、朱瑞青,2006)。频率指的是某一调查对象频次与整个语料所含调查对象总频次;频率差是指对比两个词表同一词条的频率的差值;频率比是指之间的比值(刘华,2020)。本文将结合频率差和频率比的结果,考察新、老华裔在词类使用上最典型的代际差异。具体如下表5和图1—4所示:

表5　词类频率差及频率比对比表差异大要分析

分类	作品集	介词	动词	名词	助词	形容词	其他
整体	新华裔作家	0.01%	0.32%	0.39%	0.05%	0.21%	0.02%
	老华裔作家	0.23%	0.12%	0.33%	0.03%	0.13%	0.16%
	新、老华裔间频率差	0.22%	0.20%	0.06%	0.02%	0.08%	0.05%
	新、老华裔间频率比	23	2.67	1.18	1.67	1.62	8
案例	袁霓	0.02%	0.28%	0.36%	0.05%	0.17%	0.12%
	阿五	0.55%	0.13%	0.21%	0.03%	0.06%	0.02%
	袁霓、阿五间频率差	0.53%	0.15%	0.15%	0.02%	0.11%	0.10%
	袁霓、阿五间频率比	27.5	2.15	1.71	1.67	2.83	5

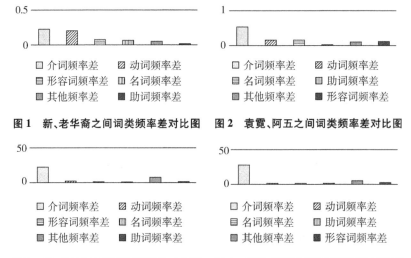

图1　新、老华裔之间词类频率差对比图　　图2　袁霓、阿五之间词类频率差对比图

图3　新、老华裔之间词类频率比对比图　　图4　袁霓、阿五之间词类频率比对比图

数据结果显示:从整体分类来看,在老华裔作品集中,介词的频率为0.23%,新华裔作品集为0.01%,频率差为0.22%,频率比为23;在案例分类中,袁霓作品集中介词的频率为0.02%,阿五作品集为0.55%,

频率差为0.53%,频率比为27.5。案例频率差是整体频率差的近 2.4
倍,可见阿五和袁霓在介词使用上的差异极大,可做进一步分析。

(1) 介词"以"

老华裔作家更倾向于使用功能性的介词,介词成为新、老华裔作家
在词类使用上最为显著的差异;而新华裔作家在实体性的动词、名词、
形容词及副词上使用频率相对更高。在案例分类中,阿五和袁霓间的
介词频率差异极大,阿五使用了大量介词。常见的介词有:"于""乎"
"诸""以""与"等,统计后发现介词"以"的使用差异最大。具体如下
表 6 所示:

表 6 介词"以"频率差及频率比对比表

分类	作品集	介词"以"(%)
整体	新华裔作家	0.09
	老华裔作家	0.17
	老、新华裔间频率差	0.08
	老、新华裔间频率比	1.89

数据结果显示:老华裔作家在介词"以"的使用频率上高于新华
裔,差异明显。从整体分类来看,新华裔作品集中介词"以"的频率为
0.09%,老华裔为 0.17%。老、新华裔间作品集的频率差为 0.08%,频
率比为1.89。在此,展示阿五作品集中介词"以"的用例,具体如下
表 7 所示:

老华裔作家使用了大量介词,而介词很大一部分来源于古代汉语,
这使得祖语更具"古旧"风格和"文言"色彩,也体现出祖语的保守性以
及印尼华裔作家的"崇古"倾向。介词多为单音节词,这也一定程度上
缩减了平均词长。

表7　阿五作品集中介词用例表

作家	介词	用例
阿五	以	(1)<u>以</u>一间竹屋充当店址兼住家的一间小小"阿弄"店。(阿五《信徒》,第9页)
		(2)我怀着满腔惆怅告别小伍,并<u>以</u>未能完成双方的托付而数统。(阿五《信徒》,第9页)
		(3)面临现时不景气局面,他高瞻远瞩,毅然冲出云霄,<u>以</u>稍见庞大的资金,投入织袜工业战场。(阿五《信徒》,第9页)

(2) 语气词"呵"

通过观察发现,老华裔作家在作品中保留了大量语气词"呵"的古语用法。"呵"字在《古代汉语词典》(2013年第2版)里的注释为"语助词";在《现代汉语词典》(第7版)中的注释为"同语气词'啊',表示惊异或赞叹"。可见,"呵"字从古代汉语到现代汉语一直保有语气词的用法,但在现代汉语中使用频率不高,一般用语气词"啊"来替代。在本语料中,经过筛选,共统计出206条与语气词"呵"相关的句子,且用法比较丰富,按照在句中位置可分为三类:句首、句中和句尾。下面将分别随机展示两个例句,具体如下表8所示:

表8　语气词"呵"的不同位置用例表

句中位置	老华裔作家作品中的用例
句首	(1)<u>呵</u>,这是原则性灵活性很强的思想和语言,是大智大勇的声音。(严唯真《早安,亚非大街》,第198页)
	(2)<u>呵</u>,周院的诗经异石,楚庭的骚辞奇玉,汉楼的赋体瑰璧,唐宫的诗金刚钻,宋殿的词蓝宝石,元府的曲红玛瑙……(严唯真《唐诗宋词今译试谈》,第182页)

（续表）

句中位置	老华裔作家作品中的用例
句中	(3)那块绢布呵,是缘分燃烧,是灵肉升华……(严唯真《天干地支曲》,第121页)
	(4)诗人呵,别把诗当作发泄个人哀伤的腐蚀剂,别总是诉说惆怅、失落、迷惘、空虚……(立锋《给诗人》,第70页)
句尾	(5)别把我的视线阻挡!阵阵的风儿呀,加快你的步伐吧,快给我传达"火海万隆"的向安!琮琮理琤的河水呵!(高鹰《婆罗浮屠佛塔赞歌》,第21页)
	(6)你是具有无限才华的诗人,是伟大的诗人呵!(立锋《蚕和蜘蛛》,第317页)

　　此外,老华裔作家使用了较多单音节语气词,使祖语风格更具古语色彩,具体如下表9所示:

表9　单音节语气词用例表

词语	释义	用例
咯	啦	(1)"那施先生的广东话一定讲得很流畅的咯!"(阿五《逸子》,第16页)
喏	表敬意的呼喊	(2)她拍拍口袋,自豪地说:"喏,就是我身上的钱袋呀!"(立锋《"第四个儿子"》,第138页)
唏	表叹息	(3)车子笔直地向前奔驰,两旁是荒荒的胶园,杂草长得高高的。——唏!(林万里《试分析黑婴的〈爸爸上园口去〉》,第119页)
嗳	表伤感	(4)"嗳,跟在苏岛时已有点不同了。年轻人真是变得快!"(阿五《蜕变》,第61页)

　　(3) 对词的频序比的考察

　　频序比,是指某一调查对象在不同语料中按频率排列的位序的比

值。将所有调查对象按照频率从高到低排列,用调查表中某调查对象
的位序值除以参照表中相同调查对象的位序值,得到的就是该调查对
象的频序比值(刘华,2020)。本文将频序比由高到低排列,得出新、老
华裔作家语料中出现频率相差较大的字词,这可以反映出新、老华裔作
家间具体的用词特点。

将袁霓和阿五作品语料库中前1000的词语(覆盖率大致为70%,
频次大于5)按频序比由低到高顺序排列,发现两者差异主要体现在介
词、连词和副词等功能词的使用上。我们从表中删选过滤掉名词、动词
和形容词等实体性词语,着重考察功能词。选取频序比各自前十名的
词后发现,阿五更倾向于使用如"将""但""已"等单音节的功能词;而
袁霓相反,会更倾向于使用如"可是""所以""一直""这个"等现代汉
语中的双音节的功能词。单音节功能词具有较浓厚的文言色彩,使老
华裔作家的作品整体呈现出古朴、庄重的语言风格,具体如下表10
所示:

表10 新、老华裔作品集中频序比前十名功能词排序表

排序	老华裔用词特点表				新华裔用词特点表			
	词语	老华裔	新华裔	频序比	词语	新华裔	老华裔	频序比
1	将	76	874	0.09	可是	50	580	0.09
2	但	22	212	0.10	所以	112	820	0.14
3	已	27	252	0.11	一直	107	551	0.19
4	以	53	447	0.12	这个	98	491	0.20
5	阿	12	99	0.12	那么	217	999	0.22
6	与	28	147	0.19	怎么	189	789	0.24
7	各	120	622	0.19	因为	82	335	0.24

（续表）

		老华裔用词特点表			新华裔用词特点表		
8	由	130	533	0.24	已经	101	337	0.30
9	其	184	752	0.24	而且	280	890	0.31
10	令	169	684	0.25	实在	199	567	0.35

由上表可知,新、老华裔作家的用词差异,除了体现在单、双音节词外,也体现在"舍古取今"的用法上,即舍去古语词,选取现汉双音节化后的词语。例如,在表示转折的连词"但"和"可是"的使用上,在"老华裔用词特点表"中排序 2 的词语为"但",在老华裔作品集中频序为 22,在新华裔作品集中频序为 212,频序比为 22/212 = 0.1。这可以说明"但"是老华裔最常用的表示转折的连词。新华裔则选用"可是"来表示转折。在"新华裔用词特点表"中排序为 1 的词语为"可是",在新华裔作品集中频序为 50,在老华裔作品集中频序为 580,频序比为 50/580 = 0.09,这说明"可是"是新华裔最常用的表示转折的连词。另外,老华裔更倾向于使用副词"已"表示动作的完成,而新华裔喜欢使用"已经"。总体来说,频序比可以具体反映出新、老华裔作家的用词特点及偏好。

4. 对祖语文化词汇的考察

（1）成语

通过对语料的观察,可以明显觉察到老华裔作家更倾向于使用成语,统计结论也验证了此假设。在表 11 中有四类数值:词种数、词种数比例(%)、频次、频次比例(%)。"词种数"是指成语的种类数。"词种数比例"是指成语的种类数与词语总数量的比例。"频次"是指所有成语出现的总次数。"频次比例"是指所有成语出现的总次数与词语总数量的比例。具体如下表 11 所示:

表 11　成语使用情况对比表

分类	作品集	词种数	词种数比例(%)	频次	频次比例(%)
整体	新华裔作家	312	4.43	394	0.58
	老华裔作家	404	4.67	554	0.80
案例	袁霓	250	4.05	306	0.73
	阿五	394	5.22	501	1.31

　　数据结果显示：老华裔作家在词种数、词种数比例、频次、频次比例上均高于新华裔作家。可见老华裔作家更倾向于使用成语，在案例中也是如此。

　　（2）祖语文化词汇

　　刘上扶（2009）指出："印尼华文文学语言具有强烈的社会色彩，名人名言、成语、文学形象、典故用语等在诗文中随处可见。"这也体现在老华裔作家的作品集中，具体如下表 12 所示：

表 12　老华裔作家作品集中的用例表

分类	词语	用例
俗语	虎父无犬儿	（1）常言说"虎父无犬儿"。（阿五《第二春》，第 120 页）
	通街大道，各走各边	（2）俗语说：通街大道，各走各边，谁也顾盼不了谁。（阿五《红珊瑚的故事》，第 88 页）
成语	反唇相讥	（3）我对他作了会心的微笑，他却大不为然，板起脸孔对我反唇相讥起来。（阿五《改行》，第 83 页）
	忍俊不禁	（4）这一来又惹动全场的喧哗，连小胖子本人也忍俊不禁地随众咧嘴大笑起来。（阿五《聋子阿德》，第 57 页）

（续表）

分类	词语	用例
方言俗语	捶背搭食屁卵	(5)所以福祥兄,我说以后有钱情愿存些港纸货物,饱食轻担,再不做这"捶背搭食屁卵"①的傻事了。(阿五《虚惊》,第44页)
	迟冇毛,割冇血	(6)这时节正所谓迟冇毛,割冇血的,我交的出这笔钱吗?(阿五《虚惊》,第43页)
方言词②	泊车<方>	(7)以后的日子,我不敢再到这泊车楼来泊车,那阵阵的回忆也伴着阵阵的心痛。(白放晴《杀爱》,第258页)
	思量<方>	(8)这些吃人碗前说人碗背的家伙,真是思量不得。(阿五《虚惊》,第44页)
文学形象	祥林嫂	(9)还有一点可能他始终不曾觉察或料想到的,就是打从"祥林嫂你又来了"下一句念下去开始。(阿五《天才教师》,第153页)
	包公	(10)香港九龙需要很多很多的铁面包公。(严唯真《港九城风景线》,第82页)
古诗文	离离原上草,春风吹又生	(11)但时日一久,"离离原上草,春风吹又生"。(阿五《第二春》,第117页)
	海内存知己,天涯若比邻	(12)正如唐代诗人王勃诗云:"海内存知己,天涯若比邻。"(高鹰《会高丽诗人》,第64页)

在老华裔作家作品中,除了存在大量成语外,还有俗语、文学形象、古诗文以及方言词、方言俗语等,这些都属于"祖语文化词汇"。本文尝试将其定义为:"这是一种汉语祖语者所使用的,在中华传统文化背景下产生的、蕴含着中华文化素养、体现中华民族深厚的社会文化意义的词汇。"

---

① "捶背搭食屁卵"是岑东一代民间口头语,出力不讨好之意。
② 对方言词的分类以《现代汉语词典》(商务印书馆2021年第7版)中的<方>为依据。

祖语文化词汇增加了老华裔作家作品词汇的祖语特征。其中,成语属于祖语文化词汇的一种,老华裔作家使用成语可以使作品表达更为精炼、语义深远、内涵丰富,这无形之中也将中华古代优秀的语言文化遗产更好地保留与传承了下来。

对祖语文化词语的使用也是华族人的一种身份标识,对华语的传承有推动作用,这也给祖语教学带来了一定的思考和启发。建议将祖语学习者与其他汉语学习者有所区分,更重视祖语学习者的祖语文化教学,激活华族人的祖语文化基因,提高对外汉语教学的效果。

5. 对词语多样性的考察

词语多样性可看作词汇的广度,是词汇丰富性的多维特征之一。词语多样性的计算公式为:词种数除以总词次。可以通过词语的多样性指标侧面反映出一定的祖语水平。数据结果显示:新华裔作家作品集的词语多样性相对更为丰富。具体如下表 13 和图 5 所示:

表 13   词语多样性对比表

分类	作品集	词语多样性
整体	新华裔作家	0.11
	老华裔作家	0.10
个例	袁霓	0.18
	阿五	0.05

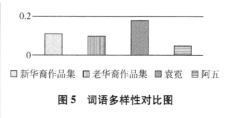

图 5   词语多样性对比图

如图表所示,新华裔作家作品集的词语多样性为 0.11,老华裔为 0.10,相差不大,不作为祖语代际差异的典型特征。但在案例中,袁霓作品集的用词多样性为 0.18,阿五为 0.05,袁霓是阿五的近 3.6 倍。袁霓作品集的用词多样性远远超过阿五,这反映出作家袁霓的用词更为丰富,属于典型的祖语个人风格特征。

　　袁霓与阿五在词语多样性上产生的明显差异,与他们的年龄及所接受华文教育的年代背景有重要关联。两位作家都接受过华文教育,虽然袁霓接受正规华文教育的时间较短,小学五年级后是靠补习和自修,而阿五小学在印尼毕业之后,在中国接受的初高中及大学本科教育,受到正规华文教育的时间较长。但结果显示,袁霓的用词多样性更高,其中年龄是很大的影响因素。两者年龄之间相差近两代人,袁霓接受新词新句的能力更强,学习华语的方式与渠道更多。作家阿五在接受华文启蒙教育时受到时代背景的影响,对原有的用词习惯及语言规则更为依赖。可见,华语启蒙教育所处的年代背景对祖语者的影响很大,年龄是造成祖语风格差异的重要因素之一。

(二) 对句子层面的风格计算与分析

1. 对平均句长的考察

　　句子是表达一个完整概念的基本语言单位。句长即句子的长度,平均句长是指语料库中所有句子的平均长度。一般来说,句长有两种定义:一是一个句子中所包含的字数;二是一个句子中所包含的词数。本文采用后者定义。在汉语中,通常将句号、问号、感叹号、省略号视为一个句子的终结。具体如下表 14 和图 6 所示:

表 14　平均句长对比表

分类	作品集	平均句长	差值
整体	新华裔作家	24.23	0.01
	老华裔作家	24.24	
案例	袁霓	23.94	15.52
	阿五	39.46	

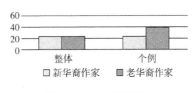

图 6　平均句长对比图

　　由图表所示,新华裔作品集的平均句长为 24.23,老华裔为 24.24,两者几乎相等,差异并不明显。在案例中,袁霓作品集的平均句长为 23.94;阿五作品集的平均句长为 39.46,是袁霓的近 1.6 倍,平均句长的个体差异明显。进一步分析老华裔作家阿五作品集中句长的原因,观察发现,阿五文集中句子相对较长且句子成分更加杂糅,体现出个人鲜明的风格。阿五使用了较多的俗语,以及引用了较多的古诗文。

　　2. 对标点符号的考察

　　标点符号在现代汉语的书面语中是不可缺少的辅助文字记录语言的符号。此外,标点符号作为非语言符号的风格要素,还具有一定的修辞功能(郭俊书,2007)。本节选择逗号、句号、问号、感叹号、分号和冒号做对比分析。具体如表 15 所示:

表 15　新、老华裔作品中标点符号频率差及频率比表

标点符号分类	袁霓频率(%)	阿五频率(%)	频率差(%)	频率比
逗号	0.5	0.52	0.02	1.04
句号	0.23	0.05	0.18	4.60
问号	0.09	0.32	0.23	3.56
感叹号	0.03	0.04	0.01	1.33
分号	0.06	0.03	0.03	2
冒号	0.05	0.02	0.03	2.5
其他	0.04	0.02	0.02	2

　　由上表可知,袁霓、阿五作品集使用最多的标点符号都是逗号,且超过了所有标点符号的一半,使用频率分别为 0.5% 和 0.52%,频率差为 0.02%,频率比为 1.04。此外袁霓使用最多的是句号,频率为 0.23%。而阿五使用最多的不是句号,而是问号,频率为 0.32%,袁霓的问号使

用频率为 0.09%,频率差为 0.23%,频率比为 3.56。在句号的使用上,两者频率差为 0.18%,频率比为 4.60。可见,两个作品集在句号的使用上差异最大,其次是问号。阿五作品集中出现了大量问号,下面随机截取的含有问号的两个语段,具体如下表 16 所示:

表 16　阿五作品集中含有问号的语段示例表

作家	序号	语段示例
阿五	(1)	——你为什么还不还书? 我这样写去一个问题。 ——我要求过几次,父亲说还裁不出钱来,说下个月或者可以有钱。 ——那恐怕太迟了一点吧。 ——那恐怕太迟了一点吧! ——那又有什么办法呢? 我只好等着。(选自阿五《聋子阿德》,第 54 页)
	(2)	"这是你的孩子吗? 是男的还是女的?"云这样问她。 她点点头,低声地说:"是女的。" "你的丈夫呢?" "他,他上个月已经抛弃了我们母女,到别村去和别的女人结婚了。" "他怎么可以这样没情义,不负责任,任意抛下妻女与别人结婚呢?"(选自阿五《阿娜》,第 111 页)

通过以上的语段(1)和(2)可知,阿五作品集中有大量的对话,有问有答,因此出现了大量的问号,这也成为作家阿五独具特色的祖语风格。

(三) 对篇章层面的风格计算与分析

1. 对文章难易度的考察

词语难易度就是词语在时间和空间上均匀分布的程度,可以通过方差和 IDF 来模拟。

影响句子难易度的因素主要有:句长(词语数)、句中所用词语难易度的均值、句中最难词语的难易度。句子难易度也可通过这三个因素来综合模拟。

同理,影响篇章难易度的因素主要有:篇章句子数(句子越多,相对越难)、篇章中所有句子难易度的均值、篇章中最难句子的难易度(学习者可能因为某一难句而难以理解文意)。篇章难易度计算公式如下(刘华,2022):

$$C_t = \sqrt{\sum_{i=1}^{d} U_{S_i}/d + \sqrt{U_{S_i\ max}} + \sqrt[3]{d}}$$

其中,C_t 表示篇章 t 的难易度,$\sum_{i=1}^{d} U_{S_i}/d$ 表示篇章中所有句子的难易度的均值,$U_{S_i max}$ 表示篇章中难易度最大值句子的难易度,d 是篇章中句子数(取立方根,平滑其影响),U_{S_i} 是句子 Si 的常用度。具体如下表17、图7所示:

表17 文章难易度对比表

分类	作品集	文章难易度
整体	新华裔作家	1.58
	老华裔作家	1.64
个例	袁霓	1.58
	阿五	1.69

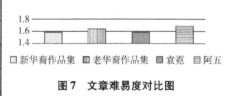

图7 文章难易度对比图

本文通过文章难易度这一计算指标,来反映出新、老华裔作家间祖语水平的差异。数据结果显示,老华裔作家作品集的文章难度略高于新华裔(数值越高越难);在个例中,阿五作品集的文章难易度高于袁霓,这一数值与前结果一致。老一辈更多用古语词,单字词多;新一代更现汉化了,双音节词、常用词多。这符合上文所有分析。

2. 对祖语水平的考察

下面将列举阿五和袁霓同一时期的作品片段,以及同一位作家不同时期的作品片段分别进行对比与分析。共时对比与历时发展相结合,更为直观地感受祖语风格和水平的差异与发展。具体如下表 18 所示:

表 18 阿五不同时期作品语段示例表

作家	年份	语段示例
阿五	1949 年	(1)荣生老先生大鉴:久仰大名,望风生敬。兹者敝弟兄等因食口浩繁,支度庞大,需款正孔,敢请借用金元券五十万元,以济燃眉之急,并望于五日之内妥为筹措拨交,否则对老先生或有不敬之处,莫怪未曾言之在先也。(阿五《虚惊》,1949 年 5 月 25 日)
	1993 年	(2)回到印尼,打从抓起粉笔,我也执笔重新开始学习写作。我把第一篇习作寄给当时还在报馆任编辑的小学时期启蒙老师,请他批改。过几天我的作文在报纸亮了相,老师也写了回信。有一段是这样写的:"别君数载,君文思已大振。后生可畏,信不诬也。尚望继续努力,力求提高作品水平。"(阿五《我的写作经历》,1993 年 3 月 23 日)

通过语段(1)和(2)可以了解到,作家阿五长达 44 年的创作时间跨度,他的华语面貌前后已经有了非常大的改变,语段(2)与现代汉语趋同,直观地反映了祖语风格的发展变化。在语段(2)中画横线处一段是在 1993 年阿五老师的回信内容,阿五老师是阿五的长辈,同样可以看出代际传承的明显痕迹。阿五老师的祖语风格和水平与 1993 年阿五的截然不同,阿五的老师祖语风格几乎与 1949 年的阿五相近,呈现出极为明显的代际传承差异。

本文将再选取新华裔作家袁霓 1993 年前后的作品来进行对比分析,更为直观地考察阿五与年轻一辈传承语者之间的华语差异情况。具体如下表 19 所示:

表 19　袁霓不同时期作品语段示例表

作家	年份	语段示例
袁霓	1992 年	（3）我们的国家,是一个多种族的国家。每一个种族,在"吃"的方面都有他们自己的特色与习性。就像爪哇人的 GUDEG、巴连邦人的 PEM-PEK、巽达人的 KREDOK、马都拉人的杀爹和梭多、巴达维人的加多加多,还有巴棠人的巴棠饭抾等。（袁霓《巴棠饭》,1992 年 1 月）
	1993 年	（4）然后,他走到我们面前,犹疑了一下,忽然伸出手对我们说:"please help me, give me some dollar…"大家被他突然的举动惊愕住了。看到没有反应,他又走到我先生面前,同样地伸出手:"I am hungry, help me please…"（袁霓《留学生》,1994 年 3 月 20 日）

通过袁霓（3）和（4）的语段可知,在同一时期,新华裔作家使用了印尼语和英语,而在阿五作品集中并没有出现,这说明同时期的新华裔作家已经开始使用多种语码,体现出语言的融合与发展。这样的对比研究,较为清晰、生动地展现出同一时期不同代际传承语者的祖语水平。这是数据计算的一种补充说明,同样具有说明力度。

本文选取 1993 年前后三位不同年龄段传承者的语段,明显感到了代际传承的差异。年龄越轻,祖语风格越接近现代汉语的表达方式;年龄越长,越保留了民国时期汉语的表达方式。传承语者更愿意使用自己所熟悉的表达方式,对原有语言规则有所依赖。总的来说,祖语风格和水平受到年龄的制约和影响。这里的年龄不仅指的是实际年龄,也指的是接受华文教育时所处的年代。

四、结语

新、老华裔作家祖语风格的代际差异,在词汇、句子和篇章三个层面均有体现,在词汇层面上最为显著。刁晏斌(2020)指出要寻找新的角度及手段,以求对相关语言事实做进一步高清晰度或细颗粒度的考察、分析与描写。通过风格计算得出新华裔作家平均词长的数值相对更高,主要原因是老华裔作家使用了较多古语词、缩略语;在词类上使用较多单音节介词和带有古语色彩的单音节语气词。此外,老华裔作家使用较多成语、俗语及方言俗语、文学形象、古诗文等文化词汇,由此也进一步印证了印尼华语作为祖语的保守性特征。

在句子和篇章层面上,通过风格计算得出的祖语代际差异并不明显,只能代表个人的祖语风格特点,如:在词语多样性上,新华裔作家袁霓的数值相对更高,说明她在作品中使用了更为丰富的词语。新、老华裔作家所处的华文启蒙教育的年代背景不同,年龄是影响华裔作家祖语风格的重要因素之一。在标点符号的使用上,除逗号外,袁霓使用最多的是句号,而阿五使用最多的则是问号。通过观察发现,阿五作品中包含着一些问答形式的对话,从而造成计算结果中问号数值的偏高,而问答形式的行文习惯成为阿五个人的祖语风格之一。在文章难易度的计算上,阿五的数值相对更高,这一定程度上表明阿五的文章相对更难,这是由于阿五对单字词的使用较多。相比之下,袁霓所使用的词语更现汉化,常用词更多。

究其背后原因,归根到底是印尼华人群体远离祖籍国,印尼华语与大陆普通话的发展不能同步,华语内部的语言系统发展缓慢,远离中文核心语境,语言活力不够。1949年以后,中国大陆书面语更加通俗化和大众化,而印尼华语的发展速度自然跟不上中国大陆,特别在1965年"九·三〇"事件后,印尼与祖籍国长期隔绝,造成华语发展严重受阻,印尼华裔作家在祖语风格上仍旧沿袭了1949年以前的文风。

海外华文文学是重要的祖语资源,对海外华语资源的搜集和整理是海外华语调查的重要方面。这些材料既是研究书面语变体历时发展过程的基础,也是考察现代汉语百年变化、中国语言文化传播、海外华人社会祖语文化传承的重要史料和语料(郭熙、刘慧、李计伟,2020)。华侨华人华语基本信息资源数据库的建设势在必行(刘慧,2021),海外华文文学作品为此提供了重要素材。海外华文文学在祖语本体研究、祖语文化传承与发展、祖语教学及资源库建设等方面都有着重要的研究价值。计算风格学为祖语代际传承研究提供了一个全新的视角,促进了学科间的交叉、互动与对话,为祖语研究及代际传承研究拓宽了研究范围与视野。

近年来,旅居或移民海外的华人作家在中国文坛上备受关注。2023 年 3 月 13 日中华人民共和国国务院新闻办公室指出:"(新移民文学作家)在文化素养、生存状态等诸多方面与早期海外华人有所差异,携带着母体文化的深刻影响与异域体验的激荡与碰撞,丰富了海外华文文学的创作维度。……海外华文文学的发展历程既有华人移民进程的独特时代印记,也因作家不同的创作风格而被赋予更多元与丰富的活力。"[1]海外华文文学为祖语及祖语代际传承研究提供了一个崭新的视角,具有极大的研究空间和前景。

参考文献

陈炳藻,1980,《从词汇统计论证红楼梦的作者》,首届国际《红楼梦》研讨会。
陈贤茂,2017,《海外华文文学的前世、今生与来世》,《华文文学》第 2 期。

---

① "海外华文文学成为中国文学新力量展现人类共性",《中国新闻网》2013 年 07 月 12 日,http://www.scio.gov.cn/zhzc/35353/35354/Document/1511041/1511041.htm。

刁晏斌,2020,《论全球华语研究的拓展与加深》,《华文教学与研究》第 1 期。

刁晏斌,2022,《由"舍今取古"现象看华语词典存在的问题及对策》,《辞书研究》第 4 期。

郭俊书,2007,《标点符号的修辞作用探因》,《现代汉语(语言研究版)》第 6 期。

郭熙,2017,《论祖语与祖语传承》,《语言战略研究》第 3 期。

郭熙、刘慧、李计伟,2020,《论海外华语资源的抢救性整理和保护》,《云南师范大学学报(哲学社会科学版)》第 2 期。

黄晖,2017,《从计算风格学角度考察〈源氏物语〉中译本》,浙江工商大学硕士学位论文。

李计伟、张翠玲,2019,《传承语的保守性与东南亚华语特征》,《华文教学与研究》第 3 期。

刘华,2020,《语料库语言学——理论、工具与案例》,外语教学与研究出版社。

刘华,2022,《汉语口语教学用话题分类常用词句式篇研究》,外语教学与研究出版社。

刘慧,2021,《华侨华人华语基本信息资源数据库建设及应用研究》,《华文教学与研究》第 4 期。

刘上扶,2009,《东盟各国语言纵横谈》,广西教育出版社。

刘世生、朱瑞青,2006,《文体学概论》,北京大学出版社。

刘颖、肖天久,2014,《金庸与古龙小说计量风格学研究》,《清华大学学报(哲学社会科学版)》第 5 期。

严唯真(主编),2000,《东南亚华文文学大系·印度尼西亚卷》,鹭江出版社。

曾毅平、朱晓文,2006,《计算方法在汉语风格学研究中的应用》,《福建师范大学学报(哲学社会科学版)》第 1 期。

马来西亚华语介词的变异[*]

王彩云

一、引言

马来西亚华语是现代汉语的域外变体,在语音、词汇和语法等方面与现代汉语之间存在不少差异,这些差异构成了马来西亚华语的变异,其中,介词变异是重要表现之一。马来西亚华语介词与普通话类似,数目不多,使用频率却相对较高。对其变异及变异原因进行研究,有助于认识马来西亚华语介词乃至虚词的使用现状,了解变异的动因,预测变异的趋势,从而认识马来西亚华语在全球华语互动中的作用和位置。

语法特征上,马来西亚华语的介词与普通话基本相同。首先,介词不能单独充当主语、谓语、宾语、定语、状语和补语,只能先跟一个名词或名词性短语组合,构成介宾短语后方可充当句法成分。其次,介词不能重叠,不能带"了、着、过"等动态助词。最后,介词没有词汇意义,只有语法意义,等等。然而,马来西亚华语介词的变异不在于此,而在于其他。下面对马来西亚华语介词的变异情况进行研究,探究变异的原因,并预测变异的趋势。

———————————

  * 本研究获国家社科基金重大项目"全球华语语法研究"(11&ZD128)的资助,写作过程中吸收了郭熙教授的意见和建议,谨致谢忱! 本文原载《汉语学报》2015 年第 2 期。

二、介词及语料的选取

采用出现次数的多寡和同类别共同研究相结合的原则,选取"自、从、自从、打从、由、于、在、朝、向、往、当、按、按照、据、凭、以、为、为了、因、因为、关于、至于、对于、和、跟、与、对、比、替、把、将、被、叫、让、论、由于、同、给"等 38 个介词作为研究的对象。对于"在、朝、向、往、因为、由于、和、跟、与、同、比、被、给"等兼类词语,文章只研究作介词时的变异情况。

现代汉语中,邢福义(1991)把介词分为涉动介词和涉形介词,涉动介词包括时间方所、状态方式、目的、对象范围、排除和被动介词,涉形介词主要指"比""同"和"跟"等。黄伯荣、廖序东(2002)将介词进一步分为表时间、处所、方向,表方式、方法、依据、工具、比较,表原因、目的,表施事、受事和表关涉对象等五类。张斌(2010)从构词的形式、构词功能以及介词短语的功能三个方面,将介词分为:单音节介词和双音节介词;典型介词、一般介词和特殊介词;"把、被"类、"按、照"类、"跟、对"类、"向、往"类介词。这些分类较好地反映了现代汉语介词间的区别及不同介词的特点。

本着有利于发现变异并解释变异的研究目的,我们将马来西亚华语介词分为五类,它们是环境介词、依凭介词、因由介词、关涉介词和施受介词。环境介词包括"自、从、自从、打从、由、于、在、朝、向、往、当"等;依凭介词包括"按、按照、据、凭、以、论"等;因由介词包括"为、为了、由于、因、因为"等;关涉介词包括"关于、至于、对于、和、跟、与、同、对、比、替"等;施受介词包括"把、将、被、给、叫、让"等。

语料上,选取包括网络小说、现当代文学作品等在内的 402KB 大小的马来西亚华语语料作为马来西亚华语介词使用情况的来源语料；同样选取包括小说和戏剧等现当代文学作品在内的 402KB 大小的现代汉语语料作为普通话介词使用情况的来源语料。这样，我们以804KB 的网络小说和现当代文学作品作为研究的来源语料，对 38 个马来西亚华语介词的变异情况进行研究。

三、介词的使用频率

词语的使用频率又叫词频，是指一定范围的语言材料中词语的使用频率。我们分别在马来西亚华语语料和现代汉语语料中对 38 个介词进行检索，经过去伪存真的鉴别，统计介词的用例数量，得到结果如表 1、表 2：

表 1　马来西亚华语介词用例数量

环境介词		关涉介词		施受介词		依凭介词		因由介词	
介词	用例数	介词	用例数	介词	用例数	介词	用例数	介词	用例数
在	1329	对	155	被	402	以	100	为	84
往	188	跟	150	把	304	凭	12	因为	53
向	182	与	84	将	96	据	8	为了	34
朝	60	比	67	叫	12	按照	6	因	30
于	60	和	44	让	5	按	1	由于	8
自	53	同	0	给	23	论	0		
当	39	替	30						
从	38	至于	25						
打从	5	对于	10						
由	16	关于	3						

（续表）

环境介词		关涉介词		施受介词		依凭介词		因由介词	
自从	8								
小计	1978	小计	568	小计	842	小计	127	小计	209
合计(例)	3724								

表2　普通话介词用例数量

环境介词		关涉介词		施受介词		依凭介词		因由介词	
介词	用例数	介词	用例数	介词	用例数	介词	用例数	介词	用例数
在	1350	对	354	被	161	以	60	为	66
往	156	跟	91	把	666	凭	16	因为	54
向	128	与	49	将	10	据	8	为了	21
朝	3	比	101	叫	10	按照	7	因	32
于	29	和	190	让	20	按	7	由于	4
自	9	同	7	给	11	论	9		
当	34	替	29						
从	245	至于	11						
打从	0	对于	13						
由	96	关于	3						
自从	19								
小计	2069	小计	848	小计	878	小计	107	小计	177
合计(例)	4079								

　　对比表1、表2,得到如下结论:

　　第一,从介词的总用例数来看,马来西亚华语介词共有用例3724例,普通话介词共有用例4079例,前者比后者低8.70%。[①] 可见,在大

---

① 百分比数据保留小数点后两位,后文数据与此相同。

小相同的语料中,马来西亚华语介词的用例数少于普通话。因此马来西亚华语介词的使用频率低于普通话。

第二,从不同类别介词的用例数来看,马来西亚华语同普通话之间既有一致性又有区别。

将不同类别介词的用例数由多到少排列,在排列顺序上马来西亚华语与普通话相同,依次为环境介词、施受介词、关涉介词、因由介词和依凭介词。可见,环境介词在马来西亚华语和普通话中同为使用频率最高的介词,依凭介词在两种语言中同为使用频率最低的介词。

不同之处在于,马来西亚华语的环境介词、施受介词和关涉介词比普通话的用例数少,分别低于普通话4.40%、4.10%和33.02%;马来西亚华语的因由介词和依凭介词比普通话的用例数多,分别高于普通话18.08%和18.69%。可见,马来西亚华语中环境介词、施受介词和关涉介词的使用频率低于普通话,因由介词和依凭介词的使用频率则高于普通话。

第三,从某类介词的用例数来看,马来西亚华语与普通话对某类介词中不同介词的使用具有差异。

环境类介词中,表来源的"自、从、自从、由、打从"在马来西亚华语和普通话中的用例数分别为120例和369例,前者低于后者67.48%;表目的的"朝、向、往"在马来西亚华语和普通话中的用例数分别为431例和287例,前者高于后者50.17%。可见,表目的的环境介词在马来西亚华语中的使用频率高于普通话,表来源的环境介词则相反。因此,马来西亚华语更加经常使用表目的的环境介词而少用表来源的环境介词,普通话的情况则相反。

第四,从单个介词的用例数来看,马来西亚华语和普通话对同类介词中的某个介词的使用具有差异。

表来源的"自、从、由、于"在马来西亚华语和普通话中的用例数分别为53/9例,38/245例,16/96例,60/29例。可见,"自"和"于"在马来西亚华语中用例数量比普通话多,"从"和"由"的情况正相反。因此,对于表来源的环境介词而言,马来西亚华语更加经常使用"自"和"于",普通话则更加经常使用"从"和"由"。

表协同的"和、跟、同、与"在马来西亚华语和普通话中的用例分别为44/190例,150/91例,0/7例,84/49例。可见,"跟"和"与"在马来西亚华语中用例数量比普通话多,"和"和"同"的情况相反。因此,对于表协同的对象类介词而言,马来西亚华语更加经常使用"跟"和"与",普通话则更加经常使用"和"和"同"。

引进施受事的"把、将、被、让"在马来西亚华语和普通话中用例数量分别为304/666例,96/10例,402/161例,5/20例。可见,"将""被"在马来西亚华语中的用例数比普通话多,"把"和"让"的情况则相反。因此,马来西亚华语更加经常使用"将"和"被",普通话则更加经常使用"把"和"让"。

第五,介词"同"和"论"在选取的语料中没有检索到用例。向马来西亚华人求证得知,这两个介词在中老年马来西亚华人的口语中经常使用,书面语和青年人的口语中较少用。例如"我同你一起去那边""论辈分,我比你大;论资格,我也比你有资格……""论武功,你还未够班……",这样的句子多出自中老年华人之口。

四、介词的用法

大部分马来西亚华语介词的使用方法与普通话基本相同,个别介词存在差异。下面对差异介词进行分析。

（一）从

"从"与名词或其短语组合、表判断的依据或角度时,常与"来看""看来"连用,构成固定结构"从……来看""从……看来"。例如:

（1）<u>从尸体外形来看</u>,是少女的身形,而且具具尸体都是一丝不挂,全身裸露。[①]

（2）其中一台机械上,还坐着一个穿着潜水装的人,<u>从窈窕的身形看来</u>是位女性,她缓缓地摘下了潜水镜,深吸了一口气……

（3）这样背着一壶黄金箭,无论走到哪里,都会惹不少麻烦,而且负担奇重,但<u>从这人步伐看来</u>,就像背着一壶鸟羽般轻松。

（4）她想亡命溜掉,但不知怎的,反而跳了上前,声音抖得不成一字:"你……你……"项笑影仍是伏着的,<u>从织姑脸色看来</u>是慌惶的,这刹那间,几件暗器已呼啸攻到。

例（1）中,尸体外形是判断死者为少女的依据,"从……来看"表判断的依据。例（2）中,窈窕的身形是判断该人为女性的依据,"从……看来"表判断的依据。例（3）中,步伐是判断这人背负的东西像羽毛的依据,"从……看来"表判断的依据。例（4）中,脸色是判断织姑内心慌惶的依据,"从……看来"表判断的依据。

据统计,马来西亚华语中表判断依据时用"从……来看"的有1例,用"从……看来"的有3例。普通话的情况则不同。普通话中表判

---

① 本例句出自马来西亚华语网络小说《异种感染》,网址 http://www.readnovel.com/novel/145199/2.html。文章后面的例句均出自马来西亚作家温瑞安的武侠小说《布衣神相》、黄玮霜的小说《母墟》、曾沛的小说《缘来是你》以及网络小说《异种感染》和《寒冬の爱情》;《寒冬の爱情》的网址为 http://tieba.baidu.com/p/1483234334。为了节省篇幅,在此一并说明。

断依据时用"从……来看"的有 3 例,用"从……看来"的有 1 例。可见,马来西亚华语倾向于用"从……看来"表判断的依据,普通话则倾向于用"从……来看"。

马来西亚华语中,"从"还可以与形容词的重叠形式组合,表处所来源。例如:

(5)女孩的肤色很白,人长得像是混血儿一般漂亮,<u>从远远</u>就能看见她那深邃而细致的五官,在阳光下像是精雕出来的玻璃娃娃一般赏心悦目。

(6)蓝逸几乎马上就肯定,那是引擎在水中发动所产生的声音,正确来说,是有游艇<u>从远远</u>靠近而传出来的。

(7)<u>从远远</u>跑过来的,居然是神色慌张的小滴。

例(5)—(7)中,"从"与形容词重叠式"远远"组成介词短语,表行为活动的处所来源。例(5)中,"远远"是看见她那深邃而精致的五官的处所来源;例(6)中,"远远"是游艇靠近的处所来源;例(7)中,"远远"是小滴跑过来的处所来源。

检索结果显示,"从"与形容词重叠式组合的情况仅见于"远远",未见与其他形容词重叠式组合的情况。

(二) 往

马来西亚华语中,介词"往"可以与普通名词或短语组合,表目标方向。例如:

(8)蓝逸忍着左躯上的疼痛,举刀咆哮着<u>往敌人</u>迎了过去。

(9)过后又开始带着芊芊<u>往他车子</u>走去。芊芊看着寒风认真回答的表情,让她有种想撞墙的冲动。

(10)林秀凤跳起来,抄了把刀,一刀一刀地<u>往湛若飞尸身</u>砍下去,狼狈骂道:"你这乌龟王八,连老娘也敢玷辱……"

例(8)—(10)中,"往"分别与普通名词"敌人"和名词短语"他车子""湛若飞尸体"组合,表目标方向。例(8)中,敌人是"迎"的目标方向;例(9)中,他车子是走去的目标方向;例(10)中,湛若飞尸身是砍的目标方向。

吕叔湘(1999)认为"往"表示动作的方向时,要跟表示处所的词语组合。张斌(2010)认为"往"不能直接跟指人或指物名词组合,"向"和"朝"可以。可见,普通话中,"往"表方向时一般与表处所或方位的词语而非普通名词组合。究其原因,我们认为,处所词语表处所,是一个点;"往"表方向,是路径,处所点通过路径得以到达,同样,处所点是关注的焦点。二者组合,相得益彰。普通名词则不同,普通名词不表处所,不是处所点,通过路径到达的不是处所,即"往"的路径意义无所导向。因此,"往"表方向时一般与处所词语组合。

马来西亚华语则不同,"往"表方向时不仅可以与处所词语组合,还可以与普通名词组合。

(三) 往着

介词"往着"与名词组合,表方向。例如:

(11)寒冬无奈的看着这一幕,然后抱起怀中的小女人<u>往着</u>自己冬区的吧台走去。

（12）一脸尴尬的芊芊,快速的<u>往着</u>自己的桌子走去。

例（11）（12）中,冬区的吧台和桌子是"走去"的方向,"往着"与之组合,表行为活动的方向。

"往着"是马来西亚华语特有的介词,普通话中没有。根据检索结果,"往着"在马来西亚华语中的用例也不是很多,只在网络小说中检索到两个用例,原因我们将在后面分析。

（四）向

"向"与名词或名词短语组合、位于动词之后,表行为活动的方向或对象。例如:

（13）确认白玉飘走时,他同时也感觉到一阵强烈的剧痛,袭<u>向</u>了他的左侧身躯。

（14）于是,那女子把心一横,一刀就割<u>向</u>了蓝逸嘴边的氧气管,也就是氧气罩连接氧气筒的管子。

（15）李布衣的内力极好,生命力也顽强,居然能强忍痛苦,长身掠起,濒死<u>向</u>鲁布衣反扑,鲜血淋漓的十指箕张,抓<u>向</u>鲁布衣。

（16）两人相对峙,不过片刻,突然空中响起噗噗之声,一只大鸟,盘旋而下,铁翎铜羽,啄<u>向</u>枯木!

（17）傅晚飞可无心再攻<u>向</u>鲁布衣,他霍然回身,把三招狠攻全向土豆子发了出去。

例（13）—（17）中,"向"用于动词"袭""割""抓""啄"和"攻"之后,表行为活动的方向。其中,他的左侧身躯是"袭"的目标方向,氧气管是"割"的目标方向,鲁布衣是"抓"的目标方向,枯木是"啄"的目标方向,鲁布衣是"攻"的目标方向。

吕叔湘(1999)认为,"向"用于动词之后对谓语动词具有一定的限制,仅限于"走、奔、冲、飞、流、漂、滚、转、倒、驶、通、划、指、射、杀、刺、投、引、推、偏"等少数单音节动词。马来西亚华语则不同,"向"位于谓语动作后表方向时,谓语动词不局限于吕先生所列,还有"袭、割、游、抓、示、撞、踢、攻、啄、掠"等等。可见,马来西亚华语介词"向"位于动词后表方向时,谓语动词所受的限制小于普通话。

另据统计,"向"在马来西亚华语语料中位于动词后做补语的用例数量占总用例数量的35%,普通话语料中仅占14%。可见,马来西亚华语介词"向"位于动词后做补语的频率高于普通话。

(五) 自

"自"与名词或其短语等组合构成介词短语,表时间起点或处所起点。例如:

>(18)项笑影继续道:"他们自未明时分入关,迄今尚无动静。"
>
>(19)李布衣自腰畔拔出竹杖,霍然一回身,就看到何道里。
>
>(20)傅晚飞实在没了办法,忽听天井小院泥地"叭"地一响,竟自地里相逐跃出了三个人来。
>
>(21)飞鸟正自地上巍巍颤颤的爬起来,何道里已疾如电掣般对他下了手。

例(18)中,"自"与名词短语"未明时分"组合,表时间起点。例(19)—(21)中,"自"分别与处所词语"腰畔""地里"和"地上"组合,表处所起点。以上各例中的介词"自"在普通话中多用作"从"。

统计结果显示，马来西亚华语的"自"的使用频率高于普通话，"从"的使用频率则低于普通话。

（六）在

"在"与名词性词语组合，构成介词短语，表处所。例如：

（22）三五只壁虎……在天花板上爬来爬去。

（23）智富和铠丰一回到 camp，立刻倒在硬邦邦的土地上，呼呼欲睡。

（24）桌上煤油灯晃动的微光，照在爸爸泛着血丝的眼睛上。

例（22）—（24）中，"在"与普通名词或其短语"天花板""土地""爸爸泛着血丝的眼睛"组合，表行为活动的处所。其中，天花板是"爬来爬去"的处所，土地是"倒"的处所，爸爸眼睛是煤油灯光"照"的处所。

普通话中，"在"与处所或方位词语组合，表处所；一般不与普通名词组合，马来西亚华语则不同。马来西亚华语的"在"表处所时，可以与普通名词组合。

马来西亚华语中，"在"与名词组合、表处所时，可以位于谓语动词的补语"了"之后。例如：

（25）才推开房门，蓝逸就立即呆了在原地。

（26）视线一往外注视，他就惊呆了在现场。

（27）眼看就要成功杀死对手，但那龙纹小刀的锋芒，却猛地停了在半空中。

(28)西麻作为五人小队的领头,无论什么情形自然都要硬着头皮上阵,他很快就跨步向前,朝屋子阴暗的深处走去,其余三人都立即跟了<u>在</u>后头。

(29)小滴停住了<u>在</u>机械前,目不转睛地盯着西麻,似乎就是有些羡慕,却又有些害怕。

例(25)—(29)中,"在"分别与名词"原地""现场"和名词短语"半空中""后头""机械前"组合,表处所,构成的介词短语分别位于动补短语"呆了""惊呆了""停了""跟了""停住了"之后。

普通话中,"在"与名词或名词短语组合,后者位于谓语前做状语,或者位于谓语后做补语,做补语时一般出现在"了"之前。例(25)—(29)中的情况是马来西亚华语特有的现象,普通话中没有。

马来西亚华语中,"在"还可以这样用:

(30)自从那天芊芊与寒冬的母亲熟悉后,寒冬觉得自己的头更痛了。原因出自<u>在</u>眼前的两个女人。

(31)当寒冬跟菊宫都在用眼神厮杀时,突然<u>在</u>春区传来了一堆人的尖叫声。

例(30)中,"在"与名词"眼前"组合,表处所,做"女人"的定语。例(31)中,"在"与名词"春区"组合,表处所,做"传来"的状语。

普通话中,处所或方位名词可以直接做定语或句子的主语,马来西亚华语则不同。马来西亚华语中,处所或方位词语一般与表处所或方位的"在"同现。也就是说,有处所或方位词语的地方往往用介词"在"引介,引介后的短语方可做状语或定语。

（七）把

"把"与名词性词语组合，表处置或致使。例如：

(32) 夏亮看了一眼就<u>把</u>眼神往瑾儿看去了。

(33) 芊芊疯狂的在高速公路上飘车，仿佛想<u>把</u>一切不开心的都飘走。

(34) 妇女毫不客气的<u>把</u>寒冬撤离芊芊的身上。

(35) 一句冷到不行的话，活生生的<u>把</u>在看热闹的人全都跌成一团……

为了更加清楚地认识例(32)—(35)中的语言现象，我们不妨先来回顾下普通话中介词"把"的用法。

普通话中，"把"表处置和致使两种意义。表处置时，谓语为及物动词，"把"的宾语同时也是及物动词的宾语。表致使时，谓语为及物或不及物都可以，但一般是动补结构，"把"的宾语是动补结构的宾语。

以上是普通话中介词"把"的用法，再来看例(32)—(35)。例(32)中，"把"与名词"眼神"组合，"看"为及物动词，且不是动补式，由此判断"把"表处置。如果这样，那么宾语"眼神"应该是及物动词"看"的宾语，然而我们不能说"看眼神"。例(33)—(35)中，"把"与名词词语"一切不开心的""寒冬""在看热闹的人"组合，动词"飘走""撤离"和"跌成一团"为动补结构，由此判断"把"表致使。然而"把"的宾语"一切不开心的""寒冬""在看热闹的人"却不能做"飘走""撤离"和"跌成一团"的宾语，即不能说"飘走一切不开心的""撤离寒冬"和"跌成一团在看热闹的人"。这样，按普通话中"把"的用法解释例(32)—(35)中的现象是解释不通的。

可以推定,马来西亚华语中的"把"字句的构成条件主要是意义而非句法上的。只要谓语动词对事物具有广义的处置或致使作用,这个事物就可以用"把"引介。例(32)中,"看"的过程也就是对"眼神"的处置过程,"看"对"眼神"具有广义的处置作用;例(33)中,"走"是让"一切不开心的""飘"的结果,"飘"对一切不开心的具有致使作用,"走"是致使的结果。例(34)中,"离"是"撤"的结果,"撤"对"寒冬"具有广义的致使作用,"离"是致使的结果。例(35)中,"成一团"是"跌"的结果,"跌"对"看热闹的人"具有广义的致使作用,"成一团"是致使结果。

可见,马来西亚华语"把"字句要求谓语动词对"把"的宾语具有广义的处置或致使作用,符合这一要求的可以进入"把"字句,对句法形式的要求没有普通话那么高。

(八) 对

介词"对"与名词或代词等组合,在表达受损关系的意义中,介绍受损的一方,相当于"给"。例如:

(36)母亲的离开,确实对我带来了不少的困扰和伤害。

(37)……发上还滴着水珠,白青衣也是欢场中人,立刻便知,刚才那班登徒子对她下了春药。

例(36)(37)的整句表达一种致损义。例(36)中,"母亲的离开"为致损方,"我"为受损方,"带来了不少的困扰和伤害"为受损内容;介词"对"与"我"组合,介绍受损方。例(37)中,"那班登徒子"是致损方,"她"是受损方,"下了春药"为受损的内容;"对"与"她"组合,介绍受损方。

检索结果中没有发现"对"用于表达获益关系的用例。因此,我们可以推定"对"相当于"给"的用法在马来西亚华语中只用于表达受损关系,不用于表达获益关系。

(九)比

介词"比"表比较时可以构成"一+量+比+一+量"的格式。例如:

（38）所发的破空之声<u>一次比一次</u>更烈。
（39）这里的女人<u>一个比一个</u>还热情。

例(38)中,"一次比一次"表程度的递增,形容词谓语"烈"还受程度副词"更"的修饰。例(39)中,"一个比一个"表程度的累加,形容词谓语"热情"受程度副词"还"的修饰。普通话中,"一+量+比+一+量"做状语表程度的累加时,形容词谓语一般不再受程度副词的修饰。

马来西亚华语介词"从、往、往着、向、自、自从、在、把、对、比"等的使用方法与普通话之间存在差异,是马来西亚华语介词变异的重要表现。

五、变异的原因

使用频率和使用方法的差异是马来西亚华语介词变异的两大表现。导致变异的原因主要有以下几个方面:

第一,方言的影响是介词使用频率具有差异的主要原因。受粤语和福建话的影响,马来西亚华语中保留了大量书面语色彩较浓的介词,它们在马来西亚华语中的使用频率高于普通话,而同义、同功能的口语色彩较浓的介词在马来西亚华语中的使用频率则较低。例如书面语色彩较浓的介词"自""于""以""与""将"等在马来西亚华语中的用例数量普遍多于普通话，而口语色彩较浓的"从"和"让"在马来西亚华语中的用例数量则低于普通话。

第二，同类别介词中不同介词的相互作用是造成介词使用频率差异的重要原因。同类介词的不同个体在两种语言中的使用频率呈现互补性，这是介词相互作用的结果。例如"和"在马来西亚华语和普通话中的用例数量分别为 44 例和 190 例，同类介词"跟"在两种语言中的用例数分别为 150 例和 91 例。可见，"和"和"跟"在马来西亚华语和普通话中的使用频率呈现互补性。

第三，语言的欧化及欧化程度是变异产生的又一原因。马来西亚华语受英语的影响较普通话更大，欧化程度更高，由此导致某些介词的使用方法产生变异。例如受英语介词"in"的影响，马来西亚华语中出现介词"在"与处所、方位词语捆绑出现的现象，导致处所、方位词语不能单独做状语或句子的主语。

同样因为马来西亚华语的欧化程度更高，介词"被"在两种语言中的使用频率具有巨大差异。贺阳（2008）认为，自五四以来，由于受印欧语的影响，汉语书面语中"被"字句的出现频率明显增加。尽管如此，马来西亚华语的欧化程度更高，介词"被"的使用频率也更高。介词"被"在马来西亚华语和普通话中的用例数分别为 402 例和 161 例。可见，"被"在马来西亚华语中的使用频率高于普通话。

第四，词义的多寡是导致介词使用频率差异的重要原因。检索结果显示，马来西亚华语中介词"由"有引进施动者、表处所起点和发展变化的起点等三种意义；普通话中增加了表方式、原因，来源、范围的起点，经过的路线和凭借依据等四种意义。马来西亚华语的介词"由"出现的用例有 16 例,普通话中"由"的用例有 96 例。可见,所表意义越多,用例越多,使用频率越高;反之,用例越少,使用频率越低。

第五,语言类推作用是介词变异又一原因。介词"往着"是语言类推作用的结果。介词"往、向、朝"是同义词,都可表方向,大部分情况可以互换。"向"和"朝"都可以加"着"组成"向着"和"朝着",受此影响"往"也可以加"着",形成"往着"的用法。

同样受类推作用的影响,介词"向"可以位于谓语动词的范围比普通话扩大了。普通话中,"向"可以位于动词后,动词限于"走、奔、冲、流、转、倒、飞、飘、滚、杀"等。从定义来看,动词"走、奔、流、转、倒"等本身具有[+方向]的特征,以动词"走"和"奔"为例。《现代汉语词典(第 5 版)》(2005:1816)这样定义"走":人或鸟兽的脚交互向前移动。《现代汉语词典(第 5 版)》(2005:62)这样定义"奔":奔走;急跑。"奔"以"走"来定义。二者在语义特征上都具有方向性,即[+方向]。动词"飞、滚、射、刺"等,虽然定义本身不含有方向性,然而使用过程中具体的语境赋予了它们一定的方向性。例如:

(40)冯京挥刀想救他的兄弟,没想到暗器忽<u>飞</u>向他来,慌忙间只砸飞了一枚……

(41)她清清楚楚看见两个一大一小的金色轮子,咕噜咕噜的向她<u>滚</u>过来。

(42)带着雷光的子弹,以迅雷不及掩耳的速度,直<u>射</u>向了她的额头。

(43)但一根触手才电焦了,立即就有三根触手猛袭过来,<u>刺</u>向了蓝逸的脑袋。

动词"飞、滚、射、刺"从词典定义看没有方向性,具体语境使得他们具备了方向性。例(40)—(43)的具体语境就是动作的主体——暗器、轮子、子弹和触手产生位移。位移是有方向的,从而使得动词具备方向性,即具有了[+方向]的语义特征。

可见,从词语的语义搭配来看,"向"最先与本身具备[+方向]语义特征的动词搭配,后又延伸到语境赋予具有[+方向]语义特征的动词。以此类推,动词的范围不断扩大,马来西亚华语中特有的"向"可以位于其后的动词就是类推作用的结果。

第六,普通话的影响是介词"同""论"变异的重要原因。检索结果显示,普通话中这两个介词的使用频率较低。而"同""论"在马来西亚多见于中老年华人的口语中,书面语和青年人的口语中少用,其原因在于青年人多接受正规教育,华语的规范化程度较高,更加接近于普通话。因此,它们在马来西亚华人的书面语和年轻人口语中的使用频率也较低。

第七,以讹传讹是介词变异的原因。"一+量+比+一+量"结构表示程度的累加,谓语形容词如果再受程度副词的修饰就是语言的冗余。然而,马来西亚华语中大量存在这种现象,我们推测是以讹传讹的结果。

六、结语

马来西亚华语介词在使用频率和使用方法上产生了变异。导致变异的因素主要有受大陆方言的影响,受普通话的影响,语言的欧化及欧化程度的不同,语言的类推作用,同类介词的相互作用,词义的多寡以及语言使用中的以讹传讹等。这些因素在目前以至将来仍将发挥作用。可以预测,马来西亚华语介词将向着三个方面发展:一、靠近英语。随着英语影响的深入,与英语有对应用法的介词将继续向英语"看齐",如"在"和"被"。二、向普通话看齐。随着具有方言背景的中老年华人的减少以及华语教育的发展,受粤语和福建话影响而产生的变异将会减少,马来西亚华语介词逐渐会与普通话趋同。三、目前变异将固化。以讹传讹导致的、没有影响到交流的变异将会继续存在,并最终固化。

参考文献

贺阳,2008,《现代汉语欧化语法现象研究》,商务印书馆。

黄伯荣、廖序东(主编),2002,《现代汉语(第3版)》下册,高等教育出版社。

刘月华、潘文娱、故韦华,2001,《实用现代汉语语法(增订本)》,商务印书馆。

吕叔湘(主编),1999,《现代汉语八百词(增订本)》,商务印书馆。

邢福义(主编),1991,《现代汉语》,高等教育出版社。

张斌(主编),2010,《现代汉语描写语法》,商务印书馆。

中国社会科学院语言研究所词典编辑室(编),2005,《现代汉语词典(第5版)》,商务印书馆。

"源方言"与马来西亚华语的形成[*]

——以补语标记"到"为例

齐锦玉

一、马来西亚华语的形成过程及其特点

马来西亚华语是普通话的域外变体,与普通话同源一脉,因其所在区域的特殊性及其形成过程的复杂性而与普通话之间呈现出诸多差异。郭熙(2017)认为,马来西亚华语的形成与华文教育的发展以及中国国语的推广分不开。早期移民到马来西亚的华人多使用各自的方言。人在异国,为了生存,来自同一祖居地、操同一汉语方言的华人经常聚居在一起,这对于华人方言母语的保存具有重要意义。早期华人开办的私塾也主要教授方言母语,但因各自方言不同,在相互交流时只好选择祖国的"国语"作为沟通的语言。马来西亚华人大规模移民时期主要集中在辛亥革命到 1949 年之间,正是中国"国语运动"的时期。随着"国语运动"的推广,马来西亚华人的方言教学也逐步过渡到"国语"教学。1904 年,马来西亚第一所新式华文学校槟城"中华义学"建立,标志着教学媒介语由方言转变为"国语"(马来西亚"华语"的前

 * 本文得到国家社科基金重大项目"境外华语资源数据库建设及应用研究"(19ZDA311)和国家社科基金重点项目"海外华语资源抢救性搜集整理与研究"(19AYY003)的资助。本文原载《云南师范大学学报(哲学社会科学版)》2020 年第 2 期。

身）。1919 年五四运动之后，大部分马来西亚的华文学校把媒介语完全改为"国语"，课本里的文言文也改为白话文。而后，随着马来西亚等东南亚国家的各自独立，加之中国不承认双重国籍的政策，马来西亚华人则用"华语"（即"华族"的语言）这个新名称取代"国语"，指称相互之间交流的华人社会共同语。

马来西亚华语与普通话都由近代"国语"发展而来。1949 年之后，各地华语与现代汉语标准语分别发展。相较于普通话，马来西亚华语在形成和发展过程中受到诸多因素的影响。马来西亚华人大多数同时掌握并使用 3 种以上的语言（华语、马来语、英语）和一到多种汉语"源方言"①（闽南语、粤方言、客家话），这种现象的直接影响是不同语言之间的密切接触以及共同语与方言、方言与方言之间的相互影响和融合。从外部看，马来西亚华语受到大陆及香港普通话、台湾"国语"、新加坡华语等的影响；从内部看，马来西亚华人多来自福建和广东，以南方方言（福建厦漳泉一带的闽南语、广东粤方言、客家话）为"源方言"，"南方方言对华语的影响，是巨大的"（周清海，2008）。此外，华语还受到马来西亚官方语言马来语以及强势第二语言英语的影响。

特殊的形成和发展过程使得马来西亚华语呈现出鲜明的特色，如语码夹杂和语码转换现象明显、口语和书面语语体差异显著等，其中，"源方言"的影响是马来西亚华语特色的主要来源。黄立诗（2013）考察发现，马来西亚华人社会日常交谈中所使用的语言还是以各自的方言以及华语为主，英语和马来语对华语的影响并不大，"这两种语言对华语的影响多半出现在词汇层，语法层相对没那么显著"。马来西亚华人的"源方言"主要有厦漳泉一带的闽南语、广东粤方言、广东和福

---

① 根据邢福义（2005：175），"如果一个人生活在某种方言地域环境之外，仅通过祖辈父辈的承传而习得某种方言，那么，对于这个人来说，其原貌方言称之为'源方言'"。

建的客家话、潮州话以及海南话等。从方言群体人数比例来看,排名前三的分别是福建人、客家人和广东人,相应的闽南语、客家话和粤方言也是对马来西亚华语产生影响的主要汉语方言。其中,客家人虽然为华人的第二大方言群体,但客家话对华语的影响并不大。潘碧丝(2012)考察发现客家方言词语在华语中并不多,并认为这可能与他们的居住地区和接触面有关。客家人多居住在乡间,从事与农业有关的行业,甚少与城镇居民接触来往,语言接触与碰撞的机会不多,词汇借用的现象也自然减少。闽南语和粤方言则是对马来西亚华语影响最大的两种强势方言,前者主要因为"人多势众",后者在近几十年依托粤方言电影、歌曲等文娱作品的传播而对马来西亚华人年轻一代产生深远的影响。黄立诗(2013)认为"广东话对华语口语的影响比福建话更明显一些,尤其是在句法和构词方面"。我们在对马来西亚华语语法面貌进行考察时,也得出了同样的结论,即粤方言是对马来西亚华语影响最大的"源方言"。本文以马来西亚华语中最具特色的补语标记"到"为例,考察其多功能性的用法并探求其来源,从而阐明粤方言对马来西亚华语的重要影响。

二、"到"的多功能性用法

"到"在马来西亚华语补语系统中占有重要的地位,是构成马来西亚华语与普通话之间补语差异的主要因素。本文通过对书面语语料(报刊、媒体)①和口语语料②的考察,将马来西亚华语中的主要补语类

---

　　①　书面语语料(约300万字)内容主要来自马来西亚当地的华文媒体,部分选自马来西亚流行的华语文学作品。

　　②　口语语料(约23万字)由两部分构成:一部分是马来西亚本土电影,共7部,约12万字;另一部分来自马来西亚电台节目《搵到你》(One FM)和《线人专家》(My FM),约11万字。

型进行汇总,发现"到"参与了5类主要补语①的构成,并在其中充当不同的角色,使得各类补语形成了较强的系统性(参见表1)。

表1　马来西亚华语中的主要补语类型

补语类型	结构形式			
情态补语		V 到 C 骂到很过分	V 得 C 讲得没错	
程度补语	VC(了) 吓死(了)	V 到 C 差到死	V 得 C 累得不行	V 到 美到……
结果补语	VC/V 到 坏掉/变到	V 到 C 拿到完		
趋向补语	VC 出来	V 到 C 出到来		
可能补语	V 得 跳得	V 得到 答得到	V 得 C 接得回	V 得了 补得了
	V 不得 要不得	V 不到 开不到	V 不 C 嫁不出	V 不了 停不了

马来西亚华语中的"到"有多种用法,是一种典型的多功能性(multifunctionality)语法形式(Haspelmath,2003)。本文主要讨论马来西亚华语补语系统中的"到",将其在主要补语类型中的用法归纳为以下9种:

(一)虚化结果补语

在其"到达"的本义基础上引申为表示动作已经实现,或者动作有了结果,这种用法在口语和书面语中都很常见,其句法环境为"V 到

---

①　这5类是补语系统的核心成员,无论从结构还是语义角度看,都在补语系统中具有典型性,关系到整个补语系统的架构;在马来西亚华语与普通话的补语系统中,这5类的差异也最为明显。

（O）"，如：

（1）你讲你想要在这个星期天，看你可不可以说服到他。（口）

（2）"嗯。等你出院，我们一起去那里吃早餐！"他和父亲约定到。（书）

（二）假位可能补语

赵元任（1968:210）提出"假位可能补语"（dummy potential complement）①这一概念，认为"有两个常用的补语'了'和'来'，没有什么特殊的意义，其作用在于使可能式成为可能"。"V 得到/V 不到"是这类可能补语在马来西亚华语中的优势表达，可以代替普通话中"V 得了/V 不了""V 得 C/V 不 C"等结构。如：

（3）他们问你一些问题，你未必答得到。（口）

（4）你脚痛又跑不到，他们快来了。怕不怕死？（口）

（三）完整体标记

动结式"V 到"中的一部分"到"进一步虚化，仅表示动作完成，相当于动态助词"了"，称为"完整体标记"（吴福祥，2002），如：

（5）又嫁到一个老公，娘娘的，跟着又进黑社会做老大。（口）

（6）她感动地说："对自己更有自信，明白到自己可以做更多。"（书）

---

① 吕叔湘（1979）将其译为傀儡可能补语。

（四）情态补语标记

马来西亚华语中，"到"可以置于几种不同的述补结构之间充当连接成分，其中用作情态补语标记最为典型。情态补语主要有"V 得 C"和"V 到 C"两种：前者在书面语中占绝大多数，与普通话基本一致，主要用来表达状态；后者是口语中的优势结构，既可以表达状态，也可以强调程度，以强调程度为主。

（7）你这样大声做什么，你搞<u>到</u>人家现在没有 mood 了。（口）

（8）我是觉得你演<u>到</u> OK 啦。（口）

（五）程度补语标记

马来西亚华语的程度补语有组合式和黏合式两类：黏合式为"VC（了）"，组合式有"V 得 C"和"V 到 C"两种。普通话中基本使用"V 得 C"，马来西亚华语尤其口语中程度补语"V 到 C"的使用频率很高，常用搭配有"V 到死""V 到爆""V 到不行"等，还有一种高程度补语省略句，普通话中用"V 得"，马来西亚华语中用"V 到"，如：

（9）酱子也不懂啊，差<u>到</u>死！（口）

（10）他说：到了第三天，他已经手痛<u>到</u>不行了。（书）

（11）她爸爸早上用了后，那个脸啊，敏感<u>到</u>！（口）

（六）过去完成体标记

"有（冇）V 到"是马来西亚华语口语中的一种常用特殊句式，表示

"确定或否定动作行为在过去的时间里实现、完成,或是否曾经发生过"(黄立诗,2013:31)。方小燕(2003)指出,粤方言中"到"可以用在动词和形容词之后,与"有"或"冇"同现,表示动作行为或性质状态在过去的时间里完成,是一种过去完成式。在这种用法中,"到"的意义进一步虚化,相当于一个表示完成意义的动态助词,同"有""冇"一起构成过去完成式。

(12)我觉得,我……有被你欺骗到啦,你是不是在 My FM?(口)

(13)稍微有关注全球教育走势者,应该有发现到芬兰教育近3年来抬头了。(书)

(七) 全量标记

马来西亚华语中有一种特殊表达式"V 到完","完"所指向的论元在动作"V"的作用下全部实现某种结果,表达"完全"或"全部",强调"全量",如:

(14)讲到完啦,你知道我为什么会打电话给你吗?(口)

(15)我那些名贵的 jacket,我放在我的车里面啊,湿到完啊!(口)

(八) 趋向补语实现标记

趋向补语结构"V 来/去"中可以插入"到"形成"V 到来/V 到去"的表达式,强调动作及其趋向已经完成或实现,口语中很常见,通常出

现在句子的前半段,作为时间背景,引出其他动作或事件,如:

> (16)我回<u>到</u>去公司的时候,全部人笑我。(口)
>
> (17)明天过<u>到</u>去 KL,有点难度诶。(口)

(九)可能补语标记

口语中"到"与"不到"可以插入动趋结构之间,形成"V 到/不到 C_{趋向}"(C 主要由"去""来""出去""出来"充当),表达动作及其趋向实现的可能与否,以否定形式更为常见,肯定形式多与表示可能性的能愿动词连用,如:

> (18)你明天可以过<u>到</u>来吗?(口)
>
> (19)我又出<u>不到</u>去买。快点,你教我还可以酱?(口)
>
> (20)我们 home set 租<u>不到</u>出去都是因为你的冰格哦。(口)

以上 9 种用法中,第 1 种和第 2 种用法中的"到"虽已虚化,但仍充当补语,其他的"到"已经转化为补语标记,甚至有的进一步虚化为体标记。鉴于语法化是一个连续的过程,且上述"到"的语法化都发生在述补结构中,因此我们将其放在一起讨论,以"补语标记"统称之。

三、"到"的语义图

马来西亚华语与普通话同源一脉,都是由近代"国语"演变而来,但因其特殊的历史发展过程以及所处的多语言、多方言接触与竞争的环境,与普通话之间形成了诸多方面的差异。周清海(2014)认为,现代汉语标准语是一种"古今杂糅,南北混合"的语言,而华语的"古今杂糅,南北混合"现象更甚于现代汉语标准语。其中,"古今杂糅"现象书面语多些,而"南北混合"现象口语多些。郭熙(2017)认为,马来西亚华语书面语总体上与中国现代白话文一致,但随文体而异,两极分化相当明显。马来西亚华语口语则是在方言和现代白话书面语基础上发展起来的。马来西亚华语与普通话的一致性占主导地位,其差异主要来自马来西亚华人"源方言"和汉语现代白话的影响。因此我们在考察马来西亚华语的变异时,要将这些因素纳入考查范围,以便弄清其变异的原因。

　　语义图(sementic map)是"特定语言相关编码形式的多功能模式在概念空间上的实际表征,体现的是不同语言对同一概念空间的不同切割方式"(吴福祥,2011)。语义图模型(semantic map model)是运用语义图来进行跨语言分析的重要方法,其基本假设是"人类语言的多义形式或多功能范畴在语义关联模式上虽颇多歧异,但不同语言对应或相关的多功能形式在语义组织上一定存在相似性,也一定具有共同的制约和限制。语义图模型的主要目标是通过跨语言比较来揭示人类语言多功能模式的殊相(变异模式)和共相(普遍特征),特别是不同的多功能模式背后的跨语言规律性"(吴福祥,2011)。马来西亚华语补语标记"到"正是典型的多功能语言形式,其用法与普通话、三大"源方言"乃至现代白话之间有共性也有差异,我们通过绘制语义图模型,探讨这几种语言(方言)中"到"的多功能分布与差异。

　　前面我们将马来西亚华语补语标记"到"细化出9种主要用法,根据这些用法,我们绘制出"到"的语义图(图1)。

图1 马来西亚华语中"到"的语义图①

下面我们来绘制普通话、粤方言、客家话、闽南语以及现代白话中"到"的语义图。首先来看普通话中"到"的用法(图2)。

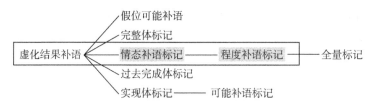

图2 普通话中"到"的语义图

如图2,普通话中,"到"除了作为实义动词充当谓语以外,主要后置于动词充当趋向补语,在此基础上语法化为虚化结果补语。普通话中情态补语结构主要使用"V 得 C",张谊生(2014)指出"到"作为补语标记首先在南方方言中虚化成熟,在当代汉语中属于新兴的补语标记。此外,近年来受南方方言及网络传媒的影响,"V 到哭""V 到爆"等程度补语表达式也开始在普通话中流行(张雪梅,2017)。因此,我们认为"到"在普通话中也开始具有情态补语标记和程度补语标记用法,但因其处于新兴阶段,且使用频率不高,使用范围有限,我们在图二中将这两种功能标注灰色底色,以示区别。

---

① 图1到图6中的语义图是结合"到"在汉语标准语和方言中的语法化路径绘制而成。

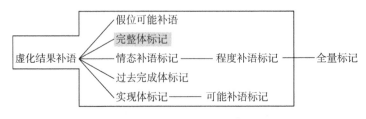

图 3　粤方言中"到(倒)"的语义图

如图 3,粤方言中的"到"覆盖了马来西亚华语中"到"的绝大多数用法,只有"全量标记"这一用法不具备。严格来讲,粤方言、客家话中与普通话和马来西亚华语中的"到"相对应的有两个词,分别是"到"和"倒"。鉴于两者同源,且在翻译或转化为马来西亚华语时都对应"到",因此本文对二者不作区分,将其用法合并。首先,"倒"在今天的广州粤方言里只有动相补语(相当于本文的虚化结果补语)和假位可能补语两种功能(李新魁,1995;陈慧英,1997;吴福祥,2002;等)。其次,根据郭必之、林华勇(2012),广州粤方言中的"到"主要有趋向补语、动相补语和补语标记 3 种功能。鉴于粤方言中"V 得 C"和"V 到C"有明确的分工,前者表示状态,后者强调程度(刘子瑜,2006;彭小川,2010;等)。因此这里所说的补语,既包括情态补语中表示程度的部分,也包括程度补语中的组合式"V 到 C"。图 3 粤方言中"到"的用法还有 3 种,分别是过去完成体标记、实现体标记和可能补语标记。根据方小燕(2003),粤方言中"到"可以用在动词和形容词之后,同"有"或"冇"搭配,确认动作行为或性质状态在过去的时间里完成,是一种过去完成式,即图中的过去完成体标记。"V 到㗎/去"是粤方言中一种凝固性很强的复合趋向词(林俐,2006),相较于"V 㗎/去",更强调"实现",这里的"到"即图中的"实现体标记"。此外,粤方言中,"V 到㗎/去"用于未然的语境中则可以表达可能性,成为可能补语肯定式,与其相对应的否定式是"V 唔到嚟/去","到"在这里成为引导能性述补结构的标记(林俐,2006)。综合来看,粤方言中"到"(到/倒)共具有上述7 种功能。最后,吴福祥(2002)根据罗康宁(1986/1987)和唐志东(1986)的例句,指出粤方言广东信宜方言的"倒"可以用来表达完整体,如"来倒五百人(来了五百人)"/"一只干将做倒只牌子(一名干将做了个牌子)"。但这种用法在其他地区的粤方言中很少见,如广州粤方言和香港粤方言中的"到(倒)"都不用作完整体标记,而使用相当于普通话的动态助词"了"的"咗"。因此,我们将"完整体标记"标注灰色底色以示区别。

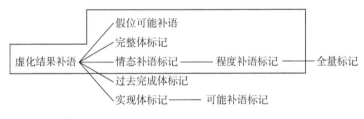

图 4　客家话中"到(倒)"的语义图

　　如图 4,客家话中"到"(到/倒)共有上述功能中的 5 种,根据郭必之、林华勇(2012)对多地客家话的考察,与粤方言一致,"到"在客家话中主要有趋向补语、动相补语和补语标记的功能;而"倒"覆盖的功能则比较广,包括趋向补语、动相补语、假位可能补语、补语标记、过去完成体标记以及完整体标记①。"倒"在客家话中充当补语标记,所指补语包括情态补语和程度补语。情态补语中也是以强调程度类为主,但也可以用来表示状态,如梅县客家话"唱倒异好(唱得很好)"(林立芳,

---

　　①　郭必之、林华勇(2012)使用的名称是"完成体标记"而非"完整体标记",其文的这一术语引自吴福祥(2002),吴文所用的是"完整体标记"。此外,郭、林文中归纳的"倒"的功能还包括"持续体标记",因与本文无直接联系,我们暂且不讨论。

1999);程度补语如五华客家话"饭硬倒会死(饭硬得要命)"(朱炳玉,
2010:410)。此外,吴福祥(2002)提到有些客家话中的"倒"可以用作
完整体标记,涉及的有台湾桃园客家话、四县客家话、南雄珠玑客家话
等,但这种用法在其他地区的客家话中并不常见。

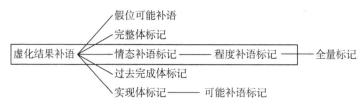

图5　闽南话中"遘(甲)"的语义图

如图5,闽南话中与"到"相对应的是"遘[kau²¹]",意为"到达",虚
化后可变为甲[ka⁵]或[a⁵](李如龙,2007:165)。"遘"所覆盖的"到"
的用法有虚化结果补语、情态补语标记和程度补语标记3种,与普通话
基本一致,远不及粤方言和客家话中"到(倒)"的覆盖区域大。闽南话
中的情态补语标记有"遘""着""了"以及受普通话影响而产生的
"得",其中以"遘"用作情态补语标记为常例,"遘"比其他几个助词更
加稳定,虚化程度更高。由"遘"引导的情态补语既可以表示状态,如
"地掘到尽深(地锄得很深)",也可以强调程度,如"阿伯气到勃勃跳
(伯父气得蹦上蹦下)","遘"也可以用作程度补语标记,如"花芳甲卜
死(花香得厉害)"(陈法今,1990)。

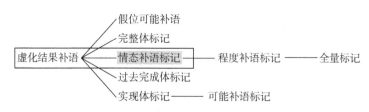

图6　现代白话中"到"的语义图

如图6,现代白话方面,我们考察了老舍的两部作品《骆驼祥子》(1936)和《四世同堂》(1944—1948),发现补语中"到"的用法主要集中在"结果补语"和"虚化结果补语"两类,如(21)(22);仅有少数几例"到"充当情态补语标记的语句,如(23)(24)。我们在这两部作品中没有发现"到"的其他几种用法。因此,我们可以做出以下推测:首先,马来西亚华语以近代"国语"为基础,"到"的语法功能虚化应该也基本止于"虚化结果补语",其他的用法都是在之后各自发展过程中演变而来;其次,马来西亚华语在形成和发展过程中,受三大"源方言"的影响最为突出,因此,"到"的多功能性的形成与方言影响密切相关;最后,普通话中"到"作为"情态补语标记"和"程度补语标记",其真正的发展是在当代汉语中实现的,因此我们推测这种发展很可能源于普通话与方言、东南亚华语的接触与互动。

(21)她的腿也麻了,没立好就又坐下去,把头碰到了墙上。(《四世同堂》)

(22)告诉你,只要你肯送礼,你几乎永远不会碰到摇头的人!(《四世同堂》)

(23)可是祥子知道自己混到那么干净利落已经是怎样的不容易。(《骆驼祥子》)

(24)当一个文化熟到了稀烂的时候,人们会麻木不仁的把惊魂夺魄的事情与刺激放在一旁。(《四世同堂》)

通过绘制补语中"到"的多功能语义图,可以看出,马来西亚华语的"到"有9种功能,粤方言的"到"有其中的8种,客家话有5种,闽南话和普通话只有"虚化结果补语—情态补语标记—程度补语标记"3

种,现代白话中的"到"的功能则主要是"虚化结果补语",仅有少数几例"情态补语标记"的用例。

四、"到"的语法化过程

吴福祥(2002)指出,"同样的一个语法成分在不同的方言里所具有的种种用法往往能体现该语法成分历史演变的过程,而同一语法成分在各个方言里所表现出来的用法上的差异本质上反映了该语法成分在历史演变过程中的时间层次和演变阶段的差异"。因此,根据我们对"到"在三大"源方言"、现代白话以及普通话中的语义图分析,结合相关的历史语法研究成果,我们可以大致勾勒出补语系统中的"到"在标准语和方言中的语法化路径,将历时中出现的与补语相关的"到"的功能按顺序归纳如下:

1. "到"在唐五代时期已经发展出虚化结果补语的用法,即"V 到(O)"中,"到"语义指向动词,表示动作的结果,一般认为这种用法的出现源于"到"经历了"动词→趋向补语→虚化结果补语"的语法化过程(刘子瑜,2006;刘芳,2009;杜轶,2012;等)。根据刘燕林(2018),"到"在宋代作为虚化结果补语的用法使用非常普遍,元代得到进一步发展,但这两个时期"到"主要出现在公文类文献,白话类文献比较少见,而且两类文献中"到"搭配的动词也呈现出明显的语体差异。明清时期,"到"作为虚化结果补语的发展处于停滞状态,清代之后迅速发展,使用频率大幅增高,搭配动词范围也更广泛,最终在现代汉语中稳定下来。这一阶段"到"呈现出来的发展状态主要受近代汉语中"V 得(O)"的广泛使用的影响,"到"与"得"可搭配动词具有较高的一致性,两者在发展上也体现出一定的共性,在竞争中,"得"逐渐占领优势,从

而直接影响了"到"的使用频率及其进一步发展。清代之后,"V 得
(O)"的用法消失,"V 到(O)"得以再次迅速发展。

2. 吴福祥(2002)指出"到"的用法在宋代出现了重要的变化,在虚
化结果补语的基础上发展出表示完成的体标记功能:"V 到"相当于"V
了"。但这种用法在宋代使用频率很低,宋代以后也很少见①。

3. 到元代,"到"发展出了假位可能补语的用法,即"V 不到"相当
于"V 不了",表示不具备实现某种状态的可能性(吴福祥,2002)。

4. 陈练军(2008)指出清代还出现了"动/形+到+名"结构,"强调
某一状态(程度)之高(深)"。现代汉语,"到"后也可以跟"动词"或
"小句","用来表示状态达到的程度,'到'的作用接近于引进结果—情
态补语的助词'得',多数例句可以改用'得'"(吕叔湘,2009:152)。张
谊生(2014)也认为"A 到 X"中的"到""正在发展为一个非典型的补语
标记"。其中,X 一般是动词、形容词及其短语,在表述动作所达到情态
的同时强调程度。随着"A 到 X"构式对程度强调的不断加强,补语 X
位也出现了如"死、爆、爽""不行、不得了"等副词,也就是说,"到"由引
导情态补语,发展为引导程度补语。

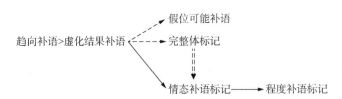

图7　动词后置成分"到"在标准语中的语法化过程

因此,我们可以大致看出"到"在标准语中的语法化路径(图 7)。
其中,完整体标记以及假位可能补语的功能在普通话中已经消失(我

---

① 吴文中,宋代"到"的重要变化除了发展出表完成的体标记外,还发展出了表持续
的体标记,鉴于马来西亚华语中的"到"并没有这种用法,这里我们不做讨论。

们使用虚线箭头以示区别），而作为补语标记，尤其是程度补语标记的功能还没有发展成熟。值得指出的是，"到"作为情态补语标记的来源并不确定，有可能来自于"完整体标记"（我们以双虚线的箭头标注，以示区别），汉语史中"得"等词语的虚化过程提示我们，其补语标记的功能来自"完整体标记"，如刘子瑜（2006）归纳出"得"的语法化过程为"独立动词→连谓式中后项动词→'V 得（O）'述补结构中作补语（结果补语→动态补语）→'V 得（O）'述补结构中作动态助词→'V 得 C'述补结构中作结构助词"。其中的动态助词相当于我们所说的"完整体标记"，可见"得"作为"补语标记"的直接来源是"完整体标记"。然而，"到"的发展过程中，"完整体标记"的功能并不成熟，只有少量用例，且方言中这种用法的发展也很不平衡，有的方言中并没有"完整体标记"的功能。因此，"到"作为补语标记的功能很可能直接来源于虚化结果补语。

再来看"到"在方言中的语法化路径。"到"在马来西亚华语中的用法共 9 种，而三大"源方言"中与之相应的各不相同，粤方言中有 8 种，客家话 5 种，闽南话中最少，与普通话基本一致，只有 3 种。因此，我们接下来重点考察粤方言和客家话中"到"的语法化过程。

首先，与标准语中"到"的语法化路径相似，方言中"到"也经历了图 7 的语法化过程，"情态补语标记"以及进一步虚化的"程度补语标记"在 3 种方言中都是"到"的主要功能，"假位可能补语"用法在粤方言和客家话中顺利承袭下来，而"完整体标记"用法在粤方言和客家话中也并没有消失，至少在部分或个别方言点留存下来。

"过去完成体标记"指的是"有/冇+V+到"中"到"的功能，我们认为这种用法是在"有 V"和"V 到"共现的语境中逐步形成的。粤方言中"有+V"结构使用广泛，"肯定一种情况存在"（施其生，1996），而表示动作的完成的"V 到"结构在粤方言中使用频率也很高。因此当二者共现时,形成了"有 V 到"结构,与"冇 V 到"相对应,"有"与"到"共同构成过去完成体标记。

"到"作为"实现体标记"用于粤方言中一种凝固性很强的复合趋向词"V 到 C"中,如"入到去、落到嚟、入到嚟、过到嚟、落到去、过到去、上到嚟、出到嚟、埋到嚟、返到嚟、上到去、出到去、埋到去、返到去"等(林俐,2006)。"V 到嚟/去"与一般的复合趋向补语"V 嚟/去",有细微的差异,前者表示动作及其趋向已经完成或实现,也就是说在"V 嚟/去"的基础上强调"实现"。客家话中并没有"到"的这种用法,但客家话也有在动趋结构之间插入助词的用法,使用的标记词是"啊",如"种啊落去就生(一种下去就活)"(朱炳玉,2010:411)。近代汉语中,"得"也曾经具有插入动趋式的用法,如"誓书在我家里,不曾带得来"(《水浒传》第52 回),这里的"带得来"不是表可能,而是表示动作的趋向,相当于现代汉语的"带来"(杨平,1990)。这种用法在现代汉语中并没有留存下来。

如果"V 到嚟/去"用于未然的语境中,就表达对动作及其趋向完成或实现的假设,进而转换为对动作及其趋向完成或实现的可能性推测,即趋向补语的可能式。这里的"到"也就发展出了可能补语标记的用法,其否定式为"V 不到嚟/去",可见"到"的可能补语标记功能是由"实现体标记"进一步语法化而来。

因此,我们可以将粤、客方言中"到"的语法化过程归纳为图 8:

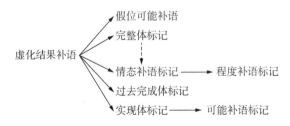

图 8　动词后置成分"到"在粤、客方言中的语法化过程

　　我们同样将"到"作为"情态补语标记"的来源归入虚化结果补语，原因是闽南话中"遘"并没有"完整体标记"的用法，却发展出了情态补语标记的用法，可见其直接来源于虚化结果补语。粤方言中"完整体标记"的用法也只在少数方言点使用，只有客家话中这种用法在多地都有体现。因此，我们仍将"完整体标记→情态补语标记"的语法化过程标注为虚线，标明其可能性。

五、补语标记"到"的来源

　　通过我们对上述几种语言（方言）中"到"的语义图的绘制，以及对"到"在标准语和方言中语法化过程的分析，我们可以得出：马来西亚华语补语标记"到"的来源最有可能是粤方言。一方面，粤方言补语系统中"到"的用法最多，有8种，客家话5种，闽南话仅3种，且粤方言中"到"的用法全覆盖了客家话中的"到"；另一方面，粤方言对马来西亚华语的整体影响大于客家话，除"到"外，其他一些语法项目，如"回"的反复体用法、"够/不够"的特殊句法结构以及一些语气词的使用等，也直接影响了马来西亚华语（黄立诗，2013）。

　　那么，马来西亚华语是如何从粤方言中吸收"到"这一补语标记的呢？这就涉及语言接触引发的语法化。一般认为语法化有两种类别，一种在语言内部独立发生，一种由语言接触引发，后者指的是一种语言受另一种语言的影响而发生的语法化过程。语言的接触过程中有两种可能的方向，分别是"L2>L1"（低层语言>高层语言）复制和"L1>L2"（高层语言>低层语言）复制，后者多是指说低层语言的人，在转用高层语言时，由于"不完全学习"（imperfect learning），把原来L2中的语言成分迁移到L1中。马来西亚华语和"源方言"之间的关系正属于这一类,华语是马来西亚华人社团的高层语言,以方言为母语的华人在转用华语时自然会将各自方言(低层语言)中的语言成分迁移到华语中。华语在这一过程中是复制语(replica language),粤方言则是马来西亚华语中"到"的语法化的模式语(model language)。

海恩和库特夫(Heine & Kuteva,2003)将"接触引发的语法化"分为"通常接触引发的语法化"(ordinary contact-induced grammaticalization)和"复制语法化"(replica grammaticalization)两类。马来西亚华语中"到"的语法化过程属于后者,其中,马来西亚华语是复制语(R),粤方言是模式语(M)。我们根据马修斯和伊普(Matthews & Yip,2009)对这一理论的修订,将马来西亚华语中"到"的语法化步骤描述如下:

1)以粤方言为母语的马来西亚华人在使用华语的过程中,注意到粤方言中有一个多功能性的"到(倒)";

2)他们根据马来西亚华语中与之相对应的使用模式"到",创制了一个对应的范畴;

3)他们观察到粤方言中的"到(倒)"呈现出从词汇功能到语法功能之间的多项功能的一个连续统;

4)马来西亚华人在华语与现代汉语标准语分别发展的过程中,从粤方言中复制了"到"的其他7项功能。

海恩和库特夫(Heinne & Kuteva,2003)的语法复制理论中指出,语言中某些反复出现的表达特定语法功能的话语片段可以称之为"语言使用模式"(简称"使用模式"),该模式可分为主要使用模式和次要使用模式。语法复制的初期往往并非是复制语受模式语的影响而产生一个新的成熟的语法范畴,而是在模式语的触发下,激活复制语中原有的某个次要使用模式,使之成为主要使用模式。当主要模式的使用频率和使用范围进一步增加和扩大时,复制语中就会形成一个新的成熟的语法范畴。马来西亚华语中"到"的多功能性的产生体现了上述过程，"到"在汉语历时发展过程中已经出现过"完整体标记""假位可能补语"以及"情态补语"的功能，只不过这些功能都是次要使用模式，在历史的发展过程中，前两者已经在现代汉语中消失了，后者在近代"国语"中仍处于初步发展阶段，现当代之后才逐步发展起来。因此，受模式语粤方言的影响，汉语历时发展中出现过的"到"的"完整体标记"和"假位可能补语标记"用法在马来西亚华语中被再次激活启用，而初步发展的"情态补语标记"由次要使用模式转变为主要使用模式。随着语法复制的发展，马来西亚华语又从粤方言中吸收了"到"的其他几种用法，从而形成了较为完整和成熟的多功能性语言形式。值得注意的是，随着"V 到 C"在马来西亚华语中发展为优势结构，马来西亚华语中的"到"出现了独特的"全量标记"用法。"V 到完"结构中，"完"所指向的论元在动作的作用下全部实现某种结果，正反映出对动作所达到结果或状态的程度的强调，符合"V 到 C"的结构义。这一用法在三大"源方言"中并未发现。

综上所述，马来西亚华语作为复制语，受模式语粤方言的影响，复制其中"到（倒）"从实义动词到语法功能词这一语法化连续统中，"虚化结果补语"之后的所有用法，形成了马来西亚华语中"到"的多功能性。马来西亚华语补语标记"到"的来源正是粤方言中的"到（倒）"。

六、余论

本文以马来西亚华语中特殊的多功能性补语标记"到"为例，归纳出其在述补结构中的 9 种用法，并得出其来源于马来西亚华人的"源方言"粤方言中的"到（倒）"的结论。通过对马来西亚华语口语和书面语语料库的进一步考察,我们发现不仅是本文讨论的补语标记"到",扩大到补语系统,乃至整个马来西亚华语,对其影响最大、最深远的都是粤方言,这引起了我们的两点思考。首先,大陆地区,尤其是广东地区,粤方言处于强势地位,但粤方言背景的人在使用普通话时并不会将方言中的语法特征如此系统地代入普通话,普通话述补结构中的"到"也只有3种用法。我们认为主要原因是大陆地区各方言区和方言群体相对稳定,人们使用方言和普通话时有比较明确的分工,两套系统交织得不明显。马来西亚华人社会中,地域方言已经转化为社会方言,方言与华语之间的界限并不清晰,语码夹杂和语码转换十分普遍。加之马来西亚华语的规范依赖于普通话的制定和产出,无法做到及时更新、同步,因此也为粤方言对华语的影响提供了较大的空间。其次,无论从移民时间,还是方言使用人口数量来看,在方言竞争和对华语的影响方面,闽南话都应该比粤方言更具优势,这与我们的研究结果相反。这给我们带来一定的启发,语言的传承并不仅是依靠人们口耳相传的交际,它与文化的传承息息相关。闽南话的传承和影响依靠的是"人多势众",而粤方言的扩展主要依靠文化的传承与传播。近几十年来,随着网络普及和媒体发展,依托粤方言电影、歌曲以及一系列文娱作品的广泛传播,粤方言对马来西亚华人年轻一代产生了深远的影响。可见,文化的传播和传承可以直接增强语言的影响力,对语言的传承具有重要意义。

参考文献

陈法今,1990,《闽南话的中补结构(上篇)》,《华侨大学学报(哲学社会科学版)》第2期。

陈慧英,1997,《广州话的"倒"和"到"》,第六届国际粤方言研讨会(澳门)论文。

陈练军,2008,《"到"语法功能的历时发展》,《周口师范学院学报》第 3 期。

杜轶,2012,《"V 到"格式的语义关系演变》,《对外汉语研究》。

方小燕,2003,《广州话里的动态助词"到"》,《方言》第 4 期。

郭必之、林华勇,2012,《廉江粤语动词后置成分"倒"的来源和发展——从语言接触的角度为切入点》,*Language and Linguistics*(《语言暨语言学》)第 2 期。

郭熙,2017,《马来西亚华语概说》,*Global Chinese*(《全球华语》)第 1 期。

黄立诗,2013,《马来西亚华语口语部分特殊语法现象研究》,北京师范大学博士学位论文。

李如龙,2007,《闽南方言语法研究》,福建人民出版社。

李新魁,1995,《广州方言研究》,广东人民出版社。

林立芳,1999,《梅县方言的结构助词》,《语文研究》第 3 期。

林俐,2006,《粤语能性述补结构的研究》,暨南大学硕士学位论文。

刘芳,2009,《"到"的语法化及相关问题》,《宁夏大学学报(人文社会科学版)》第 2 期。

刘燕林,2018,《动相补语"到"的使用和发展》,《殷都学刊》第 2 期。

刘子瑜,2006,《试论粤方言"V 到 C"述补结构的语法化及其与"V 得 C"述补结构的互补分布》,《语言研究》第 3 期。

吕叔湘,2009,《现代汉语八百词(增订本)》,商务印书馆。

潘碧丝,2012,《多元方言下的渗透与包容——马来西亚华语中的方言词语》,《云南师范大学学报(对外汉语教学与研究版)》第 3 期。

彭小川,2010,《广州话助词研究》,暨南大学出版社。

施其生,1996,《论"有"字句》,《语言研究》第 1 期。

吴福祥,2002,《南方方言里虚词"到(倒)"的用法及其来源》,《中国语文研究》第 2 期。

吴福祥,2011,《多功能语素与语义图模型》,《语言研究》第 1 期。

邢福义,2005,《新加坡华语使用中源方言的潜性影响》,《方言》第 2 期。

杨平,1990,《带"得"的述补结构的产生和发展》,《古汉语研究》第 1 期。

张雪梅,2017,《新兴的高程度表达式"A(到/得)哭(了)"考察》,《新疆大学学报(哲学·人文社会科学版)》第 6 期。

张谊生,2014,《试论当代汉语新兴的补语标记"到"》,《当代语言学》第 1 期。

赵元任,1968/1979,《汉语口语语法》,吕叔湘译,商务印书馆。

周清海,2008,《华语研究与华语教学》,《暨南大学华文学院学报》第 3 期。

周清海,2014,《华语教学与现代汉语语法研究》,《语言教学与研究》第 5 期。

朱炳玉,2010,《五华客家话研究》,华南理工大学出版社。

Haspelmath, Martin, 2003, The Geometry of Grammatical Meaning: Semantic Maps and Cross-linguistic Comparison. In Michael, Tomasello (ed.), *The New Psychology of Language*, Vol.II. Lawrence Erlbaum.

Heine, Bernd& Tania, Kuteva, 2003, On Contact-induced Grammaticalization. *Studies in Language*, 27(3).

Matthews, Stephen & Virginia, Yip, 2009, Contact-induced Grammaticalization: Evidence from Bilingual Acquisition. *Studies in Language*, 33(2).

多区域华语比较研究的现状、特点与路径[*]

赵 敏

一、多区域华语比较研究的现状与不足

"华语"是全球华人的共同语,随着中国经济实力的增强和国际地位的提高,华语的国际影响越来越大;华语热持续升温,学华语、用华语、研究华语成为当今热门话题。华语早已不是一国一地的语言,学界重视和提倡全球华语或者大华语理念。全球华语由各个区域华语组成,对当前华语词汇、语法进行分区域、多区域研究是全球华语研究的重要途径。

所谓"区域华语"是指一定区域里的华语现象,如"台湾华语、泰国华语、港澳华语、东南亚华语、马来西亚华语"等,这里的区域性主要考虑国别和地区因素,同时也兼顾社会、政治、文化方面的区域性。区域华语研究可分为单点华语研究和多区域华语比较研究,本文倡导多区域华语比较研究。展开论述前,有必要对现有华语研究成果进行概括梳理。

第一,我国的台湾和港澳,以及新加坡三个区域的华语研究长期而深入,研究人员众多、成果丰富。就单区域的台湾华语来看,如黄国营(1988)较早在语法方面指出了台湾华语众多变异现象,如"比较"修饰

＊ 本文原载《深圳大学学报(人文社会科学版)》2018 年第 6 期。

否定句,语气词"啦、哦、喔",VP 句式,"用"字句与"到"字句,等等。仇志群、范登堡(1994)发现台湾华语中的"V 不 V"构成的附加疑问句,使用频率要比北京话高得多,以及大量使用"有、会、要"等助动词。张宁(1994)则指出海峡两岸华语被动句式、比较句式、"有"字句式和反复问句句式等方面的差异。刁晏斌(1998)探讨了台湾华语的古旧色彩、语言形式不够统一、日语形式的存留等现象。刁晏斌的《差异与融合:海峡两岸语言应用对比》(2000)是大陆学者对台湾华语进行较为系统研究的专著之一。孙雁雁(2011)发现句末"好不好"在口语语料里,尤其是台湾口语中出现得更为频繁。刁晏斌(2012)描写了海峡两岸华语里"而已"的差异。方清明(2013,2014)对台湾华语口语里的诸多语法现象进行了考察,如宏观层面上来说,普通话、台湾华语有着各自的语气标记系统,它们在灵活性、泛用性、语篇功能、位置等方面存在较为显著的差异;台湾华语里"啦、的啦、喔、耶"颇具特色,是台湾腔的代表。海峡两岸语气标记的诸多差异可以从语言环境、语言接触、语言政策、政治制度等方面进行解释。再如指示标记方面,台湾华语对话体里"那"比"这"大,主要原因是对话语体的性质、新信息、话题跳跃与弱社会化程度有利于"那"出现。

　　海峡两岸暨香港、澳门的多区域华语研究,以刁晏斌(2013)等系列研究成果为代表,发表了关于"被"字句等语法方面的文章。赵春利、石定栩(2014)考察了海峡两岸暨香港、澳门的汉语"有信心"句式的异同。

　　新加坡华语单区域研究成果较多。周清海(2002)概述了语法方面的变异情况。祝晓宏(2008)对新加坡华语里的词法、实词、动词谓语句、句法格式、篇章等方面的变异现象进行了较为系统的描写。

　　港澳区域华语研究以词汇研究居多。如田小琳(2004)提出社区词概念,并介绍了香港社区词构词方面的特点。邵敬敏、石定栩(2006)从香港语言生活的历史与现状出发,总结了"港式中文"四个方面的变异手段。汤志祥(2005)介绍了港澳区域的共同词语,以及澳门华语特有词。赵春利、石定栩(2015)分析了港式中文"经"字句的类型与特点。

第二,马来西亚华语研究近年来异军突起,方兴未艾。如黄立诗(2013)从语法化视角考察了马来西亚华语"回"做动态助词的现象。李计伟(2014,2015)基于语料库统计考察马来西亚华语动词、形容词的基本特征。王彩云(2015,2016)从频率和方法两方面探讨马来西亚华语介词、助词系统的变异情况。王晓梅、何元建(2016)发现马来西亚华语中疑问句尾"的"字频率较高,并探讨这类"的"的语法意义。赵敏(2018)考察了马来西亚华语中"者"缀词语的变异性情况。关于马来西亚华语口语语法,赵敏、方清明(2015)描写了代词"酱"的复杂用法。

第三,其他单区域华语研究成果相对较少,如泰国、印尼、美国、英国等。如张淑娟(2003)、秀莲(2016)等以泰国华人作家的文学作品为研究对象,对泰国华语书面语词汇变异情况做了较为详细的研究。施春宏(2015)认为泰国华语作为华语社区词的一部分,两者之间相互影响、相互渗透,具有一种互动关系。方清明、温慧雯(2017)基于自建泰国华文媒体语料库,以"增降"类动词为例,考察它们在泰国华语里的使用情况。陶红印(2022)探讨了美国华语连词"并、及"、副词"更"等语法变异现象。张聪(2017)以英国华语报纸为材料,探讨英国华语词汇方面的变异情况。这类成果总量不多,且以词汇研究为主。

综上,区域华语研究取得一定成就,但也存在不足。第一,不同的区域华语研究非常不均衡,形成了马太效应,即有的区域华语研究学者多,研究成果也越多,而有的区域较少学者研究,成果自然也越少。研究成果多的区域包括中国台港澳地区和新加坡等。在我们的调查中,菲律宾、柬埔寨、越南、缅甸等区域华语的研究成果几近于无。第二,单区域研究成果较多,多区域比较研究的成果较少。现有成果多数是单区域华语研究,一般都基于某个单区华语的特点进行描写,部分比较研究也主要是与普通话做对比,较少采用大陆以外区域与区域之间双边或多边比较视角。视角的限制阻碍研究的创新,使研究陷于程式化。基于此,我们有意识地提倡多区域华语比较研究,以期把华语研究引向深入。

二、多区域华语比较研究的特点与作用

(一) 互通度是判断多区域华语共性的标尺

华语的区域共性是指语言上的共性,与经济、政治上的区域共性不尽相同。较为一致的情况是存在的,如"港澳"指香港、澳门两个区域,它们不但在地缘、经济、政治上具有一定的共性,而且语言距离较小。香港华语和澳门华语也具有较高共性,而词语对其他区域华语而言则有一定的陌生感和距离感。我们统计《全球华语大词典》(2016)发现,港澳双区词占香港总词数 3887 例的 65%,占澳门总词数 4066 例的 62%。这两个百分比数据充分证明港澳华语区域词有着极高的互通度。词汇与社会关系最紧密,通过词汇共用情形的考察,可以在一定程度上反映不同地区之间的社会关系,这也说明港澳区域词的融合倾向明显。位列第二的是"新马"双区词,这一定程度上说明新加坡华语和马来西亚华语具有较高共性和互通度。

　　"港澳"双区华语词互通度最高,这也与语言距离有关。一般来说,语言距离越大其互通度越小。反之,语言距离越小,其互通度越大。这给我们以启发,区域华语词汇的互通度也可以通过语言距离这一维度来考察。"港澳"交通互通频繁、语言距离很近,因此语言互通度较高也势在必然。"港澳"都是多语多方言地区,通行普通话、粤语、英语等,这是"港澳"互通度高的语言基础。"港澳"是毗邻的特区,社会高度开放发达,地理空间距离很近,这也有利于语言词汇的互通互认。"港澳"文化高度整合认同,文化距离也利于语言词汇的流通使用。具体通过词例来看,可分为很多类别:第一类受到粤语影响的,如"煲剧、煲蜡、煲呔、煲烟、煲仔饭、剥光猪、插喉、插水、成日、打格仔、大水喉、睇波、睇场、睇好、睇楼纸、睇漏眼、睇骚、睇实、睇水、睇死、睇头、睇戏、点解、贵利佬、后生仔"等。第二类受到英语等外来语影响的,如"波鞋、波衣、波友、慈善骚、士多店"等。第三类,港澳华语很多反映博彩业的词语和用法,如"白鸽票、百家乐、现码、泥码"等。

　　不一致的情况也存在,如"新马泰"作为通用概念(常用作旅游线路用语)使用频繁,但是从多区域华语来看,"新马"与"泰"的共性和互通度并不高,调查发现,仅有 85 个共性词语,这说明"新马泰"并不是华语意义上的多区域表述。事实上,"台新马"三区域华语互通度高于"新马泰"。再如,"港澳台"通常作为政治、经济、文化上的三区域概念使用,如果从华语的区域性来看,"港澳"共性明显,但是与台湾华语语言距离相对较远。调查发现,"港澳台"有 115 个共性词语,这一比例并不高。因此"港澳台"也并不能反映这三区域华语方面具有很强的共性。实际情况是,"港澳台"之间互通度并不如我国"港澳"与马来西亚或者我国台湾与"新马"之间的互通度。

（二）通过多区域华语比较研究发现区域间的共性特征

多区域华语研究视角以地缘、国别区域为参照，不局限于单点区域的华语研究，而是将眼光扩展到有相同语言特征的多个区域。多区域华语比较视角可以发现各区域华语之间的共性特征，如中国台湾、马来西亚槟城、印尼棉兰都是以闽南方言为主要方言的华语地区，在华语用法上也存在诸多共性特征。如三区域华语都有虚化用法的"说"，其虚化程度都要高于普通话。马来西亚槟城华语口语里，我们发现言说词"说"具有相当的变异性，例如"我想说不然去我家看一下""我还以为说眼睛要一眨一眨""你的姐姐不是讲说有吉隆坡人上来要学舞啊""今天天气很好，去爬山呢，还是说，去海边""送红包好过说买礼物"等，这类"说"是置于动词后的一个虚化成分。这类"说"的言说义已经虚化、主观化增强，有的个案已经具有了词汇化倾向。从语用角度来说，这类"说"表示形成意念有个过程，表语气停顿。选择问句与差比问句中的"说"进一步标志说话人对所述内容的真实性持有较弱的信任，使所述内容具有弱断言性。这种用法的"说"同样存在于中国台湾华语与印尼棉兰华语里，如台湾华语里有"我觉得说、变成说、有讲说"等表达。

从共时视角来看，以上虚化用法的"说"很可能来自闽南语的有效传承与扩散。闽南话里表"说话"义的词语，漳州、厦门话用"讲"，泉州话用"说"，与马来西亚槟城华语、中国台湾华语、印尼棉兰华语一样，它们同样可用在表意念、表言说的词语后及选择问句与差比问句中。如，"我想讲卜倒去两日（直译：我想说要回去两天）""叫姆妈来掁赢过讲请蜀个生分侬来掁（直译：叫奶奶来带好过说请个陌生人来带好）""有某歹过说无某（直译：有老婆糟糕过说没老婆）"。同属闽南语的潮州话中,"讲"对应的词语为"呾",也有类似用法,且更加广泛。如:"睇呾条索可会耐(直译:看看说那条绳子结实不结实)""小王呾呾明日有事无变来(直译:小王说说明天有事不能来)"(例句引自李如龙,2007:168)。

区域性华语里表虚化意义的"说"与闽语中的"讲、说、呾"类似,都可以出现在谓词性成分之后,属于起联接作用的虚化成分。因此我们认为上述三区域华语口语语法里,言说词"说"具有较高的区域类型上的共性特征,与普通话相比,表现出了较大的变异性,虚化程度也较高。再如,中国台湾、马来西亚槟城、印尼棉兰三区域华语的能愿范畴表现出较多相同的共时变异特征。马来西亚槟城华语里有"我不要去读书(直译:我不想去读书)",中国台湾华语和印尼棉兰华语里也可以用"不要"表示"不想"的意思,如"我再也不要见到你",等等。

再如,马来西亚华语里的"相信"产生了变异用法,从"信任"泛化到表示认定的"认为"和表示猜测的"很可能",如"死者当时独自冒着雨撑伞骑脚车,相信是到附近购物"里的"相信"就表示"很可能"的意思。不仅如此,而且新加坡华语和印尼华语里的"相信"也有类似的变异用法。再如,马来西亚槟城华语口语里的"比较"可以用于否定结构中,构成特殊的"比较"否定句,如"我爸的身体啊,最近比较不好""阿萱比较没那么乖"等。中国台湾华语、新加坡华语、印尼华语里都有"比较不/没"类否定句式。上述诸多个案能说明,很多区别于普通话的词汇、语法差异,却在其他多区域华语之间存在一定的共性和联系。

(三)通过多区域华语比较研究发现区域内部之间的差异性特征

多区域华语不仅存在类型上的共性特征,其内部之间也存在差异性特征。这些差异性特征的比较有利于认识各代表点华语的性质。就泰国华语而言,很多与泰国独特的语言生态、社会生活有关,如"善信、善堂、僧王、佛历、寮国、冬荫功、宋干节、铢、自轰、提列、加持、红衫军、黄衫军、圣寿、懿寿、宫务处、古曼童、崇庆、崇圣"等。其中,"冬荫功"是泰国特有的饮食词汇,而"圣寿、懿寿、宫务处、崇庆、崇圣"等这类与皇室相关的词语是由于泰国特殊的国情而存在。这些词语出现的频率不算高,但也有可能给读者造成阅读障碍,因为它们反映的是某个区域独特的语言现象。再如,越南单区词"奥黛",它极富越南华语特色。奥黛来自越南语 aodai 音译,现代越南语 ao 指遮盖到颈部以下的服饰,而 dai 表示"长"。奥黛是越南的传统服饰,与中国旗袍类似,但是在衣襟、领口、袖子、下摆以及穿着场合等方面都不尽相同。

又如中国台湾华语后置标记"这样子"充当话轮结束标记功能,而马来西亚(槟城)华语口语里的"酱"("酱"为"这样"的合音)却更加复杂,例如"酱":可以充当动作模态标记,如"酱子叫搬完了啊,你搬完了也帮我收的啊";可以指示较高程度,如"都酱多油了,还加油";可以充当话轮结束标记,如"我小时候,常捡这些回家的,装成一瓶一瓶酱,很有趣呦";可以放在句子与句子中间,充当话语链连接标记,如"哇,见到你真好! 酱呢,一有空就可以找你喝茶"。上述"酱"的复杂用法,与中国台湾华语里"这样子"的功能不尽相同。它们虽然都有可能受到闽语的影响,但是这些词语具有区域扩散性,表现出各自独特的差异性特征。

再如中国台湾华语里,程度副词"比较、蛮、超、好"等颇具特色,而马来西亚华语程度副词里较有特色的也是"比较、蛮、超、很、几"等,这样的一致性令人惊喜,甚至是振奋,它们肯定有着多区域华语类型学上的共性特征,但是在构型表意等方面却又不尽相同。如中国台湾华语里是"比较+形容性词语+一点"杂糅构式,如"比较聪明一点""比较凶一点"等等。而马来西亚华语则是"很/几+形容词语+一下",如"今天的心情很好一下哦""安哥林,你的女儿都几有钱一下哦"。它们除了具有类型上的共性之外,在构型上显然还各具变异特点。

(四) 通过多区域华语比较研究发现华语的多样性特征

"无论是在生物界还是非生物界,多样性都是本质"(海然热,2015),多区域华语研究有利于华语多样性和差异性研究。华语表达的多样性就是一种丰富性,华语区域性表达的多样性与丰富性不但不会削弱华语整体的影响力,反而会增强整体华语的表现力与张力。华语词汇、语法表达的多样性往往也就是思想多样性、活跃性的具体体现,新观念往往诞生于词语之间意想不到的自由组合。以台湾华语为例,台湾华语词汇就表现出丰富的多样性。第一,对同一事物采取不同的命名方式,即"同实异名"词语,如"快锅(高压锅)、简餐(快餐)、标的细胞(靶细胞)"等。第二,源自所在地的强势方言,如来自闽语的"阿督仔、车拼、冻蒜、柑仔店、没路用、强强滚、水当当、正港"等。第三,源自外语的影响,如来自日语的"摆道、町、干物女、欧巴桑、寿喜烧、宅急便"等,来自英语的"保特瓶、宾铁、博蒂、卜派、狄克石、戴奥辛"等。第四,因不同的造词理据而产生的多样性,如"滑鼠、笔电、议处、闹区、偶性、酿灾、派红、强台、轻台(缩略)、误谬(异序构词)、编辑人(类词缀不同)"等。第五,因用字不同而产生,如"没精打彩、迷罔、扒山虎"等。

再如,普通话里没有"有者"这样的表达,但是马来西亚华语里大量使用"有者"。按照普通话的单一标准来看,似乎"有者"缺乏理据性,但是从稳定性和通用性来看,"有者"有着客观存在的基础。普通话里不说而其他区域华语高频使用的词汇语法项目,正是华语区域差异性与多样性的集中表现。

多区域华语比较研究尽管认为对华语的差异和变异应该持宽容态

度,但这并不意味着在协调和规范上听之任之、毫无作为。不同华人社区使用的华语存在着词语、语法上的或多或少的差异,若不去注意并弄清其差异所在,相互交际就有可能受到干扰,有时还会引起某些误解,因此有必要进行详细的调查和解释,必要时进行规范引导。如新加坡、马来西亚华语里"课题"有时候可以表达"问题"的意思,这就需要我们对这两个词语什么时候可以换用,什么时候不能换用进行实际调查研究。再如马来西亚华语里"人士"和"分子"有混用现象,如"人权分子、人权人士;活跃分子、活跃人士;改革分子、改革人士;特权分子、特权人士;学运分子、学运人士"等等。这一方面说明马来西亚华语词汇表达具有多样性,正如叶中扬(2016)所述"表达相同的概念时,马来西亚华语相比于普通话有着更多样的表达方式",但是另一方面也模糊了"人士"与"分子"搭配的感情色彩倾向,如马来西亚华语甚至可以有"犯罪人士、成功分子"这类搭配。这与普通话使用者的朴素语感相差较远,需要积极协调和进行规范引导。再如,新加坡、马来西亚、印尼等多区域华语里,量词"粒"不限于与粒状名词搭配,用法颇为丰富,如:水果类(一粒瓜、一粒西瓜、一粒哈密瓜);小吃类(一粒包子、一粒豆沙包);用品类(一粒手表、一粒耳环、一粒线团);球类(一粒球、一粒足球、一粒三分球、一粒网球)等等。这与普通话表达有很大不同,需要考虑变异性,同时也有必要考虑柔性规范和引导。

三、多区域华语比较研究的方法与路径

(一)比较是多区域华语研究的基本方法

吕叔湘先生(1983)号召大家通过对比研究语法。我们认为即使时至今日,"比较"这一方法仍需强调。比较是科学研究的根本方法,比较研究在语言学上对于认识一种语言或一种语言变体的特点具有重要意义。多区域华语比较研究有利于揭示出华语区域性词汇、语法的诸多特征,尤其是动态浮现特征。多区域华语比较包含多个层面的比较。首先,区域性华语的整体性特征与普通话的比较研究。华语与普通话本同出一源,但随着时间、空间的迁移,华语与普通话已然是"同中有异、异中有同"。华语与普通话的细致、系统比较依然是重要课题之一。

其次,共时与历时比较研究。邢福义(1990)提出以"普—方—古"的方法和视角研究汉语,以"普"为基点,"以方证普、以古证今"。"普—方—古""表—里—值"是考察海外华语的重要方法。就历时视角来看,历时语料的考察确实在多区域华语比较研究中具有重要意义,例如马来西亚华语口语中,表示"做什么、干什么、为什么"的"做么"使用频率较高,例如"她是老师哦,我应该做么?""去吉隆坡做么? 找你的孩子啊?""阿公,做么最近天气这样热的?""你做么偷我东西啊? 你是不是肥到傻掉了啊你?"等。五代南唐时期,闽南泉州籍僧人所著《祖堂集》中就处处见到"做摩(做么)"。例如,僧便问:"做摩是文殊剑?"僧曰:"和尚还传也无?"师云:"做摩不传!"到了宋朝真宗年间的《景德传灯录》,"做么"也随处可见,如:"汝坐与此做么? 入定。""大悲用千手眼做么?"明清闽南话戏文中写为"做乜",如刊行于1566年明朝嘉靖年间的闽南戏文《荔镜记》:"哑娘,三更半夜来只处做乜?""怎问伊卜做乜?"民国初年,由厦门人编写的闽南语七字诗《陈三五娘》中,也写作"做乜",如:"九郎出来就问伊未知花婆来做乜。"(参看李如龙,2007:83)而现今马来西亚华语口语中"做么"依然在高频地使用,且与唐宋口语用法颇为一致。这种方言历时视角的比较分析有利于多区域华语的演变研究。

（二）基于口语视角与口语语料库的多区域华语比较研究

众所周知，口语与书面语存在诸多差异。对海外华语来说，与大陆普通话的不同、其特色与魅力之处也主要体现在口语方面，我们常说的"港台腔（港台味普通话）""海外腔（海外味普通话）"正是说的口语面貌。但是客观而言，对海外华语来说，口语研究的难度非常大。海外华语语码夹杂现象十分普遍，华语里随处夹杂粤语、闽语（含福建闽南话与广东潮汕话）、客家话、英语、马来语等多种语（方）言，且在发音上具有各种变异，并经常出现说话者的语速很快或清晰度不高的情况，上述现象皆对研究者的语言考察能力提出极高的要求，语料的听辨与转写也是一项耗时耗力的工作。

目前，利用语料库和统计的方法对多区域华语进行比较研究乃是大势所趋。它可以避免个人视野的局限性和主观臆测，能够客观地检索数据，为客观分析语言现象打下基础，从而有利于研究者总结倾向性规律。目前全球华语研究的传统研究多是个案式的，语料多是通过内省、小规模搜集等方法得到。语料库比内省法客观，也容易被其他研究者验证。如暨南大学海外华语研究中心"东南亚华文媒体语料库"就是现有的比较成熟的华语语料库。基于语料库统计的方法，其优势在于数据的规模性、客观性、科学性，大量有价值的华语语法现象的系统性挖掘必须依赖一定规模的语料库才能进行，如此才能进一步促进语言规律的发现和研究理论的升华。

使用语料库软件也是多区域华语研究的趋势之一。如果人工对大量用例进行分析，费时费力，令人望而生畏。不但效率低下，而且其可靠性也将受到影响。人的思维难免挂一漏万，而利用软件的话，某些统计项目不但可以做到穷尽，而且效率也将大大提高。举例来说，台湾华语程度副词系统里,有"蛮"无"挺",例如"他真的还蛮无聊的""功能还蛮强的""那女生我觉得她还蛮开朗的啊"等。在含有"蛮"的 497 个例句里,我们发现 342 例"蛮……的"框式用法,这一统计来自 Antcon3.2.4w 的跨距搭配检索功能。Antcon3.2.4w 软件对高频常用华语词汇的处理颇为有效,这能为语言的定量定性分析提供有力的技术支撑。

(三)基于相同源方言背景的多区域华语比较研究

"源方言"概念由邢福义(2005)提出,它是指"一个人生活在某种方言地域环境之外,仅通过父辈祖辈的承传而习得的某种方言"。源方言对华语的潜性影响是根深蒂固的。海外华语常常深受源方言影响,如邢福义先生文中提到的海外华语中表示时间上具有连贯关系时以"才"代替"再"的语言现象等。闽语(特别是闽南语)是域外使用者最多的方言之一,我们以闽语为背景来进行选点示范比较研究。例如,以中国台湾地区、马来西亚(槟城)、印尼(棉兰)三地来说,以上几地都具有较深的闽语背景,台湾华语深受闽语影响自不待言,槟城、棉兰两地闽南语系华人分别超过当地华人总数的 70% 与 50%,两地日常生活皆通行福建闽南话。三区域华语有同有异,是多区域华语比较研究的理想代表点。

(四)集范畴、体系性的多区域华语比较研究

要想得到多区域华语各个层面的宏观认识,必须"自下而上"地进行体系性研究。"集范畴以成体系"则是有效途径,所谓体系就是"应当按某一方面对象或内容来进行全面的研究"。反映在词汇、语法方面,普通话的词汇、语法体系已经相当完备,应该以现有体系作为参照,考察其中所有内容,无论是显性范畴还是隐性范畴,都应该放到多区域华语比较研究中来"摸"一遍,唯有这样的研究才是成体系的。目前我们发

现,有代表性的多区域研究范畴有"指示范畴、程度副词范畴、语气范畴、后置标记范畴、数量范畴、语序范畴、否定范畴、重叠范畴、能愿范畴"等。

四、余论

华语研究已经取得长足进展,但要进一步深入与拓展,必须要在研究视角、方法等方面进行创新。我们提出基于源方言背景、自然口语语料库、语料库技术,紧扣口语对多区域华语进行比较研究。王洪君(2011)指出"放弃对语言共性的探索,不仅使中国语言学逐渐落后于西方语言学,差距越来越大,而且也很难真正搞清汉语的特点。我们的眼光不能囿于汉语,一方面,盲目追求语言共性或许不可取;另一方面,片面强调汉语的特点亦不足取。我们要摆正汉语特点与人类语言共性的关系"。总的来看,多区域华语特征必然存在类型上特点,共性现象多受到闽语等南方汉语方言的影响,差异性方面多来自区域华语内部的变异性。李宇明(2016)认为,大华语存在"继续分化"和"趋近趋同"两种走向,促进大华语"趋近趋同",一个重要工作是要开展全球视角下的华语研究。过去的研究多是"一地眼光"的语言研究,将"一地眼光"扩展为"全球眼光",就要在看待某一华语变体的现象时,胸中有多区域华语比较研究这根弦,知其在大华语中的位置与作用,唯有如此,才能更好地促进大华语研究深入。

参考文献

刁晏斌,1998,《台湾话的特点及其与内地的差异》,《中国语文》第2期。

刁晏斌,2000,《差异与融合:海峡两岸语言应用对比》,江西教育出版社。

刁晏斌,2012,《试论海峡两岸语言的微观对比研究——以"而已"一词的考察分析为例》,《北京师范大学学报(社会科学版)》第 4 期。

刁晏斌,2013,《两岸四地"被"字句对比考察——两岸四地被动句对比研究之一》,《语文研究》第 2 期。

方清明,2013,《基于口语库统计的两岸华语语气标记比较研究》,《华文教学与研究》第 3 期。

方清明,2014,《基于口语库统计的两岸华语指示标记比较研究》,《语言科学》第 2 期。

方清明、温慧雯,2017,《泰国华语"增降"类动词变异考察》,《华文教学与研究》第 4 期。

海然热,2015,《反对单一语言:语言和文化多样性》,商务印书馆。

黄国营,1998,《台湾当代小说的词汇语法特点》,《中国语文》第 2 期。

黄立诗,2013,《马来西亚华语口语部分特殊语法现象研究》,北京师范大学博士学位论文。

李计伟,2014,《基于对比与定量统计的马来西亚华语动词研究》,《汉语学报》第 4 期。

李计伟,2015,《基于对比与定量统计的马来西亚华语形容词研究》,《云南师范大学学报(哲学社会科学版)》第 1 期。

李如龙,2007,《闽南方言语法研究》,福建人民出版社。

李宇明,2016,《全球华语大词典》,商务印书馆。

吕叔湘,1983,《通过对比研究语法》,见《吕叔湘语文论集》,商务印书馆。

仇志群、范登堡,1994,《台湾语言现状的初步研究》,《中国语文》第 4 期。

邵敬敏、石定栩,2006,《"港式中文"与语言变体》,《华东师范大学学报(哲学社会科学版)》第 2 期。

施春宏,2015,《从泰式华文的用词特征看华文社区词问题》,《语文研究》第 2 期。

孙雁雁,2011,《台湾口语中句末"好不好"的功能分析》,《汉语学报》第 4 期。

汤志祥,2005,《论华语区域特有词语》,《语言文字应用》第 1 期。

陶红印,2022,《全球华语语法·美国卷》,商务印书馆。

田小琳,2004,《香港社区词研究》,《语言科学》第 3 期。

王彩云,2015,《马来西亚华语介词的变异》,《汉语学报》第 2 期。

王彩云,2016,《马来西亚华语助词的变异》,《华文教学与研究》第 2 期。

王洪君,2011,《汉语的特点与语言的普遍性》,见《基于单字的现代汉语词法
　　研究》,商务印书馆。

王晓梅、何元建,2016《从语言接触看马来西亚华语疑问句尾的"的"字》,《中
　　国语文》第 5 期。

邢福义,1990,《现代汉语语法研究的"两个三角"》,《云梦学刊》第 1 期。

邢福义,2005,《新加坡华语使用中源方言的潜性影响》,《方言》第 2 期。

秀莲,2016,《泰国华语与汉语普通话书面语差异研究》,黑龙江大学博士学
　　位论文。

叶中扬,2016,《马来西亚华语名词多样性考察及其意义》,暨南大学硕士学
　　位论文。

张聪,2017,《英国华语与普通话的词汇差异》,《语言战略研究》第 1 期。

张宁,1994,《港台与大陆书面语语法差异》,《山东大学学报(哲学社会科学
　　版)》第 4 期。

张淑娟,2003,《泰国华语书面语词汇变异研究》,河北师范大学硕士学位论文。

赵春利、石定栩,2014,《两岸四地汉语"有信心"句式的异同》,《汉语学报》第
　　2 期。

赵春利、石定栩,2015,《港澳中文与标准中文"经"字句比较研究》,《云南师
　　范大学学报(哲学社会科学版)》第 1 期。

赵敏,2018,《马来西亚华语"者"缀词语的变异性考察》,《汉语学报》第 3 期。

赵敏、方清明,2015,《马来西亚华语口语里的代词"酱"》,《汉语学报》第 4 期。

周清海,2002,《新加坡华语变异概说》,《中国语文》第 6 期。

祝晓宏,2008,《新加坡华语语法变异研究》,暨南大学博士学位论文。

新马泰主要华文媒体非通用规范汉字略论[*]

徐新伟

东南亚华文媒体用字没有经历我国的汉字规范化运动,在来源上吸收了日本和字、韩国国字、方言用字等。在时间上,不同时代的形体与不同时代产生的字义都有可能在当下的共时层面上累积,因此,它们与我国用字绝不只是繁简关系的差别。

一、东南亚主要华文媒体用字的研究现状

当代东南亚华文用字研究主要集中在平面媒体用字调查、字形覆盖率、地名用字调查等方面,主要有刘华(2010)、王铁琨和侯敏(2010)、刘华(2011)、徐新伟和张述娟(2014)、刘华(2015)、林明明等(2016)的论文。以上论文旨在服务于语言生活描写及语言监测。

单字源流梳理及用法描写有徐新伟(2015,2017a,2017b)、罗福腾(2016)等的论文,这些论文从微观层面,或就个别汉字用法进行描写,或对它们在通用型语文字典中义项缺失的情况进行相关的补正。

新马泰华文用字涉及的问题超出2013年国务院公布的《通用规范汉字表》(以下简称《字表》)中"通用规范"的"现代通用""我国大陆""一般交际场合"的限定。复杂的用字现象,给我们留下了许多研究空

---

* 本文原载《语言文字应用》2018年第2期。

间:新马泰主要华文媒体用字未进入《字表》的数量是多少？是什么用字现象造成的？针对这些用字现象该如何完善我们的文字政策？在社会交往日趋频繁的时代,开展海外华文用字的普查、记录和整理,将是一项有意义的文化工程。

二、新马泰主要华文媒体语料及"用字现象"说明

（一）新马泰主要华文媒体语料规模及数据说明

东南亚地区共有 11 个国家,是海外华人数量最多的一个区域。此次调查的数据来自东南亚华文媒体语料库①,该库主要收录了新加坡、马来西亚和泰国的主流华文媒体。该库中,新加坡华文语料规模较大,不计标点符号、部首,共计用字 83,774,193 次;泰国语料规模相对较小,计 18,050,173 字次;马来西亚的华语语料规模介于两者之间,计 56,880,682 字次。三国语料规模总体量约 1.5 亿字。利用我国教育部语言文字应用研究所字词频率统计软件,对新马泰华文媒体用字的字量、字频、字形等全面测查发现,新马泰不重复字形字②的数量分别是 7271、7023、5401 个,三国合用字形字 8778 个,共同使用的不重复字形字为 4965 个。2013 年国务院发布的《字表》收录通用规范汉字 8105 个,表外字 2186 个。除 86 个乱码③,新马泰实际使用的表外字计 2100

---

① 东南亚华文媒体语料库网址:http://huayu.jnu.edu.cn/corpus1/Search.aspx。

② 字种,指构造不同的单字。字形,指同一单字,由于笔画变化而产生的种种变体,属于同一字种。一些大型字典所收的异体字中大量都是同字异形,表面上看是单字,实际上与真正的单字不同,可称"字形字"。

③ 东南亚华文媒体中的乱码,是编码问题造成的。字符在计算机中存储、传输依赖一定的编码,一些开发者没有指定使用的编码,多国多种编码按照计算机默认编码执行,有时会出现乱码的问题。

个,如图 1 所示。

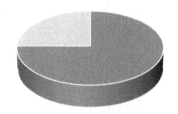

■ 表内字形占75.1%　　■ 表外字形占24.9%

图 1　新马泰华文媒体字形表内外字百分比

（二）新马泰表外字的"用字现象"

周朋升(2014)指出,"用字现象"是"汉语中某一词习惯地选用哪一个或哪些汉字字形表示的现象"。王金娥(2013)与屈王静、赵琦(2014)的认识较一致,认为"用字现象"主要包括通假字、古今字、异体字。张仁明(2006)指出"用字现象"包含了多种用字关系,如通假字、省文、繁文、异体、古今字等。以上研究基本上认为用字现象含"通假字""异体""古今字"等。用传统的用字现象观察方法来考察大的字符集是难以实现的,况且华文媒体中还含有"异域字""方言字""合文"("苏州码子"合文)等。

汉字字符集是时空上的一个累积体,在发展过程中又出现了繁体字、简体字、异体字、俗字等不同的形体,多体并存给学习和使用造成了极大的障碍。在汉字的整理过程中也出现了诸多的二分标准:如通用、非通用,繁体、简体,正体、异体,新字形、旧字形,正字、别字,方言字、普通话用字,古字、今字,本国字、异域字,等等。多组的逻辑关系存在着一定的交叉,在用字过程中,这些交叉的关系给汉字字符集的整理带来了诸多麻烦。如在汉字学学科理论中,异体字只指严格异体字;在汉字整理和应用中,异体字可以包括严格异体字和非严格异体字。学术层面与应用层面认识的差异,都会影响到字际关系的判断。

对未进入《字表》中的字,我们从形、用两个角度考察,主要包括以下三个种类:

普通用字现象——如繁体字、异体字、旧字形。

特殊用字现象——如方言字、别字、音译字、拟声字、地名用字、人名用字、科技术语、历时文献用字及阙疑用字等。

异域字现象——日本和(用)字、韩文吏读字等。

三、新马泰非通用规范汉字分析

对表外字的整理不能完全依据现有的字表对应关系。一是因为部分字形在《字表》中找不到对应关系,二是具体到某个字符,字际关系还有赖于语境及文献的梳理。如:"塭"在《汉字标准字典》中释义为"土地温暖",在东南亚华文媒体中,"塭"即"滨海地区筑堤拦水以养殖鱼类的池塘",《凤山县志·水利》(清·陈文达):"至夫就海滨筑岸以资采捕,谓之塭。""塭"实为历时文献用字。

对于异域字的科学认定还有赖于对文献的梳理。一些近乎定论的认识如果放到历时层面进行梳理,结论都可能发生改变。如东南亚华文媒体用字"笹",通用型语文字典都认为是"日本和字",然而"笹"在甲骨文、金文中就已出现。日语中"小竹"义的"笹"与《玉篇》卷十四"筀,击马笹"的"笹"意义一致。文献研究显示"笹"是一个传承字,单纯依据《字表》对应关系或者字典所谓"定论"来判断,暴露了汉字研究中的薄弱环节。联系语境对表外字进行考察,结合上面的用字现象予以分类,其结果如下:

表 1　新马泰主要华文媒体表外字用字现象分析（单位:个）

中国汉字								异域汉字	
普通用字现象			特殊用字现象					异域字现象	
繁体字	异体字	旧字形	方言字	别字	音译（拟音）字	人名、地名、物名、科技术语及历时文献用字	阙疑	日本和（用）字	韩文吏读字
1004	433	40	27	226	15	365	3	46	1

（一）表外字中的普通用字现象

以新加坡《联合早报》为例,有的文章转引自大公网,有的由港、澳、台及海外作者直接投稿并未进行繁简转换。马来西亚华文媒体繁简混用,例如文章的标题是繁体字,内容却是简体字。泰国华文报纸过去以老华侨为主要读者群,现在越来越多的中国新移民和商人成为华文报纸的读者。泰国华文报纸为迎合大量的新读者,采用简体字排版印刷。作为同一种文字,"繁、简二元并存""正异并存""新旧字形并存"的弊端显而易见。它给信息的交流转换、汉语汉字的学习和使用带来了诸多的不便。在世界范围内实行汉字的"书同文",是汉字规范的终极目标。我们通常认为新加坡用简化汉字,但"後"字出现在新加坡的华文报纸频率高达 5204 次,在泰国华文媒体中却未出现。"楗"字在东南亚华文语料中总共出现 296 次,仅在泰国华文媒体中就出现了 293 次。具体数据的调查,在一定程度上改变了我国以往对华语社区用字情况缺乏了解的状况,整理获取了大量第一手资料。

（二）表外字中的特殊用字现象

方言字方面：如"嘅""佢""嚟""唔""喐"等来自粤方言；"胕"来自闽南方言，"扶羼胕"意为"拍马屁"；"垸"来自楚地方言；"佟"来自北方方言（"老佟"指老谋深算。）

别字方面：新马泰华文中的别字，部分是因形近而造成的，如"亙"与"瓦"，"妺"与"妹"。对于这部分字，当然应该规范。还有一部分字，却反映了域外对构造理据的重新认识。比如"桥墩"，写成"桥橔"，"敦"作为声符，桥墩可以是土做的，也可以是木做的。更换意符也是汉字的一种生产方式，然而"橔"，其义"枯萎"，还有一义为"棺木上的覆盖物"。"瑕疵"写作"痕疵"，有"疒"表示的是不完满的，似乎也合乎认知，但其形、义不符合大陆约定俗成的标准。此外还存在着添加意符的情况，"灰蒙蒙"写作"灰曚曚"。域外可能根据"蒙蒙"意指太阳被蒙盖，因此将"蒙蒙"写作"曚曚"。对于这部分字在域外的使用，需要给予特别的关注。客观来说，汉字的使用者不仅仅是中国人。对于新马泰更换或者添加意符的行为，部分学者站在规范化的立场，认为这些字形的错误显而易见，当与大陆一致；也有部分学者认为，华文视域下，这批字在域外的使用，当与大陆的使用互相协调。笔者更倾向后者的意见。

音译字方面：音译汉字只用来表音，不关乎字义。汉字的表意性决定了汉字与语音缺乏特定的联系，从而使读音呈现出"时有古今，地有南北"的不同。日本的"靖国神社"，在东南亚有时写成"猄猂鯵社"；"蒼"，梵语 Campaka 音译，又译作瞻卜伽、旃波迦、瞻波等，意译为郁金花，"猂"与"蒼"又使得非通用汉字多了两个字形。

历时文献用字方面：由于海外与域内语言发展的不平衡性及旁征博引等方面的原因，大陆当代的死字或者历史上的某个字却可能出现在域外当下鲜活的语言中。如："宿疾寝愈"中的"寝"，"如今不幸一切言中，思之令人怵然"中的"怵"。这些字曾是历史上的活字，今天大陆不用或者换用，新马泰仍沿用。

海外华语分布地域辽阔，文字用法丰富，因此对没有把握的字不可妄加评论。"脾胃虚弱者牻服用党参有较好的效果"中"牻"其义为"牛大力"或为"古代的国名"，"牻"在华文中的用法是"牛饮"的意思还是另有其他义，不敢妄下结论，故存疑。表外字中阙疑字 3 个（牻、膧、嫦）。

人名作为称呼符号，寄托了赐名者诸多的想法，名字也似乎是人的私有财产。人名选字生僻，历史悠久，超出通用字范围。人名特殊用字如李俊偲、蔡蕙嫥中的"偲""嫥"；此外，地名用字如水湳机场、鱲角机场的"湳""鱲"；物名表外字如蕨麻糬、魟鱼面中的"糬""魟"；科技术语如麻黄硷、朊酶分子中的"硷"及"朊"等。

（三）表外字中的异域用字现象

日本同属汉字文化圈，借用了大量的中国汉字，也创造了一部分"和字"。语料库中含"和字"及日本用简体汉字共计 46 个。当前对日本国字的认定还是基于字典中的认识，中日汉字字源研究明显滞后。所谓的"和字"也许是中国历史上出现的俗字，也许是汉字的同形字。如"俤"被认为是日本"和"字，"俤"字最早见于战国时期的楚简，用法之一同"弟"。对于这些字的"创制权"，由于种种条件的限制，遗留的问题甚多，需要小心求证。

华文媒体中含一个韩国吏读字为"笚"。"笚，朝鲜半岛人名、地名用字"。东南亚语料例句："笚年选举，眼看败局已定。"《新华字典》："笚"，竹名，可制笔。据此义，则例句意义不通。"笚"当为"期（jī）"，义项为"一周年；一整月"。文言文中的例子："不期年千里之马至者三"；"期年之后，虽欲言，无可进者"。"箕"可能与"箕"形近似而误写。

四、海外华文用字与域内的协调

对于跨境表外字的规划，这一"规划"的内涵到底指什么？是中国依据整理好的字际关系主动去对接东南亚华文媒体表外字，从而达到实现汉字信息交换的目的，还是规范这批表外字抑或是平等地位下的协调？对跨境汉字，用"规范"的提法比较敏感，因此我们认为，跨境表外字的规划当是平等地位下字际关系的协调。

在汉字的使用过程中，影响其变化的社会因素我们无法控制，但政府、社团或专家对汉字的政治地位、本体要素（主要包括汉字的字形、字音、字量、字序等）、社会使用、海外传播等方面却可以进行前瞻性的动态引导与调节。海外华文用字与域内协调的主要内容至少包括：协调的主体；汉字的本体规划；字库、字表的开发利用；汉字的传播规划等。

（一）汉字协调的主体

中国有专门管理语言文字的国家机构——国家语言文字工作委员会，各地也都有语言文字工作委员会及其办事机构和专门工作人员；中国教育部设有语言文字应用研究所，中国社会科学院有语言研究所，高等学校和其他部门也有不少语言文字的研究机构和科研人员。2013年，中国成立了国家语言文字政策研究中心。中国台湾地区教育研究院负责对异体字、"国语"用字进行整理规范，出版相关辞书；马来西亚曾于 2004 年 2 月 12 日成立了华语规范理事会，主要确认一些当地的华文地名、机构等的华文翻译和书写；新加坡于 1979 年成立了华语推广理事会;泰国有华文教师公会等。文字协调要充分发挥相关机构或者民间团体在对共识的宣传与落实中的作用。

（二）关于汉字本体规划方面

本体的规划以汉字研究为基础。首先,监测文字使用实态,了解文字的量、形;其次,建设古今汉字全息数据库,发挥古今汉字全息数据库在汉字使用中的引导与调节作用。大陆在《字表》十多年（2001—2013）的研制过程中,出版了"汉字规范问题研究丛书",包括《简化字研究》《异体字研究》《汉字字形研究》和《汉字规范百家谈》。大陆在处理繁简类推、一简对多繁、异体、新旧字形整理方面都有可行的方案和宝贵的经验,这为华文视域下汉字的协调奠定了基础。

对于方言字的规范与协调,中国台湾地区教育部门已经出版了《台湾闽南语推荐用字 700 字表》,域内对于其他的方言区用字是否也可以提出指导性建议? 中国学术名词统一工作委员会和全国科技名词审定委员会发布了百科辞书、术语标准字典,他们是否也可以发布《科学术语建议性名称》? 信息交流国际化、标准化的呼声越来越大,未来音译词数量增大是必然的趋势,是否可以考虑设立一个科学、有效的音译词专用字库,使音译用字标准化?

以特殊用字现象中人名用字限定为例,新马泰可以借鉴中、日、韩等汉字文化圈的做法。中国通过人口普查资料等了解人名用字的全局,中国教育部、国家语委主导了人名规范的系列项目,除中国人名用字表外,还有少数民族姓名汉字音译转写规范、中国姓名排序规范、外国人名汉字音译转写规范等,相关机构制定了字表,实现人名用字定形、定音、定量、定序。日本政府以法律条文的形式限制了汉字在政府文件中的使用,其中就包括为规范户籍文件而制定的《人名用字表》。

韩国构建人名用汉字的行政统合管理系统,2014 年 10 月大法院发表将人名用汉字再扩充到 8142 字,如果取名时自己选的汉字未收在《人名用字表》中,就通过申请、审查把它补充到《人名用汉字表》中。这些经验会给新马泰人名用字的限定和管理许多启发和借鉴。域外汉字怎样才可能进入中国的规范汉字体系? 中国作为汉文化的发源地,将来是否有可能编辑一份《域外汉字规范字表》? 这些都值得我们思考。

编制出相应的"汉字整理表",满足使用汉字的国家和地区的需要。这是当今信息时代传承和弘扬中华文化不可或缺的基础性工作。郭熙(2006)指出"把语言看成是'问题',规划的目标就是'解决问题';如果把语言看成是'文化',那么规划中就会考虑如何保护这种文化;如果把语言看成是一种资源,规划中就会考虑如何开发和利用这种资源"。在语言资源观指导下,针对新马泰华文媒体字频、覆盖率、文字类型、字词考察的研究已经开始行进到域外汉字"本体规划"的层面,对新马泰华文用字的"地位规划""声望规划"亟须加强理论的建设、寻找行之有效的方案及进行实证主义研究。

(三) 关于字库、字表的优化

王铁琨(2004)指出:"从某种意义上说,字表(字符集)中已发现的问题解决不了或解决不好,都可能会在一定程度上影响我国的国际形象和使用汉字的国家、地区人民的'汉字情结'。"微软公司发布的office 办公软件中集成了繁简转换功能,虽然转换时存在部分错误,但是可以看到转换在字库、字表建成后高效、便捷的功效。当今人类交换的信息约有 80%是通过语言文字进行的,信息化是主要的技术手段。信息化依赖编码字符集,可利用国际标准化组织汉字工作组 ISO/IEC/JTC1/SC2/WG2/IRG 在编码审批、制作方面的特权,完善整理字库;当下中国最新的国家标准是 GB 18030–2022《信息技术 中文编码字符集》，可利用操作系统所带的语言包，达到推广计算机必须遵循的基础标准字符集的目的。还可以将相关整理数据收录进后台词典，然后对不同于后台词典中搭配的字或词语做类似 word 拼写语法的检查并给出建议从而达到文字校正的作用，这种技术手段一定程度上有助于用字的协调。

（四）关于汉字传播规划

通过孔子学院教学、海外中国文化中心活动、高校来华留学生教育、对外汉语培训、对外传播媒体和新媒体的宣传报道，以及节目交流、民间外交、青年交流活动等各种方式和途径，积极主动地对外传播包括语言文字在内的中华文化。在开展对外汉字传播规划时，应增强宏观政策引导，构建对外汉字传播模式，开辟汉字文化走廊。国家的文字传播也应该考虑到教材、教辅、媒体等市场占领问题，通过编纂华文字典、制定华语汉字水平测试等级标准、华语教师教学能力资质大纲等推广汉字的国际教育。

文字规律的科学性和使用过程中的社会性相互较量，使得业已形成的复杂的用字现象在短期内无法根本解决。对于文字使用上的差异性，立足于汉字应用的实际，避免因强推从而造成应用的不便和混乱。汉字研究从科学理念出发，着眼于研究对象本身，开展起来相对较容易。汉字协调的主导是政府及相关责任机构，他们所面对的除了语言文字本体及其应用，还要面对诸多的复杂的政治因素和社会问题，即可行性问题——华语社区是否能够接受，其社区所在国的政体是否能够接受，其复杂性可想而知。协调过程中应充分考虑各方面的情况，既满足我国当前"推行规范汉字"的需要，也兼顾华文应用的历史和现实基础,最大限度地体现汉字规范协调的本质属性和基本要求。

只有放眼世界,综观古今,才能实事求是地看待汉字应用的实际。在宏观掌握了汉字实际使用情况后,开展与"一带一路"有关的语言文字政策、文字规范协调、文字状况调查、文字传播等方面的研究,为"一带一路"建设提供语言支撑和服务,既是当前政策的需求,也是文字信息化、区域化、国际化的需求。

参考文献

陈双新、董越,2016,《当前有关现代汉字研究与应用的几个焦点问题》,《语言教学与研究》第 5 期。

陈晓锦,2010,《泰国的三个汉语方言》,暨南大学出版社。

陈章太,2005,《当代中国的语言规划》,《语言文字应用》第 1 期。

陈章太,2013,《〈国家中长期语言文字事业改革和发展规划纲要〉与国家语言生活》,《语言文字应用》第 1 期。

郭熙,2002,《域内外汉语协调问题刍议》,《语言文字应用》第 3 期。

郭熙,2006,《论华语视角下的中国语言规划》,《语文研究》第 1 期。

李国英,2007,《异体字的定义与类型》,《北京师范大学学报(社会科学版)》第 3 期。

李宇明,2010,《多维关注中国语言规划问题》,《中国社会科学报》10 月 12 日。

李宇明,2013,《国家通用文字政策论》,《世界汉语教学》第 1 期。

刘华,2010,《东南亚主要华文媒体用字情况调查》,《华文教学与研究》第 1 期。

刘华,2011,《东南亚主要华文媒体非通用汉字使用情况调查研究》,《华文教学与研究》第 1 期。

裘锡圭,1988,《文字学概要》,商务印书馆。

屈王静、赵琦,2014,《〈大金西京大普恩寺重修大殿记〉碑文用字现象分析》,《山西大同大学学报(社会科学版)》第 28 卷第 3 期。

苏培成,2006,《再论〈规范汉字表〉的研制》,《中国语文》第 3 期。

王金娥,2013,《"通"与"同":人教版初中语文文言文注释问题略说》,《内蒙古师范大学学报(教育科学版)》第 2 期。

王铁琨,2004,《〈规范汉字表〉的研制》,《语言文字应用》第 2 期。

王铁琨、侯敏,2010,《从 2008 年度调查数据看中国的语言生活》,《语言文字应用》第 2 期。

徐新伟,2015,《域外字用视角商补通用型语文字典字义三则》,《语言研究》第 2 期。

徐新伟,2017a,《"日本和字"汉迹考四则》,《汉字研究》第 2 期。

徐新伟,2017b,《"钻石"与"碹石"的名物之争》,《语言研究》第 3 期。

徐新伟、张述娟,2013,《东南亚主要华文媒体非通用汉字的类型研究》,《中国文字研究》第 1 期。

周朋升,2014,《马王堆古医书用字现象考察》,《古籍整理研究学刊》第 6 期。

第三编

论海外华语资源的抢救性整理和保护[*]

郭　熙　刘　慧　李计伟

近年来,海外华语研究受到了越来越多的关注,"把华语当作一种资源"也不断被提及(郭熙,2012,2017)。自 2016 年起,我们就开始筹划建设海外华语资源库并逐步推进。2019 年国家社会科学规划项目指南第一次把海外华语资源库建设列入其中。本文拟结合近年我们所做的一些基础工作,就海外华语资源搜集和整理中的一些问题展开讨论。

一、海外华语作为一种资源

本文所说的海外华语资源,包括世界各地的华语以及使用这些华语产生的言语作品、文献、语言景观等。由于不同时期、不同地域的不同人对华语这一概念有不同理解,有必要对"华语"做一大概界定。这里所说的"华语"主要指以普通话为基础的世界华人共同语,以区别于华人使用的各地方言(郭熙,2010)。它不仅是华人最重要的交际工具和文化载体,也是建构和维系海外华人族群认同的重要纽带。

华人在世界上的分布广泛,情况非常复杂。截至 2017 年,全球海

　　* 本文得到如下资助:国家哲学社会科学基金重点项目"海外华语资源抢救性搜集整理与研究"(19AYY003);国家社科基金重大项目"境外华语资源数据库建设及应用研究"(19ZDA311);北京语言大学语言资源高精尖创新中心项目"海外华语资源库建设"(KYR17001)。本文原载《云南师范大学学报(哲学社会科学版)》2020 年第 2 期。

外华人人口约 6000 万人,主要分布在东南亚、大洋洲、欧美、南美地区(王辉煜、康荣平,2018)。这些不同时代、不同渠道陆续移居世界各地的华人,使用华语,书写华文,把华语带到了世界各地,其中不少华人成功地实现了代际传承,积累了许多文献资料,留下了极具民族特色的语言文化景观。这些都是宝贵的语言资源。

对海外华语的关注最早源于海外的一些华人学者,主要集中在新加坡和马来西亚(郭熙,2004)。进入 21 世纪以来,海外华语研究开始在国内受到重视,取得不小的进展。郭熙(2006)从历时和共时两个角度对华语这一概念进行了考察,随后又对华语研究的意义做了专门的阐述,并出版了《华语研究录》(2012),编辑了《全球华语研究文献选编》(2015)等。陆俭明(2005)、李宇明(2016)、刁晏斌(2015)则从大华语或全球华语的角度进行了阐释。目前华语本身的研究成果不断增加:从宏观到微观,从本体描写到应用研究,理论、方法涉及诸多学科。主要成果包括:华语词汇、语法的国别化、区域化描写,如邢福义(2005)、汤志祥(2005)、吴英成(2010)、李计伟(2014,2015)、郭熙(2015)、刁晏斌(2015)、祝晓宏(2016)等;出版了《全球华语词典》《全球华语大词典》(李宇明,2010,2016);"全球华语语法"列入国家社科基金重大课题,取得了一批阶段性成果。此外,在华语规划(如赵守辉、王一敏,2009;祝晓宏,2017;王晓梅,2017)、全球华语社区构成及特点(如汪惠迪,2010;刘慧,2017;周明朗,2014)方面取得不少成果,刘慧(2016)、尚国文(2016)等对海外华语语言景观进行了研究,刁晏斌(2012)、郭熙等(2015)、王晓梅(2017)、祝晓宏(2017)等对国内外的华语研究进行了系统的梳理和讨论。

2005 年,国内首家海外华语研究机构"暨南大学海外华语研究中心"成立。2015 年,中英合作的《全球华语》(*Global Chinese*)杂志正式出版。此外,还有以华侨华人文献为研究对象的国际化专题刊物《华侨华人文献学刊》。将海外华语视为一种资源的认识也始于该时期。此前,"语言是一种资源"已经在学界达成共识。中国语言学界最早注意到语言的资源性质的是邱质朴(1981),他从应用语言学的角度提出了语言资源的开发。郭熙(1999)在社会语言学领域推介了邱质朴的资源观。张普(2007)将语言视为一种国家资源的认识更是推动了国家语委组建国家语言资源监测与研究中心,其中就包括海外华语研究中心。由于国家语言资源源监测与研究中心强调语言资源的国家性,为避免海外产生误解,海外华语中心形式上与该中心剥离(侯敏、杨尔弘,2015),但海外华语中心一直坚持关注华语资源。近年来,对语言资源的论述和关心越来越多,陈章太(2008)、李宇明(2019)等的深入讨论引起了广泛注意。郭熙(2012)指出,华语不只是全世界华人的母语,也是所在国的一种资源。之后郭熙、王文豪(2018)又从祖语传承的角度论证了祖语的资源性,并进一步强调,作为资源的华语既属于华人社会,实际上也属于所在国家和地区,后者还没有引起足够的注意。对海外华语资源的整理已经开始。东南亚华文主要媒体语料库建设、海外华语多媒体语言资源库建设都体现了这样的理念(刘华、郭熙,2012)。而对历史上华语文献的整理也有了初步进展(徐新伟,2017;李计伟、张翠玲,2019)。此外,一些国家的华人口述史记录也已经开始,如孙浩良正在做澳大利亚华人口述历史的项目。

　　把海外华语资源库建设作为整体工程提出并加以推进,得益于北京语言大学高精尖语言资源创新中心的建立。该中心首次把海外华语资源库建设列为重要的建设项目。项目以暨南大学海外华语研究中心为主体,与国内外华语研究学者合作,形成了协作的新局面。郭熙、王文豪(2018)在讨论未来的华语研究时,把海外华语资源库建设列为一项重要的任务,并在近年相关实践的基础上,勾勒了未来资源库的概貌。2016 年和 2019 年的两次海外华语资源库建设国际研讨会上,项目组还推出了系列研究报告。

海外华语资源是一个内涵丰富、外延广泛的概念。它是全球华人共享的社会资源,其资源属性体现在多个方面:既是经济资源、文化资源、社会资源,也是个人资源。对海外华语资源进行摸底、排查、搜集、整理,是一项抢救性的基础工作,既有学术意义,也有现实的实践意义。

(1) 有助于拓宽汉语研究的内容和视角,加强华语研究的历时纵深。海外华语资源的搜集和整理是海外华语调查的重要方面。这些材料既是研究书面语变体历时发展过程的基础,也是考察现代汉语百年变化、中国语言文化传播、海外华人社会祖语文化传承的重要史料和语料。通过这一工作,可以比较全面地认识海外华语的形成、发展与现状,以及不同阶段华文教育的性质和特点。邢福义(1990)提出“古—方—普”视角,祝晓宏(2011)、郭熙(2012)分别把华语作为一种视角对相关词语行了实际考察。李计伟(2018)利用东南亚早期的华文报刊(15 种)、“东南亚华文文学大系”(新、马、泰、印尼、菲律宾五国)、马来西亚华文文学刊物《蕉风》等文献,取得了一系列科研成果。他对华语中一些词语例如“帮忙”的使用进行深度挖掘,解决了多年来人们的困惑(李计伟,2018)。

(2) 提升华语研究的应用价值,可为中国语言文化传播、海外华人祖语文化传承、跨境语言规划制定,提供富有参考价值的资料。徐新伟(2013,2017,2018)利用海外华语历史资源,考察了新马泰主要华文媒体的非通用规范汉字,取得了一系列成果。例如,他发现金刚石义项的“钻石”这一称谓始于清朝中期而非清朝末期,“礶石”即闽南语中“璇石”,即“钻石”,时至今日在东南亚华文媒体中仍有生命力,而在中国大陆钻石义的"碹"已经变成"死字";他对《叻报》字词的考察则为近代汉字研究提供了第一手资料,也为域外华语的断代词语研究提供了佐证。刘慧(2016)利用印尼华族集聚区的语言景观资源,考察了华语景观的语码能见度和凸显度,分析了其与华人族群感知、态度、行为模式、认同的关系,指出华语景观不仅具有信息指示功能,更是海外华族增强族群语言活力、传承祖语文化、建构族群认同的重要手段。祝晓宏(2018)利用泰国华语景观资源,将泰国华语变异分为文化传承变异与华语习得变异两类,并提出对待变异现象的态度。这对华文教育的针对性具有重要的指导作用。

（3）有助于提升全球华人的华语资源意识,促进语言资源的保护和市场开发。搜集整理海外华语资源的过程,也是普及华资源保护理念的过程,对海内外华人的语言文化认同的维护与建构具有重要意义。我们前期的一些工作得到了有关方面和人士的大力支持,而利用华语资源的各种研究成果,也极大地激励了海外华侨华人的母语意识。当前,华文教育正步入新阶段,海外华语历史文献和华侨华人口述史的抢救性搜集整理,不仅是研究者的愿望,更是全球华人共同的愿望。

（4）有助于中国利用地缘优势开展近邻外交,及时了解周边国家的舆情动态,更好地推进"一带一路"倡议和人类命运共同体的建构。目前海外华人的信息资源极度缺乏,世界各地有多少华人,多少华校,多少传承华语的教育机构,多少学习者,学习者类型如何,海外华侨华人对祖国、祖籍国在华语传承方面有什么诉求,都缺少可靠的数据。通过搜集海外华语资源,加强对华人信息资源的掌握和利用,上述问题将逐一得到解答,其价值是可以想见的。

总的来说,海外华语资源库建设具有开创性,但是目前对华语资源的搜集和利用刚刚开始,亟须在资源挖掘与整理方面加深拓宽,以满足多视角的研究需要。

二、海外华语资源的类型

按照前文对海外华语资源的理解，与海外华语使用相关的资源可以分为不同的类型。从存在形式来看，可以分为有形资源和无形资源。

（一）有形资源

有形资源指可以看到的资源。有形资源量大类多，大体包括以下几类。

（1）华文文献

书籍、文稿、侨批、书信、报纸、教材，书籍中有历史文献，也包括文学作品等。有必要简单地说一下后者。海外华文作品在不同国家的情况不同，第一代和第二代比较多，第三代逐步减少，而马来西亚至今仍有大批的华文作家，其文学作品所用的语言、所勾勒的场景，是一个时代语言生活的生动写照。

（2）语言景观

各种各样的华文遗迹、碑刻（如墓碑、纪念碑等）、楹联、标牌、标语等。例如马来西亚沙巴的天津村的墓碑，记录了来自中国北方华人的历史。

（3）传统音像制品

各种传统音像制品、录音带、录像带，既记载了历史，也记录了语言。

（4）信息化产品

信息化处理系统出现以来，开始有相关资料的数字化版本。网络多媒体音视频文件。海外华语资源库建设过程中访谈海外华侨华人的音视频资料，分别以磁盘、光盘、硬盘、云存储等方式储存。具有容量大体积小、存储的音画质量高、智能化等优点。

上述四类,主要是从储存或物化方式考虑的。事实上,有形文献也可以分别从历史和现实两个角度看。历史上的海外华语资源主要以历史文献的形式存在,它们是以往海外华语研究的重要语料来源和依据。

(二) 无形资源

无形资源指不能从形式看到,但客观存在的资源。从目前的认识和整理情况看,无形资源主要有以下几个方面。

(1) 各地华语变体

这是研究华语的重要资源。语言存在于语言使用中,存在于语言生活之中。华人的语言生活本身就是一种语言资源。海外华语存在于不同的时代、不同的环境中。有的即将消失,是一笔值得抢救的资源。这里就初步搜集的情况举两个例子。

一个是印尼爪哇华语。爪哇是印尼的一个重要区域。20 世纪 60 年代中期,华语被全面禁止,导致了爪哇岛华语传承的中断。随着 1990 年中国与印尼恢复外交关系,印尼政府开始逐步放宽华文教育限制,解除使用华文的禁令,也准许华人公开举办华文补习班、开办华校等。当年学习使用华语的人成了当今华校的骨干。他们使用的华语"冻结"了 30 多年,现在得以解禁复苏。系统掌握这种华语的人年龄最小的也 60 多岁了。他们的华语与新加坡、马来西亚都不同,是唯一在过去的几十年中没有得到发展的华语,是 20 世纪 50 年代印尼华语的"化石"。那一代的华语的书面文献或许可以通过当时的报纸或文学作品找到,但"活语言"只能通过实际搜集才能得到,而随着这批人年龄的增长乃至老去,越发变得珍贵。如果不及时抢救,我们就会失去一笔观察那个时代华语的宝贵资源。

另一个例子是马来西亚南部的居銮华语。所谓居銮华语,是一种带有四川口音的华语。这种华语以前曾在印尼棉兰的先达地区发现过。邱克威（2018）曾经对居銮的华语进行过深入的调查。我们也于2019年3月实地访谈了居銮华语的使用者。该地早期的华语教师来自四川，教出的华语都带有四川方音特征，整整影响了两代人，形成了代际华语。目前这种华语仅有部分人会讲。这种华语的抢救对于我们认识华语在海外的传播具有重要的价值。

此外，像缅甸的"果敢话"，东马来西亚的"华北村话"等也亟待记录整理。

（2）各地华语传承人士心中的"故事"

世界各地华语传承的过程是一代代华人的奋斗史、心酸史。他们心中有着无数的"故事"。他们的初心，他们的希望，他们的经历，他们的成就，各种心路历程，有的通过文字记录下来了，但更多的未能留在文献中。这一代人大多年事已高，随着这一代人的离去，他们的故事也就无从知晓。菲律宾的颜长城先生，多年从事华文教学，拥有丰富的华教经验，当代菲律宾华文教育的发展历程，都在他的心中。而就在我们列入访谈计划的时候，他却与世长辞，成了我们华语传承研究的一大遗憾；泰国著名的华人学者洪林女士，也是我们的重要访谈对象，在我们已经做好对她的访谈准备，通过多方渠道联系她时，才知道她已在2019年上半年去世。而我国台湾的世界华语文教育推动者董鹏程先生在我们访谈后不到一年也已经离世；马来西亚华文学校董事联合总会（董总）郭全强主席2019年3月抱病接受了我们的访谈，10月老人去世。正是这次抢救性访谈，留下了他离开董总主席职位后唯一的对华教问题的谈话视频和音频，他提供的信息更是难能可贵。

两年来访谈的实践给了我们很大的启发。不去亲历，不去和当事人交流，仅凭所谓"调查问卷"，我们会失去很多真实的可靠的信息和历史细节,失去大量的立体感的一手资料。在日本,我们访谈了神户中华同文学校前校长金翼(爱新觉罗·恒翼)。尽管他已经著有《路漫漫》(2009),回忆了他的一些故事,但还是有不少心得出于各种考虑,无法呈现。幸运的是,我们的访谈对此有所弥补,保留了金先生这样一位两岁赴日的华人传承华语的鲜活音像资料。他学习中文的过程对我们的海外华侨华人的母语传承有不少启发。

(3)谚谣及各种传唱语言艺术

谚谣和各种传唱语言艺术作品是重要的语言资源。例如传统的童谣,一些地方曲艺,通过口耳传唱来传承。华人从中国各地走出去,把中国各地的传唱作品带到了所在国家或地区,这些作品本身也是语言学习的材料。在印度尼西亚的泗水,我们访问了一位华校校董,他的华语兴趣以及华语传承就是小时候从父亲的说唱中获得的,而这些说唱已经成为历史。而在印尼三宝垄,一位华教人士根据自己的华语学习经验,编写各种文化活动的读本,来传承中华文化。

海外华语资源库建设项目促使我们关注"抢救"的广度和深度。我们现在认识到,华语传承口述记录是一种抢救,而对语言事实的描写也是抢救,例如《全球华语词典》及其后的《全球华语大词典》《全球华语语法研究》,都是海外华语资源的抢救工作。

三、海外华语资源的分布

海外华语资源存在于世界各地,但各地资源的来源、形成和历史层次并不相同。

国内已经建立了多所华侨历史院馆,如厦门华侨博物院、广东华侨历史博物馆、暨南大学的世界华侨华人文献馆以及漳州市华侨华人文献中心等。

在海外,据报有 8 个国家设立了 20 座华人博物馆①。东南亚,尤其是马来西亚和新加坡,无疑是海外华语资源最丰富的地区之一。马来西亚的五福书院通常被认为是最悠久的华文教育学校。马来西亚现有60 余所独立中学,具有完备的华文教育体系,存有大量的文献资料。马来西亚华人博物馆、马来西亚吉隆坡乡音馆、马来西亚华社研究中心资料非常丰富。新加坡国立大学图书馆的东南亚华人文献殊为珍贵,所藏东南亚华人文献和海外华文报章量大面广,并藏有各种华侨华人研究的学位论文。新加坡南洋理工大学设有具备展示功能的华裔馆,新加坡还有牛车水原貌馆(Chinatown Heritage Centre)、新加坡土生华人博物馆(Peranakan Museum),真实再现了新加坡华人的历史文化风貌。此外还有泰国曼谷唐人街历史博物馆、菲律宾华裔历史博物馆、印尼客家博物馆等。日本神户有创建于 1979 年的华侨历史博物馆,以及成立于 1984 年的孙文纪念馆。美国华人博物馆 1980 年设立于美国纽约,加拿大有卡尔加里华人博物馆。澳大利亚的澳华历史博物馆,据称是世界上第一个由政府出资创办的博物馆。在北美,一些历史悠久的华校,如温哥华中华会馆的华侨公立学校、旧金山的南侨中学等也保存了不少历史资料。除了实物之外,人们也开始搜集语言资料。例如,马来西亚砂拉越的古晋设立了华人博物馆,通过音像向人们展示华语和各种方言。

世界各地已建或在建的华人华侨博物馆、资料馆,各种华文教育机构和学校的资料室,都不同程度地收存或记录了有形的华语资源。此外尚有不少华文历史文献流落民间。在海外一些华社机构内部,存放

---

① "海外 8 国建 20 座华人博物馆:镌刻华侨华人成长史,留存他乡记忆!",中新社华舆,2019 年 5 月 20 日,https://www.163.com/dy/article/EFKSFHDR0514DTKM.html。

着许多华语传承的文献、教材等,因机构设施简陋,无专门的存储场所,使其缺乏妥善管理,老化破损严重,亟待进行电子化数字化处理,抢救整理和保护这些珍贵的海外华语资源。

另一方面,资源搜集也包括现实的资源,包括报刊文献、音频、视频、图片等多模态资源,各地传统华文传媒、当今的全媒体及社交媒体等(还有"融媒体")。一些当下的现实资源,例如各种语言景观以及各地华人社会的语言实态,很快也会成为历史,迫切需要抢救。

四、海外华语资源搜集和整理的思路

鉴于海外华语资源的多样性与复杂性,有必要确立一些搜集整理的原则、步骤和方法,预估可能出现的困难和问题。

(一) 基本原则

搜集和整理海外华语资源需要本着几个原则:1.迫切性原则;2.效益最大化原则;3.共享性原则;4.真实性原则;5.操作规范化原则。下面略加说明。

1.迫切性原则

海外华语资源极其丰富,种类众多,范围广,体量大,话题多,头绪多,情况复杂,不是我们一下子都能搜集和整理的。因为无论是经费、工作团队都有一定的限制,不可能短时间一蹴而就,全面开花是不现实的。要突出重点,突破难点,分清轻重缓急,采取适当的步骤和方法,有序推进。目前,不少资源正濒临消失,如何抢救性获取海外华语资源,从而最大限度地加以保护和利用,本身就是一个值得研究的问题。在操作层面上,可以贯彻"三个优先"的理念,即口语资源优先、记录优先、访谈长者优先。具体策略包括:(1)有形文献和无形文献相比,无形文献优先。一些有形文献的搜集尚可等待,但一些以思想观念形态存在的"活的"文献,采集工作刻不容缓。(2)掌握无形文献的人群中,年长者优先。要优先安排对海外华文教育界和华人社会中年事已高、具有较高声望的华人的访谈。我们前期工作集中于 70 岁以上的华社领袖和华文传承工作者,就是基于这一原则。(3)就历史和现实而言,历史优先。

2. 效益最大化原则

随着研究的深入,人们对海外华语资源的关注越来越多,但因为专业和研究旨趣的不同,不同的研究领域会从不同的角度发现研究切入口。以往有过不少研究都可以作为华语资源研究,例如海外华人方言的研究,华人华侨的历史研究,海外华人文化、民俗、节令传统研究,等等。华语资源的搜集和整理,应本着一次搜集、多方利用,使搜集成本降到最低点,而让利用效益达到最大化。例如,访谈的内容可以供历史、文化史、移民、社会等领域使用,而访谈的语言记录则是重要的语料,这些语料既可用于本体研究,也可用于社会语言生活研究。

3. 共享性原则

我们正处于"共享"时代。近年来,口述史受到了各界的关注,无论是海外还是国内,都有人搜集了大量的资料,而包括口述史在内的海外华人信息资源,集信息、语料、历史为一体,可以多向度综合利用,多学科对此都有需求,如民俗学、民间文学、海外华文文学、历史学等。如何实现资源共享,避免重复,是一件应该充分考虑的工作,这需要海内外各方共同努力。又如历史上的侨批、家书、契约乃至公堂记录等等,既是重要的历史资料,也是研究那个时代华人语言的语料。海外华文文学除了文学与文学史价值之外,本身也是重要的华语资源。收集整理这些资料并非一个项目所能完成,需要各方共同努力。因此,今后如何共享利用海外华语资源,如何加强海内外合作,也是我们需要探讨的重要课题。而我们搜集的资源也可以用于其他领域。例如,我们目前搜集到的 70 岁以上的全息式语言记录,也是老龄语言学研究的重要资源(顾曰国,2019)。

4. 真实性原则

这里所说的真实,是指实态的语言环境下的语言,是活的、真实的语言表述。现代科学为语言调查和语料搜集提供了技术支持。语言调查从记录字音、词语、语法例句开始,在不同的历史时期体现着不同的价值。但这类资料很难还原出一种完整的语言。如果说一百年前人们给我们留下音系和一些词语的记录,已难以满足我们的需求,那么今天通过视频记录完整的语言过程,既能体现语言的语音、词汇和语法系统,也能反映交际的过程实态,今人在充分利用的同时,也是留给后人的宝贵财富。

王洪君(2019)深刻阐述了抢救民俗词语的价值,它同样适合海外华语资源的抢救性搜集和整理:

虽然近几十年来地方特有的物质生活和精神世界几近消亡,承负它们的语词也逐渐不为青年一代使用;但有幸的是,这些语词仍然活在中老年人的记忆中!这个时间差就是抢救方言对于保护地方文化的特别价值——抢救性地记录中老年人记忆中的民俗词语,实际上也就是在抢救地方文化——用科学释义、标记和各种多媒体的手段可以尽可能多地保存那些渐行渐远的文化印迹,让我们的后代有机会通过这些记录更多地了解、理解另一种存在方式和精神追求,从而多一些自主思考和离开随波逐流的体验。

5. 操作规范化原则

作为大型的抢救性资源搜集和整理,一开始就需要确定自己的规范。语料采集的过程应该建立严格的调查技术标准,包括时长、录音标准、场合、访谈人的权益等。为做到规范化,应该拟定切合实际的调查手册,培训海外调查员。对相关资源,则可以边整理、边建设、边开发。中国语言资源保护工程已经有了很好的经验,可以借鉴,但考虑到海外华语资源搜集的特点,有必要进行相应的调整。

(二) 步骤和方法

1. 步骤

海外华语资源搜集整理的理想步骤是:全面搜集资源→分类整理资源→利用资源研究。现实的步骤是,根据前文所言的 5 条基本原则,在项目人力物力财力所及的范围之内,首先做好海外华语有形资源和无形资源的收集整理工作。如口述史部分积极选取合适的访谈对象,事前做好安排和访谈计划。在搜集整理资源的基础之上,研究海外华语资源的国别化、区域化特征,以及场域和语体特点。

2. 方法

语言资源的搜集有多种方法。就无形资源来说,应该借鉴人类学的民族志方法,注重叙事,注重过程,辅之以观察,重视多重证据的印证。研究视角应宏观、中观、微观兼顾,历时和共时结合,学术和应用开发并行。

华语资源搜集整理需要理清一些界限。例如,它与华文文学研究、华文文献研究、海外汉籍研究、华人历史研究、华人社会研究、华文传媒研究等有关系,但重点不同。我们的研究对上述研究应该有所帮助,我们也会从上述研究中获取资源。

（1）访谈

抢救的重要方法是访谈，尤其要重视半结构化访谈。该方法主要记录保存当事人以往没写，或不能写、不便写、无能力写的故事片段等，把这些资料留给后人，这个过程本身也是语言生活的记录。半结构化访谈需要详细的访谈提纲，但由于受访对象各异，访谈重点应根据受访人的特点有所侧重，提纲也应随之调整。

（2）观察

在深度访谈之外，辅以参与式观察法。这里说的观察不只是看，也包括听。调查中许多事实是可以问到的，但得到的答案未必是可靠的。其中原因非常复杂，有回避的，不愿回答，不能回答，或无法回答；也有失忆的，移花接木的，等等，尤其是语言事实的用和不用，有和没有，更容易出现问题。胡明扬（1983）曾举出实例，我们在调研中也多次遇到此类问题，需要细加甄别。此外，我们还应在条件允许的情况下，实地考察海外华人在不同的场域如华文学校、华人社区、家庭中的华语教学及华语使用情况，考察国别、地区、场域、代际、阶层、职业、受教育程度等变量对海外华语教学及华语使用的影响。

（3）网络数据挖掘

互联网时代，网络是各种数据的重要来源。充分利用网络数据挖掘技术，辅以人工补充和干预，对于海外华语资源的搜集具有重要作用，这一方法尤其适合海外华文媒体，如发行量较大的华文报刊，华语广播、电视节目，华文网站上的语料的搜集整理等。

（4）其他

对于大规模程式化的数据来说，问卷也是不可少的。例如海外华人人口、籍贯、代际、通婚、地域分布、海外华校、华人社团等个人及族群的数据信息，适宜采用问卷调查的方法获取。

（三）困难与问题

海外华语资源的搜集和整理面临一些理论和实践上的问题，也有很多可以预知和突发的困难。

一是华语和方言的关系的处理。尽管我们一开始已经给华语做了界定，但在实践上仍然无法回避一些方言资源。例如泰国、菲律宾、毛里求斯等国，不少华人不会讲华语，但会方言，访谈需要通过方言进行。

二是文化差异和敏感问题。年龄、家庭、宗教信仰、政治态度、个人经历等，涉及隐私，访谈提纲有此项，是否可以询问，应征求受访人意见，对于访谈音像和记录的产权保护应认真落实。上述内容应写入调查手册，严格按照操作规程执行。

三是文献的展示或呈现方式以及散落文献的保护。访谈文献应至少有两份储存备份。此外，如果资源上线后，还需注意网络数据安全等问题，因为不少访谈内容涉及隐私保护承诺，要慎防各类网络安全威胁。不少资源的获取可以通过资源共享方式进行，有的也可以交换或置换。例如，对原来的文献进行电子化处理或复制版本给原拥有方，原始文献则通过协议方式交由资源中心收藏保管等。笔者多年前曾设想通过这样的方式建立一个华文教育博物馆，将散落各地的世界各地华文教育文献集中起来，但未能如愿。

四是访谈人的健康状况和情绪控制。不少受访人为高龄老人，他们在传承祖语的过程中经历了很多波折，出于健康考虑，家人不同意接受访谈；有时访谈中的一些话题，容易引起受访者情绪激动，对此都应做好充分准备。

五、结语

我们希望从语言资源的视角出发,立足全球中华语言文化资源保护,积极开展海外华语资源的抢救整理与研究工作,包括海外华人社会相关信息的采集、华语历时文献的整理、华语传承口述实录、华语生活语言景观的搜集等等,为海外华人社会和华语的各种研究提供一个资源平台。我们将利用我们的人力资源优势,充分发挥各地华社的作用,争取更多的支持,建立资源搜集系统,为推进海外华语资源的抢救和搜集整理做出自己的贡献。

参考文献

爱新觉罗·恒翼,2009,《路漫漫:海外皇裔中华情》,新华出版社。

刁晏斌,2012,《从"华人社区"到"全球华语社区"》,《云南师范大学学报(哲学社会科学版)》第 2 期。

刁晏斌,2015,《论全球华语的基础及内涵》,*Global Chinese*(《全球华语》)第 1 期。

顾曰国,2019,《老年语言学发端》,《语言战略研究》第 5 期。

郭熙,2004,《论"华语"》,《暨南大学华文学院学报》第 2 期。

郭熙,2006,《论华语研究》,《语言文字应用》第 2 期。

郭熙,2010,《话说"华语"——答旧金山华文电视台"八方论坛"主持人史东问》,《北华大学学报(社会科学版)》第 1 期。

郭熙,2011,《华语研究录》,商务印书馆。

郭熙,2012,《华语视角下的"讲话"类词群考察》,《语言文字应用》第 4 期。

郭熙,2015,《关于新形势下华侨母语教育问题的一些思考》,《语言文字应用》第 2 期。

郭熙,2017,《论祖语与祖语传承》,《语言战略研究》第 3 期。

郭熙、王文豪,2018,《论华语研究与华文教育的衔接》,《语言文字应用》第 2 期。

郭熙、祝晓宏,2016,《语言生活研究十年》,《语言战略研究》第 3 期。

侯敏、杨尔弘,2015,《中国语言监测研究十年》,《语言文字应用》第 3 期。

李计伟,2015,《基于对比与定量统计的马来西亚华语动词研究》,《汉语学报》第 4 期。

李计伟,2015,《基于对比与定量统计的马来西亚华语形容词研究》,《云南师范大学学报(哲学社会科学版)》第 1 期。

李计伟,2018,《大华语视域中"帮忙"用法的共时差异与历时变化》,《汉语学报》第 4 期。

李计伟、张翠玲,2019,《传承语的保守性与东南亚华语特征》,《华文教学与研究》第 3 期。

李宇明,2016,《全球华语大词典》,商务印书馆。

李宇明,2019,《中国语言资源的理念与实践》,《语言战略研究》第 3 期。

李宇明,2010,《全球华语词典》,商务印书馆。

刘华、郭熙,2012,《海外华语语言生活状况调查及华语多媒体语言资源库建设》,《语言文字应用》第 4 期。

刘慧,2014,《海外华文教育与中国梦的继承》,见曹云华主编《凝聚与共筑:海外侨胞与中国梦》,暨南大学出版社。

刘慧,2016,《印尼华族集聚区语言景观与族群认同——以峇淡、坤甸、北干巴鲁三地为例》,《语言战略研究》第 1 期。

刘慧,2017,《泰国曼谷地区华裔青少年华语学习及背景情况研究》,见曾毅平主编《华文教育研究》,暨南大学出版社。

邱质朴,1981,《试论语言资源的开发——兼论汉语面向世界问题》,《语言教学与研究》第 3 期。

尚国文,2016,《语言景观的语言经济学分析——以新马泰为例》,《语言战略研究》第 4 期。

汤志祥,2005,《论华语区域特有词语》,《语言文字应用》第 2 期。

汪惠迪,2010,《华文词汇教学须关注地区词》,《华文教学与研究》第 1 期。

王洪君,2019,《抢救方言与抢救地方风俗文化——〈中国方言民俗图典系列〉(第一辑)读后》,《语言战略研究》第 3 期。

王辉耀、康荣平(主编),2018,《世界华商发展报告(2018)》,社会科学文献出版社。

王晓梅,2017,《全球华语国外研究综述》,《语言战略研究》第 1 期。

吴英成,2010,《汉语国际传播:新加坡视角》,《世界汉语教学学会通讯》第 2 期。

邢福义,1990,《现代汉语语法研究的两个"三角"》,《云梦学刊》第 1 期。

邢福义,2005,《新加坡华语使用中源方言的潜性影响》,《方言》第 2 期。

徐新伟,2017,《"钻石"与"碴石"的名物之争》,《语言研究》第 3 期。

徐新伟,2018,《新马泰主要华文媒体非通用规范汉字略论》,《语言文字应用》第 2 期。

徐新伟、张述娟,2013,《东南亚主要华文媒体非通用汉字的类型研究》,《华文教学与研究》第 1 期。

张普,2007,《论国家语言资源》,第十一届全国民族语言文字信息学术研讨会。

赵守辉、王一敏,2009,《语言规划视域下新加坡华语教育的五大关系》,《北华大学学报(社会科学版)》第 3 期。

周明朗,2014,《语言认同与华语传承语教育》,《华文教学与研究》第 1 期。

祝晓宏,2011,《华语视角下"插"类词的语义变异、变化及传播》,《语言文字应用》第 2 期。

祝晓宏,2015,《新加坡华语语法变异研究》,世界图书出版公司。

祝晓宏,2017,《近十年来华语研究的理论探索与应用进展》,《语言学研究》第 1 期。

祝晓宏,2018,《语言景观视角下泰国华语使用及其变异》,《中国语言战略》第 2 期。

祝晓宏、周同燕,2017,《全球华语国内研究综述》,《语言战略研究》第 1 期。

论海外华语的文化遗产价值和研究领域拓展[*]

郭　熙　雷　朔

我们曾分别就华语的定义、性质和研究对象等进行过专门的讨论（郭熙，2004，2006）。15 年来，各地华语研究有了很大的进展，人们的认识不断加深。本文将着眼海外华语的文化遗产属性，梳理对海外华语属性的认识发展，并对新阶段的华语研究做出展望。

一、海外华语属性认识的发展

在以往对全球各地华语开展的研究中，刁晏斌（2015）、李宇明（2016）、郭熙和祝晓宏（2016）、祝晓宏（2017）、祝晓宏和周同燕（2017）、王晓梅（2017）、郭熙等（2020）等分别从不同的角度进行过梳理、讨论和介绍。学者们对海外华语功能属性的认识不断加深。如果说既往对海外华语研究的重点在于讨论什么是华语、世界各地华语现实状况如何，那么，下一步则要更深入地考虑华语是什么，以及在这些认识的基础上，我们可以做什么。

（一）工具性

把华语看作全球华人的共同语，突出了它的交际工具功能；说华语

---

* 本文原载《语言文字应用》2022 年第 2 期。

是全球华人的身份标志,强调了其认同工具功能。围绕交际工具功能,把华语教学定位为提升语言沟通能力;基于认同工具功能,则强调华人的身份建构,认为"海外华语是华人身份认同的工具""海外华文教育是祖语传承教育"等(郭熙,2012,2017),旨在加强民族凝聚力。学界在这两个方面的用力颇多。这两个不同的工具属性,决定了国际中文教育的内部差异(郭熙,2015;郭熙、林瑀欢,2021)。

(二) 资源性

华语作为一种资源的功能属性的认识,是建立在语言资源观的基础上的(郭熙,2017)。从资源角度出发,人们比较关注的是对语言资源的监测、开发和利用(邱质朴,1981;张普,2007;陈章太,2008)。在语言资源观的影响下,海外华语研究从一开始就被纳入了语言资源研究系列(郭熙、刘慧、李计伟,2020)。而随着研究的深入,海外华语资源库建设逐步走进人们的视野,成为关注焦点。国家社科基金从2011年支持重大项目"全球华语语法研究"开始,进一步推展到2019年支持重点项目"海外华语资源抢救性搜集整理与研究"和重大项目"境外华语资源数据库建设及应用研究"等(郭熙、刘慧、李计伟,2020)。

海外华语是全球华人共享的社会资源和文化资源,从语言市场的角度来看,它也是当今一种重要的经济资源。因此,人们也就自然地把它纳入语言市场,关注其经济价值。一些学者从自己的旨趣出发,很快发现它作为学术资源的价值。在学术研究的演进中,人们不断加深对海外华语资源进行搜集、整理和研究价值的认识,不断地强调其研究的迫切性、必要性和重要性。而志在向"高精尖"迈进的全球华语研究,则把海外华语资源库建设看作全球华语研究的基础,并力图结合中国当代语言生活观和语言风貌等所展示的理念,努力建设规模更大、精细化程度更高、语料更新更快、语言来源和类型更为多样的多元互补的资源库,全方位、多角度、生动真实地展示和描绘鲜活的海外华语生活实况。毫无疑问,这些工作对于推动海外华语的研究,促进世界各地华人的祖语传承和沟通,保护海外华人语言资源,加强华人的凝聚力,将起到极为重要的作用。

但是,仅把海外华语视为资源是远远不够的。李圣托(Ricento,2005)曾指出美国在推广祖语时强调"语言作为资源"的话语问题。语言是资源,往往意味着是国家资源,推广时要服务于美国国家战略和地缘政治,这会削弱族群语言自身的权利需要。鲁伊兹(Ruiz,2010)则指出,建立在工具性上的语言资源观,可能导致语言脱离它的文化和族群基础的问题。华语分布在世界各地,如果仅仅将华语看作资源,所在国有可能会基于战略考量重视华语,而华人新生代自身则未必这样考虑,但如果换一个角度,把华语看作一种文化遗产,各地华人社会则会更加珍视。

二、海外华语属性的再认识

《保护非物质文化遗产公约》和《中华人民共和国非物质文化遗产法》均将语言列为第一类非遗项目。语言是特殊的非物质文化遗产(孙宏开,2021)。语言既是各类非物质文化遗产的载体,其自身也是一种非物质文化遗产。意识到海外华语是一种文化遗产,最初源于我们对世界各地华语传承问题的田野调查。调查发现,在许多情况下海外华语的主要功能已经不再是交际。即使是一些使用华语的地区,华语也是处于低阶地位,交际功能受到一定限制。海外华语的传承与存在更多地体现在其文化功能,作为一种文化符号、一种象征。"语言是文化的棱镜,文化是语言的管轨"(邢福义,1990),跳出交际工具的窠臼,深入认识海外华语的文化遗产属性,或许会有更进一步的理解和收获。

(一) 海外华语的不可再生性

文化遗产的最大特点就是它具有不可再生性。这里含有两层意思:(1)它只是历史的存在;(2)即使存在,也不可能再回到过去。与之相应,作为文化遗产,海外华语的存在形式有两种:一是历史文献等的承载;二是海外华人对它的传承、使用和发展。

不同时代的华语产品自然是文化遗产。就已有文献记载来看,以马来西亚槟城的五福书院为起点,华语在海外已经传承使用了 200 多年,留下的语言遗产数量甚为可观。郭熙、刘慧、李计伟(2020)提到了各种使用华文的实物文献、华语语言景观、华语传承人士心中的"故事"及口传语言艺术等。以典籍遗产来说,就包括了历代华人的诗作、著述、散文、小说、戏剧等;而景观遗产的地名、路牌、街道标牌、招牌、楹联、广告、标语、门牌、匾额、碑文、堂号、姓名以及各种反映华语风貌的日常华语景观图片等遗产,因为种种原因正在消失,一代人"心中的故事"将随着老一辈人的不断离世而远去。

就华语本身来说,郭熙、刘慧、李计伟(2020)谈到了历史上的几种海外华语,如印度尼西亚的爪哇华语(王文豪,2020)和马来西亚的居銮华语(邱克威,2014b)。这些处于不同历史阶段的华语变体,是观察华语发展变化的"活化石",是文明进程的记录,更是中国人播迁的历史见证。而它们本身已经成为一份重要的语言文化遗产。同时,至今仍然活跃的马来西亚华语,则是马来西亚华人对历史上的华语传承、使用和发展的结果,是不同文明互鉴的产物。

关注海外华语资源时,人们也会提及它的不可再生性,但视角有明显不同。从资源角度,人们更多关心的是它的开发和利用。对于现存的华语,我们可以看到它的今天;而当我们把它作为一种文化遗产去挖掘,才能看到它的不同阶段,认识它的形成和发展。遗产需要发掘、继承,人们更希望它能发扬光大。这恰恰体现了海外华语作为遗产及其研究的价值。有意思的是,英文 heritage language 的 heritage 本身就有"遗产"的含义,以至于有人就直接把 heritage language 翻译为"遗产语言"(周庆生,1994;秦悦,2013)。

文化是一个民族最深沉的力量,即使一种语言已经消失,但其文化观念和惯习,或者哪怕是仅存的一点儿习俗,都可能成为语言再激活的助力剂。例如,在马来西亚,峇峇娘惹不会华语,但是他们的生活中有无处不在的华人文化,例如门上、房间里还有汉字,这显然也应该是一种文化遗产。因而,我们从中看到了他们和中华文化的联系,看到了文明交流互鉴的痕迹与价值。这些文化联系,也有助于对祖语习得的激活。在对海外中华文化的调查和探寻中,我们注意到,海外华人把中国文化跟当地文化结合,形成了当地华人社会的一种文化,它们是中华文化在海外的发展,也可以看成是中华文化的一部分。把文化和语言结合起来思考,或许会比仅仅停留在资源上做研究更有包容度、解释力,也更具有学术价值。

(二) 海外华语形成的地缘—历史性

《全球华语词典》是第一部以记录世界各地特色华语词语为目标的词典。词典收录的特色词语是华人在世界各地发展的语言记录,反映了华语的地缘—历史性。海外华语形成过程中地缘和历史性密不可分,构成了海外华语作为文化遗产的又一个重要特点。

词汇学家从共时和历时两个角度对这些词语进行描写和讨论。从文化遗产的角度挖掘,我们则可以看到许多被遗忘或被忽略的文化内容。以东南亚一些国家中的华语词语"巴刹"为例。研究表明,它们跟中国新疆等地汉语方言中的"巴扎",包括历史文献中也有过"把咱""把栅儿"等,是一个源头。不同地缘—历史条件下,它们从不同的语言借入,数百年来经由多种渠道不断扩散,在多种语言里"落地生根"。进入不同地区的华语后,也以不同的形式出现。在南洋早期,还有"巴虱""把杀"等。从共时层面看,今天各地华语也有不同,如泰国用"芭莎",中国新疆用"巴扎"等,新马用"巴刹"等,语音和所指也有一定的差异。从词汇学的角度看,"巴虱"是个历史词语,逐步发展为今天的"巴刹",而且,新加坡和马来西亚华语中不仅使用"巴刹",还出现了"干巴刹""湿巴刹",表现出了华语极强的派生能力。但对它的存在和发展,从文化遗产的角度挖掘,则会有更多的发现。例如:

> 敬启者:本坡旧巴虱,现在承充者业将届期,兹特照例先期招商承充,以一年为期,由一千八百八十八年正月一号起,至十二月底止。至于巴虱内所税与人摆卖什物之地及所抽之杂税,均须照现在租价,不能加增。……大英一千八百八十七年十二月十九号工部局谨启(《叻报》,大清光绪十三年十一月初三日)

其中"旧巴虱"显然不是一个普通名词,而是一个地名,其文化意义非普通词语所能反映。而在我们对"巴刹"的追踪调查中,发现东南亚的另外一些国家,如缅甸、菲律宾、柬埔寨等均不使用这一外来词语,其中的文化意义更值得进一步研究。这也从一个侧面说明南洋华语不等于东南亚其他地方的华语,有必要提出"南洋华语"的概念①。

综上所述,"巴刹"类词语在世界各地的广泛流传,记录了人类文明的进程,给我们观察语言文化传播提供了足够的想象空间,也为我们认识语言文化传播留下了宝贵资料。

各地的华文报纸承载了许多文化遗产。我们曾对泰国的《星暹日报》进行了初步考察,这份创刊于 1950 年 1 月 1 日的华文报纸,记载了泰国华人社会 70 年的发展,是重要的历史见证。而南洋早期的《叻报》《星报》《振南日报》,以及后来的《星洲日报》等,无不记录了当时当地华人社会的方方面面。

(三) 海外华语的文化韧性

海外华语的传承是中外文明交流互鉴的成功实践。作为一种文化遗产,它是海外华语在特殊环境下不断磨合和发展的结果,在一定程度上表现出了独特的韧性。多种多样的华语变体、海外各地的汉语方言、地域俗字等,在不断同各种力量的交流互动中生存下来,负载着重要文化意义。各种观念意识、语言民俗、文化内涵等也在这种交流互动中相伴而行。还有一些情况目前还没有引起海外华语研究的广泛关注,例如南洋的峇峇文化,他们使用一些汉字,但不使用汉语;而在越南,许多词语保留汉语词汇语音却无汉字。

下面以"斤"为例进一步做些说明。

在中国,一斤为十两,"半斤八两"已成历史。对于一斤的具体重量(或质量),《现代汉语词典》《汉语大词典》都解释为"合公制 500克"。《全球华语词典》没有收录"斤",《全球华语大词典》收录了

---

① 中国传统上说的"南洋"主要指南洋群岛(现称马来群岛)地区。历史上大批华人移居这里,经过一代代华人的努力,中华语言文化得到了很好的传承,形成了独特的南洋华语社会,与东南亚其他国家和地区明显不同。

"斤",不过还是采用《现代汉语词典》的解释。然而,从各地华语社会实际情况看,各地华语中的"斤"并不等值。例如,在新加坡,"斤"已经代表公斤,这是全面采用公制的结果。"斤"在各地华语中的差别反映了各地华人社会的历史文化。中国不同时代"斤"的值并不相同。我们还不清楚各个时代准确的"斤值"是多少,能知道的是清代的"斤"约为596.8克。各地华语中600克左右的"斤"应该都源于此。它们是华语在世界流传的记录。20世纪70年代,一斤十六两还在海外使用,这从海外华文文献中可以看到:

> 今早,我又再讲一斤=16两的加减法。前一个星期,我才讲过尺寸,有几个平时颇不肯留心听讲的孩子,把西瓜南瓜,混乱了,演算起来1斤=12两。(《拜一到礼拜》,《蕉风》第208期)。

在海外华人社区的华文工作者中的调查表明:(1)传统华人社区曾使用并且有的还在继续使用"半斤八两"的计量方式;(2)东南亚华人社区保留较多;(3)各地都逐步在向公制靠拢。目前,香港、澳门、台湾等地仍在使用传统的"斤"①。《全球华语词典》《全球华语大词典》均存在漏收情况,是因为词典搜集以语文词为主,《全球华语大词典》编写时提出重视文化词,但主要增收了一些名胜和景观的名词。类似"斤"作为中国历史文化的保留的情况,只有通过挖掘和研究才会发现。

作为文化遗产的语言,随时都有可能消失。据巴西媒体报道,2020年,由于巴西原住民部落很多年长者患病离世,使土著语言和传统面临

---

① 香港、澳门民间将其称为"司马斤",每斤约604.79克,台湾地区则指所谓"台斤",600克。

无法被传承的风险①。海外华语文化遗产也在面临着因各种原因而消失的风险。例如，那些没有进入地图的华文地名，正在随着城市的发展而消失，而由此负载华人播迁的一些历史信息也将不复存在。

　　需要说明的是，这里强调海外华语是文化遗产，是对海外华语性质认识的补充和完善，并非要否定海外华语的工具性和资源性。正是对海外华语工具性、资源性和遗产性的统一而全面的认识，使得我们可以期待一个新的研究阶段。如果说，海外华语的资源属性的认识还更多的是在语言系统诸方面给予极大关注的话，那么，如果能在海外华语资源的搜集整理和资源库建设的基础上，探寻其语言的文化遗产价值，使海外华语研究沿着继承、发掘、光大的方向前进，对于把华语研究向纵深处推进无疑将具有十分重要的意义。

三、未来的主要任务

　　从资源角度和遗产角度着眼，正好形成对海外华语研究的视角互补。在中文词语搭配上，我们可以看到"资源"的搭配多是"搜集、整理、保护、开发、利用"，而"遗产"的搭配则多是"发掘、继承、光大"等，这或许正是人们对"资源"和"遗产"认知乃至处理上的差异在语言上的反映，也反映出这两个不同视角配合的重要性，给未来的华语研究任务带来新的认识。其中，海外华语研究的内容、领域、资源库建设以及祖语文化的传承当给予重点关心。

---

①　参见"新冠肺炎疫情影响巴西土著语言和习俗传承"，环球网·央视新闻客户端，2020 年 07 月 11 日，https://world.huanqiu.com/article/3z0Khx9d33W。

（一）丰富海外华语研究的维度

海外华语的工具性,引起了既往海外华语研究对本体的关注。在这方面的研究中,多以寻找差异和特色为目标,这是一个不可或缺的阶段。例如,《时代新加坡特有词语词典》《全球华语词典》《全球华语语法》均是如此。

海外华语研究的价值不应只停留在材料、数据和特点上,我们要关心其背后的成因和机制,以获得研究在理论上的提升。从文化遗产的角度看,分布在世界各地的各种华语非一时一地单一来源的一体产物,而是跟移入的时代有关,跟华人源方言有关,也跟新住地的主流语言有关。处于不同发展阶段的华语、历史上断层的华语、仍在使用和发展的华语,情况各不相同,形成了海外华语的多样性。例如,居銮华语、先达国语差不多已经成为一种历史遗迹(郭熙、刘慧、李计伟,2020),爪哇华语则在经过32年的冷冻期后重回华人的语言生活(王文豪,2020),保留了20世纪五六十年代印尼华人使用华语的特征;而今天仍活跃在世界各地的华语,则是在继承中发展,呈现出新的语言面貌。因此,研究海外华语,不能不关心华人社区的相关背景。

在我们看来,海外华语研究的主要目的在于认识海外华语和普通话的关系、各地华语与源汉语方言的关系、各地华语与当地主流社会语言的关系,以及各种语言文明如何在接触中实现交流互鉴。我们需要从遗产的角度,在海外华语资源抢救性搜集、整理的基础上,对不同地区、不同阶段的华语变体和华语生活进行全面而深入细致地描写。不能因为同多异少,或觉得"没有特色"而忽视。应该关注为什么有的地方"同"多,有的地方"同"少。唯有经过深入细致的描写分析,才能真正认识上面所说的种种关系,为世界语言传承研究提供华语传承的理论方法成果,引领该领域的学术话语权。因此,新阶段的海外华语研究应实现从寻找差异和特点的单一目标向拓展纵深的多元目标转向。

(二)拓展区域华语比较与历时研究

目前的华语研究成果大多数集中于南洋地区部分华语变体的论述,就马来西亚和印尼两国国内来说,华人众多,分布广泛,现有华语研究还远远不够。如果放眼全球,则更凸显进一步拓展的必要性。邢福义(2016)指出应关注华语词句的文化蕴涵,其文章思想体现了他的整体汉语/全球华语观。据此,我们面临着新的任务:拓宽、深化和加强海外华语的变体描写与跨变体对比研究,归纳变体特征与变体共性,助力海外华语的传承和传播;抢救性搜集和保护华语文献等宝贵资源,拓展全球华语研究的历时空间,从传承、接触、自身独特发展等角度考察华语变体的发展和变异过程。

在以往的研究中,也不乏学者对华语变体的历时文献及其发展过程的关注,21世纪以来这方面的关注在不断增加。徐威雄(2013)对马来西亚和新加坡华语历时发展进行了考察,邱克威(2014)探讨了《叻报》词汇特点及词汇研究价值,徐新伟(2015,2016,2017)研究了南洋早期文献中的一些特殊用字、用词,李计伟(2019)基于南洋早期华文文献与早期现代汉语材料对目前新加坡和马来西亚华语的一些典型特征来源做了考证。但总的来看,关于海外华语历时和历史的研究还不多,这可能与华语工具性和资源性占主导地位的认识有关。现有研究基本上都是以普通话为"参照标准",运用普通话和华语对比的方法来描述华语变体的词汇、语法特征,属于静态的对比描写研究。这对于移民历史久远、华语独具特色的新、马、泰华语以及欧美个别华人聚居区来讲,是适用的。但当扩大研究范围,例如研究意大利、西班牙、澳大利亚等由新移民构成的华语社区时,则需要考虑综合运用社会语言学的变异调查、语料库语言学、语言景观研究等理论方法。无论是哪个方面,都需要在描写的基础上做出进一步的分析解释。

长期的历史发展,形成了海外华语复杂的语言生态、语言关系等。应加强华语发展史、华语传播史和华语传承生态学研究。要做到这些,就需要拓展跨区域的比较研究,需要多学科交叉研究,体现跨学科、跨领域的跨界性。随着前期对各地华语事实的描写,通过区域间华语的比较会更清楚地认识华语和方言、华语和当地语言的复杂关系。例如,就目前的研究结果看,印尼爪哇华语语法和普通话的一致性更高,而新加坡和马来西亚华语语法变异就比较多。对这些差别的分析,有助于认识海外华语形成的阶段性特征和形成原因。

(三) 扩展海外华语资源库建设的范围

为了深入挖掘海外华语遗产,需要进一步扩大华语资源的搜集和整理范围。海外华语研究的最大问题是"家底不清"(郭熙、王文豪,2018)。尽管海外华语资源库建设不断取得进展,但作为海外华语形成、发展、现状及华文教育性质认识的一项基础性工程,基础资源平台还比较薄弱,作为遗产挖掘和整理,任务就更为艰巨。

鉴于海外华语资源的多样性与复杂性,郭熙、刘慧、李计伟(2020)提出了搜集整理的原则、步骤和方法,这些同样适用于海外华语遗产的挖掘和整理。前期的海外华语资源搜集,限于华语的定义和团队力量的限制,把对象集中在"华语"本身。从海外华语的遗产性出发,在一些特定的情况下,有必要对海外华语的外延加以一定程度的拓展,将海外华人传统上使用的方言纳入考察范围。事实上,人们在讨论华语和方言关系的时候已经有所认识,但没有专门吸收。例如说唱艺术中的方言,显然是重要的语言文化遗产。在这里,我们进一步看到了资源和遗产的密切关系。

还有一个资源的多种方式利用问题。现存印尼吧国公堂(巴达维亚华人评议会)档案中的《公案簿》,涵盖的时间范围约 150 年(1787—1940)。内容主要有两方面:一是对吧国公堂有关华人的各类案件的会审记录;二是对有关吧城华人社区重要事件和重大决议的记录(聂德宁,2002)。在我们看来,这些庭审记录,既反映了当时的社会文化制度,也记录了当时的语言生活,实在是一笔宝贵的海外华语遗产。遗憾的是,目前对这类文献的研究主要关注点只在历史方面,尚未考虑如何利用它来研究历史上华人的语言生活。

(四) 深化华语作为祖语传承的理论和实践研究

海外华语传承研究是继承华语遗产的重要工作。从遗产继承的角度出发,需要考虑传承目的、传承者、传承内容、传承方式和路径等一系列问题(林瑀欢,2021)。华语作为祖语传承的成功实践,蕴藏着保护语言多样性和语言文明交流互鉴的丰富经验,是一笔宝贵的遗产,值得进一步挖掘。我们相信,围绕华人祖语传承的相关研究可以为祖语传承这一世界性难题做出学术贡献(郭熙,2021)。

很长一段时间以来,对海外华语传承的认识有两个误区:一是过分强调母语性,把它等同于国内的母语教育;二是片面地认为海外华裔祖语生已经“二语化”。方小兵(2017)曾就“多语环境下的母语建构与母语社区规划”进行过深入讨论,认为海外华语之于当地华人的性质,此前更多的是从母语和二语两个角度来认识。这种认识方式,对世界各地华语多样性、复杂性,以及海外华语传承多样性的认识有一定程度上的影响。当然,海外华语传承学习不可能等同于母语习得,祖语者对祖语的掌握程度和语言能力表现受语言环境影响很大(郭熙,2017)。最近,郭熙(2021)、姚敏(2021)提出了华语社区和家庭在祖语(含方言)传承中的作用,这里不再专门讨论。

另一方面,从祖语传承和文化遗产继承发掘的角度研究海外华语,不仅是理论方法上的拓展和应用,更是将华语研究与华文传承相衔接、有机统一的工作。有些工作远远超出传统的思考范围,例如,未来还需要深入认识语言继承和发展的矛盾,认真处理祖语与当地主流语言的关系,形成文明交流互鉴,实现人类的共同价值。这些都会给祖语传承研究带来更多的话题。

四、结语

海外华语是一种语言文化遗产,是中华语言文化遗产的组成部分,也是当地语言文化遗产的重要组成部分。日渐深入的海外华语研究,从不同层面揭示了这一客观事实。从概念出发到概念梳理,我们看到了华语研究对华语的概念、功能及性质等观察视角的改变,以及从规范到协调,从交际工具到认同工具的认识深化。从语言资源到语言文化遗产,促使我们进一步思考如何让世界认识中国,如何为建构人类命运共同体添砖加瓦。海外华人的文化也是中华文化,海外华语这笔文化遗产应是共享的。目前,世界各地正在形成华语传承的各种群体,这些群体的共同理想与中华民族共同体意识建构密切相关。华语研究应该寻找其核心价值以及这些核心价值的成因。在全球华语与国际中文教育的视域中,应充分认识海外华语的文化内涵对未来语言传承方向的影响,要考虑非核心圈华语的地位与价值,华语研究与华语传承应该无缝对接。

　　总的来说,工具性、资源性和文化遗产性,构成了对海外华语认识的新框架。全面理解华语的性质,发掘、整理、研究海外历时及共时层面的华语文化遗产,对加强海外华侨华人对祖(籍)国的语言文化认同,保持、提升海外华人对作为祖语的华语的学习与传承动力,具有举足轻重的社会价值。而基于作为文化遗产的华语研究,也将会体现出更独特的学术魅力。

参考文献

陈章太,2008,《论语言资源》,《语言文字应用》第 1 期。

刁晏斌,2015,《论全球华语的基础及内涵》,*Global Chinese*(《全球华语》)第 1 期。

方小兵,2017,《多语环境下的母语建构与母语社区规划研究》,中国社会科学出版社。

郭熙,2004,《论"华语"》,《暨南大学华文学院学报》第 3 期。

郭熙,2006,《论华语研究》,《语言文字应用》第 2 期。

郭熙,2009,《华语规划论略》,《语言文字应用》第 3 期。

郭熙,2010,《话说"华语"——答旧金山华文电视台"八方论坛"主持人史东问》,《北华大学学报(社会科学版)》第 1 期。

郭熙,2012,《华语研究录》,商务印书馆。

郭熙,2017,《论祖语与祖语传承》,《语言战略研究》第 3 期。

郭熙,2021,《主持人语:华语与华语传承研究再出发》,《语言战略研究》第 4 期。

郭熙、林瑞欢,2021,《明确"国际中文教育"的内涵和外延》,《中国社会科学报》3 月 16 日。

郭熙、刘慧、李计伟,2020,《论海外华语资源的抢救性整理和保护》,《云南师范大学学报(哲学社会科学版)》第 2 期。

郭熙、王文豪,2018,《论华语研究与华文教育的衔接》,《语言文字应用》第 2 期。

李计伟,2019,《传承语的保守性与东南亚华语特征》,《华文教学与研究》第 3 期。

李宇明,2017,《大华语:全球华人的共同语》,《语言文字应用》第 1 期。

林瑀欢,2021,《海外华语传承研究综述》,《语言战略研究》第 4 期。

聂德宁,2002,《"吧国公堂"档案之〈公案簿〉述略》,《华侨华人历史研究》第 3 期。

秦悦,2013,《加拿大官方双语政策背景下的汉语教育》,《国际汉语教育研究》第 1 期。

邱克威,2014a,《〈叻报〉的词语特点及其词汇学价值管窥》,《语言研究》第 4 期。

邱克威,2014b,《马来西亚"居銮华语"调查研究》,《南洋学报》第 68 期。

邱质朴,1981,《试论语言资源的开发——兼论汉语面向世界问题》,《语言教学与研究》第 3 期。

王文豪,2020,《爪哇华语语法研究》,暨南大学博士学位论文。

王晓梅,2017,《全球华语国外研究综述》,《语言战略研究》第 1 期。

王晓梅,2019,《语言景观视角下的海外华语研究》,《云南师范大学学报(哲学社会科学版)》第 5 期。

邢福义,1990,《文化语言学》,湖北教育出版社。

邢福义,2016,《关注华语词句的文化蕴涵》,《汉语学报》第 1 期。

徐威雄,2013,《马新华语的历史考察》,《马来西亚华人研究学刊》第 15 期。

姚敏,2021,《马来西亚华人社会、华语社区与华语传承》,《语言战略研究》第 4 期。

张普,2007,《论国家语言资源》,《民族语言文字信息技术研究——第十一届全国民族语言文字信息学术研讨会论文集》,中文信息学会。

周庆生,1994,《语言立法在加拿大》,《语文建设》第 4 期。

祝晓宏,2017,《近十年来华语研究的理论探索与应用进展》,《语言学研究》第 1 期。

祝晓宏、周同燕,2017,《全球华语国内研究综述》,《语言战略研究》第 1 期。

Ricento, T., 2005, Problems with the "Language-As-Resource" Discourse in the Promotion of Heritage Languages in the USA. *Journal of Sociolinguistics*, 3.

Ruiz, R., 2010, Reorienting Language-As-Resource. *International Perspectives on Bilingual Education: Policy, Practice, and Controversy*. Information Age Publishing.

南洋华侨的祖语传承：应变与植根[*]

李计伟

一、祖语传承：南洋华侨的必然选择

语言传承并非一个新鲜的话题，对于拥有悠久文明史且极其重视教育及文明教化的中华民族而言，甚至可以说，语言传承是伴随其移居异域必然会出现的一项重要活动。之所以说必然，以南洋华侨言之，原因有二：一是中华民族素来认为"只有民族的血脉和文化的血脉的一致，才能作为'认同'的基础"（葛兆光，2013）；二是寄寓心态与自强心理，南洋移民多因经济窘困、战争、灾害等原因播迁异域，"流寓远方，不忘中土"[①]，奋斗于受西欧文化影响且注重商业的环境中，受各种生活经验暗示，遂有"实业救国""教育自强"之心理。

本文关注晚清至民国时期南洋华侨关于语言传承的意识、理念及其实践活动。首先让我们从一则一百多年前的文献说起：

> 盖其所设义塾，系欲教育我华人子弟起见，虽近日营生觅利以英文为重，然其人既为华籍，则实有不可不识华文。盖华文者，其根本也；西文者，其枝叶也。世有俨然中国衣冠而但知攻乎西学，

　＊　本文原载《云南师范大学学报（哲学社会科学版）》2023年第1期，收录时略有改动。
　①　端方：《筹设暨南学堂片》，见《端忠敏公奏稿》，台北：文海出版社，1973年。

即甚湛深其道,而问以中朝文字,则竟茫然。故其所为,每不免有忘本之端。此无他,徒欲其枝叶繁滋,遂不觉遗其根本耳。不知根本不固,则枝叶安得而荣?(《观直落亚逸中西义塾喜而有说》,《叻报》,1893‑04‑15)

直落亚逸,英语名称为 Telok Ayer,是旧时新加坡的一个海湾,后被填平、消失。上面这一则文献记录了作者看到直落亚逸一家兼教中文、西文的义塾建成时的喜悦之情,内中的话表达了作者对华人子弟的华语传承状况及在传承过程中华文地位的看法。

祖语(heritage language)是双语或多语环境中少数族裔的母语,通常为移民及其子女所使用;这个定义中的"少数"不仅仅是人口统计上的,亦可能是社会政治的(Montrul,2016)。从 20 世纪 70 年代起,因应于全球化时代的移民浪潮,祖语及其习得、教学研究逐渐成为语言研究尤其是语言教育研究的一个热点,进而成为应用语言学的一个重要分支。中国学者对 heritage language 的频繁关注始于 21 世纪的第二个十年。在这一时期内,heritage language 分别有"遗产语言""传承语""继承语""族裔语""祖语"等中文译名出现(郭熙,2017);关于海外华人对本族语言的学习,学界亦开始跳脱其性质到底是母语还是二语之纷争,从"祖语"及其传承的视角来加以重新认识,并且开始从祖语及其习得的角度研究海外华语变体的形成与发展(吴英成、邵洪亮,2014;李计伟、张翠玲,2019;于锦恩,2021)。术语是新鲜的,但移民及其语言问题却由来已久。我们知道,中国有悠久的移民历史,尤其是晚清以来大量中国人远赴南洋谋生,将中国的语言文化带到了南洋,并一直传承至今。在多语、多文化的环境中,南洋华侨对为何、如何传承华语与中华文化有着较为深入的思考;他们在实践中思考,又以思考指导实践,可以说具有相当明确的祖语传承意识与理念。但由于种种原因,我们今天热衷于大肆引进、介绍西方的理论与概念,却忽略了先辈侨民在祖语传承及其教学实践上的朴素认识与艰辛探索。

相较于一般意义上的母语教学和第二语言教学,祖语人[①]与祖语教学最突出的特点就是其因应各种"变"而出现的复杂性。一个人移居异国,成为一个移民者,是一种"变";移民者在家庭中使用祖语,进入社会则不得不使用当地的主导语言,是一种"变";移民家庭的孩子在不同学龄阶段祖语与当地主导语言语言能力的交替,是一种"变";移民之后入不入籍,移民二代是否像父辈那样认同祖语及祖(籍)国文化,亦是一种"变";等等。面对这种种变化,如何在应变中又不遗其根本,就成为祖语传承必须思考并要努力解决的核心课题。

本文将基于华语文献考察南洋华侨的祖语传承意识、理念及其实践,目的有三:一是展示从华语文献梳理祖语传承意识与理念的可行性,深入认识华语传承的发展历史;二是证实南洋华侨关于祖语传承的意识、理念与今祖语传承理论在核心观点上基本一致,从学术史的角度表彰先辈侨民在这一领域的探索之功;三是总结南洋华侨在祖语传承上的成功经验,学史明理,学史增信,以古鉴今。本文文献主要来自《叻报》(1881—1932)、《星报》(1890—1898)、《新国民日报》(1919—1933),这些报纸连续发行时间较长,对南洋社会生活反映充分,其中《叻报》是南洋第一份中文日报。

二、应变:流动触发的重新选择

异国他乡,在新的环境中谋生活,移居者必然要面临各种各样的变

---

① 祖语人,既包括祖语使用者,也包括祖语学习者。

化。语言方面,环境变化带来语言态度、语言选择和语言传承等问题,而移民应对这些问题时的取舍与作为,则在很大程度上决定了语言传承的实际效果。1893 年 12 月 4 日新加坡出版的《星报》上有一篇署名"渔鼓"的《询刍篇》,文中介绍了"叻(新加坡旧称)地"独特的区位优势、发达的商品经济及"五方杂处"的语言文化环境,并重点表达了对叻地华民"习与性移""鲜习华文"的深深担忧。

> 叻为南洋总汇之区,……所惜民风尚陋,民俗难醇,此由去国在六千里外,文教未敷,辟土只七十年余,五方杂处耳。……诚以旅叻之民,如入裸形之国,虽岁序仍宗乎正朔,章服必正于婚丧,无如习与性移。每有迁乔入谷者,一小帽也以偏戴为从宜,一外衣也以披衿为合式,以至食不用箸,慢以为裳,动静云为,已染巫来由俗。且子弟只从西学,鲜习华文,伦常之至行恐未敦,闺阃之贞操尤罕见。

"年深外境犹吾境,日久他乡即故乡。"这是一种无奈,其实也是一种必然。上面的文献就提到了 19 世纪末南洋华民在衣着、语言、习性和伦常等方面的变化,观察相当全面。在"移民与语言"这个话题下,祖语传承是核心问题。对于移民个体或族群而言,祖语传承之所以重要,就在于它要在诸多变化之中尽力维持"我之为我"的某些不变。本文下面将首先重点评述南洋华侨对语言之变、教学之变、认同之变的观察、认识及在某些方面的应变之策。

(一) 语言之变:语言环境与语言能力

移居异域,意味着环境及使用于其中的语言和符号资源的改变,因此,环境改变人,会显诸一语一言之间。语言之变主要表现在语言环境和语言能力两个方面,一般情况下,后者因应于前者,即双语或多语环境决定了移民者的双语或多语能力及不同个体之间巨大的语言能力差异。在对祖语及祖语人的各种界定中,"双语或多语环境"始终是一项最为核心的限定(李计伟,2019)。关于南洋华侨复杂的语言环境,文献多有记载。例如:

(1)新嘉坡,莅赤道之中,于中国为南离文明之地。……一俟经费裕如,即将塾内教习,分聘习漳音、泉音、潮音、广音、客音者各一人,俾各帮子弟得以因类相从,成材倍易。(《劝募华英义塾经费序》,《叻报》,1895-10-25)

(2)兹欲雇用少年店伙一名,其人必须熟悉西药,兼通英文以及谙熟本坡粤东闽潮方言,乃能胜任。(《延伴告白》,《叻报》,1900-09-06)

(3)大英钦命新嘉坡辅政使司,……欲招雇通事一名,每年工资一百八十元,其人须识穆拉油语,其次则谙福建或潮州语,其三则谙广府或客语,方能合用。如其人于考验时能照以上所录诸华语外更多识一种或者兼识英文英语,则每年工资可至二百四十元。(《招雇通事示》,《叻报》,1900-11-10)

(4)大英新嘉坡国家,……欲雇传供兼充书记一名,其人一须能操穆拉油语,二须能操闽语或潮语,三须能操广东语或客语,方为合格。(《新嘉坡国家示谕》,《叻报》,1906-04-04)

(5)本校欲聘普通科教员一位,以能完全国语教授及谙闽粤语者为合格。每周担任教授卅小时,月奉修金七十元,膳费在内。巴生呀岳峇都益智学校。(《聘请教师》,《新国民日报》,1920-01-12)

（6）山口羊培南学校，自倡办以来，科学之完备，教授之得法，早已脍炙人口。此次该校国民班举行毕业式，……由毕业生三人答词，一操英语，一操国语，一操南音，语颇流利，坐座者神为之一动。（《山口羊培南学校举行毕业式的盛况》，《新国民日报》，1923-02-20）

早期南洋为英国、荷兰等国的殖民地，政治、经济和文化有其特殊之处，民族上有华人、印度人、马来人（旧称巫来由人、穆拉油人）和欧洲人等，形形色色。上面几则不同时期的文献，内容涉及华人生活的诸多方面，从中可以看出语言环境的复杂性及对生活于其中之华人的语言能力的要求。从语种来讲，可以分为"华""外"两类："国语"在南洋推广之前，华语主要指方言，如例（3）中有"诸华语"一说，即指前文所说的福建话、潮州语、广府话和客语等，"外"主要是殖民者语言和当地土著人语言，比如英语、荷兰语和马来语等。需要特别指出的是，20 世纪 20 年代之后，受中国国语推行之影响，南洋的新式学堂逐渐由方言教学转向以国语为教学语言，华校对教师与学生国语的要求逐渐普遍，这一点可以从例（5）和例（6）中的"国语"一词窥其一斑，而此举亦奠定了今东南亚通用华语的基础（李计伟，2020）。

在如此多样的语言环境中，因具体生活地区、家庭、教育背景、学习方式、代际等相关因素的不同，不同的华人群体与个体在华语作为祖语的语言能力上表现出了巨大差异。关于这一点，南洋华语文献有充分的描述。例如：

（7）又枌榆望重，桑梓情恭，或来亲谊于一堂，而语言尚多未会，或叙同乡于异域，而论说未能深谙。（《论本坡生长宜习乡

音》,《星报》,1893-06-10)

（8）本坡曾君锦文系闽籍而生长于槟城,饶有才华,敏而好学,其于华英文字无不豁然贯通,……尝于公余之暇,辄取《三国演义》一书,熟读详味,不忍释手,继思生长南洋之华人多有专攻英学而不谙中国文字者,虽有奇文奥义,究未能领略一二。（《声价十倍》,《星报》,1894-04-11）

祖语人的双语或多语能力是不均衡的,并且就大多数祖语人的祖语能力而言,发展最好的语言技能是听,然后是说,最差是写,口语技能强于书面语技能,甚至可能是一种不完全习得（Montrul,2016;Polinsky,2018）。例（7）是一则颇具观察深度与理论蕴含的文献:"或来亲谊于一堂,而语言尚多未会"是说在多语（当然,这里主要指不同的方言）环境中,某人掌握的语种数量不够,多语能力不均衡,不敷应用;"或叙同乡于异域,而论说未能深谙"则是说对于自身母方言掌握的深度不够,仅仅掌握日常生活词语,论说只能浮于浅显。可以说,这一观察,看到了祖语人的一项典型特征。例（8）中的闽籍人曾锦文"于华英文字无不豁然贯通",与"多有专攻英学而不谙中国文字"的其他南洋华人形成对比,个体差异巨大。

（9）然华人来越通商,已数百年之久,与越人通婚,成为惯习,但所生之儿女,不数传,竟变为越人。故经如许岁月,而旧客遗裔,人数极为寥寥,新客时居多数,此其明证也。推原其故,实由我侨界教育未曾及,故不习祖国言语文字之侨童太多,且女子为尤甚。若吾人不及早觉悟,急为整顿,则吾国民移不免同化于人,而为他国所吸收,不殊国未亡而种先灭矣。（《华侨学生谋教育普及之运

动》,《新国民日报》,1919 - 12 - 16)

(10)暹罗六坤埠,我国人侨居其地者,不只万余,成家致富者,颇不乏人。惟衣食住居,以及交际礼节,多颇暹俗,读暹书,说暹话,与土人毫无界别。揆厥原因,皆由未受祖国教育所致。(《六坤有创办华校之提议》,《新国民日报》,1920 - 05 - 27)

(11)韩立中君以国音为爱群爱国之媒介,而不可不多多传习也。观夫荷人之规定,凡生长于荷属地之华侨,即为荷属地之人民,而不复得为华人;换言之,即荷属地之峇峇荷人,皆将视之如土著巫来由也。……但长此以往,原日国内所来之华侨,日益老死减少,而荷人由限制华人入口,渐渐进而禁止华侨入口,各处土生华侨(峇峇)又日夷(升)而为巫来由人。再过数十年,荷属东印度境内,不是将不复再有所谓华侨,而华侨不是不惟亡国,而且已灭种矣乎。吾忧之,吾重忧之。(《巴达维亚南洋荷属华侨之状况》,《新国民日报》,1928 - 01 - 30)

上面 3 则文献分别从通婚、政府强制同化等方面谈论了今越南、泰国、印尼日惹等地华侨未传习祖国语言文字而面临的"灭种"之危险,这同时也是对侨民语言能力差异成因的一个解释。例(10)谈的是暹罗即今泰国的华语传承状况,相较于当时南洋的其他地区,暹罗对华人、华校多有限制,这在早期南洋的报纸上时有报道,比如:"暹罗教育部最近对于华校教员之曾否受暹文问题甚为关心。教部上级长官亲任调查,十分认真。各学校为应付环境起见,多欲物色熟悉暹文之教员,以便调整,或令未识之自当教员资格之人才,劝读暹文,应便应考。至于各被教部查出有教员未考暹文而执教之学校,其甚者即须停课。"(《暹罗华教员考暹文问题》,《新国民日报》,1922 - 06 - 29)"限制华侨学校教授法,使学校教授不得自由,借使华侨子弟不能增智识。"(《暹罗华侨代表赴京请愿之经过》,《新国民日报》,1924－02－21)今泰国、越南、印尼部分地区华人的华语传承远不如新加坡、马来西亚,一个主要原因是曾经的婚俗与语言教育政策。

(12)哖埠马踏地也,廿余年前,野蛮不堪言状,自属荷领土后,文化日开。近复设有巫文学校一所,⋯⋯不料有华人某甲,素称文明,家亦中资,因贪学费之廉,舍华校而入巫校,甘心子女与马踏为伍,非下乔木而入幽谷欤?(《胡为弃华校而入巫校》,《新国民日报》,1919－10－29)

(13)本校自开办以来,各处学生来学者极为踊跃,惟向在英文学校读书学生每欲来学,其英文、算学已至四五号者,尚可合格,独国文一门,较之肄业中国学校者相差极远。(《南洋华侨中学校国文特别补习班招生广告》,《新国民日报》,1919－10－30)

(14)潮人某甲⋯⋯精于英文,尤通法文,惟对于祖国文字,则目不识丁。向在某土库雇工,已十有余年,深得东主(西人)所信仰,故该土库全权无异归诸于甲,而月薪较众伴尤为厚。甲常对人言华文不足以谋生,以表示其境遇之佳者。故甲虽有子女五人,均不知祖国为何物。孰料该土库迩来生理泰半是与华人交接者,其东主见甲不识中文,深以为不便,故欲聘一中西文兼优之书记员以副甲。⋯⋯去月其友遂介绍某乙来肋以应其职,乙年少英俊,深通中文,惟英文不过略知门径而已,到任未几,大得东主欢心,由是职权、薪与甲相等,甚而薄甲厚乙。⋯⋯由是让土库如有用人时,必询能以识中文否为定夺。甲遂悟凡人只精于一国文字者为不足恃,尝窃叹曰:"吾身已矣,不可更误吾子女也。"急遣其子女日往

华校肄业,晚间则自以英文一小时课之云。(《自薄者鉴》,《新国民日报》,1921‐01‐25)

祖语人祖语能力的巨大差异是多种原因造成的,除了语言政策、同化政策等宏观层面,还有诸多个人因素。例(12)谈到"华人某甲"因"贪学费之廉"而让子女"舍华校而入巫校",例(13)介绍了不同学校类型(英文学校和中国学校)之学生在华语能力上"相差极远",而例(14)则通过一个生动的故事,证明了在某些情况下"华文亦可谋生","潮人某甲"最后的转变,亦说明了家长或者家庭在华人子弟华语学习、华语传承中的重要性。

由此可见,在复杂的语言文化环境中,早期南洋华侨看到了影响华人祖语传承效果的各种因素——而这些因素,正是祖语人研究的关键。恰如蒙特鲁(Montrul,2016:179)所言:"研究祖语人的一大挑战就是其语言经历和习得环境的多变性。因此,通过详细地描述祖语人的背景特点来解释其学习效果就至关重要。"

(二) 教学之变:学校类型与教师教法

祖语教育对于移民第二代、第三代儿童及青少年至关重要,关键的困境在于祖语教育何时提供、如何提供。在这个方面,南洋华人做出了可贵的探索。祖语人是一个高度异质的群体。因应于华人不同的华语能力、年龄、学习目的等,在20世纪初期,华校的类型愈发多样。从《新国民日报》(1919—1933)来看,除一般小学、中学和专门的国语学校外,还有"幼稚班""半夜学校""平民夜学""半日中文班""国文特别补习班"等类型。类型多样,民间力量支撑,自发、自治(郭熙,2023),这样的华校办学格局自20世纪20年代已经形成,并且至今依然。例如:

(15)兹拟在本店内设一夜馆,除礼拜晚外,每夜七下半钟至九下钟传授英文、英语。其教习除英文外,亚来由语以及广府、潮州、福建、客音、海南各等土音无不精通,不论何籍之人,均可以各学生自己土音讲解、传授,而要习亚来由语亦可。每月每名取束金三元,有意入学者请到本店报名。(《夜学广告》,《叻报》,1909-04-14)

(16)本坡熊时元君等所创办之五育补习学校,……因其为补习性质,又不限学生之年龄、职业、籍贯,随各人之程度高低,日夜皆可分级教授,且完全用国语,不用方言,故一般青年工人、商店伙友与求上进之学生,均称便利,报名者极为踊跃。(《"又多一学校"续讯》,《新国民日报》,1925-02-26)

(17)(一)校名:千冬墟中华学校;(二)校址:千冬墟;(三)校舍:自建筑的;(四)经费:收入学费三〇〇,月捐七〇,房租一二〇;(五)创办人:余春祥;(六)创办年月:民国元年春;(七)总理财政:总理余春祥,财政陈玉怀;(八)校长:张永麟;(九)教员:唐六平、林柏青、李石金;(十)薪水:平均每人一百廿五盾;(十一)学生:一百七十五人,内女生二十多个;(十二)级数:七;(十三)班数:五;(十四)学费:每生三盾;(十五)备考:此校幼稚生占大半数,一年级以上五级,余二级则幼稚生,故教授杂用马来语。(《巴达维亚华侨学校最近底概况》,《新国民日报》,1928-01-19)

(18)今之航海谋生者,或如亚臣之尽室偕行,或如苏蜀国之娶有胡女,生育孳息,人口日多,持筹握算之余,惟是令肆习西文以便与西人相问答,问以华字而竟茫然,叩以华书,而更昧然。我恐再阅数十百年,势必并华语而亦遗忘,坐令数十万赤子苍生沦为披发左衽,谁司保护之职?……我中华亦宜于各国华人聚集之区,由

星使创立公塾,令华人之凡有子弟者送入塾中。(《论外洋宜公设书院训华人子弟》,《星报》,1891－07－27)

通过例(15),可以知悉不同类型的学校因"应环境之需要"而做出的"变通"。例(16)呈现了当时补习学校办学的灵活性。"千冬墟中华学校"是当时巴达维亚(今雅加达)众多华校之一,例(17)给出了其全面的信息,值得注意的是该校"幼稚生占大半数";当我们今天谈论国际中文教育的低龄化趋势时,我们要明白,对于祖语传承教育,低龄一直是与其相伴的一项重要特征,低龄对于传承是非常重要的。例(18)所出自文献的最后标注"选录申报",这是一个倡议:面对出海谋生潮,可以由政府在外洋公设书院,以培养华人子弟。今天,随着中国综合国力的提升及孔子学院遭遇前所未有的困难,这一建议值得我们认真考虑。

受制于学校类型、学生学习时间及学习目的等,相应地,教师及其教学方法等也应该做出调整。来看下面的几则文献:

(19)一曰变通课程。中邦儿童就傅三数年后即教以习联,其学诗文,其讲解四书,亦必顺其章句先后之次第。其急于科名之计,故不得不尔也。而南洋则不必拘于此,其童子就塾,即宜择章句中有益于人伦日用、□□关于人心风俗者,随时为之浅解,俾散塾而归者,子以告其母,弟以告其兄,优游厌饫,积之日久,将有民日迁善而不自知者矣。(《论南洋生长华人宜如何教养以期利益》,《星报》,1894－05－11)

(20)华校在日间加授英文,……学生之注重英文者,中文必受影响而退步。……既而提议华校加授荷文,以应环境之需要。

……华校教育之远逊于荷华学校者,实因荷文较为适用,吾人不必过于泥守国家主义,亦勿令以回国升学为目标,仅仅加授英文,华校确有加授荷文之必要,深望华校与荷华发生密切关系,荷华宜加授中文,视地方情形而变通办法云。(《日惹〈华侨教育会议续志(二)〉》,《新国民日报》,1925–01–18)

(21)以教育者而论,长于学科者而亏于品行,端于品行者而短于学科,来自祖国者虽通于教育但不悉侨情,侨生南岛者虽悉侨情而不通教育,而且,前者多通汉而不通英,后者多通英而不通汉。因为这种缘故,所以我们要培养出一种国语纯熟、品学兼优、中西并通的师资来,以救吾侨教育上处一偏之弊,而开未来教育之先河。(霹雳和丰兴中学校《本校增办师范科的宣言》,《新国民日报》,1928–01–18)

为应环境之需要,南洋华人宜如何教养以期利益? 例(19)和例(20)给出的一个建议就是"变通课程",要"视地方情形而变通办法"。目的不同,内容不同,方法就不同:在例(19)中,祖籍国的儿童按部就班、循序渐进,目的是科名,而南洋童子不拘于此,可以在中邦儿童所学内容的基础上有所"择"且"浅解"之,今日全球各地诸多华校选用中国基础教育教材但在讲解时有所取舍,其道理、做法是一样的;同时,此亦表明华文教材是不同于母语教材、一般汉语二语教材的一个独特类型。早期南洋书塾、华校的师资多聘自祖国中国,有任期不定、外语不好等不足,如何培养本土师资一直是困扰华文教育发展的一个核心问题——其实,这个问题至今尚未得到很好的解决;例(21)表明,南洋部分华文学校已经意识到了这一点,开始增办师范班,通过自身培养来弥补外来师资的缺点。

（三）认同之变：国家认同与文化认同

祖语学习者和二语者学习语言都需要动机，但两者的区别在于认同。祖语人是祖语社区的一分子，从社区内部来看待语言和文化，而二语者与社区一般没有文化联系，是从外部来看语言和文化的。对于移民者及其后代而言，随着在住在国生活的日久年深，其对国家、族裔身份的情感和态度会产生许多复杂、微妙的变化，这就是今日所谓"流动中的认同"（identities in mobility）关注的话题。流动中的认同，是说认同是一个过程，它是动态的、是通过不断适应调整而逐渐浮现的，它可以也需要进行管理（Zhu，2017）。

在早期南洋文献中，我们可以看到不少变更国籍、渐渐忘却族裔身份、从各个方面融入当地的记录。当然，认同是多元的，国籍的变更、对当地文化的融入并非就意味着祖语人对祖籍国语言与文化的完全放弃。但在祖语人当中，完全变化的例子亦不鲜见。

（22）今南洋诸妇女，多服穆拉油之服，多言穆拉油之言，以此音貌既改，面目全非，再传而后，恐尽为蛮夷之俗矣。（《论南洋生长华人宜如何教养以期利益》，《星报》，1894 - 05 - 11）

（23）叻地华商多有请入英籍者，盖以入于英籍则凡诸事宜可引英例为之保护也。兹闻本月初一日宪报录有准入英籍者计有二人：一曰梁祖权，乃新巨泰号东主，一曰胡星垣，则南生号之股份人。此二商均系粤籍，今蒙制军核准，入于英籍之中，经已发给凭照，准视英商一体均沾利益矣。（《准入英籍》，《叻报》，1895 - 10 - 24）

（24）说者谓吾人旅居缅地，衣食者缅地，婚娶者大都缅人，所生子女与缅妇共有物，自宜与缅人同化，无须受中华教育也。

(《无种族思想》,《新国民日报》,1919－03－12)

（25）唉！我为了自己,也替我的同胞们悲伤起来,试看我们的同胞,在海外侨居了百数十年,说什么到处杨梅一样花,简直完全把伊们可爱的故乡忘掉了,有的还连中国语也都不会说,讲的,食的,穿的……都是马来化。(《可爱的故乡》,《新国民日报》,1927－01－11)

例(22)的一句"再传而后,恐尽为蛮夷之俗矣"尽显传承危机及上一代人之于传承的重要性;例(23)的"准视英商一体均沾利益"凸显了对经济利益的追求在国籍变更中的作用;在早期南洋华语文献中,"准入英籍"的新闻屡见报端,其中多为赞美,但对于"华人巫化"则多为鄙夷之态,这里有对不同文化的价值判断,判断所产生的"价值落差"在很大程度上会影响祖语人的国籍、语言等选择及祖语传承的效果。例(24)"自宜与缅人同化"和例(25)的"到处杨梅一样花"则透露出了华人对于同化的态度从无奈、无法到坦然、心甘。

三、植根:变化中的本源性坚守

对于移民个体或族群,"移"与"易"相伴。变化有程度差异,亦有群体、个体差异。对于祖语传承而言,人们希望通过家庭环境、学校教育,让变化小一点儿,传承多一点儿,所以我们就看到了早期南洋华语文献中对传承的表彰,对变化的担忧。上一节我们看到,变化似乎是无可避免的,如此,对于祖语传承而言,在应变的过程中,考虑维持、培植传承主体的"我之为我"的本源性因素,就显得极其重要。

对于祖语传承中要维护、培植的"本源"到底是什么,南洋侨民有较为明确的认识,那就是中国语言文字与中华文化。语言文字记录文化,承载文化,传递文化。对于祖语传承而言,借由语言文字,才能走进文化,继承文化,传承文化。关于语言文字与文化的根本性,如下两则文献有所说明:

(26)华人自有华风,何必弃其本根远效他人之习俗乎?……君等系为华人,不宜忘本,所最重者系习中国语言文字。迨解华文之后,始可以其余力诵习西书,是谓不忘本源。(《本源休昧》,《叻报》,1897－01－11)

(27)其所谓不顾父兄、忘却本原者,恰是我之子弟,将若之何?故须于未就西塾之先,须教以中国书理,陶淑其性质,牖启其聪明,三纲五常,心已领略,则根本已固,一入西塾,自当胜人一筹,及至成功时,复以中国之典谟使之浸淫浓郁,则中西两学俱明白于胸中,乃为全才,克膺上选。夫取法贵上,又何妨植其始基耶?(《风气趋于西学说》,《叻报》,1897－04－10)

如例(27)所言,教书理,陶性质,中国语言文字与中华文化兼备,对于祖语传承而言,是"取法乎上"之目的能够实现的植根培基之举。但"取法乎上"是很高的目标,大多数时候,受制于诸多变数,祖语传承更要考虑自己的最低目标,也就是如何保存、培育可以让语言文化传承下去的"种子"。

祖语人可以分为祖语使用者和祖语学习者,二者在语言能力上差别巨大。前者类似或接近于母语者,而后者可能是零起点,但有一点他们是共同的,那就是对族群或祖(籍)国文化的认同。郭熙(2015)将"中华民族认同"和"中华文化认同"作为区分祖语教学与对外汉语教学的核心指标。蒙特鲁（Montrul, 2016：19）亦指出：实际上，一些祖语学习者对其祖语一无所知，但他们走进课堂从头学起。这些与第二语言学习者在语言能力上并无区别、不会说祖语的祖语学习者，与其祖语有一种文化上的关联。因此，广义的祖语学习者强调文化和语言遗产之间的关联，即"传承动因"（heritage motivation）。由此可见，文化认同及这种认同的维持、培育在祖语传承中的关键作用。关于这个话题，南洋侨民同样有精彩而深入的论述。例如：

（28）往见冠昏丧祭之礼，有尊中国风俗者，有循巫来由风俗者，亦有不华不夷、亦华亦夷而自成其风俗者。宴饮酬酢之间，有效西国风俗以为乐者，风气之变迁、民俗之趋向见焉。吾不敢谓风俗之不同遽足以定优劣也，然风俗之优劣不可知，而民情之厚薄则宜辨。……华民虽久于斯土，而文字、语言、饮食、衣服、交际仍遵中国之制也。君臣、父子、夫妇、兄弟、朋友，犹知五伦之义也。言忠孝，言仁义，言礼信，言廉耻，犹循中国政教也。入门严闺闼之防，出外知长幼之序，风俗之优，询堪尚矣！（《新嘉坡风俗优劣论》，《星报》，1893-05-09）

（29）且英宪虽有义塾，惟所教悉属西文，似此设施，华文未免偏废。故翁义学则专教华文，既辅西宪之缺憾，且明圣教于海隅，一举数善，其斯之谓欤！今者阇甲居民，男尚文行忠信，女守礼义廉耻，非翁有以倡提，曷克臻此哉。伏愿吾甲有父兄之责者，虽使子弟学西文，必使兼读华书，则风俗幸甚！后生幸甚！（《丰顺义塾记》，《星报》，1894-07-13）

（30）昨晚我碰着一位朋友，就问行馀励志夜学社发达吗？他说自迁移以来，教职员办事既能尽力，学生日多一日了，……专教国语、地理、历史及其他之中文书，以便读英校的学生有补习国学之机会，种一点中国国民性的种子，在他们的脑中，好做将来中国富强的根基啊！（《学务消息》，《新国民日报》，1924－02－27）

上面例（28）、例（29）两则文献，提及了中国传统文化的一些核心要义：五伦之义，忠孝、仁义、礼信和廉耻。当然，这里有其时代局限，但这丝毫不妨碍我们思考华语作为祖语传承的最低或最基本的目标是什么。用例（30）来讲，就是要"种一点中国国民性的种子"，国民性体现在哪里？体现于言行举止"仍遵中国之制"，体现于"风（气）（民）俗"。国民性如何种？最为重要的一点就是如例（28）和例（29）那样，由各方创办不同类型的学校，"虽使子弟学西文，必使兼读华书""以便读英校的学生有补习国学之机会"。上面3则文献，是多数华人未入籍当地之前的论述，所以使用"中国国民性"，在华人入籍之后，那就是华人的"民族性"及华族所体现出来的优秀中华文化价值。关于华人的"民族性"，马来西亚华人作家白蒂结合马华文艺有一段精彩的论述：

就民族性而言，马华文艺一方面是宣扬中华文化的优良传统，爱好和平的基本精神，以及优雅的民族风格与宽大的民族气派，另一方面则应以文艺表现华人维护中华文化的决心，提出自由生存与发展的起码要求。此外，促进中、马、英、印的文化交流尤属重要。（白蒂《从地域性、社会性、民族性、教育性、时代性、历时性看马华文艺的特质》，《蕉风》第22期，1956－09－25）

"凡物本乎天，人本乎祖。尊祖敬宗，木本水源，虽百世以上，犹当溯此身所自来。"①居住地可以改变,国籍可以变更,但标记民族族群身份的文化核心价值不能丢失。陈达在出版于 1938 年的《南洋华侨与闽粤社会》(2017:217)中就曾敏锐地指出南洋华侨教育的目标相较于祖籍国是有改变的,"南洋的华侨学校必须表现民族性的保存与维持"。

上引白蒂的话发表于 1956 年。在 1955 年的万隆会议上,周恩来总理代表中国政府与印尼政府签订《中华人民共和国和印度尼西亚共和国关于双重国籍问题的条约》,宣布不再承认双重国籍,很多南洋侨民入籍当地。1957 年,马来西亚联邦独立,在这样一个时间节点,白蒂的话很有代表性。有趣的是,白蒂曾在《蕉风》第 2 期(1955 - 11 - 25)、第 3 期(1955 - 12 - 10)连载其短篇小说《第二代》,全文近万字,该小说在名称上就直指华语祖语传承的重点问题——代际差异与传承危机。该小说主要讲述了银行买办吴思宗为传承祖国语言文化的良苦用心及一儿一女之间的差异,反映了南洋华侨华人家庭对祖国语言文化的重视,具有重要的史料与研究价值。

四、结语

本文依据晚清至民国时期的部分南洋华语文献,对早期南洋华侨关于祖语传承的相关论述进行了一个简单的学术史梳理。从本文引述的若干则材料来看,南洋华侨对华语作为祖语的传承问题有全面、充分、深刻的观察和描述。

对南洋华侨关于祖语传承的相关论述,我们主要从应变与植根两个方面进行了梳理、解读。应变源于移民的流动,流动带来了语言文化

---

① 见《论南洋生长华人宜如何教养以期利益》,《叻报》,1894 年 5 月 11 日。

环境、语言符号资源的变化,在这样的环境中,移民或被动迫变,或主动求变,祖语的变化与"传之而后"的动因亦由此产生;植根则是变化过程中最核心的坚守,是移民个体或族群维持"我之为我"的本源性坚守。在部分南洋华侨看来,这个本源性坚守就是通过学习中国语言文字来传承中华民族的核心价值与民族性。如何应变?如何植根?南洋华侨非常强调两个重要的影响因素:一个是家庭,一个是学校。

南洋华侨的祖语传承经验,对于现今及将来的华侨华人的祖语传承有诸多启示,在我们看来,主要有如下三点:一是祖语传承不是一个单纯的语言问题,影响因素的多样性、多变性与传承带来的中华文明的播迁、共融,需要我们用更宽广的视野审视其在新时期国际中文教育中的地位与作用;二是华人自有华风,我们要有对中华民族语言文化及风俗习惯的自信,坚持民族身份与中华文明的和谐统一,通过语言的传承实现民族文化、民族风格、民族气派的延续与可持续发展;三是祖语、祖(籍)国将全球华人凝聚为一个共同体,我们要继续发扬中华民族重视教育的优良传统,以家庭为堡垒,以学校为基站,多主体、多方式进行更为有效的祖语传承。

本文呈现的文献是有限的,但从中我们可以看到,今天祖语传承的诸多核心话题,南洋华语文献都已经触及了。今后我们应该加大力量对相关文献进行搜集、整理。这是一笔非常宝贵的精神财富,值得我们研究、继承并发扬。

参考文献

陈达,1938/2017,《南洋华侨与闽粤社会》,商务印书馆。

葛兆光,2013,《中国思想史(第一卷)》,复旦大学出版社。

郭熙,2015,《论汉语教学的三大分野》,《中国语文》第 5 期。

郭熙,2017,《论祖语与祖语研究》,《语言战略研究》第 3 期。

郭熙,2023,《海外华语传承的历史经验与国际中文在地化传播》,《云南师范大学学报(哲学社会科学版)》第 1 期。

李计伟,2019,《〈传承语习得〉述评》,《外语教学与研究》第 2 期。

李计伟,2020,《南洋华侨早期国语推广刍议》,《华文教学与研究》第 2 期。

李计伟、张翠玲,2019,《传承语的保守性与东南亚华语特征》,《华文教学与研究》第 3 期。

吴英成、邵洪亮,2014,《华裔汉语学习者解读:新加坡视角》,《世界汉语教学》第 2 期。

于锦恩,2021,《民国时期汉语国际传播研究》,中国社会科学出版社。

Montrul, Silvina, 2016, *The Acquisition of Heritage Languages*. Cambridge University Press.

Palinsky, Maria, 2018, *Heritage Languages and Their Speakers*. Cambridge University Press.

Zhu, Hua, 2017, New Orientations to Identities in Mobility. In Suresh Canagarajah(ed.), *The Routledge Handbook of Migration and Language*. Routledge.

试论早期南洋华文教材的基本面貌与当代价值[*]

祝晓宏

一、引言

以 1690 年诞生于巴达维亚（今雅加达）的第一所华文学校明成书院为标志，华文教育已有 330 年历史。300 多年来，伴随着华文教育的曲折演进，世界各地曾出现过数以千计的华文教材，它们为华侨华人学习中华语言文化发挥了巨大作用。它们既是中华语言文化海外传播的先驱力量，也是祖语文化传承的重要载体和宝贵资源。然而，作为一笔庞大的遗产资源，历史上的华文教材总数是多少，种类有哪些，编纂理念经历过哪些变化，使用传播范围如何，对于今天的华语文传承有何参考价值等等，这些基本情况，我们并不清楚。

近年来，学界对早期汉语教材的整理研究取得显著成绩；相比之下，对华文教材的"家底"则认识不清。已有的研究偏重共时平面的考察，只有少量成果报告了中华民国成立后新加坡、马来西亚一些华文教材的情况（于锦恩，2014，2015；郑兰珍，2010），对于更早、更大范围华文

　　* 本文是国家社科基金重大项目"境外华语资源数据库建设及应用研究"（19ZDA311）、国家社科基金重点项目"海外华语资源抢救性搜集整理与研究"（19AYY003）、教育部人文社科研究项目"东南亚华语传承口述史数据库建设研究"（19YJC740125）阶段性成果。本文曾在海外华语资源库建设国际研讨会（暨南大学，2019年 4 月 13 日）上宣读。本文原载《语言战略研究》2021 年第 4 期。

教材的研究,则尚未见到。实际上,华文教材不仅历史悠久,而且形态多样,影响甚广。例如,早期南洋私塾和学堂,或使用晚清白话小说《镜花缘》①等,或改用传统蒙学读本"三百千"(郭熙,2007;Wang,2014);民国之后,新马自编出版华文教材蔚然成风;1960年代,华校被迫关闭,各地华人通过华文教材偷偷学习华语,为保留华文火种、复兴华文教育奠定了基础。遗憾的是,当时使用的教材具体面貌如何,大多未见其详。华文教材属于传承语教材范畴,国际上相关研究也并不多见,如张晓兰(Curdt-Christiansen,2008)对部分华文教材的分析说明,它们所传递的传统价值观并不适合华裔学生实现社会化;利曼和马丁内兹(Leeman & Martínez,2007)对比不同时期西班牙语传承语教材,发现其编写理念由身份构建转向了商业价值导向。这些研究都凸显了传承语教材对于传承和发扬族裔文化价值观的重要作用。

本文尝试勾勒早期华文教材的基本面貌,通过介绍两例代表性华文课本,展示、分析早期华文教材的当代价值,并提出对于历史华文教材资源库建设的一些想法。

二、早期南洋华文教材的基本面貌

南洋专指东南亚地区。"这一含义,大约形成于清末而兴盛于民初,至廿世纪下半叶逐渐式微。"(李金生,2006)本文的早期南洋,意在强调针对20世纪上半叶之前的该地区华文教材的考察。

---

① 承蒙郭熙教授告知:马来西亚槟城郭姓汾阳堂图书馆收藏的《镜花缘》,上面印有"星马、沙砂区剑桥考试华文科用书/星加坡华文中学三、四年级必修书,友联书报发行公司经销"等信息。

（一）华文教材的形态

在不同时期，华文教材的形态略有差别。今天的华文教材，一般指华文教科书，包括华文练习册和教辅书。然而早期的华文教材所涵盖的范围要超过现在。

早期南洋华文教育，多以中国经典作为学习范文。如《古文观止》《中华活页文选》等，曾作为 1960 年代马来西亚华文师范培训教材。这些经典文本在南洋影响很大。直到今天，马来西亚不少独立中学仍以此类文选作为中华语言文化传习的蓝本。应该说，中国古代经典读本是早期华文教材非常重要的一种形态。

经典童蒙读物也是早期华文教材的重要部分。"三百千"大约在17 世纪就流播到南洋，成为私塾课本。马来西亚第一所华校、成立于1819 年的槟城五福书院就拿《三字经》作为开蒙课本。后来出于各种需要，蒙学读本出现了各类本地化的版本。例如，1832 年英国人马典娘娘（Sophie Martin）编著的《训女三字经》，19 世纪末新加坡华人邱菽园编写的《浅易千字文》（现已散佚）和《新出千字文》，等等。

早期华文教材还有特殊的一类——学堂乐歌。学堂乐歌是清末民初新式学校里的音乐课所教唱的歌曲，往往都有乐本，需要教和学。传唱学堂乐歌曾风靡一时，当时南洋华校也纷纷响应，创作了难以计数的曲目，其中包括大量传布至今的校歌。这些乐歌多数弘扬中华文化，号召热爱祖国、勉励学生向上，影响了几代华人子弟。周南京（2003）分析了百余年来学堂乐歌对于推动华文教育的重要意义，认为"还有更多的华校校歌尚有待搜集整理"。在马来西亚进行华语传承调查时，我们就看到居銮中华中学的校史馆还珍藏着各时期的校歌。东南亚现有 3000 多所华校（陈祥光，2016），如果每所华校都拥有校歌，其总数可想而知。

随着华文教育的专业化，出现了各科华文学科教材。许多科目教材以华语为媒介语写就。常见的有历史、地理、公民、常识、道德、美术等，还有当时比较时兴的尺牍、珠算、文化等。随着科目的分分合合，有的教材已经退出历史，有的仍然还在使用。

在华文教材阵营里，还有一类华文教学法教材，它们的使用对象是华文各科师资班学生。在东南亚，这类教材一般称之为"师训教材"。例如，1960 年代新加坡教育供应社有限公司印行的《华文教学法》，就注明是新加坡华文小学适用。

（二）华文教材的数量

从上述例举的类型来看，早期华文教材形态多样。正是因为有如此多的样态，华文教材的数量非常庞大，华文教育也才呈现出多姿多彩的面貌。据统计，仅南洋理工大学王赓武图书馆就收录华文教材超过522 套（阮阳、罗必明，2013）。而根据新加坡学者周惟介（2016）的统计，"目前国家图书馆、华裔图书馆与教育部图书馆所藏的本地华文教科书，数量总和不下 3000 册"。根据我们的实地走访，新加坡、马来西亚、印度尼西亚等海外华社机构和私人也有不少华文教材藏书，如马来西亚民众图书馆和南方学院①。

值得注意的是，国内一些涉侨②和文化单位也散布不少早期华文教材，中国第二历史档案馆就藏有大量民国时期供应南洋地区侨校使用的华文教材清册，同时部分还有完整教本及其原稿和修正稿（刘慧宇，陈永正，2005）。所以，只要我们尽力搜求，华文教材总量应该非常可观。

---

①　这是马来西亚槟城著名侨史学学者陈剑虹先生在接受访谈时告诉我们的。
②　例如，中山华侨历史博物馆拥有一批印尼 20 世纪四五十年代的华文教科书。

（三）华文教材的类型

从类型来看,华文教材基本经历了移植型、改编型、本土型的变化。移植型教材是将中国教材径直挪用到南洋各个华文教育机构中。民国之后,南洋殖民地政府认为有些中国小学教科书有政治意味不准进口,有的教材内容不适合南洋学校。自 1932 年后,商务印书馆和中华书局就专为南洋华侨学校编著教科书(陈达,2011)。在移植型教材中,商务印书馆出版的复兴教科书系列最为有名。这套教材一直沿用到 20 世纪 70 年代,在东南亚华文教育史上发挥过重要作用。移植型教材是配合华侨教育的产物。直到今天,海外一些华校仍在坚持使用中国的母语文教材。改编型教材的代表如柬华华文教材(1958—1970),它是华文教育本土化过程中的产物。本土型教材数量众多,例如南洋书局出版发行的"公民""常识"丛书。

早期华文教材的编写理念是一个逐步南洋化的过程(崔贵强,2005)。这种南洋化过程,主要体现在教材的语言要素、文化内容、选材(郭熙,2008)以及编写宗旨、插图等层面。例如,1960 年代新加坡华小教材增加"甘榜风光"、马来民族节日"哈里阿下"等篇目,插图中安排椰树、亚达屋、马来民族服饰等南洋风物。教材名称也从"国文""中文"变为"华文"。可见,当地化不仅是出于环境所需、适应本地学生而对教材进行一些修修补补,还关乎国家语言认同(王兵,2016;周惟介,2019)。

从教材语言来看,早期多是移植型文言或文白混合教材,后来逐渐过渡到本土型的白话教材。而这种教材语言风格的转变,也正好反映了海外华语语言形态的转变。当然,这种转变要稍稍晚于中国。例如,马来西亚和新加坡 20 世纪 60 年代初的华文教材中还存在过多的文言篇目,对此郑良树(1982)做过分析和批评。因此,研究不同时期的教材语言,对于探索华语演变应该是有益的。

(四)华文教材的影响

就使用范围和影响而言,早期南洋华文教材多不限于一时一地使用。例如,柬埔寨 1956 年前使用正中书局出版的教科书,现今仍在一些地区使用。而独立前新加坡和马来西亚通行的华文教材,也会行销印尼、泰国、菲律宾等地。例如,1932 年,中华书局根据马来西亚环境改编的《南洋华侨小学课本》全套,极受新、马、印三地华校青睐,其中的 5 本《修正课程标准适应——新编初小算术课本南洋本》不断再版,"到 1941 年 3 月,则已达 398 版"。上海书局 1955 年为东南亚国家编印不同版本的现代版教科书,其中适合印尼华校的《印华小学教科书》一直发行到 1965 年,"发行量几乎占全印尼总数的百分之九十五"(叶伟征,2005)。

总的来说,我们可以将早期华文教材的基本面貌概括为:数量庞大、类型多样、富有特色、影响深广。这样的面貌也决定了我们研究这批教材的可行性和价值。

以下展示两例不同类型的教材,借此来讨论早期南洋华文教材的当代价值。

三、两个案例:《新出千字文》与《孔教撮要白话》

(一)《新出千字文》

1898 年,南洋著名诗人、文化大家邱菽园为新加坡本地学童编纂出《新出千字文》。这是一本仿照南朝周兴嗣《千字文》改编而成的童蒙课本,也是早期南洋宣传儒家教义的著作,直到 20 世纪 60 年代新加坡还在重新刊印,如《南洋文摘》1960 年第 7 期全文刊出"以供众览"(洪炜堂,1960)。不少研究儒家思想海外传播的论著都高度评价这本教材,认为它在早年南洋华侨社会中影响深远(姚梦桐,1986;汪慕恒,1992;梁元生,1995)。

作者邱菽园(1874—1941),原籍福建漳州海澄,清末光绪年间举人,1895 年到新加坡,之后创办《天南新报》、新加坡华人女校,是南洋早期著名的社会活动家、诗人、报人、华文教育家。邱菽园不仅兴办华文学校,还亲自动手为本地学童编纂识字课本,其《新出千字文》被誉为"新加坡华人编著的第一本教科书"(柯木林,2017)。

《新出千字文》(乐君堂藏版)共 8 章,各章标题依次为:放怀、当镜、治家、忆旧、无邪、知本、交修、多识,文末附有邱菽园自记。各章标题取自古书,如"放怀"取自南朝刘勰《文心雕龙》,这里不再一一细说。8 个标题概括了各章的主题,内容主要涉及亲近自然、生活常识、治家之道、回忆旧物、治国齐家、修身处世等。兹举开头 3 行如下:

天日在高	地水居卑	老翁徐步	幼孩相随
观云坐石	眼看心怡	鸟飞上下	燕子莺儿
青绿草叶	黄苍花枝	凉风广路	马车互追

从这一段材料可以看出,作者是在模仿《千字文》的做法并有所创新。以"天"字开篇,形式上四字一句,平仄相间,偶句尾字押韵(i 韵),读来起伏有致,朗朗上口。在内容上则是描写生活中的常见事物和景象,前后句语义相对,意象铺陈,营造出一种春日欢快的画面感,很能吸引儿童的注意。而这一段材料所使用到的汉字,多是比较简单、常用

的,符合儿童的认知和接受水平。

这种"形式整齐、内容常见、汉字常用"的追求延续到后面各章。为了句尾押韵且不重复,作者多次换韵。在内容上,为了儿童掌握知识且不觉单调,许多常见的生活用品、农具、动植物、水果、蔬菜、乐器等,都被巧妙地融入韵文,即使是回忆旧物和论及齐家治国等抽象事理,作者也极少用典,读来如话家常。"螺蛳壳里做道场",要在千字篇幅内,做到形式整齐、取材广泛、内容熟悉而汉字常用,实属不易。

而这一切,都跟邱菽园"便于童蒙"的创作初衷密不可分。邱菽园在《新出千字文》后记里交代了编纂该书的一些想法,兹录如下:

> 余前著《浅字文》一书,自以为浅矣。有识者告余曰:字之浅深不在画之多少,在乎用之常罕。匸冂勹彐,画非不少也,而无人识,惟罕用故耳。余恍然悟,乃专取目前常用之字,仿编《千字文》一书,以补吾过。为欲便于童蒙,再三降格,冀其肤浅。世有方家定以肤浅之病来相诟余,是又余不得辞也。壬寅初,邱淑园自记。

从这段后记来看,邱菽园编书的理念经过了一个转变:对汉字难易的看法,由笔画的多少改为是否常用。这一认识转变是难能可贵的。在《新出千字文》之前,邱菽园先编过《浅千文》。但是,《浅字文》由于是以笔画多少来选择汉字,所以认识的人很少,影响也很小(汪慕恒,1992)。有鉴于此,《新出千字文》编辑观念为之一变。为了方便儿童识字开蒙,作者反复斟酌用字,希望力求简单浅近,并不怕因此受到方家的批评。

正是因为抱定坚持这样的理念,《新出千字文》表现出如下特色。

一是汉字常用。《千字文》之后,曾经出现过很多千字文补编,海外还发现不少异系千字文。它们多是为了适应时代和环境的变迁,在汉字和内容上做出调整。《新出千字文》是少见的南洋千字文版本。我们可以拿《现代汉语常用字表》与之做一对比,看看其中汉字的常用程度①。比较结果显示,961 个汉字都在字表之内。值得注意的是,溢出字表的"碹"字,至今活跃在东南亚华人社会,许多售卖钻石的金器店招牌上书"碹器"或"金碹行",成为东南亚华社一道独特的语言景观。而作为宝石义项的"碹"在中国大陆已是"死字",它曾通行于清末,而后沉寂,各种字典也不再收录该义项(徐新伟,2017)。"碹"字一例,说明《新出千字文》所收常用字是经得起时代考验的,而域内外汉字使用有别的事实,也说明我们需要基于海外华语实态研制一个《海外华语常用字表》。

二是取材广泛。当时生活中常见物品如:木舟、铁箱、胡椒、枣、糖、碟、刀、箸、叉子等,都入韵文;生活常识如象赖鼻吸、丹桂秋发、油煎鸡蛋、醋浸紫姜、柑皮止嗽等,读来亲切;修身处世如避邪趋正、妄谈被怨、奢侈太滥、富贵易凋等,发人警醒。教材中还收入了一些当时先进的西方文明器物和本地事物,例如汽舰、电报、椰浆、薯粥等,并巧妙地传达其用途。所以,该书除了让学童识字,还利用常用字,由字到句,由句成篇,融汇当地化、现代化的生活常识和传统的修身处世之道。

三是形式整齐。文本中的语句,节奏押韵,朗朗上口。再看一段:

鹦歌学语　舌尖甚灵　唤吾弟妹　共吃莫争
岂必斗骂　各与均平　百粒圆样　分半盘承

---

① 《新出千字文》出现连绵词"珊瑚"。"珊"和"瑚"这两个字并不算常用。《现代汉语常用字表》只收录"珊",而没有"瑚",这可能是因为"珊"是人名常用字。

通过上述分析，可以看出《新出千字文》的价值。它开启了探索学前华文教材编写的序幕，其常用字的理念于今仍然有用。周有光（2001）曾提议研究采用 1000 个字种编写《基础华文词典》和《华夏文化全书》，以帮助侨胞学习华语和华夏文化。李宇明（2016）也论述过要研究采用 500 字种、800 字种，来传播当代中国社会文化。

《新出千字文》不仅是识字课本，也是一本文化教材，当中蕴含着优秀的中华传统价值观。例如其中吟诵的"切勿害人，仁义悬镜""唤吾弟妹，共吃莫争"等语句，用朴素的文字传递出"仁义待人、爱幼敦睦"等义理。而"忠厚勤俭，贻世清标""奢侈太滥，富贵易凋"所提倡的勤俭有度的理念，具有普世价值，值得传扬光大。

（二）《孔教撮要白话》

《孔教撮要白话》是第一本白话文的南洋华人学习中华儒家义理的教材（梁元生，1995）。作者张克诚（1865—1922），广东大埔人，1885 年中举，1890 年下南洋，寄寓于马来西亚吉隆坡，常在新加坡《天南新报》发表尊孔崇儒的言论。他致力于改编儒家经典，采择群经，将其精华编纂成书。张克诚先是编成《孔教撮要篇》。1900—1901 年，他进一步用白话将《孔教撮要篇》改写成《孔教撮要白话》①，务求识字的人都能明白儒家要义。因为书中的文辞极其简明，"妇孺皆能读懂"，《孔教撮要白话》在早期新马华社广为流传。

从教材形态上来看，《孔教撮要白话》是一部传播儒家经义的文化教材。其类型当属改编教材，改编是从内容和语言形式两方面着手的。

---

① 《孔教撮要白话》初在《天南新报》连载。报纸主编的按语是："张广文（克诚）所著《孔教撮要篇》，皆取经义，恐未易人人通晓，故复将《孔教撮要篇》逐条逐节，演为白话，欲使识字之人，一见便知。转相传述，妇孺皆能通晓。其苦心孤诣，诚可嘉矣！"（参看梁元生，1995）

　　首先，儒家经典卷帙浩繁，精义高深，张克诚"取吾人必知必行之事，编次焉以备讲论"。《白话》共5卷，含孔教源流、五常（即父义、母慈、兄友、弟恭、子孝）、大学八条目（格物、致知、诚心、正意、修身、齐家、治国、平天下）、周公六典，所传达的义理广博而精深。张克诚总能采用常人熟悉的事物加以诠释和发挥，且时时站在民众的角度来传播儒家义理，沟通古今。例如，在行文中常见这样的句子："大众试想想""大众试想"等。

　　其次，对儒家经典，张克诚竭力采用当时的白话加以解释。表现在行文上，就是追求口语化表达，特别是大量语气词"呢"的使用，读来如话家常。例如：对于《论语》中的"子曰：爱之能勿劳乎"，张克诚的演绎是："爱之深，所以虑之至，所以不得不勤劳其子呢！这勤劳其子的，实在是父母一片养子之心呢！"对于《列女传》中孟母说的话，张克诚翻译成："此地真好极，可以令我子居处呢！汝废了所学，譬如我断了织机呢！"

　　可以看出，《孔教撮要白话》语言风格总体上还是半文不白，反映了晚清白话和早期南洋华语的样态。试看几段原文：

　　（1）圣人之教，有五件事是人人共有的、人人要行的。<u>其</u>第一件事，曰父亲有亲。

　　（2）以上所说，都是顺亲的，都是不忍陷其亲于不义的，义就是理。有条不紊叫做理，做事妥当叫做义。把本有的理，做出的义，编定一个章程，<u>使</u>到人人可遵行的叫做礼。

　　（3）文王恪守臣职，以为天下本是殷圣的，只因我为臣的不能陈善闭邪，<u>害</u>到大王这么样，以罪而论，这个为臣的应该处死了。殊不知这儿子刻薄工夫已<u>做</u>到十分到家，就把这手段先用到父母兄弟之间了,一切讲孝讲友的话头都不管,只顾利己,<u>害到</u>父母兄弟没有饭食,没有衣穿亦不管。大众试想想:这个儿子亦算是能遵父训,能勤俭持家的,<u>弄到</u>儿子这么样,到底是不是?

上例(1)中的代词"其"回指前一句的"五件事",这个"其"在现代汉语中是不用的。以往的材料分析说明,"其"作为一个回指成分,在马来西亚华语书面语中使用频繁,句法位置多元,"其"的源头则是文言(祝晓宏,2016a)。从例(1)来看,我们可以将马来西亚华语的这个"其"的用法下推到清末近代华语。

例(2)的"使到"即是普通话的"使得",这个词广泛存在于新加坡、马来西亚、印尼华语当中。例(3)的"害到""做到""弄到"对应普通话的"害得""做得""弄得",在东南亚华语中也很普遍。现有研究表明,动词加状态补语,中间的联结词使用"到"是新加坡华语的特色。但是补语标记"到"的来源尚难考证(陆俭明,2002;祝晓宏,2016b)。从上述例子可知,当代东南亚特色华语语法项目,不少在早期南洋华语教材中都能找到源头。因此,早期华文教材不仅对于华文教育研究有更宏大的意义,对于海外华语的形成与演变研究,也具有很好的参考价值。

四、早期南洋华文教材的当代价值

南洋儒士邱淑园和张克诚在改编童蒙教材方面所做的尝试,为传播中华文化做出了独特而重大的贡献(李元瑾,2001;陈荣照,2016)。他们所编的《新出千字文》和《孔教撮要白话》,或将经典内容与现实联系起来,或力求简易、在语言上采取白话,其普及化和本土化的做法影响直至20世纪80年代,为儒家文化的海外传承从移植模式向认同模式转变奠定了基础(梁元生,1990)。可以说,这两套教材共同记录了100多年前华人杰出学者对于中华语言文化传承与传播的探索和努力,此后,各个地区不断推出各种样式的华文教材。这些教材对于实现华文教育的目标、守护华文教育的底色贡献卓著。现在来看,这些教材仍然可圈可点,其当代价值是多方面的。

一是为编写华语生的祖语教材提供理念参照。祖语研究领域已经形成共识,外语教材或者按照二语习得理论编写出的所谓传承语教材,通常是不适合祖语生的(Campbell & Rosenthal,2000)。我们应该清醒地认识到:华文教育需要逐步建设符合自身特色和需要的教材体系。祖语生和外语生有着不同的语言基底,在学习目标上也有不同的需求。海外华人普遍渴求中华文化,这种渴求会随着华人新移民的增多和中国实力的增强而愈发高涨,要编出真正适合海外华裔生的祖语教材,中华传统经典是无法回避的素材,特别是传统蒙学读物蕴含的优质资源值得深挖再造(王汉卫、刘海娜,2010)。《新出千字文》《孔教撮要白话》这些教材,开启了中华传统文化经典再造的先河,它们的成功经验应作为当代华语传承语教材编写的参考。历史不会蕴藏答案,但是可以给我们一些有益的启示。

二是为重构华语变化史、华语生活史、华文教材演变史提供证据。近几年来,不少学者认识到海外华语与早期国语的渊源关系,提出要重视华语史的研究(李宇明,2017;刁晏斌,2017;赵世举,2017)。早期东南亚华文教材,保留了很多早期国语演变及其域外变异的情况。某个时间段的华文教材既反映了当时的语言面貌,还体现了当时的语言教育政策、意识形态乃至时代风貌(周惟介,2016),而不同时段的华文教材的兴衰更替则体现了华文教材的演变历史。因此,对于构建华语史、华语生活史、华文教材演变史,早期南洋华文教材无疑是上好的素材。

　　三是成为海外华语资源库的重要部分。随着语言资源理念的普及、海外华语资源的开发和建设问题逐渐引起重视（刘华、郭熙，2012；郭熙、刘慧、李计伟，2020）。海外华语资源是指以华语为载体的语言资源，它既包括世界各地的华语，也包括使用、学习华语产生的各类言语作品。作为有形的历史文献，早期华文教材无疑属于海外华语资源中非常重要的一类。其重要性在于，早期华文教材不仅体现和记录了历史上的华语状况，也是学习、传承华语的典范文本。从语言规划的意义上来说，早期华文教材对筑就"大华语"的根基、形成中华语言文化多元一体格局，起到了不可替代的作用。

五、结语

　　本文从形态、类型、数量和影响等方面，概述了早期南洋华文教材的基本面貌，以两部教材《新出千字文》和《孔教撮要白话》为个案，展示、总结了它们的当代价值。我们认为，早期华文教材既是中华语言文化海外传播的先驱力量，也是中华语言文化传承的重要载体。在华文教育筚路蓝缕直至复苏振兴的长时间段内，这些华文教材曾滋养过一代又一代的学生，在华文教育遭受震荡挫折的时期，它们同样为保持华语的种子做出过贡献。作为一种语言保持行动，传承语教育普遍面临着可持续发展的问题，它依赖政策、机构、项目、家庭、教师等"资源"（Ross et al.，2018）。事实证明，在缺乏这些资源的情况下，华文教材仍然可为华文教育的可持续发展托底，成为祖语文化传承的特殊资源。这样一笔丰厚的历史遗产，要重现光芒，成为新时代华语传承事业的源头活水，当然离不开我们的认真整理和研究。

　　华文教育隶属汉语国际教育范畴，亟须从历史情况出发，研究不同国家和地区华文教育的重要人物、著作和教材(张西平,2008)。在进行海外华语传承口述史调查的过程中,我们深切地感受到了情势的迫切性:海外很多华语传承的关键人物都已进入暮年,随时都有可能离开我们,而一些珍贵的华文教材已经流失或正在折损。发掘、整理历时华文教材并建成资源库(首先是电子化)便具有抢救性的意味,需要纳入海外华语资源库建设工程统筹考虑。

基于早期华文教材资源库,我们可以开展系统的华文教材史研究,围绕历时华文教材的"编纂理念、使用传播、语言状况、身份认同"等相关专题研究也就会更加便捷和充分。届时,我们对早期华文教材价值的认识就会更加深入和全面,华语传承史乃至汉语国际传播史研究也将会有更为厚重的基础。

参考文献

陈达,2011,《南洋华侨与闽粤社会》,商务印书馆。

陈祥光,2016,《东南亚国家华文教育特点分析与支持方法探讨》,《教育教学论坛》第 6 期。

崔贵强,2005,《从"中国化"走向"马来亚化"——新加坡华文教科书的嬗变(1946—1965)》,见叶钟玲、黄佟葆编《新马印华校教科书发展回顾》,新加坡华裔馆。

刁晏斌,2017,《全球华语的历时研究与"全球华语史"》,《语言战略研究》第4 期。

郭熙,2007,《华文教学概论》,商务印书馆。

郭熙,2008,《关于华文教学当地化的若干问题》,《世界汉语教学》第 2 期。

郭熙、刘慧、李计伟,2020,《论海外华语资源的抢救性整理和保护》,《云南师范大学学报(哲学社会科学版)》第 2 期。

洪炜堂,1960,《邱菽园著的千字文》,《南洋文摘》第 7 期。

柯木林,2017,《新加坡华人通史》,福建人民出版社。

李金生,2006,《一个南洋,各自界说:"南洋"概念的历史演变》,《亚洲文化》第 30 辑。

李宇明,2016,《当代中国:汉语国际教育必须重视的事体》,《世界华文教育》第 1 期。

李宇明,2017,《大华语:全球华人的共同语》,《语言文字应用》第 1 期。

李宇明、施春宏,2017,《汉语国际教育"当地化"的若干思考》,《中国语文》第 2 期。

李元瑾,2001,《东西文化的撞击与新华知识分子的三种回应》,新加坡国立大学中文系、八方文化企业公司。

梁元生,1990,《新加坡儒家思想教育的三种模式》,《华侨华人历史研究》第 3 期。

梁元生,1995,《宣尼浮海到南洲:儒家思想与早期新加坡华人社会史料汇编》,香港中文大学出版社。

刘华、郭熙,2012,《海外华语语言生活状况调查及华语多媒体语言资源库建设》,《语言文字应用》第 4 期。

刘慧宇、陈永正,2005,《中国第二历史档案馆所藏国民政府时期有关华侨中小学教科书的部分档案资料简介》,见叶钟玲、黄佟葆编《新马印华校教科书发展回顾》,新加坡华裔馆。

陆俭明,2002,《新加坡华语语法的特点》,《新加坡华语词汇与语法》,新加坡玲子传媒私人有限公司。

阮阳、罗必明,2013,《南洋理工大学王赓武图书馆早期课本特藏的建立、保存和推广应用》,第二届中美高校图书馆合作发展论坛,http://www.chinal-ibs.net/Upload/Pusfile/2013/8/23/1807659806.pdf,2013 年 7 月 16 日下载。

盛继艳,2019,《从海外华语学习者的低龄化看华语研究》,《华文教学与研究》第 2 期。

汪慕恒,1992,《邱菽园编印〈新出千字文〉》,见中国人民政治协商会议福建
　　省漳州市委员会会文史资料委员会编《漳州文史资料》第 17 辑。

王兵,2016,《从国文、中文到华文:新加坡中学华文教科书的本土化建构》,
　　《文艺理论研究》第 6 期。

王汉卫、刘海娜,2010,《从〈弟子规〉的改编看蒙学读物的华文教学价值》,
　　《华文教学与研究》第 4 期。

徐新伟,2017,《"钻石"与"碹石"的名物之争》,《语言研究》第 3 期。

姚梦桐,1986,《邱菽园编〈新出千字文〉——现存新加坡最早的启蒙读本》,
　　《亚洲文化》第 8 辑。

叶伟征,2005,《新加坡、马来西亚和印尼华校教科书出版概况》,见叶钟铃、
　　黄佟葆编《新马华校教科书发展回顾》,新加坡华裔馆。

于锦恩,2014,《民国时期华文教育本土化探析》,《华侨华人历史研究》第
　　3 期。

于锦恩,2015,《民国时期东南亚人士编写的国语(华语)教材研究》,《华文教
　　学与研究》第 4 期。

张西平,2008,《世界汉语教育史的研究对象与研究方法》,《世界汉语教学》
　　第 1 期。

赵世举,2017,《华语的历时流变和共时格局及整体华语观》,《文化软实力研
　　究》第 6 期。

郑兰珍,2010,《马来西亚独立前华文小学华文教科书的出版与其思想内
　　涵》,《马来西亚华人研究学刊》2010 年第 13 期。

郑良树,1982,《星马华文课本革新建议》,《十年传灯》,吉隆坡益新印务
　　公司。

周南京,2003,《海外学堂乐歌的产生及其历史作用》,《华侨华人历史研究》
　　第 3 期。

周惟介,2016,《华校教科书百年沧桑》,《怡和世纪》(新加坡)总第 29 期。

周惟介,2019,《从国文国语到华语华文的转折路》,《怡和世纪》(新加坡)总

第 39 期。

周有光,2001,《21 世纪的华语和华文》,《群言》第 10 期。

祝晓宏,2016a,《试论马来西亚华语篇章回指成分》,《南方语言学》第 12 辑。

祝晓宏,2016b,《新加坡华语语法变异研究》,世界图书出版公司。

Campbell, Russel. & Rosenthal, Judith. W., 2000, Heritage languages. In J. W. Rosenthal (ed.) , *Handbook of Undergraduate Second Language Education.* Lawrence Erlbaum Associates.

Curdt-Christiansen, X. L., 2008, Reading the World through Words: Cultural Themes in Heritage Chinese Language Textbooks. *Language and Education,* 22(2) .

Leeman, J., & Martínez, G., 2007, From Identity to Commodity: Ideologies of Spanish in Heritage Language Textbooks. *Critical Inquiry in Language Studies,* 4(1) .

Ross, J., Jaumont, F., Schulz, J., Dunn, J., & Ducrey, L., 2018, Sustainability of French Heritage Language Education in the United States. In P. P. Trifonas, & T. Aravossitas (eds.) , *Handbook of Research and Practice in Heritage Language Education. Springer International Handbooks of Education.* Springer International Publishing.

Wang, Xiaomei, 2014, Chinese Education in Malaysia: Past and Present, Curdt-Christiansen & Hancock(eds.) . *Learning Chinese in Diasporic Communities: Many Pathways to Being Chinese.* John Benjamins Publishing Company.

新马华语史的一个断面[*]

——以《蕉风》(1955—1970)为语料的考察

李计伟　刘燕婧

一、引言

20世纪80年代以来,尤其是进入21世纪之后,以东南亚及中国港澳台华语为重点研究对象的全球华语研究在方法、观念、理论等方面均取得了较大进展,建立"全球华语学"(刁晏斌,2017a)与"全球华语史"(刁晏斌,2017b)的相关学术条件已经具备,并且有其必要性与迫切性。

本文截取新加坡、马来西亚(以下简称"新、马")华语史的一个断面,以1955—1970年间出版的华文文学刊物《蕉风》为语料,尽可能详细地描写该时段的华语面貌,同时以这一时期的部分"断代特征"为基点,"上勾下连",并将部分特征与同期相对应的现代汉语进行横向对比,考察今日新、马华语之典型特征自晚清以来的来源、发展及变化,为"全球华语史"的研究提供一个具体的案例,并从多方面展现华语史研究的价值。

《蕉风》杂志于1955年在新加坡创刊,定位是"纯马来亚化文艺刊物"。1965年新加坡独立后,从新加坡搬往马来西亚吉隆坡;1999年因

---

 *　本文原载 Global Chinese(《全球华语》)2021年第2期。

为经济原因休刊,2002 年复刊,并转由马华文学馆承办。该杂志创刊时为半月刊,至 1958 年 11 月(第 73 期)改为月刊,2002 年复刊后成为年刊。刊登作品的体裁主要包括小说、散文、诗歌、戏剧,以及文学评论等。本文写作所依据的是《蕉风》前 210 期(1955—1970)。之所以选择这样一个时期,是因为 1949 年新中国成立,1957 年马来亚联合邦独立,1965 年新加坡退出马来西亚而独立,这是现代汉语与新、马华语各自独立发展的一个非常重要的阶段;对这一阶段华语特征的考察,不仅有利于加深我们对新、马华语特征及其来源的认识,而且为我们审视 20 世纪 50 年代以后现代汉语的变化提供了一个观察视角。

下面我们将从词类、句法结构两个角度描写 1955—1970 年间新、马华语书面语的一些典型特征;对于部分特征,一方面进行华语史的勾勒,一方面与同时期的现代汉语进行横向对比。

二、词类

词类部分主要描写名词、动词、形容词、量词、副词、介词等。需要特别说明的是,限于篇幅,本文不再给出这些词语在当下新、马华语中的用例,具体例证可参见李计伟(2014;2015)、祝晓宏(2016)和郭熙(2021)等。

(一) 名词

《蕉风》中频繁出现且今新、马华语依然使用的特色名词,从来源类别上讲,有如下四类:(a)外来词、(b)传承词、(c)方言词、(d)社区词。

(a)外来词,主要是来自马来语、英语等语言的音译与音译加类名类词语。《蕉风》中常见的外来词有:巴列、巴刹、巴士、芭、峇峇、峇拉煎、班敦、甘榜、甲必丹、咖啡乌、礼申、摩多、拿督、娘惹、沙爹、纱笼、山芭、山芭佬、苏丹、亚答等。例如：

(1)天天下雨，"巴列"都淹满了。(《天水》，第 9 期，1956 - 03 - 10)

(2)课室内，吱吱喳喳地像个小巴刹。(《马校长》，第 59 期，1958 - 04 - 10)

(3)这一支芭好多年没有野象出现，以后恐怕有点麻烦。(《山野底孩子》，第 7 期，1956 - 02 - 10)

(4)有汽车洋房的好丈夫，不要嫁到山芭里去割树胶。(《回家》，第 13 期，1956 - 06 - 10)

(5)终年衣服朴素，不修篇幅，活像一个土头土脑的山芭佬。(《可敬的文化勇士》，第 8 期，1956 - 02 - 25)

(6)里面有老爸爸的自述，也有初来新客的观感。(《蕉窗闲话》，第 21 期，1956 - 09 - 10)

(7)于是提起放在案头的热水壶，倒出了一杯"咖啡乌"在饮着。(《教师节》，第 3 期，1955 - 12 - 10)

(8)这些日子来，他一直没办法取得一张卖生果的礼申，因此他常被马打以"无礼申"和"阻挡交通"的罪名抓了去，坐几天监或判罚款。(《山猪精》，第 10 期，1956 - 03 - 25)

(9)先生，请你放手吧！哦，拿督，你做做好心吧！放手吧！(《悲沉的子夜》，第 31 期，1957 - 02 - 10)

(10)是一个着纱笼的娘惹，说是从很远的甘榜来的。(《甘榜之恋》，第 8 期，1956 - 02 - 25)

(11)老亚稽笑了，拍拍我的肩膀说："今晚烤沙爹吃！"(《守

夜》,第 77 期,1956－03)

（12）你看马来亚人的<u>纱笼</u>、<u>亚答屋</u>、<u>拖鞋</u>;单调的棕榈和椰树,临风摇曳着。(《沙漠的边缘》,第 1 期,1955－11－10)

有些外来词在新、马华语史的不同时期有不同的译名形式;今新、马华语常用的译名,在《蕉风》中均已出现并较为常用,例如"巴仙""德士""羔杯""榴梿""罗厘":

（13）本坡实得力火烛保险有限公司之董事以及司理人等,于十七日在其写字楼会议分息以及花红之事,计一千八百八十八年所分之息,则共二<u>八仙</u>二五而已,至一千八百八十九年则分至四<u>八仙</u>七五之谱。(《实得力公司分息报章》,《叻报》,1890－03－10)

（14）未几,复察工人有入不敷出之虞,更为厘定每人每元增给十<u>巴仙</u>,并声明如汇水平复时,即将十巴仙作废云云,闻者多叹为义举者矣。(《某西人印字馆增加工值之可风》,《新国民日报》,1919－12－01)

例（13）中的"八仙",其实在更早的华语文献《公案簿》中已有使用。据《公案簿》(第九辑)注释,"八仙"是荷兰语 percent、马来语 persen 的音译,即"百分比"之义;今东南亚华语常用的"巴仙",20 世纪初期已广为通行,如例（14）。

（15）有的是私家汽车夫,有的是驾驶"<u>德士</u>"的,有的是洋行的啰哩车夫。(《马来人的婚俗》,第 6 期,1956－01－25)

（16）从大坡大马路到芽笼,以至于裕切律,"<u>的士</u>"需费五毛,

而"巴士"不过二毛至二毛半,便宜了五十巴仙。(《行在狮城》,第1期,1955-11-10)

(17)花了差不多二十分钟,才得到了准字。又跑到自卫团部打过招呼,又去请村子的特士司机王顺和,同他去矿场走一遭。(《暴风雨》,第17期,1956-07-10)

(18)等我走过去要和她说话时,她已经同一个青年男子坐上"特示"开走了。(《悔》,第6期,1956-01-25)

Taxi,在《蕉风》中,分别有"德士""的士""特士""特示"等不同译名,今新、马华语通行"德士"。

(19)马来人喊道:"拿七杯羔杯乌来!"(《十八溪墘》,第7期,1956-02-10)

(20)椰干计价一百三十五万元,羔丕计价一百二十万元。(《西去年本坡出入口货价报章》,《叻报》,1891-06-03)

coffee音译为"羔丕""羔杯",在华语历史上常见,《蕉风》中亦常见"咖啡",今通行"羔呸""咖啡"。

(21)粤人姚某,窃盗之徒也,于十二夜赴至长泰街口,见有闽人张某贩卖榴连,不觉垂涎顿起而不名一钱,以故复演偷儿手段,暗于人丛争购之中,遂染其指,窃得榴莲一枚,奋足奔去。(《盗果被禁》,《叻报》,1887-12-31)

(22)你说榴梿是奇臭的水果吗?但经过数次的尝试,你会承认是鲜美无比,有益健康的佳果。(《沙漠的边缘》,第1期,1955-

11 - 10)

"榴连""榴莲"在早期南洋华语中常用,而在 20 世纪中期以后至今,通行"榴梿",如例(22)。

　　(23)十一点半,棺材已经抬上了罗厘车,文文寿板店的材罩已经装置完毕,一群"棺材老鼠"站在门口和丧家主理人争吵着要红包。(《牛车水交响曲》,第 12 期,1956 - 04 - 25)

　　(24)到了十七岁,他跟了一架啰厘做跟车尾。(《十八溪墘》,第 7 期,1956 - 02 - 10)

　　(25)他们看到成堆的学生,坐在一辆罗哩车上,唱着歌儿,兴高采烈地过市。(《旅行的生机》,第 4 期,1955 - 12 - 25)

　　(26)很多行人,很多汽车、啰哩车、摩托车都经常从巴士车展经过,因为它是设在公路旁边,随时随地都可看到的。(《巴士车站》,第 75 期,1959 - 01)

上面几例中的"罗厘""啰厘""罗哩""啰哩"均为英语 lorry 的音译译名,今通行"罗厘"。

有时,马来语单词可直接进入华语的书面表达,形成语码夹杂现象。如例(27):

　　(27)那个 Pawang 只穿了一条 Sarong,赤裸着上身,……忽然之间,他伸出了一只右手向人要一把 Parang 刀,在观众当中,有一个马来人将一把 Parang 刀给了他。(《马来人的魔术》,第 3 期,1955 - 12 - 10)

(28)其他三人又各带了一柄**巴朗刀**,还带了一些渔网钓竿等。(《勇士汉都亚的童年》,第 3 期,1955 - 12 - 10)

(29)有些采椰的人攀登树顶,用"**巴冷**"刀把成熟的椰子割下。(《种椰子》,第 18 期,1956 - 07 - 25)

在例(27)中,马来语 Pawang,有时候译为"霸王",指专捉鳄鱼的巫师;Sarong 就是例(10)的"纱笼";Parang 刀就是例(28)的"巴朗刀"和例(29)的"巴冷刀";今通行"巴冷刀",是一个音译加类名的译名。

(b)传承词,指源自近代及早期现代汉语、但在今天的普通话中已经消亡(包括词位消失、义位消失与搭配变化)却依然使用于华语的词语,这类特色词主要有:当儿、级任、颈项、课题、学额、质素、住家等。

(30)正在这**当儿**,母亲怕我受凉,唤我回去。(《池塘》,第 85 期,1959 - 11)

(31)今天是我的**级任**老师生日,她留我在她家里帮忙。(《堕落的妹妹》,第 17 期,1956 - 07 - 10)

(32)事实上他的**颈项**太肥,转动的角度有限。(《大肚国王与千里香》,第 9 期,1956 - 03 - 10)

(33)一块在染缸里上了颜色的布,再拿出放进另一种颜色的染缸,染来染去,旧色总不易褪尽的,要漂白又怕这块布快烂了。这是槟生的父亲眼前最感尴尬的**课题**。(《小阿飞的怀恋》,第 20 期,1956 - 08 - 25)

(34)我亲眼看见几个家长携带他们的儿女来报名,无如**学额**早已告满,无法收容。(《马来亚去来》,第 11 期,1956 - 04 - 10)

(35)人文学科并没有宣称要改变我们的生活条件,它们宣称要使我们既有的生活<u>质素</u>提高。而所谓更深的危机,就是我们已开始怀疑提高生活<u>质素</u>的说法的真实性。(《文学教育的危机》,第 201 期,1969 - 07)

(36)商店紧闭大门,<u>住家</u>都从后门出入。(《在苦难中》,第 201 期,1969 - 07)

(c)方言词,指源自闽、粤等汉语南方方言的词语,如:<u>厝</u>、豪雨、利是、生果、手尾、头家等。

(37)姑妈带她去加东意见吃风<u>厝</u>做妹仔——洗衣服,看孩子,扫地。(《回家》,第 13 期,1956 - 05 - 10)

(38)这正是新加坡的雨季,连着下了几天的<u>豪雨</u>,河水泛滥起来。(《十八溪墘》,第 7 期,1956 - 02 - 10)

(39)男人打发走了,但还有"<u>手尾</u>",两千块的债是要还的。(《头家的奇遇》,第 193 期,1968 - 11)

(40)打从去年,当管班的吴友被崩土压伤,不能再做工之后,<u>头家</u>便把他升为管班。(《暴风雨》,第 16 期,1956 - 06 - 25)

(d)社区词,指华人在独特的社会环境中创造的社会区域词。这类词如:拜六、脚车/脚踏车、冷气、终站、准字等。

(41)除了<u>拜六</u>晚上,其他的日子很难看到人们上这间旅馆过夜。(《蓝色的房间》,第 186 期,1968 - 04)

(42)因此,<u>脚车</u>就变成主要的运输工具,用脚车载货,每日可多得十多元。这笔工钱使到邓金生感觉满意。(《转筒》,第 31

期,1957－02)

(43)不久,果子变成钞票,衣食可告无忧,也有余钱下坡娱乐,或购置他们所憧憬的心爱物,如<u>脚踏车</u>、收音机等。(《当红毛丹成熟的时候》,第 71 期,1985－10)

(44)花了差不多二十分钟,才得到了<u>准字</u>。又跑到自卫团部打过招呼,又去请村子的<u>特士</u>司机王顺和,同他去矿场走一遭。(《暴风雨》,第 17 期,1956－07－10)

可以说,今日新、马华语常见的大部分特色名词,在《蕉风》中均已出现。

从新、马华语史的角度看,上述特色词语有些出现很早,在晚清时期的南洋华语文献中已经使用,例如"学额""头家"及"礼拜 X"省略为"拜 X"等:

(45)台湾改设行省,而后所有各府、厅、县及新设之台湾、云林、苗粟三县,应定文武<u>学额</u>及分棚取进各节,前经刘爵保帅会同闽新总督专櫂奏请。(《新订学额》,《叻报》,1891－09－08)

(46)故继苏丹而陈词者,虽精西语,亦不敢宣诸口,概用穆拉油语而陈矣,至于苏丹谦德,多有人所难及之端。是夜,席间曾亲劝诸华人饮,且均称曰"<u>头家</u>",此乃闽潮土谚,尊称商人之语,而苏丹口中恒呼"<u>头家</u>"不置,此其谦抑之处,有足多矣。(《柔邦观礼》,《叻报》,1891－05－26)

例(45)中的"学额",科举时代指每次考试录取的府县学生的名额;在今天的新、马华语中,其意义类似普通话常说的"(中小学)学位"。例(46)是一则珍贵的"语言生活"记录,记载了当时柔邦苏丹称呼华商"头家"的事实,表明闽南话在当时的强势方言地位。至于"礼拜 X"省略为"拜 X",在早期华文文献中,多见于报纸的"刊头"的"日期",如《叻报》第三千六百十二号和第三千六百九十号,所属日期分别为"西一千八百九十三年十一月廿七号拜一"和"大英一千八百九十四年三月十二号拜一",由此可见,今新、马华语常用的"拜 X"出现很早。

(二) 动词

动词方面,在《蕉风》中频繁出现且今新、马华语依然广为使用的特色动词有:(a)俾、步、执、载、帮忙、报效、操作、借镜、申诉、收藏、撙节;(b)车大炮、吃风、出街、出粮、顶、发梦、捞世界、离开、落车、落雨、拍拖、派、起价、找钱、令到、使到;(c)割、相信。

动词(a)类是源自近代汉语或早期现代汉语的动词,在今天的新、马华语中,这些动词大多依然保持其在近代汉语或早期现代汉语中的意义与搭配。例如:

(47)次晨,雨后天晴。我步出家园,快步跑去看牵牛花。(《牵牛花的悲欢》,第 17 期,1956‑07‑10)

(48)他一把执住我胸口,说:"你怕我付不出钱吗?"(《旦施利和拿督等等》,第 192 期,1968‑10)

(49)这种收胶的工作约经过三十分钟的时间,已经把所有的胶汁都收来了,才回到放脚车的地方,把一切东西收拾好了,就用脚踏车把胶汁载到胶厂里去。(《生活在胶园的一天》,第 91 期,1960‑05)

(50)我们组织的一个小旅行团,……乘坐公巴埠养正学校廖

荣华先生<u>报效</u>的一只电艇前往。(《葫芦岛游记》,第 13 期,1956 - 05 - 10)

(51)大可骤然莅临的时候,妻正蓬头垢脸、粗布衣裳地在厨房<u>操作</u>。(《蓝湖》,第 201 期,1969 - 07)

(52)希望热爱文艺的读者们,将你们宝贵的意见、建议与批评投寄到本刊编辑部来,使我们有所<u>借镜</u>。(《读者·作者·编者》,第 11 期,1956 - 04 - 10)

(53)收藏椰叶的地方,距离有两三百码远,抬了椰叶放在船底下烧,那也是一件吃力的工作。(《行船工友》,第 186 期,1968 - 04)

(54)但他在开销上,不得不尽力<u>撙节</u>:粗茶淡饭不用说,戏院、酒楼、游艺场所,便几乎绝迹了。(《教师节》,第 4 期,1955 - 12 - 25)

在这一类中,"帮忙"尤其值得关注。李计伟(2018)提出今新、马华语中的"帮忙+NP"等结构主要应该是早期现代汉语的传承,而非习得偏误或英语等其他语言影响所致,这是一个很有新意的看法,但限于当时华语历时文献的不足,该文并未给出"帮忙+NP"等结构在华语史上的用例。《蕉风》的用例可以补足这一缺憾。《蕉风》中"帮忙"的用法与老舍、《人民日报》在同时期的用例完全一致,这进一步确证了李计伟的结论。例如:

(55)就只当<u>帮忙她们</u>吧,每个月给她们六块。(《寂寞的灵魂》,第 23 期,1956 - 10 - 10)

(56)"你们不能够这样做,我<u>帮忙了你们</u>,你们还……"他几乎要哭起来。(《罪与罚》,第 45 期,1957 - 09 - 10)

(57)她除了自己洗自己的衣服,自己替自己收拾被褥外,还

帮忙同学洗衣服，收拾被褥。(《大家姐》,第 4 期,1955 - 12 - 25)

(58)喂! 孩子,帮忙我把药拿给各位先生。(《汉都亚万灵药》,第 77 期,1959 - 03)

(59)女儿阿婉,才读到初小,自老六一出世,只得留在家里帮忙一切。(《教师节》,第 4 期,1955 - 12 - 25)

(60)她们不是爸爸请来帮忙家务的吗? (《甘榜之恋》,第 9 期,1956 - 03 - 10)

动词(b)类源自粤语、闽语等汉语南方方言,这也是新、马华人以粤、闽籍为主体的一个体现;偶尔也有来自吴语的动词,例如"离开"可以处于两个处所或两个时间点之间表示二者之间的空间距离或时间距离,相当于普通话的"离"或"距离",今新、马华语常用。"车大炮""吃风""出粮""发梦""捞世界"源自粤语,分别是"吹牛""兜风/旅游""发工资""做梦""赚钱"的意思,"找钱"源自闽语,意为"挣钱"。例如:

(61)你如果不车大炮,不骗人,谁会上你的当? (《悔》,第 6 期,1956 - 01 - 25)

(62)头家娘出国吃风,你一个人寂寞,要不要出街走走? 我陪你。(《头家的奇遇》,第 193 期,1968 - 11)

(63)但他还是余怒未息,不肯饶恕王生,临去时嘱咐"猫头"等会称完胶就得出粮给王生,并且要王生即刻滚蛋。(《罢工记》,第 71 期,1958 - 10 - 10)

(64)因此,他便藉着卖猪所得的三四百块,一半安了家,一半作为做小生意的本钱,向朋友顶了一辆旧车子,当起生果贩来了。(《又是你!》,第 11 期,1956 - 04 - 10)

(65)黄昏,遇到**发白领梦**的堂弟。(《烛光》,第 197 期,1969 - 03)

(66)留下来的只有正当走红的白茉莉,继承金莺的地位,也继承红蝴蝶的作风,以她的声色艺和肉体继续在星马"**捞世界**"。(《风尘三女性》,第 21 期,1956 - 09)

(67)我算的是阳历,离开农历年关还差那么个把月,财富娘在一个傍晚时候特地找我来。(《房客》,第 53 期,1958 - 01 - 10)

(68)这儿**离开**火车站很近。(《蓝色的房间》,第 186 期,1968 - 04)

(69)老天却日日**落雨**,叫我们无能赚食。(《天水》,第 9 期,1956 - 03 - 10)

(70)每天早上,**报纸一派来**,她们总是争着拿一份到厨房去看。(《蕉风日记》,第 184 期,1968 - 02)

(71)如果在龙引购置了一点椰园,可能会发点财。因为椰园**起价**,听说最近还有翻种津贴。(《打会》,第 193 期,1968 - 11)

(72)日本正式统治马来亚时,我们才找到住处,在离 C 埠不远的小镇,母亲每天辛苦地去找点钱来维持生活。(《巴士站卖糖的小孩子》,第 6 期,1956 - 01 - 25)

"使到""令到"属于使令动词,是受粤语影响而出现的。这两个词在今天的新、马华语中使用频繁。来看它们在《蕉风》中的用例:

(73)因此,脚车就变成主要的运输工具,用脚车载货,每日可多得十多元。这笔工钱**使到**邓金生感觉满意。(《转筒》,第 31 期,1957 - 02 - 10)

(74)这就**令到**我的情绪时时受了她的操纵愚弄而迭起变化,情感遭受长期的滋扰,我就变成烦躁不安,喜怒无常了。(《蓝

湖》,第 201 期,1969‒07)

动词(c)类中,以"割"为上字的词语,《全球华语大词典》收录有"割名"一词,释义是"过户",举例有"割名手续""汽车割名",注明"用于新马印尼等地",这是受马来语影响而出现的;"割"的"过户"义在《蕉风》中已有一些用例,如例(75)。今新、马华语的动词"相信",由于言者主语的隐身,使得其后的宾语小句的主语可以提升到"相信"之前,进而发展出了情态意义(李计伟、张梦帆,2016),这样的用例在《蕉风》中已初露端倪,如例(76):

(75)养父早在几年前把两份树胶山的名字割了给我了。(《被熄灭的火》,第 184 期,1968‒02)

(76)我们一共十六个人,两餐的菜,相信还不到五块钱。(《理发椅上》,第 13 期,1956‒05‒10)

在《蕉风》中还有一些动词,今新、马华语已经不用,也就是说,在新、马华语的发展中逐渐消亡了,这是华语自身发展中的变化。例如:

(77)"头家,多隆,多隆,给一点钱帮助我们吧。"(《宋伯——甘榜依干的大人物》,第 8 期,1956‒02‒25)

(78)他索性不回家住宿,在工厂里梳邦,生活变得腐化极了。(《新一代》,第 188 期,1968‒06)

(79)振中先生每天要下峇株,我常常是"隆邦"他的车。(《下峇株》,第 188 期,1968‒06)

(80)因为我一方面要寄钱供给我那个远在国内求学的妹妹,

和我那位上了年纪的老母的生活费。(《瘦死狱中的李词偏》,第195 期,1969‑01)

(81)这并不是甚么国界的事,而是顾虑到能否协调。(《第二代》,第 3 期,1955‑12‑10)

(82)目前正要把那破旧的房屋拖倒,重新建筑。(《美国东南行脚》,第 55 期,1958‑02‑10)

(83)一个政治问题,会激动大多数人的情绪。(《沙漠的边缘》,第 1 期,1955‑11‑10)

(84)他摇摇头,表示不可能做到,却又说,还是请旅馆当事人为你设法吧。(《欧游印象记》,第 184 期,1968‑02)

(85)我不拿,可以津贴一些给代理校长。(《两渡重洋》,第186 期,1968‑04)

(86)大概是自己感触得太多,思想得太多,而想通得太少,十七岁那年就学会了写牢骚、写苦闷、写希望。(《二十六个秋天》,第 193 期,1968‑11)

　　"多隆"和"枕邦/隆邦"分别是马来语 tolong(劳驾、救命)和 tumpang(借宿、搭顺风车)的音译,这两个译名今新、马华语不用,但在今新、马华语口语中,华人仍会将这两个马来词语直接与华语混杂使用。例(80)—(86)中的"供给""顾虑""建筑""激动""设法""津贴""思想"等词的动词用法及搭配均能与早期和同时期的中国现代汉语对应起来,这表明这些词语的用法当来自于早期现代汉语。

(三) 形容词

　　形容词方面,在《蕉风》中使用且今新、马华语依然常用的特色词语有"浓""勤力""写意""咸湿""相当""夜""优越"等。

（87）如果没有意外，你的希望相当浓。（《校长梦》，第 185 期，1968‐03）

（88）她每次看到，就想："河浪秦真勤力呀！"（《月亮在我们脚下》，第 186 期，1968‐04）

（89）在第一个村落，生活得写意。（《商业价值》，第 193 期，1968‐11）

（90）她就把我一推，骂我咸湿鬼。（《翻种》，第 186 期，1968‐04）

（91）不过，大凡一个英雄，都要有相当的信心，相当的毅力，以及草菅人命，才能有所成就。（《英雄》，第 79 期，1959‐05）

（92）这么夜，那里去买哟？（《十八溪墘（续）》，第 8 期，1956‐02‐25）

（93）我听了非常感动，一个人为了钱竟孤苦零丁地等到那么夜。（《菜饭的心声》，第 13 期，1956‐05‐10）

（94）我结识了许多优越的人物。（《杜思妥也夫斯基的处女作》，第 2 期，1955‐11‐25）

（95）抑或是中国绘画的作品，都一样地可以看得丰富的生活题材，善于情调表达的色彩，和优越的造境与构图。（《文希画集序》，第 13 期，1956‐05‐10）

在今马来西亚华语中，"浓"有一个不同于普通话的义位，即表示"（机会、希望）大"，《蕉风》中已经出现，如例（87）。"写意"和"优越"源自早期现代汉语，上述搭配在今新、马华语常见。"咸湿"也可简单地说成"咸",义为"下流、色情",源自粤语,今中国的港澳台地区和新加坡、马来西亚等地常用。形容词"夜"义为"夜间很晚",《全球华语大词典》注明"用于新马泰等地",这一用法来自粤语或客家话。

在《蕉风》中,形容词"澈底"多有使用,今新、马华语不再使用。例如这句:

(96)然后,一日成功了,便一一澈底清除知识份子的贡献。(《睁开眼睛看文艺问题》,第 193 期,1968-11)

这个词同样见于早期现代汉语诸多著名作家的作品,例如鲁迅、老舍等。例如:"专管自己的衣服,真是一个澈底的利己主义者。"(鲁迅《故事新编·起死》)"这个澈底光明柔洁的夜,原只为他而有的。"(冰心《寄小读者》十一)

(四) 量词

量词方面,《蕉风》中使用且今新、马华语常用的有"班""架""间""客""粒""依葛"等。例如:

(97)于是,阿鲁裕一班人就被软禁在克里邦一座屋子里。(《马六甲公主》,第 10 期,1956-03-25)

(98)若是万一这班家伙动了兽心,自己性命一定不保。(《惊魂的一夜》,第 94 期,1960-08)

(99)人类是温血动物,也是一架制造有机质热能的机器。(《食风与冲凉》,第 3 期,1955-12-10)

(100)偶然有一架摩多艇,全身轧轧的响过河面,拉起一声尖

锐悠长的响笛。(《十八溪垅》,第 7 期,1956－02－10)

(101)买辆礼里脚车给民儿坐吧? 或者买架菲立士收音机?
(《换亚答》,第 17 期,1956－07－10)

(102)我化了二十万块钱买了一所房子,两万块钱买了一架
汽车。(《守财奴的儿子》,第 51 期,1957－12－10)

　　量词"架"计量车辆、机器、钢琴、电梯等,其中大多亦见于早期现代汉语文献,比如在老舍的作品中,"一架电话机""一架收音机""一架机器"常用。改革开放之后的现代汉语中,这样的搭配逐渐消失。但在新、马华语中,量词"架"则以"机器"为原型,进而扩展到诸多新的机器或电子产品,今新、马华语有"一架手机""一架平板电脑""一架取款机"等搭配。

(103)高笑愚是这小镇上独一无二一间华文中学的文史教员。(《无字天碑》,第 59 期,1958－04－10)

(104)道南桥边靠近学校的那一头的一排房屋新张了一间书店。(《桥的故事》,第 186 期,1968－04)

(105)像我,担任一间学校的教职,固然养活不了一家。(《教师节》,第 3 期,1955－12－10)

(106)如果得到了,他们便会买一间堂皇大厦,雇用许多人来伺候,自己不用再辛苦去工作了。(《鬼猎人》,第 4 期,1955－12－25)

(107)每年每株椰树可产椰子四五十粒,而且可以不断地生产到六十多年之久。(《种椰子》,第 18 期,1956－07－25)

(108)每逢星期日我们还到市场上去买鸡蛋,很便宜呢,十粒只售一角钱。(《两地书》,第 195 期,1969－01)

(109)在烈日当空的第一次的工作是钩树胶,<u>每粒树胶</u>有一两百斤重。(《行船工友》,第 186 期,1968－04)

(110)十分钟光景,我们终于抵达榴梿园的边缘了。……找着那肉最好的一株,满地乱摸,<u>一粒、两粒、三粒</u>……使得我们心花怒放。(《夜袭榴梿园》,第 14 期,1956－05－25)

在今新、马华语中,量词"间"可以用于计量"学校""公司""银行""医院"等非单间性的机构或建筑;量词"粒"可以用于"球""西瓜""榴莲""黄梨"等形体较大的事物。由例(103)—例(110)可见,这样的用法在《蕉风》中已经广泛使用。

(111)天天的睡了一觉,又吃了<u>一客</u>丰富的晚餐,几天来的疲劳似乎都已经恢复了。(《离乱》,第 154 期,1965－8)

(112)但是她又不能不叫<u>一客</u>什么东西来充饥,于是她走向露天的食摊。(《最后一颗眼泪》,第 163 期,1966－5)

量词"客"源自汉语吴方言。《全球华语大词典》收录了量词"客",释义是:"用于论份儿出售的食品:一客炒饭,三客咖啡。"今新、马华语常用。

(113)李家是 M 坡的大户人家,有几百"<u>依葛</u>"树胶园,和三间九八行。在马来亚,有几百"<u>依葛</u>"树胶园,便是一个"头家"了。(《大家姐》,第 4 期,1955－12－25)

(114)爸爸只是希望巴结那些对他的几"<u>依卡</u>"椰园和稻田有利的人做亲家。(《甘榜之恋》,第 8 期,1956－02－25)

(115)那些有三"依吉"地区的树胶园主去割他们自己的树胶,小孩们到路旁服役甘榜的小学校去。(《马来甘榜》,第 9 期,1956－03－10)

(116)我的园地有五依格,又是果子园,种有各种果子树。(《阿拉的教规》,第 187 期,1968－05)

上面几例中的"依葛""依卡""依吉""依格"均为英语 acre 的音译译名,今新、马华语通行"依格"。

(五) 副词

副词方面,《蕉风》中使用且今新、马华语常用的有"才""漏夜""惟""咸""在在"。例如:

(117)"不识抬举的家伙,敢说我不对! 好! 我慢慢才给你点颜色你看!"(《狮子和小山羊》,第 15 期,1956－06－10)

(118)"不!"妈说:"不必这么快,等人家都穿齐了你才穿!"(《摆脱》,第 85 期,1959－11)

例(117)、例(118)中的"才"的用法,在今新、马华语中非常普遍,这一用法在《蕉风》中已很常见。邢福义(2005)认为是闽南话的影响所致:在闽南话中,不管是已然的还是未然的,表示动作连贯的时间副词只有一个,而不是像普通话一样分为"才"和"再"两个,"才"表示已然的时间上的连贯,"再"表示未然的时间上的连贯,即普通话的"才"和"再",在闽南话中都说"才"。

(119)前几天,阿兰的妈妈听见了风声<u>漏夜</u>赶来看女儿。(《归来》,第 83 期,1959 - 09)

(120)所以门面要装,招牌要挂,逼我<u>漏夜</u>赶就美术市招两面,挂上去,果真蓬荜生辉,途人侧目,满屋都是小把戏。(《开张大吉》,第 91 期,1960 - 05)

(121)你也许会用一种超现实的观点来欣赏我的住所,可以大赞叹,特赞叹,<u>惟</u>千万别牵涉到业权的持有。(《〈食风楼随笔〉叙》,第 1 期,1955 - 11 - 10)

(122)难怪马来人对他们这家人都另眼相看,<u>咸</u>认他们有光宗耀祖的荣誉呢。(《光荣的马来家庭》,第 20 期,1956 - 08 - 25)

(123)我也同样感到不论是剧本、导演、演员、剧场、舞台装置以及后台工作人员,<u>在在</u>都成问题。(《注意小市镇话剧运动》,第 27 期,1956 - 12 - 10)

(124)为了名誉,为了生意的前途,<u>在在</u>都说不过去,终于我横下心,一幅炭笔画讨价二十块,老吴自动地跟我减到十五块,结果十块钱落墨。(《开张大吉》,第 91 期,1960 - 05)

例(119)、例(120)中的"漏夜",《全球华语大词典》仅仅释义为"深夜",再无其他说明。《现代汉语词典》(第 7 版)收录有"漏夜",词性标注为"名词",释义是"深夜";但从这个词的用法来讲,全部都是充当状语,没有名词的典型的范畴特征,所以我们这里将它处理为副词。"在在",《现代汉语词典》(第 7 版)释义为:"<书>副,处处。"这几个副词在早期现代汉语均有用例,例如罗常培在 1933 年为其《唐五代西北方音》所作的自序中就使用了"在在":"并且新旧译的纠纷,底本来源的异同,口译者跟笔受者的方音差别,在在都得经过一番审慎的考查。"

（六）介词

介词方面,《蕉风》常用的特色介词主要有"替""为了""向"三个。这三个介词的特色用法均源自早期现代汉语,其中"替""为了"的介词用法在现代汉语中逐渐发生变化,今新、马华语与现代汉语普通话一致;介词"向"的特色用法,在今现代汉语中逐渐消失,但却依然保留在今新、马华语中。例如:

（125）彼得和汤逊不到十五分钟,便把画绘好了交上去,而趁老师替同学改画的当儿,偷偷溜出了教室。(《歧途》,第 5 期,1956 - 01 - 10)

（126）因此我时常告诉自己,要好好地替它写一部传记哟!(《狮城与马来散记》,第 5 期,1956 - 01 - 10)

（127）鸡啼的时候,他醒来冲凉,他妻子替他煮饭。(《打渔彭亨海面》,第 8 期,1956 - 02 - 25)

（128）你真是饭桶,这儿什么样的葡萄酒都有。我这就替他制一些。(《蓝色的房间》,第 186 期,1968 - 04)

上面例句中的介词"替"引介受益者,可以释义为"给"。李炜、王琳(2011)指出,引介受益者的"替"并非方言,而是"南支"官话;在清代琉球官话课本《人中画》中,一个"替"可通表与事范畴的受益、相与和指涉三种关系;在清代中后期以北京官话为主要特征的《红楼梦》和《儿女英雄传》中,前者主要使用"给"和"替",且二者势均力敌,后者中"给"的数量则远远超过"替",成为受益介词的代表。今现代汉语普通话中,上述用法的"替"基本消亡。

介词"为了",《现代汉语词典》(第 7 版)释义是:"介词,表示目的。"并在该词下加注"注意"："表示原因，一般用'因为'，不用'为了'。"这个特别添加的"注意"，也显示了"为了"在现代汉语史上的变化。在《蕉风》中，表示"原因"的"为了"非常常见。例如：

（129）不，我没得罪她呀……我想，<u>为了我穷</u>，所以她瞧不起我。（《歧途》，第 5 期，1956 - 01 - 10）

（130）有一个百万富翁，<u>为了丧偶</u>，不时路到我们校里去物色对象。（《苦酒》，第 15 期，1956 - 06 - 10）

（131）班映他们也有甘榜，可是，<u>为了土地种东西的生长力问题</u>，常常迁移。（《我和小黑人生活在一起》，第 27 期，1956 - 12 - 10）

（132）不久，一位同楼居住名叫莱蒙的人，<u>为了殴打情妇</u>得罪了情妇的弟弟，约莫梭帮忙写封信给那情妇，完成他报复的圈套。（《A.卡缪的"异乡人"》，第 87 期，1960 - 01）

在下面的例（133）—例（138）中，与介词"向"搭配的有"谈谈""说"等言说动词，有"拼命""商量"等协同动词，例（137）"向"后的 NP 表示其后 VP 的来源，例（138）"向"后的 NP 表示其后 VP 的处所，这些搭配在今天的现代汉语普通话中或接受度很低，或已经消亡，而这些用法依然保存在今新、马华语中。

（133）叫那个带你去的人来，我可以<u>向他谈谈</u>。（《百年前的三军司令部：星洲天地会》，第 3 期，1955 - 12 - 10）

（134）手里拿着一瓶"祖传秘方，亲自督造"的药油<u>向周围的人们说</u>："吓！龙虎追风油！"（《祖传秘方》，第 5 期，1956 - 01 - 10）

（135）一次二次欺瞒了她，最后终于被她知道，她便要<u>向他拼</u>

命。(《他和她》,第 15 期,1956 - 06 - 10)

(136)等后天我向杨校长商量看,先借半个月薪金来应付一下。(《教师节》,第 3 期,1955 - 12 - 10)

(137)南来之前,朋友们祝我向南洋的新境界中发掘新材料,然而观察三年,到今天还未写出一篇像样的小说。(《热带女儿》,第 6 期,1956 - 01 - 25)

(138)向陌生的气候中生活,惟一要与之顺适,这里的外来人当然都是能顺适的。(《马来亚的天气》,第 4 期,1955 - 12 - 25)

三、句法结构

根据对今新、马华语句法结构共时特征的了解,我们这里重点描写如下较为常见的结构:位数词前省略“一”的数量短语、$V_单$获、谓词+回、双宾语结构、在+X+毕业、表动作完成的“有”字句、比较结构、“是……(的)”句等。

(139)从老远的地方来的,百多元一箱哪。(《禁果》,第 22 期,1956 - 09 - 25)

(140)那里四周都是荒山林野,一条小小的市街,聚居着百多户人家。(《山猪精》,第 10 期,1956 - 03 - 25)

(141)但她向我借了千多块钱。(《头家的奇遇》,第 193 期,1968 - 11)

在现代汉语中,除了“十”前面的“一”常省略不说,其他位数词前的"一"不能省略,如"一十多块"倒是很少说,基本上都是说"十多块",而绝对不会有"百多元""千多元""万多元"这样的说法,但是这些说法在《蕉风》及今新、马华语中都是常见表达。

(142)当然,花蒂玛也被<u>捉获</u>。(《马六甲公主》,第13期,1956–05–10)

(143)曾经听过一位马大毕业并且<u>考获</u>甲等荣誉学位的小姐这样幼稚的说:"孩子总会长大的,无论如何!"(《二十六个秋天》,第193期,1968–11)

(144)生产后两天,他才<u>接获</u>消息。(《指望》,第197期,1969–03)

在今新、马华语中,常见的动补结构"V$_单$获"有"考获""接获""寻获""搜获"等。通过例(142)—例(144)可以看到,这种结构在早期华语中已有使用。

(145)作家多收入,心情愉快,作家产生伟大的作品来,或者也可说是本人这篇文章的"商业价值",而<u>值回</u>主编先生付给本人稿费的价值吧!(《商业价值》,第193期,1968–11)

(146)总之,我再也不会<u>归回</u>那金镀的牢笼了。(《笼》,第197期,1969–03)

"谓词+回"是今新、马华语颇具特色的一个结构。陆俭明等(1996)提到:"在新加坡华语里,'回'做趋向补语可表示一种特殊的引申意义,即表示'回复'的意思。这时,V不是表示位移的动词,而是一般的动词。"朱元(2014)提到,从频率上来说,"V回"在新加坡华语里使用频率颇高,甚至已经成为凝固结构。例(145)和例(146)显示,"谓词+回"这种结构在《蕉风》中已经偶有使用。

(147)这种种热情的支持<u>予我们莫大的信心与兴奋</u>。(《读者·作者·编者》,第 1 期,1955－11－10)

(148)我<u>给车费你回家</u>。(《酒吧间的泡沫》,第 184 期,1968－02)

在今新、马华语中,双宾语表达形式除了现代汉语普通话最为常用的"给他一本书"这种结构,还有"予+NP$_1$+NP$_2$"这种偏文言的格式和来自粤语的与事成分居后的格式。这两种格式在《蕉风》中较为常见,如(147)(148)。

(149)一会儿,他似乎看到了女儿阿婉,<u>在马来亚大学毕了业</u>,戴了学士的方帽子。(《教师节》,第 3 期,1955－12－10)

(150)本来,她今年是可以<u>在 H 女中初中毕业</u>的。(《悔》,第 6 期,1956－01－25)

在今天的现代汉语中,我们或者说"我毕业于北京大学",或者说"我从北京大学毕业",而不会使用例(149)和例(150)这样的结构,而在老舍的作品中,"在+X+毕业"格式非常常见,《蕉风》中的用例当源自早期现代汉语,今新、马华语依然有所使用。

下面的例(151)和例(152)是用"有"来表达动作完成的句子,这也是近些年来在现代汉语中开始使用并多有讨论的一种句式。新、马华语中这一句式的使用远早于现代汉语:

（151）你有考虑到将来的后果吗？（《芭原的苦果》，第 195
期，1969－01）

（152）没关系的，我照旧有给他钱用。（《指望》，第 197 期，
1969－03）

今新、马华语的比较句，有多种不同的表达方式。在《蕉风》中有
如下几种，其中以"较""比较"为比较标记词的最为常见，这与同期稍
早的现代汉语基本一致。例如：

（153）哈哈哈！好过割三天胶。（《翻种》，第 186 期，1968－
04）

（154）房子虽然显得古旧了些，但因造在海边，而且较别的格
外坚固而且讲究的楼房更为凸出，更靠海，所以还有人喜欢住到这
里来养病或作休憩之用。（《在海边》，第 188 期，1968－06）

（155）脸庞的轮廓印度的较马来的美。（《热带女儿》，第 8
期，1956－02－25）

（156）新山人所操的马来语，实较其他各州成熟，尤其重视文
法及修词。（《淡写新山》，第 9 期，1956－03－10）

（157）总之若推行马来文，最善莫如出于自动的要求，其所得
的效果当会较任何命令为佳。（《马来亚化问题》，第 18 期，1956－
07－25）

（158）这时，她看见母亲的神态仿佛比较先前好一些，便撒娇
似地扑向她母亲的怀里。（《阿春嫂》，第 7 期，1956－02－10）

（159）这是一件肉体上的问题，我也无可奈何的，它是比较我
更强烈的。（《热带女儿》，第 8 期，1956－02－25）

（160）这种认真的作法既符合科学精神，又合乎忠恕之道，比较单用一个"准"字要进步多了。（《准时入席》，第 20 期，1956 - 08 - 25）

另外，今现代汉语常见的"是……的"结构，今新、马华语中"的"常常不出现。但这未必是受英语、马来语影响所致，因为这种现象在《蕉风》中已经较为常见，且早期现代汉语亦是如此，比如老舍作品中这样的句子就很多。

（161）有人常以"文化沙漠"四个字来形容马来亚的文化，这句话是非常不公道。（《蕉风吹遍绿洲》，《蕉风》，1955 - 11 - 10）

（162）眼巴巴望着戏台，期待另一出戏上演，可是戏台上却是空洞洞。（《街戏》，第 8 期，1956 - 02 - 25）

（163）目前的现代派是从台湾传来，虽名为"现代派"，但却不"现代"。（《提防新的教条陷阱》，第 192 期，1968 - 10）

当然，还有其他一些句法结构，限于篇幅，这里不再赘述。

四、结论及余论

前面我们尽可能全面地描写了《蕉风》（1955—1970）在词汇、语法上的典型特征，更多关注的是今天新、马华语依然在用的一些词汇、语法项目。从这些词汇、语法特征可以看到，今新、马华语有别于现代汉语普通话的绝大部分典型特征，在《蕉风》中均已出现。另外，我们也看到，在《蕉风》中亦有不少词汇、语法特征不见于今天的新、马华语，或者某些词汇、语法项目在后来又有了进一步的发展。华语的发展、变化，是全球华语研究进一步拓展与加深的重要学术空间（刁晏斌，2020）。

汉语史，按时间跨度来分，有通史，有断代史。如果比附这一分类，本文属于断代史的写法。一个相对较短时期内的断代的描写是静态的。关于断代的静态研究，程湘清（1991）说：" '静态的研究对汉语史来说，是必经的阶段，但是单靠静态的研究并不能达到建立汉语史的目的。'还必须抓住某一断代的汉语某一现象，上探源，下溯流，做纵向的历史比较和动态分析。"作为与现代汉语"同源异流"的东南亚华语，自清末以来受到中国"官话"推行、国语运动、普通话推广等不同历史时期语言政策的影响，加上东南亚复杂的社会语言文化环境、使用群体的方言背景、祖语认同以及学习方式等的差异，逐渐表现出了与现代汉语不同的一些特征，而现代汉语经过百余年的发展，也已经成为一个历时性的研究对象。所以对于东南亚华语史的研究，除了"上探源""下溯流"，还涉及与不同时期现代汉语的横向比较的问题。

以前文句法结构中提到的"$V_单$获"为例。如果我们以《蕉风》（1955—1970）为基点，上探源，下溯流，则可以看到，"$V_单$获"在 19 世纪末期已经广为使用，《蕉风》在延续中有所变化，能够进入其中的 $V_单$，较之以前略有不同而直至今日。

（164）近来海面每每<u>捡获</u>流尸，而其姓字里居以及因何致溺之由，则多无从稽考。（《论榜人勒索事》，《叻报》，1890‒06‒06）

（165）如此其严，想此案匪徒，亦终不难<u>弋获</u>也。（《要案获匪》，《叻报》，1890‒12‒29）

（166）但前次犯罪之时，自称黄姓，今被<u>执获</u>，复称潘姓，则其

姓名亦无定着,系属积匪无疑。(《可疑被获》,《叻报》,1890 - 12 -
30)

(167)前此拿获闹教各犯,除王光经、傅有顺二名业经正法
外,尚有田老五、杨老幺二名,监候斩决。(《获犯述闻》,《叻报》,
1891 - 09 - 12)

(168)复派兵轮游弋长江鄂省各处,共捉获会中党羽十一名。
(《奏折重译》,《叻报》,1892 - 12 - 18)

上述"V单获"亦见于同时期的中国本土文献,但今日现代汉语普通
话,除了"破获""抓获"等为数不多的"V单获"以外,今新、马华语常用
的"考获""接获""寻获""攫获""起获"等均已不用,以至于在"HSK
动态作文语料库"中,新、马华人所常用的"考获"被判定为偏误。

在《蕉风》中,"感觉兴趣""感到兴趣"这样的搭配也多有使用。
例如:

(169)各位老弟,谢谢你们! 可是我对于惹美加河并不感觉
兴趣,还是得到爪哇有名武士塔门沙里的短剑更有价值。(《汉都
亚扬名爪哇》,第 10 期,1956 - 03 - 25)

(170)也许是受了《蕉风》的感染,最近对于马来亚的文艺创
作特别感觉兴趣。(《"唐山"何处?》,第 21 期,1956 - 09 - 10)

(171)对于这些属于夜的,沾染着自然气息的声响,我都一一
感到兴趣。(《橡林里的夜声》,第 94 期,1960 - 08)

(172)为什么她的舞伴并不那么感到兴趣? (《第一个舞会》,
第 184 期,1968 - 02)

在当前的现代汉语普通话中，"感觉兴趣""感到兴趣"是不说的，如此就有一个"它们从哪里来"的问题：早期现代汉语的传承？习得偏误？还是汉语南方方言或其他语言的影响？通过对早期和同时期现代汉语的考察可以看到，在 20 世纪 70 年代之前，现代汉语中这两个结构是很常见的，改革开放之后逐渐消亡。这个例子，一方面表明国语推广、早期中国文人南渡对于南洋华语的深刻影响，另一方面也表明现代汉语同样发生了一些变化。东南亚华语史的研究，一定程度上也离不开现代汉语史的研究。

最后，让我们以 50 余年前陆菁《谈方言写作》（《蕉风》第 196 期，1969－02）中的话作为本文的结束：

在马来西亚，我们华人平常虽用华语交谈，但我们所应用的文字和文法，和中国华人所应用的很有不同，从中国来的华人往往会耻笑我们不懂得应用适当的字眼和文法。在中国，这种批评是正确的，但在马来西亚，却是不正确的了。因为，我们用的是马来西亚的标准华语，或者，可以说这是马来西亚华人的共同方言。我用"马来西亚华人的共同方言"这个名词，并无什么不妥之处；这种华语只有我们马来西亚华人应用的，当然，它算是一种方言了。

大部分的马华文学作者都是运用"马来西亚华人的共同方言"来写作的，四十多年来，没有人反对，也没有人提出异议。大家都认为是一件十分自然的事。为什么呢？原因有下列数点：

（一）用这种方言，最能表达作者的思想感情；

（二）本地华文读者阅读这种方言文学，最容易体会作者的思想感情；

（三）其他地区的华文读者也都能大致上体会马华作者在作

品中表现的东西。

　　具有这三个原则的方言文学才可能具有普遍性和永久性。

　　在这里，作者实际上认为"华语"是全世界华人的共同语，中国华人的普通话是中国华人的共同语，马来西亚华语是马来西亚华人的共同语；如此，马来西亚华语也就可以看作"华语"的一个方言，即"马来西亚华人的共同方言"；它有特色，马来西亚华人也在应用，并且自五四运动之后一直如此。这也告诉我们，作为"共同方言"的马来西亚华语，至少已有一百多年的历史，它值得研究！

参考文献

程湘清，1991，《汉语史断代专书研究方法论》，《汉字文化》第 2 期。

刁晏斌，2017a，《论全球华语史及其研究》，*Global Chinese*（《全球华语》）第 2 期。

刁晏斌，2017b，《试论建立"全球华语学"的可能性与必要性》，《语言战略研究》第 4 期。

刁晏斌，2020，《论全球华语研究的拓展与加深》，《华文教学与研究》第 1 期。

郭熙，2021，《全球华语语法：马来西亚卷》，商务印书馆。

李计伟，2014，《基于对比与定量统计的马来西亚华语动词研究》，《汉语学报》第 4 期。

李计伟，2015，《基于对比与定量统计的马来西亚华语形容词研究》，《云南师范大学学报（哲学社会科学版）》第 1 期。

李计伟，2018，《大华语视域中"帮忙"用法的共时差异与历时变化》，《汉语学报》第 4 期。

李计伟、张梦帆,2017,《华语动词"相信"的情态功能及其来源》,*Global Chinese*(《全球华语》)第 2 期。

李炜、王琳,2011,《琉球写本〈人中画〉的与事介词及其相关问题——兼论南北与事介词的类型差异》,《中国语文》第 5 期。

陆俭明、张楚浩、钱萍,1996,《新加坡华语语法的特点》,《南大中华语言文化学报(创刊号)》第 1 期。

邢福义,2005,《新加坡华语使用中源方言的潜性影响》,《方言》第 2 期。

朱元,2014,《触因变异与语言共性——以新加坡华语为个案》,《华语文教学研究》(台北)第 2 期。

祝晓宏,2016,《新加坡华语语法变异研究》,世界图书出版公司。

早期南洋吧城华侨语言使用情况研究[*]

——以华侨历史文献《公案簿》为考察依据

王文豪

一、引言

近年来,共时平面的华语词汇、语法描写研究取得了丰硕成果,在此基础上,学者们开始呼吁重视华语历时研究(刁晏斌,2017)。李计伟(2018,2022)、祝晓宏(2021)等利用早期华文报纸、南洋华文教材等华侨历史文献,对共时层面的华语本体现象进行了解释性研究。本文则认为,华侨历史文献不仅是华语本体研究的重要材料,它们还真实记录了华人移民先辈的早期社会生活,特别是较为准确地反映了当时的语言生活。因此,华语研究还应重视利用华侨历史文献,建构早期华侨的语言生活,研究其语言使用情况,为解释海外华语的形成与发展奠定一定的历史材料基础。

本文主要依据《公案簿》^①,考察早期南洋吧城华侨的语言使用情况。《公案簿》是早期南洋华侨自治机构"吧国公堂"("吧国"指印尼

＊ 本文得到国家社科基金重大项目"境外华语资源数据库建设及应用研究"(19ZDA311)和广州大学人才培育项目"南洋华语历史文献整理与研究"(RP2021031)资助。本文原载《中国语言战略》2022年第2辑。

① 本文所引例证资料来自《公案簿》第1—15辑,由包乐史、吴凤斌、聂德宁、侯真平等人辑录,厦门大学出版社出版,特此统一注明。

雅加达)1787年至1920年间的案件庭审记录,达600余万字。《公案簿》主要是由公堂官员"朱葛礁"用毛笔当堂书写记录的,使用的是近代汉语白话,词汇和语法却受到了汉语闽方言、马来语和荷兰语等深刻影响。"朱葛礁"相当于现在法庭的书记员,是当时有文化、识文断字的华侨知识分子,其记录过程和古代写书信的先生类似,在庭审中将言者的"大白话"转成文白夹杂的书面语。

学界已将《公案簿》校注整理,由厦门大学出版社出版,共15辑。华侨史学者重点评述了《公案簿》的史料价值,并且据此对早期南洋华侨社会的经济、文化等议题进行了专题研究(聂德宁,2002;邱炫煜,2012)。然而关于《公案簿》语言的研究成果较少,仅有萨尔蒙(Salmon,2004),训释了100多条《公案簿》中的外来语汇。郭熙等(2022)将《公案簿》等华侨历史文献视为重要的语言文化遗产,认为它们反映当时的语言生活,是重要的南洋华语资料。

《公案簿》记录时间早、跨越近两个世纪,关涉华侨社会生活方方面面,其语言使用情况体现了华语在南洋传承中与汉语闽方言、马来语和荷兰语等深度接触的过程,较为全面地反映了华语传承与接触的历史场景。库皮施和波林斯基(Kupisch & Polinsky,2021)认为语言传承过程本身就是一种微缩版的语言历史变化场景。这启发我们利用《公案簿》中关于语言使用的真实记录,重构早期南洋吧城华侨的语言使用情况,考察华侨社区语言使用的历史,尝试重现早期南洋吧城华侨语言传承的"历史场景"。

二、早期吧城华侨语言使用情况

《公案簿》记录了吧城华侨社会的重要事件,充分反映了吧城华侨的社会生活。正如罗常培先生(1989)所言,一时代的客观社会生活,决定了那时代的语言内容。社会的现象,由经济生活到全部社会意识,也都沉淀在语言里面。我们透过《公案簿》所进行的语言生活研究应属于微观层面的语言生活研究,所以本文重点梳理涉及吧城华侨语言文字方面的具体实践活动,着重分析早期吧城华侨在移民社会使用的语言,以及他们与荷兰人、当地民族交流时语言文字的碰撞。

(一) 多元族群背景下的多语社区

南洋华侨大都生活在多元族群交融的地区,以吧城为例,根据聂德宁(2005)的梳理,自17世纪后半期,吧城华人人口不断增多。17世纪末,华人约占全城总人口的10%左右,爪哇人约占3.5%,奴隶占全城人口的50%以上,荷兰人及其混血后裔占比不到10%。到18世纪末,吧城城区居民人口总数约为7000人,其中欧洲人475人,占6.79%;华人1320人,占比达18.86%;奴隶4211人,占60.16%。到19世纪中叶,吧城华人人口已达24 000人,约占吧城总人口的四分之一左右。

由上述人口数据可以得知,吧城社会的族群组成较为复杂,整个吧城社会的语言也比较多样,吧城华侨生活在一个荷兰语、马来语、汉语方言及当地方言并行的多语言环境中。另一方面,荷兰殖民者对吧城华侨实行的是"以华制华,分而治之"的统治策略,施行严苛的"通行证条例"和"居留区条例"(李学民、黄昆章,2005),限制华侨自由往来和迁徙。吧城华侨集中在荷兰人划定的区域,也因此,《公案簿》中屡次出现华侨聚居的"唐人监光"记录,"监光"指村庄,来自马来语 Kampung。例如:

(1)付妻郭瑞娘厝一间,在唐人监光,承买亚务猫葛_{地名}的。并

女婢一名,唤碧桃,本地人。(《公案簿》第1辑,9页)

　　(2)兹监光方多事之秋,无妄之灾屡屡,诸默氏_{衔长}多有不胜任者。恐致误事。(《公案簿》第3辑,134页)

　　(3)妈腰_{公堂首领}陈永元承挨实喋面谕,唐监光诸港墩,要筑阪墙,高34脚距,又厕池之处筑墙遮蔽,以壮观瞻。(《公案簿》第8辑,4页)

　　《公案簿》中还记载了很多"唐人监光"的古地名,例如:八戈然、大港墩、亭仔脚、旧把杀、珍新把杀、廿六间、八茶罐等。这些记录进一步反映了早期吧城华侨聚居生活的社会事实。

　　荷兰人的政策,客观上导致华侨聚居生活,加之多元族群的大环境影响,早期吧城华侨多为多语人,不仅掌握华语[1],还掌握了当地民族语言和殖民者的语言。《公案簿》中,有多处直接反映华侨的语言使用情况的记载,即华侨申请官职时,会着重强调自己掌握语言的情况。例如:

　　(4)陈逢义,年登45岁,在唐海澄生长,现住八戈然……又我唐礼貌及无来由话_{马来语},无所不能。(《公案簿》第5辑,76页)

　　(5)吴多麟……任此默事已四年七个月,未尝失职,兼素行良善,唐人文字及在吧番语_{马来语}甚然精通,晚自谓堪任此地或他处民牧之长。(《公案簿》第8辑,150页)

　　(6)夫林文江年三十六岁,住吧把杀内。其为人也,精通唐、番文字及言语,又练达事务。(《公案簿》第8辑,151页)

---

　　① 文献中多用"唐话""唐字"等指称华语、华文,口语方面应主要是指汉语闽方言,所以本文所使用的"华语"是广义的华语。

（7）张体昌住小南门为商，晚自幼熏陶，数法早已精知，即和字_{荷兰文}、番字亦皆能。（《公案簿》第9辑，159页）

（8）庄其宗住五脚桥……前为美惜甘_{福利机构}书写，现为梁礁_{公证人}缎_{先生}吉宁书写，经已久年。况晚精知和字、唐字，自揣无愧任武直迷_{官职}事。（《公案簿》第9辑，159页）

（9）梁德水住大南门为商，上书王上_{总督}云，晚前年回唐学习礼义，唐人规矩俱已悉知，且通福建话、广东话。（《公案簿》第12辑，409页）

通过（4）—（9），可以看出早期吧城华侨多是多语人，掌握华语、马来语及荷兰语，并且部分华侨可以同时识写华文、马来文和荷兰文。

（二）华侨之间的语言活动

早期吧城华侨聚居生活在"唐人监光"，在公堂告示、商业日常记录、商业协议签订、书信往来、墓志铭、石刻记史等方面均是使用华文。最直观的表现是，《公案簿》为代表的吧国公堂档案几乎全部为华文记录。《公案簿》中还有一些记录可以反映这些事实。

（10）此杉板_船，本议唐辛七月完工，晚有立唐单一纸，约议至三月间开造。闻他言已付他人再造，晚往询之，彼谓所作唐单不可行用。（《公案簿》第8辑，86页）

（11）即日，妈腰陈永元交盘公堂及妈腰物件、字头、案簿等开列：又交和字唐人条规贰本。又交和路字、数簿，计贰拾捌本。又交唐字告示，计拾壹张。（《公案簿》第11辑，6页）

　　早期吧城华侨日常交际中,大多数人使用华语和华文,《公案簿》中记载了很多华人长时间返回中国的经历,比如:

　　(12)陈荣乔甲入字挨实哗云,兹因在唐先母墓未安,又欲付小儿婚娶,敢恳缎挨实哗告假回乡。以登船算起至回吧止,一年有半为限。(《公案簿》第5辑,274页)

　　(13)拙夫于戊戌年回唐,亦无留下分文资费。至于今年正月间回唐,于今计之一年,又无看顾氏之衣食。若夫不肯照顾,乞判分离。(《公案簿》第7辑,29页)

　　此类往返中国和南洋的记录,可以看出当时的华侨与祖国保持着较为密切的联系,侧面反映出吧城华侨保持着良好的华语交际能力。另外,早期吧城华侨与中国有频繁的书信往来,例如:

　　(14)于辛巳年在垄寄谢辛唐信一总封,外附银58元,嘱托登吧将银信转交邱亚明待寄回唐。(《公案簿》第2辑,34页)

　　(15)晚有寄黄亚三带去家信一封,双烛银10元。他在唐仅交3元而已,尚欠7元。伏乞追究。(《公案簿》第6辑,141页)

　　早期南洋华侨内部主要使用华语,使得公堂需要设置专门的翻译人员,以应对荷兰人和当地民族使用的其他语言。据《公案簿》记载,公堂设置的翻译人员,称作朱葛礁,或称诸葛礁,来自荷兰语 secretaris,意为书记员、秘书。华人公堂的朱葛礁还要兼做翻译。

　　(16)至下午四点钟,甲大同朱葛礁往见外澹_{殖民政府官职},将蔡治

等前后期之口供细读奉闻。(《公案簿》第 1 辑,18 页)

(17)a.二朱之任,即陈学林可堪为之。<u>虽番语无甚熟识</u>,现有陈荣乔甲、陈三元肯相指教,有何患乎?(《公案簿》第 5 辑,52 页)

　　b.为二朱陈学林携此唐信,前来恳梁礁将信誊抄和兰字,而陈学林备说务唠由话,梁礁即抄和兰话云:……,抄毕,即读务唠由话,付陈学林听之,而学林答曰:"是也。"(《公案簿》第 6 辑,140 页)

(17)中 a、b 前后两段,反映时任朱葛礁陈学林不能够熟练使用马来语和荷兰语,需要其他人帮助,还因此产生了案件争端。可以看出,朱葛礁的工作需要多语能力,需要承担大量的华文与马来文、荷兰文的互译工作,后文提到华社公堂需要向荷兰殖民政府提交大量荷文文件也可以作为证据。

(三) 华侨与荷兰人之间的语言活动

荷兰殖民者是吧城的实际统治者,华侨不得不与荷兰人进行交流。据《公案簿》记录,吧国公堂需要审理大量由驻扎官(Resident,亦称州长,在《公案簿》中称作"挨实嘘"或"挨实嗤")、处理土著人事务的州长法庭(Landrad,亦称地方法院,在《公案簿》称作"兰得力")以及警察局(在《公案簿》称作"褒黎司")委托的各类华侨与当地土著居民的纠纷案件或有关华侨的社会治安的案件。如:

(18)承<u>挨实嘘</u>来书,委查唐人陈昆源求换越限钱单贰纸事。(《公案簿》第 3 辑,66 页)

(19)承<u>兰得力</u>_{荷兰法院}命,委查高甲大长宗官与陈甲玉郎官多端

和 1822 年、1823 年合伙亚片事。(《公案簿》第 3 辑,67 页)

华侨官员与荷兰殖民政府的各层机构之间都有沟通往来,殖民者应不会专门学习华语,满足交际。综合前文华侨官员掌握语言的情况,可以大致认为,华侨官员这一层级大都可以使用荷兰语,以保证与荷兰殖民者的业务沟通。公堂的书记员朱葛礁需要负责将华文翻译为荷兰文,呈报荷兰殖民机构。下面是一些公堂档需要翻译为荷兰文呈报的案例。

(20)以上诸项,经已抄过<u>和兰字</u>,复禀<u>宝奎炳</u>_{司法官}知情。(《公案簿》第 1 辑,255 页)

(21)列台阅毕,命朱葛礁赖观澜即填和字,缴挨实嗹查察。(《公案簿》第 10 辑,391 页)

(22)列宪阅毕,议:即传译<u>西字</u>_{荷兰文}缴呈大淡<u>官取</u>电察。(《公案簿》第 13 辑,394 页)

有些案件,公堂无权审理,当地华侨需要向荷兰殖民政府设置的司法机构递交类似讼状的文档。普通华侨百姓并不懂得使用荷兰文,因此需要找专门的商业性质的代写诉状的"字间","唐人监光"各处均设有写字间,代写荷兰文诉状。

(23)氏求他做欠钱字,及至大南门<u>字间</u>,<u>梁礁</u>_{公证师}问达有欠珠娘五年园税钱三百文何时要还,达请限至十年清楚。他日,氏又与达同至西门内<u>字间</u>……(《公案簿》第 1 辑,255 页)

吧城华侨认为荷兰人是统治者,遂私以为荷兰语地位较高,重要的文书都会请荷兰公证师帮忙起草荷兰文档,以保障自己的权利。如:

(24)从唐人君得力_{合同},并和 1846 年 6 月 12 日第 43 号,梁礁_{公证师}缎唪文回孙所立之字,并利息等费,伏祈追还。(《公案簿》第 5 辑,53 页)

另外,南洋华侨商人的日常贸易往来记录簿,主要包括《草清》《日清》《总簿》《货清》《钱清》五类。公堂决议,商家的"数簿"须严格遵照"数法"才能在经济纠纷案件中作为凭证。对商家记账簿的格式和记法都提出了要求,却没有对语言提出要求。根据前文分析,这些记录簿主要使用华文。但是有些交易中,华侨商人为了避免法律争端,出现了"和数簿""和单"等,如:

(25)兹查数簿,总结和单,陈光文尚欠去银 161527 盾,并和 1849 年 9 月 25 日至今之利息。(《公案簿》第 7 辑,89 页)

(26)晚在德记行转交戴仓意、戴武略,此二人在厦,有立和书,保领此银。(《公案簿》第 8 辑,283 页)

华侨也经常请荷兰律师代理打官司。称谓上,一般在荷兰人名字前加"缎","缎"来自马来语 Tuan,意为先生,还有"缎缎"的说法,表示诸位先生。

(27)缎_{先生}黎直挂沙_{委托}王壬癸诉云:"实系本支之厝,但内面有相透,即本支与壬癸俱系同居……"(《公案簿》第 5 辑,45 页)

（28）兹附缎吉宁挂沙黄伯适控李英川一案，祈查勘如何，具词详覆，原字寄回。（《公案簿》第 5 辑，138 页）

荷兰人也会把案件中有关华文文档、华文字据的案件，交给公堂来查勘核实。

（29）兹附唐单一纸，祈查察如何。职等查单，内系朱深于癸六月廿二日奉单于蛮律媚嚼去货。（《公案簿》第 5 辑，277 页）

（30）兹附去缎知吗挂卅陈敉泰控甘溪元一案，并附去数簿十四本……为陈敉泰被甘溪元欠去雷 1166.05 盾，从唐单一纸会算。（《公案簿》第 6 辑，148 页）

荷兰人后来还专门设置了"传供"一职，在司法部门从事审讯工作的翻译。

（31）承大淡和 1889 年 4 月 27 日第 2371 号，兹付唐人多辈供禀口词字一纸云，现为保黎司_{警察局}官都传供二名，一陈福星，二黄亚彬，此二人不晓讲福建话。有唐人名陈光平他晓讲福建话，且已悉伊愿为此职。伏乞即换上二人，以陈光平代其缺。祈公堂查勘，具词详覆。（《公案簿》第 14 辑，11 页）

荷兰殖民政府还曾对部分华语词汇产生疑惑，并给公堂发函询问，比如"风水""香火""弱冠"等词。这反映了不同语言文化之间的交流碰撞。例如：

（32）a.北吉律仁得唠_{检察长}致书云，……兹职欲知奉祀香火是何道理，因职未能明其所恩，未知此香火是人之身体溶化而作香火否？抑或不然，徒奉祀其香火乎？祈查勘叶保全或能明此理者如何。

　　　　b.列台云，至于香火，系是人身已死之时，即烧纸折火炉，另立木主谓之"神主"，其木主内有登记人死之日月，外有登记死人之姓名，每逢年、节、忌辰，烧香插在火炉，奉祀其神主，谓之香火。所谓事死如事生，乃唐人之道也。将情申详挨实嚏电照。（《公案簿》第7辑，9页）

（四）华侨与当地民族之间的语言活动

早期南洋华侨还大都掌握马来语等当地语言，且在日常交际很多场合中使用马来语等。一方面是华侨到南洋经商求生的历史悠久，学习当地的语言是能够生存下去的必要语言条件。另一方面，聂德宁（2005）通过《公案簿》中的部分案例，发现吧城华人与当地民族在家庭关系、宗教习俗差异及对地方公共事务的处理等方面存在密切互动，必然需要与当地民族进行密切的语言活动。

第一，与当地民族的婚姻家庭关系。最鲜明的例子是《公案簿》第一辑中，雷珍兰高根官在吧城通过公证人所立的遗嘱反映的情况。

（33）雷珍兰高根官，住八罐茶，言明前挂沙字俱折破不用。付女婢五名出身：一名唤春梅，武讫人氏；一名唤吗哖，猫厘人；一名唤春桂，一名唤冬菊，一名唤当寅，俱是遐人。（《公案簿》第1辑，9页）

通过高根官的遗嘱，可以看到其家庭成员中，一妻、六妾、一婢均为非华人血统的其他种族,占其家庭成员的三分之一。蒲晶等(2011)通过《公案簿》也梳理了很多华人与当地民族通婚交流的案例。本文也找到了一些例子。

(34)今已三年未尝顾问,且宠爱番妇,弃予如遗。伏乞分离。(《公案簿》第7辑,286页)

(35)为交寅11载,生一女,为夫不良,宠爱番妇为嬖妾,数月不归,反常被其酷打,乞判分离。(《公案簿》第8辑,90页)

第二,当地民族参与了很多案件。公案簿中详细记载了一些当地人是原告、被告或者证人的案件。例如:

(36)番亚二沃末民吗森叫张廷才。廷才云,恳限四五月,自当出厝。列台以讯番亚二沃末民吗森……(《公案簿》第5辑,163页)

(37)谨详为番人名叫唠欣,住丹戎,于和本7月12日来控,伊空田边之土既为唐人林必住丹戎掘取。(《公案簿》第14辑,22页)

《公案簿》第8辑记录的"廖亚二未请示治安机关、地方行政负责人,擅自迁葬亡妻钟龟净一案"中,涉及六个证人,包括四个番人证人和两个唐人证人。其他案例还有:

(38)番卅立然爱窒,住八戈然,挂卅^{代理}伊岳唠比员,叫^{控诉}林卅钫,为欠九个月厝税。(《公案簿》第5辑,296页)

还有当地民族找荷兰人代理打官司的案例。

（39）职等吊讯<u>番亚里</u>并挂卅人缎思得兰云，叶亚四不从所议，无造杉板，致所利乌有，叶亚四当坐还其蚀本之项。（《公案簿》第 8 辑，86 页）

华侨与当地民族生意往来中的单据有时也会使用马来文。

（40）台查卅立所立印纸单印花税票，写<u>务唠由字</u>_{马来文}。（《公案簿》第 6 辑，191 页）

荷兰殖民者有时也会向公堂发来马来文的材料。

（41）挨实嗹于和 1853 年 3 月 9 日第 559 号致书公堂，兹附去《鱼涧大本君书》<u>誊无唠由字</u>一纸。（《公案簿》第 8 辑，166 页）

（42）和 1853 年 8 月 23 日第 2343 号挨实嗹寄来《沃智字_{证书}》，祈代寄缎勃<u>誊写番字</u>，然后照常例交给赖观澜。（《公案簿》第 8 辑，270 页）

三、早期南洋华侨语言使用特点

前文分类梳理了早期南洋吧城华侨语言使用情况的案例，据此我们可以进一步总结早期南洋华侨语言使用的特点。

第一，华语和华文在华侨社区得到较好传承，在华侨内部交流使用中应处于相对强势的地位,特别是在日常生活领域。吧城华侨生活在多语环境中,华语、马来语和荷兰语,哪一个是使用主体,学界一直有不同的看法。许友年(1990)认为华人马来语从 19 世纪末开始成了印尼华人社区成员之间通用的交际语。廖建裕(1993)则界定得比较清楚,认为应该是爪哇土生华人主要使用中华马来语,失去了运用汉语的能力①。周南京(1986)转引王大海《海岛逸志》的记载,爪哇土生华人"语番语",也证实了这一点。综合分析《公案簿》文献中的记录,以及吧城华侨人口变化数据,大量新客华人特别是妇女移民至此,对当地语言使用情况影响较大,总的来看,本文认为早期吧城华侨社区中,华语华文大概是处于交流使用的相对强势地位②。

　　除了第二节提到的例子,《公案簿》中还有其他记录佐证上述观点,首先是《公案簿》大量记载了早期吧城华侨对中国、中国文化保持着高度认同的案例,比如,在判决案件时,公堂官员经常提到"唐人规矩""唐人礼法""唐人礼义""唐人数法""唐人五伦"等中国传统文化,并以此为行为准则。再者是,《公案簿》记录了吧城华侨举办义学的众多史实,并且在义学教育中,公堂倡导华侨子弟尊崇孔孟、拜朱熹,还规定华侨子弟"作诗文、对句、写字、算法、字说、世事,通则有赏"。吧城华侨对中华语言文化传承使用的重视,可见一斑。

　　第二,早期南洋华侨不同阶层,语言使用情况差异较大。普通的华侨民众大多不识字,日常交际主要依靠汉语闽方言,在与当地民族交流时,使用马来语。《公案簿》中就多次言明"为吧唐人多不识字",比如管理记账簿,大都需要请"财副",即会计,帮助协理财务。诉讼时,需

---

①　中华马来语、华人马来语,指一种与闽南话深度接触的马来语。
②　土生华人的语言使用情况较为复杂,与身份认同之间关系密切,将会另文专门讨论这一问题。

要公证师、律师等,帮助撰写华文诉状、荷兰文诉状等。与之对比,上层华侨则掌握多种语言文字,由申请官职的华侨语言掌握情况可见一斑。

沈燕清(2019)整理《公案簿》时发现,荷兰人曾想借公堂义学来进行荷兰语的教学,但遭到公堂的强烈反对。公堂诸官员表示"夷夏两途不得相杂,既有唐师在学设教,和先生所恳,不得承受。命当搬出物件,不得停留"。公堂官员的如是行为,可以理解为对中华文化的强烈认同;从语言使用的角度进行分析,华侨官员也有可能是有意阻挠下层华侨学习荷兰语,切断下层华侨与荷兰人的接触,实现上层华侨门阀的逐代治理。《公案簿》中记载的华侨官员履历,大都是父子兄弟代代传,可以作为侧面证据。

第三,早期南洋华侨的语言使用没有进行专门的规划,是比较自然发展的结果。一方面,华侨大多没有文化,祖籍国也没有关注到他们,他们的语言观多是朴素的工具观,华侨在选择语言时,大多依据交际的实际需求。另一方面,荷兰人作为统治者,对于殖民地更多的是经济剥削,开始也没有进行较为强硬的语言规划。在自然发展过程中,华侨维系了中华文化认同,并进行了相对有效的华语传承。

四、余论

通过华侨历史文献《公案簿》,对早期华侨的语言使用情况进行个案研究,启发我们要足够重视且充分挖掘以《公案簿》"侨批"为代表的华侨历史文献的语言学价值,主要包括语言资源价值、语言文化传承价值,尤其是以史鉴今、以史助今的镜鉴价值。

首先,华侨先辈移民到世界各地的历史悠久,而限于技术手段,当下不可能得到关于早期华侨社会生活的影音记录,后世学者无法直观地看到或听到那个时代的社会生活,对此华侨历史文献可以适当弥补。《公案簿》是对近两个世纪的吧城华侨社会的准确记录。本文以此为考察依据,一方面可以管窥早期南洋华侨语言面貌,另一方面可以与其他共时层面华语按时间线建立连续的历时变化链,对南洋华语史研究等具有重要价值。祝晓宏(2021)将建设开发各类华语资源平台作为华语研究的愿景之一。华侨历史文献资源是华语资源库中的重要组成部分,更深入地搜集和整理华侨历史文献是当下华语研究的重要任务,本文是对华侨历史文献资源进行多视域挖掘与利用的一次有益尝试。

其次,以《公案簿》为代表的华侨历史文献,是中国语言文化传播和海外华人社会祖语文化传承的重要资料。我们要充分利用历史文献,特别是华侨文献,挖掘语言价值,传承中华优秀传统文化。《公案簿》等华侨文献中反映的早期华侨语言使用情况,是对早期华侨语言文化传承路径的有效重构,是对华侨语言文化传承研究的拓展。这既可以为"全球华语史"研究提供有力支撑,还可以加深我们对华语传承复杂性的认识(郭熙、王文豪,2018)。另外,以华侨历史文献为观察依据,梳理中华语言文化传承历史与文明碰撞史,可以为当代世界语言文化传承传播研究提供借鉴。

最后,在现实层面上,华侨历史文献资源具有重要的镜鉴价值。在人类命运共同体视域下,在"一带一路"倡议不断推进过程中,会有更多的中国人走到世界各地,也会有大量操各种语言的外国人来到中国,语言文化的碰撞会更加激烈。语言规划应如何操作,语言冲突应如何避免,我们可以尝试从华侨历史文献中寻找启示。比如,《公案簿》呈现了华侨先辈移居海外,如何在生存基础上选用语言文字,如何处理与不同民族之间的语言活动等。以史鉴今,我们可以从中得到对移民语言规划的有益启示。同时也提醒我们要足够关注外国人来到中国后潜在的语言文化冲突,更好地避免外来移民的语言文化矛盾,更有效地为其提供语言文化服务。我们还要以史助今,要从《公案簿》"侨批"等文献中积极挖掘早期华侨的鲜活故事。华人华侨故事是中国好故事的有机成分,充分体现了中国人的坚毅品格。讲好华侨故事可以助力弘扬中华传统美德,提升华族新生代对中华文化的认同感。

参考文献

Claudine, Salmon,2004,《18—19 世纪印尼华文中的外来语初探》,《公案簿》第 2 辑附录。

刁晏斌,2017,《全球华语的历时研究与"全球华语史"》,《语言战略研究》第 4 期。

郭熙、雷朔,2022,《论海外华语的文化遗产价值和研究领域拓展》,《语言文字应用》第 2 期。

郭熙、刘慧、李计伟,2020,《论海外华语资源的抢救性整理和保护》,《云南师范大学学报(哲学社会科学版)》第 2 期。

郭熙、王文豪,2018,《论华语研究与华文教育的衔接》,《语言文字应用》第 2 期。

李计伟,2018,《大华语视域中"帮忙"用法的共时差异与历时变化》,《汉语学报》第 4 期。

李计伟,2022,《大华语视域中"向+NP+VP"结构的共时差异与历时变化》,《语言文字应用》第 2 期。

李学民、黄昆章,2005,《印尼华侨史(古代至 1949 年)》,广东高等教育出版社。

廖建裕,1993,《印尼华人研究的一种方法》,《东南亚研究》第 4 期。

罗常培,1989,《语言与文化》,语文出版社。

聂德宁,2002,《"吧国公堂"档案之〈公案簿〉述略》,《华侨华人历史研究》第 3 期。

聂德宁,2005,《18 世纪末—19 世纪中叶吧城华人与当地民族的关系——以吧城华人公馆〈公案簿〉档案为中心的个案分析》,《南洋问题研究》第 2 期。

蒲晶、甘奇,2011,《吧城华人社会中的女性——以〈公案簿〉为中心的个案考察》,《海南师范大学学报(社会科学版)》第 5 期。

邱克威,2014,《〈叻报〉的词语特点及其词汇学价值管窥》,《语言研究》第 4 期。

邱炫煜,2012,《吧城华人公馆〈公案簿〉的内容特色与史料价值评析》,《史汇》第 16 期。

沈燕清,2019,《吧国公堂对吧城华侨教育发展的贡献》,《南亚东南亚研究》第 4 期。

许友年,1990,《试论华人马来语的历史作用》,《现代外语》第 2 期。

许云樵,1955,《吧国公堂与华侨史料》,《南洋学报》第 2 期。

周南京,1986,《印度尼西亚华人同化问题初探》,《华侨华人历史研究》第 Z1 期。

祝晓宏,2021,《近十余年来的华语研究:回顾与前瞻》,《语言文字应用》第 2 期。

祝晓宏,2021,《试论早期南洋华文教材的基本面貌与当代价值》,《语言战略研究》第 4 期。

Kupisch, Tanja & Polinsky, Maria, 2021, Language History on Fast Forward: Innovations in Heritage Languages and Diachronic Change. *Language and Cognition*, 25.

第四编

海外华语传承的历史经验与
国际中文在地化传播*

郭　熙

国际中文教育事业正在面临新的机遇和挑战。随着各方面的发展和认识的深化，越来越多的人开始把海外华语传承看作国际中文教育事业重要的组成部分。海外华人社会保留和发展了海外的中华语言文化，成功地实现了代际传承，培育了一代又一代的华人人才；同时，他们也把华语和中华文化传向当地友族，为中华语言文化传承和在地化语际传播积累了宝贵的经验。近年来，我们进行了大量的实地考察、调研和深入访谈，对海外华语的历史播迁和现状重新进行了梳理，意识到了海外华语自然传播之外的"人为性"，力图在此基础上总结出海外华语传承的历史经验，或可为当今国际中文在地化传播提供借鉴，形成适应时代需求的中文语际传播理念，加快国际中文教育事业的发展步伐。

一、"中国话"走向世界的历史回顾

关于世界各地的"中国话"，已经有了大量的研究成果。对此郭熙、祝晓宏（2016），祝晓宏（2017），祝晓宏、周同燕（2016），刁晏斌（2015），王晓梅（2017），郭熙、刘慧、李计伟（2020）等都进行过梳理。

＊　本文原载《云南师范大学学报（哲学社会科学版）》2023年第1期。

这些"中国话"类型多样，也有不同的名称和所指，例如华语、汉语、中文、广东话、福建话和潮州话，等等。这些语言或方言，连同名称，是不同时代不同地区华人迁移至所在地时带过去的。使用场所主要是家庭、社区或族群内部。这就是历史上的"中国话"向外播迁。

（一）"中国话"传播的自然性和人为性

"中国话"随着中国人迁徙而播迁世界各地，其迁徙原因复杂多样，如改善生计（或卖苦力）、逃避自然灾害、摆脱民族矛盾以及各种政治因素等。我们通常把这些看作语言的自然传播，看作一种理所当然的事。事实上，这些传播以及随后的传承，既有自然性，也有人为性。自然性以往已经谈得很多，这里主要谈人为性。传统的语言传播后果是：一种语言使用范围的扩大，带来另外一种语言使用范围的缩小。但是华人的语言播迁改变了这个结果。我们看到的事实是，华人走到各地，既传承保留了自己的语言，同时也接受了当地主流社会的语言，二者和谐共生。

不同时代、原因形成的迁徙，使"中国话"在各地出现了不同的社会存在方式，形成了海外各种各样的华人社会，各具特色。例如，在马来西亚西部，自北向南，华人语言使用各异：槟城说福建话，怡保和吉隆坡说广东话，马六甲和新山说华语。在马来西亚东部的沙巴和砂拉越则说客家话，也有零星的北方话。在印度尼西亚，巴淡说华语，棉兰说潮州话和客家话，西加里曼丹的坤甸大部分人说潮州话，少数说客家话，山口洋和邦加则说客家话。

自然地把语言带出去是一回事，能不能在那里立足是一回事，能不能往下一代传更是另一回事。问题在于，为什么有的人迁徙到新的地方后坚守自己的语言，有的人则选择了放弃？为什么有的语言得到延续,甚至向外扩散,有的则逐渐或者很快地萎缩或消亡? 菲什曼(Fishman,1964)提出的"三代转用律",被华人移民打破了(王晓梅,2021)。

毫无疑问,新居地的语言文化环境毕竟不同,祖语传承会受到居住地多方因素不同程度的影响。韦九报(2021a,2021b)分别从不同的角度探讨了影响日本华裔生祖语传承的多种因素,王晶(2022)从宏观、中观和微观三个层面分别对中亚、东南亚华裔生的汉语言认同的影响因素进行了讨论。后代语言使用也情况各异。在印尼和日本,我们甚至还可以看到第一代就转用当地语言的案例。早期移民多为聚居,大多可以自然习得父辈语言,加上后续的私塾或学校教育,中华语言文化就得到保留和传承。不用母语开展在地化教育,除非特别坚持,移民就可能会改变自己的语言使用——逐步放弃母语,而采用当地通行的语言(Chao,1968)。

对于华裔来说,族群的压力、家长的期盼、祖语国的前景、文化的魅力等等,都会影响到他们的祖语学习,而且有时可能有一定的被迫性。为使祖语传承下去,各地华人社会通常会采取一些措施来开展一般所说的"母语维护"工作,如开办社区学校进行语言传承教育,强调"文化是根"等等。这种干预会遇到来自各方面的各种各样的阻力。在下一代无法自然习得母语而被迫学习的情况下,遇到的阻力更为强烈。从这一点看,传承也是一种传播,是一代到另一代、带有文化基因的纵向传播。把上述种种努力看作"人为的语言传播"并不为过(郭熙,2013)。

(二) 华语海外播迁的时代和使用状况

中国人移民海外历史悠久,与当今语言传承有关的话题主要集中在晚清以来的移民身上。晚清以来,中国大体上有 5 次较大的向外移民潮:(1)晚清开始,民国持续,主要流向为南洋、北美、南美;(2)中华人民共和国成立前后,分别从大陆和台湾地区流向北美、南美;(3)香港回归前从香港流向欧洲和北美;(4)改革开放初期出国留学进修,主要流向北美和欧洲;(5)全面改革开放后,中国的商务劳务流动,流向世界各地。

从晚清开始的移民以劳工为主,多无教育背景,基本上都说自己原来的方言,主要源自福建和广东。他们把所谓"福建话""广东话"以及客家话等,带到了新的环境;下一代也自然地习得和使用这些南方方言。这形成了当时华人社会语言使用的一大特点:方言流行。后来,国内的"国语"运动也影响到海外华人社会,一些地方后来则称之为"华语",在教育和媒体中广泛使用,而各社区仍可用方言交流。例如,在马来西亚,华人既使用华语,也使用方言,还使用英语和马来语,语码混用、转换的情况很多。

经过或者直接从中国台湾出去的移民,主要使用"国语";而从中国香港出去的移民,无论在欧洲、北美还是澳洲,基本上是使用粤方言。总体上看,这两类移民受教育程度比较高。他们在书面上更倾向于使用繁体字。

改革开放后从中国内地出去的新移民分为两种情况。一是改革开放初期的移民,以技术移民为主。主要是研究人员、研究生和大学生,被选派出国学习或进修。他们拥有良好的教育背景,基本都会说普通话,英语也非常好。他们在下一代教育方面跟历史上的移民表现出很大不同:家庭中多使用普通话,书面上使用简体字,不少地方也形成了普通话言语社区。二是新时期的劳务商务移民,主要是务工人员,还有一些经商者。教育和语言背景复杂多样。这些移民形成了海外华人社会新的语言景观:主体方言由传统的闽粤客转为其他,其中说浙江温州方言的为多数。许多温州人的下一代曾在温州家乡上学,既会温州话,也受过国家通用语言教育。我们对葡萄牙、西班牙和意大利等国的华人社会实地考察发现，温州移民或侨民是当地华人社会的主体，温州话也成为当地华人社会的重要交际工具。在意大利的佛罗伦萨，华人社区甚至可以看作温州一些地方的"整体搬迁"（郭熙，2013），他们中的许多人很少跟当地人接触，甚至不会当地语言。北美也有类似情况，而南美一些国家，这种情况甚至更普遍。在巴西，新"华二代"则还在中巴两国间流动，在他们的观念上，华语的地位高于当地语言，家长正在为下一代学不好当地语言而焦虑（陈雯雯，2022）。

（三）海外华人社会语言使用的变化

海外华语在自然传承传播过程中也不断发生一些变化。

1. 方言使用递减

如上所说，历史上的华人各操自己的方言，曾经出现方言流行的情况。方言是各自身份的标志，体现各自的内聚力，各种各样的同乡会则进一步加强这种同乡身份的认同；同时，各地华人社会也认识到了方言对沟通的影响，配合国内的"国语运动"，积极开展"国语"学习，为后来的华语教学和传承打下了基础。但也有一些地方因为担心汉语方言形成华社沟通的障碍，专一推行通用语，导致了方言传承的中断。第五阶段的移民形成了一些新的方言（如温州话）使用群体，但随着中文传播其影响也在减少。

2. 华语变异

由于一个时期里中国社会的封闭政策，历史上的华人移民移出后难以从祖语大树中获取新的营养；与此同时，受当地主流语言和自身方言影响，语言使用上逐步偏离祖语国语言，发生变异，形成区域变体（郭熙，2022a）。在华语生活中，语码夹杂、语码转换等语言现象经常发生。马来西亚华人语言中语码混用就很常见,事实上,那里的华语还形成了不同的风格变体。世界上其他一些地方,还尚未见到南洋地区这样系统的华语变体。海外华语变体给华语教学、学习和规范使用等带来了一定的困扰。

3. 母语祖语化

海外华语之所以要进行"传承",是因为它的祖语化。"中国话"原来是作为母语使用的,但是到了新的地方以后,逐步成了祖辈的语言。祖语的特征被边缘化,使用范围受限,在很多情况下需要学习(郭熙,2021)。对一些人来说,它实际上是一个文化符号、一个象征。华人社会非常重视母语地位的提升。在马来西亚,华语是华社内部的共同语,尽管华社做了很多努力,但成为官方语言的希望似乎非常渺茫(王晓梅,2021)。

从上可以看出,不同历史阶段、不同地区的历史和现实对华语的传承和传播都有一定的影响。回顾这些历史,我们可以看到,"中国话"走到世界各地,其活力至今得到保持,"人为性"的特征非常明显,它并不是一种纯粹的自然传播。这一点对于充分认识海外华语传承的经验将具有重要的意义。

二、华语成功传承的基本经验

华语作为祖语在各地的传承,取得了不同程度的成功。它至今还是各地华人社会之间沟通的重要工具和身份认同的标志,中华文化至今还在海外各地保留甚至发展,成为一种重要的语言资源,可以说是华语在海外成功传承的明证。对这一成功的研究具有深刻的历史和现实意义(郭熙,2021)。以海外华文教育为主线的海外华语传承研究近年来有不小的进展,不少学者对这些研究成果进行过梳理,如林瑀欢(2021a)、曹贤文(2017)等;王文豪(2020)、林瑀欢(2021b)、韦九报(2022)、陈雯雯(2022)、雷朔(2022)等则对不同国别区域的传承或保持进行了较系统的研究。初步研究表明,海外华文教育研究不能等同于海外华语传承研究:前者仅关心华语传承的学校路径,后者除了关注学校的语言文化教育以外,还关注"家庭、华人社区以及其中的媒体、语言景观、社会文化活动等等"(郭熙,2021)。为传承华语,各地华人社会各自进行了一系列的努力。这些努力有的有效,有的则不一定有效。那些有效的努力可以看成海外华语传承成功的经验。

(一) 多方广泛参与,群策群力

海外华语传承的成功是华侨华人维护祖语全动员、跟各种困难和阻力斗争的结果。华语传承的一个基本理想是把自己的民族语言文化完整地传给下一代,把根留住。坚定的文化自信,不变的语言忠诚,使得这一事业拥有广泛的群众基础。共同的语言文化情感形成了群体向心力。全民办祖语教育,体现出了华人社会的同心协力。

当广大群众真正认识了海外华语传承的重要性,形成群众性力量,再困难复杂的环境,华语都有可能得到传承。他们利用一切可以利用的力量,通过华人社区、族群、家庭、媒体和学校共同努力来实现。印尼华人在华语被禁的 32 年中,利用"地下"方式学习和使用,最大程度地传承了自己的民族语言文化(林瑀欢,2021b)。

不同时期、不同类型的移民对母语的态度或情感不同。以往的研究中已经有不少关于海外华人热爱祖籍国的介绍。这在不同代际的人群中有不同的表现。第一代移民眷恋故土,对祖籍国有着强烈的认同感,对自己语言文化的防护意识相当强烈,大多非常关注下一代的母语教育问题;但从第二代开始就发生变化,各地的调查都表现出了类似的趋势。在移民聚集的国家和地区,这种认同还会持续更多的辈代,例如马来西亚。在印尼,尽管有 32 年的断层,但不少华人对中华文化的认同和对华语的传承坚守如初(王文豪,2023)。当然,其间还有其他一些因素的影响,例如同样是华人聚集的社会,新加坡和马来西亚的情况就不同,而印尼和马来西亚的情况又不同。

(二) 民间社团自发组织领导,发挥核心作用

开展华语传承很大程度上是一种民间自发行为,具有自治性和封闭性,总体上是公益化运行,有组织、有规划、有引导,各种民间社团组织就是其组织者、领导者(沈敏,2022)。

人们常说华人社会有三大法宝:华人社团、华文媒体和华文学校。华人社团是核心。在这些民间社团的组织领导下,各地华人有钱出钱,有物出物,有力出力,有智献智,使中华语言文化在世界各地生根发芽,这才有了今天丰富的海外华语资源,成为世界上少见的民族之花。在马来西亚,有华文小学、独立中学、国民型中学,在这些学校的发展中,董总(马来西亚华校董事联合会总会)、教总(马来西亚华校教师联合会总会)起到了积极的作用。著名华教人士莫泰熙在接受访谈时阐明,马来西亚董总和教总在华文教育发展过程中起着关键性的作用。他说:"我国独立前,华校能够生存、能够发展,主要是各校有非常重要的组织——董事会,各校董事会又组成州董事联合会,最终有了全国性的董事联合会总会,也就是董总。董总之前,有教总的成立,这两个组织,集结群众力量,积极争取民族和教育的权益,领导华文教育的发展方向。"

一些华语传承的参与者最初是自发的,后来越来越多走向自觉,有

的进一步发展成为中坚力量甚至是组织者。今天,相关民间社会组织仍然是海外华人社会祖语传承的中坚。世界各地华人社会,在民间社团的支持下,组建起一支支华语传承"游击队""杂牌军"或"草台班子",包括各式各样的华校、补习班等。新的形势下,他们采用公益和市场相结合的模式,做出了很大的贡献。除了与市场结合,他们还在教育信息化、智能化上做了大量的尝试。世界上很多国家都有移民,但像华人这样有组织地进行祖语传承教育的似乎并不多。这一经验值得深入研究。

(三)因地因时施策,多样化发展

不同的国家社会环境,包括政策、人口、语言背景和移民的构成都不同,华语的地位、生态活力和遇到的问题也各不相同,所以各国的华语传承工作和效果都有差异。不少情况下华语传承表现出"各自为战"的局面,也就是沈敏(2022)所说的自治性。

具体来看,东南亚不同于欧洲,欧洲不同于北美,北美也不同于拉美。我们近年来大量的实地调查和访谈证实了这一点。东南亚各国的华文教育已经形成了自己的模式,这些模式难以在其他地方复制。欧洲更多的是新侨,家庭背景也跟东南亚、北美和拉美不同,不少祖语生都经历过国内的母语习得甚至是母语教育阶段,华文教师也大多受过良好的教育。尽管是非专业化的教育,但他们具有多元、现代的教育理念,擅长以自己的实践经验来指导教学。

东南亚内部差异也非常明显。新加坡不同于马来西亚,前者华文只是一门功课,后者则是系统的母语教育。新加坡也不同于印尼,在新加坡英语是强势语言,华语是弱势语言;印尼的华语则有一定程度上的优势,学习者的语言态度自然不同。拉美更有自己的情况。前文说过,在巴西,一些华人孩子不愿学葡萄牙语,难以融入当地主流社会,不利于族群的和谐共存。

因此,各地华人社会从实际出发,积极探索适合自己地区的方法和模式,努力实现华语传承的在地化,如办中文学校、三语学校、家庭私塾式的补习班,等等。这种努力在不同的国家和地区的体现有所不同。马来西亚保持了完整的华文教育体系,而新加坡也在把华语作为华族的民族语言进行语言文化传承教育。在北美和欧洲,则表现为各种周末班的语言教育。这种遍地开花的华文教育决定了华语传承模式上的开放性和多样性。

(四)利用多方语言资源,保持华语生活

语言存在于语言生活中,没有语言生活就没有语言。作为祖语的海外华语必须通过学习才能系统掌握,通过使用才能巩固。因此,各地华人社会的华语生活,是华语传承的社会条件。华语生活多种多样,发生在不同的场域。比如唐人街形成的社区语言生活、中餐馆的语言生活、华校的语言生活、家庭的语言生活,等等。社会环境中的华语景观也是华语生活的重要元素。

社区语言生活在语言维系中起着极其重要的作用。华人传统的居住方式提供了完整的语言生活,给华语的保持提供了很好的条件。其中,方言起了非常大的作用。这一点在以往的讨论中往往被忽略。近年来,各地华人原来的居住方式发生了变化,新一代缺乏语言习得的机会,而年轻一代使用华语的机会也越来越少,这给华语的传承带来了新的压力。不过,我们正在看到一种新的华人言语社区,即没有物理空间的云端华人言语社区正在形成(郭熙,2021;姚敏,2021)。或许媒体语言生活可以与这个算成一类。过去华文教育领域里边很少讨论传媒,

从语言生活的角度看,华文媒体的作用非常大,姚敏(2021)已经讨论了华文媒体在华语传承和传播中发挥的独特作用。

华校是坚持社会华语生活的一个基本盘。历史上的海外华校以华文为媒介语开展文化教育,也就维持了华语在学校语言生活中的使用。后来华校尽管由"用华语教"转向了"教华语",但校园里的华语生活得到了一定程度的延续。

家庭是基本的语言生活单元,也是祖语的最后坚守场域。李国芳和孙茜(2017)研究了加拿大的华人家庭,发现它有四种情况:一种是不说中文,一种是以中文作为过渡语言,第三个是多语的,还有一些家庭把中文作为唯一的语言。家庭语言生活不仅可以提供理解输入以及语言交际环境,更能给下一代的祖语习得提供储备(郭熙,2020)。

(五) 坚守非排他性,积极"在地化"

华语传承和传播具有非排他性,这也是华人社会的一种坚守。历史上的华人移民多以出卖苦力为生,政治经济地位低下,不可能在当地推行自己的语言;即使是在经济上占有优势的情况下,华人仍然以尊重当地文化、积极学习当地语言、努力融入当地社会为目标。在 20 世纪早期,南洋地区的一大批中国知识分子,例如胡愈之等人,就提倡学习当地的语言和文化。后来,一些华人社会团体更是从当地出发提出自己的目标。例如,菲律宾华文教育机构确定华文教学的目标就是"培养具有中华文化特质的菲律宾公民"(王宏忠,2008)。在马来西亚,华文教育与国民教育并行,成功实现了三语教育。而在新加坡,华语社会的华人几乎都是英华双语者,真正的双语人基本上是华校培养出来的。在印尼,华人正在努力开展三语教育,三语学校越来越多;各地的华语学校里,当地友族的学习者越来越多。在巴西,新移民的华二代不重视葡萄牙语学习，家长和学校都积极采取措施予以补救（陈雯雯，2022）。

这种非排他性的语言传承传播给华语与当地语言的和谐共存打下了很好的社会基础，对于营造多样的语言秩序具有重要意义，也给我们的中文国际传播带来了新的思考空间。华语传承的这种非排他传统，与中华语言文化的包容性直接相关。海外华语具有工具性、资源性和文化遗产性等多重属性，从不同的角度认识海外华语和华语传承，是进一步分析这种非排他性的基础（郭熙、雷朔，2022）。

三、海外华语传承对中文在地化传播的启示

国际中文教育有两个路向：一是海外华侨华人的母语或祖语传承，一是中文作为外语的国际传播（郭熙，2022b）。传承是代际的，纵向的；传播是语际的，横向的。一横一纵，构成国际中文教育的全领域。国际中文传播可以再分为国内的对外汉语教学和海外各地的在地化传播。国内的对外汉语教学是目标语环境下的、成人的汉语二语教学，跟海外非目标语环境下的、更多的是学龄段的汉语二语教学有重要差别（郭熙、林瑀欢，2021）。海外华语传承中的祖语维护本身也是一种有意识的语言传播，在环境、学龄等方面跟在地非祖语生的中文学习有不少共同点。因此，它所积累的历史经验也给中文在地传播带来不少启示。

（一）华语传承与中文传播应协同发展

多年来，海外华语传承被认为单单指向海外华侨华人，而中文传播则指向华侨华人以外的外国人，二者成了两条不相干的平行线。近年来，又有人主张各种中文教育"合流"，将二者合并（黄启庆，2020）。事

实上,海外华语传承的成功和在地化启示我们,海外华语以及背后的华人社会是一笔宝贵的语言传播资源,应该把华语传承跟中文传播结合起来,优势互补,协同发展,相辅相成。我们相信这样做会有不小的发展空间。

1. 语言人力资源

世界各地的华人社会都建有各种各样的社会组织,从商会到教育团体再到政治组织等,这是一笔雄厚的人力资源。目前海外有 6000 多万华侨华人,其中很多人能不同程度地使用华语,理论上他们都可以成为当地的中文"教师"。借助他们,一传十,十传百,几何级数的增长将给中文传播带来巨大的增值。他们了解当地的国情民情,能够采用更适合的方式跟当地民众交流,更有优势讲好中国故事(郭熙,2020)。这显然有利于中文传播力量的在地化。

2. 语言教育资源

海外华校不仅是华语传承的重要阵地,更应该成为中文在地传播的重要桥梁。目前世界各地有 2 万多所华校,10 多万华文教师,他们有强烈的中国语言文化传承传播信念,有丰富的海外学龄段语言教育经验,是非常理想的中文传播手;而国内派出的中文教师则受过汉语作为第二语言教学的系统专业教育,具有较好的理论素养。强强联合,会大大改善专业教师和教材不足等问题。国家在中文传播方面的经费也可以用于帮助华人进行民族文化传承教育,这符合保护语言文化多样性的理念,容易得到理解和支持。事实上,在保护语言文化多样性的理念下,加拿大、澳大利亚等国不少州政府和有关方面,都对当地的华语传承给予了积极支持。

3. 语言生活资源

自然地,无须论证,海外华人社会的语言生活更是一种重要的语言资源,它是华语使用的重要实践场域。作为语言生活的重要组成部分,海外华文媒体为各地华人社会交流传输各方面信息,是海外华语传承的推动力量。目前海外有华文媒体800多家,主要是平面媒体,网络媒体也有较大的发展。它们是不可忽略的中文教学和学习资源。

各地华人社会及相关民间机构团体在语言传播的外部性方面具有天然优势。充分借助这一优势开展中文在地化传播工作,有利于避免双方争业绩、争市场、争师资等负面影响,调动当地华人传播的积极性,而这一过程本身也是对华语传承的促进。

(二) 顺应时代发展,深化中文传播目标和任务的认识

不同时代和地域的海外华语传承之所以成功,跟他们坚持从实际出发,因时制宜、因地施策是分不开的。早期南洋华语传承努力坚守,积极应变(李计伟,2023),中文传播也应该这样。

当今的中文传播正在见证以下变化:一是对象变化。海外中文学习者的共同点是学习者低龄化,多处于学前、学龄阶段,在多个方面都跟国内的对外汉语教学有不同。二是场景和学习状况的变化。早期华校包括目前一些国家的华校,是用华语去学文化,而现在更多的情况是"学华语""学中文",而且正在出现越来越多"一校三语"的情况。三是可利用手段的变化。我们已经进入信息时代、新科技时代,大数据下的智能化已经进入了每一个角落。

顺应时代,确定他们的学习目标和内容,选择合适的方法和模式,有针对性地开展教学是问题的关键。我们已经指出:

> 既往的中文教育中,重点多放在交际工具上。问题在于:第一,掌握一种新的语言并非易事,不管是何种语言;第二,随着新科

技发展,人们未来对语言作为交际工具的依赖性会不断降低,为满足交际需要而外语学习意愿会有所下降。因此,有必要重点倡导另一种语言价值观:多学习一种语言就多了对一种文明的了解,多了一种认识世界的方式。(郭熙,2021)

顺应时代,寻找新的突破口是做好中文传播的必由之路。我们需要新的理念,要更包容、更开放,要科学全面准确地认识国际中文教育的目标、模式以及标准等,切忌"一刀切"。"一刀切"给我们的教训已经很多了。

(三) 建构多语生活,让中文学有所用

华语在世界各地的存在,一个重要的经验是坚持非排他性,与当地语言和谐共生。未来是多语时代,如何在新的时代应对多语学习带来的机遇和挑战,华人社会已经给出了不少历史答案。马来西亚、缅甸等地的历史经验都表明,一人掌握多语是可以做到的。在马来西亚,华人通常使用3种语言,华语、英语和马来语,而很多人甚至还可以使用汉语的方言(郭熙,2022a)。在缅甸,20世纪60年代前,华人也可以使用3种语言,华语、英语和缅甸语。那时的华文学校都是三语学校,教中文、缅文和英文(李春风,2021)。究其原因,华人的多语生活发挥了重要作用。

理论和实践都证明,语言是学会的,是用会的,不是教会的。传统上,各地华人社区都有一些语言文化活动,形成了各具特色的华语生活。我们对270多位海外华语传承人士的访谈结果表明,语言生活中的景观、媒体、社区、家庭、社会文化对语言传承至关重要。

从这一点出发,未来中文传播中,应重视建构适应时代的中文语言

生活。传统上各地华人社会都有自己的言语社区,它们本身就可以成为在地非祖语中文生的实践基地。由于时代发展,华人原来的聚居格局正在改变。新时代里,互联网突破了时间和空间的局限,打造了新的华语社区格局,应吸引中文生进入云端中文社区,体验华人社会语言生活。

华校的转型升级已经成了华文教育界的热门话题,可惜的是,许多人仍然把重心单单放在教学方法的改进上。在我们看来,转型升级后的华校已经不是传统意义上的华校,它可以成为所有中文学习者的语言文化俱乐部、语言生活体验场;而非祖语中文生和祖语生在华校共处,可以创造更多的交流机会,取得更好的学习效果。多层次发展,分目标实施,因地施策,实现中文学习的生活化应该是一个努力的方向。

(四) 因地施策,多样化发展

华语传承中的各种经验有的可复制,有的则不可复制。无论如何,因地施策,多样化发展是一条值得认真借鉴的重要经验。

各地华人从实际出发,形成了各自的华语传承模式。李春风(2021)对缅甸、刘慧(2021)对柬埔寨、姚敏(2021)对马来西亚、林瑀欢(2021b)对印尼等的华语传承情况都进行过探索。模式上的开放性和多样性也应该体现在中文在地化传播方面。当然,借鉴不是照搬。中文传播不可能照搬华语传承模式,也不应仅仅或完全采用已有的外语传播模式。更不可能是单一模式。中文传播应全方位、立体化发展,教学自然更应该灵活多样。

中文传播的内容要多样化。既要反映中华优秀传统、中国的古老文明,更要体现中华文化的当代化,反映现代中国社会文明,向中文学习者更多地展示新时代中国的发展、中国道路的经验和中国成功的故事,进而激发他们的好奇心和探究欲。

传播的形式也需要多样化。传统媒体的影响力越来越小,应重视新媒体的优势。各种新的中文学习平台,如智爱中文平台、全球中文学习平台都在努力探索如何适应时代需求。应努力开发多种多样的言语产品,多渠道开展中文传播。例如,从海外中文传播的主要对象出发,应积极开发智能语言学具,如"电子语伴儿"类贴近儿童的语言生活的线下线上结合的新科技语言产品。

(五) 强化中文教师信念,增加中华文明、文化知识积累

海外华人祖语传承中,教师的坚定信念给我们留下了深刻印象。无论何种知识背景、年龄、专业水平,他们都有一个共同点,即对中华语言文化传承保有坚定的信念、奉献精神和跟学生的亲密关系。对于越来越多的学龄学习者来说,教师的多元和现代教育理念、敬业精神、情感投入的重要性远超过专业水平,他们对教师的文化艺术知识水平的要求也比较高,而对中文语言知识,例如中文语法知识等的要求相对要低。未来外派国际中文教师的培养、培训和选拔中,应充分考虑到这一点。

四、结语

"中国话"历史上被中国人带到世界各地,一代又一代华人,克服重重困难,创造各种条件,成功地实现了华语的代际传承,成为当今世界为数不多的祖语传承范例。在华语传承成功的背后,我们看到了它的"人为性",看到人为传承的力量,也就在华语传承和当今中文在地传播中间找到了共同点。中文有自己的特点,新时代的国际中文教育也不同于以往任何语言的传播,不能照抄英语等外语教育的模式。海外华语传承的丰富经验和多样资源,值得中文在地化传播借鉴利用。

海外华语传承和中文在地化传播不应成为两条互不相干的平行线。在传承协同传播的视角下结合中华语言文明的形成和发展来重新认识国际中文教育具有深远的意义。有关方面应统筹海外华语传承与国际中文在地化传播两个路向的发展,充分利用民间力量,积极探索适应新时代发展的中文传播机制,实现资源互补,相辅相成。中文传播应以语言文化交流为目标,它是文明互鉴的重要路径。华语传承协同在地化中文传播会大有可为,我们对此充满了信心。

参考文献

曹贤文,2017,《海外传承语教育研究综述》,《语言战略研究》第 3 期。

陈雯雯,2022,《巴西新"华二代"祖语传承研究》,北京语言大学博士学位论文。

刁晏斌,2015,《论全球华语的基础及内涵》,*Global Chinese*(《全球华语》)第 1 期。

郭熙,2013,《华语传播与传承:现状和困境》,《世界华文教育》第 1 期。

郭熙,2020,《新时代的海外华文教育与中国国家语言能力的提升》,《语言文字应用》第4 期。

郭熙,2021,《主持人语:华语与华语传承研究再出发》,《语言战略研究》第 4 期。

郭熙,2022a,《全球华语语法·马来西亚卷》,商务印书馆。

郭熙,2022b,《让更多的人了解中华语言文明》,《语言战略研究》第 5 期。

郭熙、雷朔,2022,《论海外华语的文化遗产价值和研究领域拓展》,《语言文字应用》第 2 期。

郭熙、林瑀欢,2021,《明确"国际中文教育"的内涵和外延》,《中国社会科学报》3 月 16 日。

郭熙、刘慧、李计伟,2020,《论海外华语资源的抢救性整理和保护》,《云南师范大学学报(哲学社会科学版)》第 2 期。

郭熙、祝晓宏,2016,《语言生活研究十年》,《语言战略研究》第 3 期。

黄启庆,2020,《新形势下看汉语国际教育与华文教育的双流合一》,《云南师范大学学报(对外汉语教学与研究版)》第 5 期。

雷朔,2022,《旧金山华裔生祖语保持研究》,暨南大学博士学位论文。

李春风,2021,《缅甸华语传承模式研究》,《语言战略研究》第 4 期。

李国芳、孙苗,2017,《加拿大华人家庭语言政策类型及成因》,《语言战略研究》第 6 期。

李计伟,2023,《南洋华侨的华语传承:应变与植根》,《云南师范大学学报(哲学社会科学版)》第 1 期。

林瑀欢,2021a,《海外华语传承研究综述》,《语言战略研究》第 4 期。

林瑀欢,2021b,《印度尼西亚华人祖语传承研究》,暨南大学博士学位论文。

刘慧,2021,《柬埔寨华人家庭语言规划与华语传承调查研究》,《语言战略研究》第 4 期。

沈敏,2022,《海外华文教育及其产业化问题》,新媒体语言跨学科研究高峰论坛。

王宏忠,2008,《菲律宾华文教育综合年鉴 1995—2004》,菲律宾华教中心出版部。

王晶,2022,《华裔留学生的汉语认同研究》,西北师范大学博士学位论文。

王文豪,2020,《爪哇华语口语语法研究》,暨南大学博士学位论文。

王文豪,2023,《印尼华人身份认同变迁与华语传承》,《云南师范大学学报(哲学社会科学版)》第 1 期。

王晓梅,2017,《全球华语国外研究综述》,《语言战略研究》第 1 期。

王晓梅,2021,《马来西亚华人社会语言研究》,商务印书馆。

韦九报,2021a,《祖语水平保持的影响因素研究——以在日华裔青少年为例》,《语言文字应用》第 4 期。

韦九报,2021b,《日本华裔生祖语传承个案研究》,《华文教学与研究》第 4 期。

韦九报,2022,《日本华裔学生祖语保持研究》,北京语言大学博士学位论文。

邢福义,2022,《全球华语语法》,商务印书馆。

姚敏,2021,《马来西亚华人社会、华语社区与华语传承》,《语言战略研究》第 4 期。

祝晓宏,2017,《近十年来华语研究的理论探索与应用进展》,《语言学研究》第 1 期。

祝晓宏、周同燕,2017,《全球华语国内研究综述》,《语言战略研究》第 1 期。

Chao, Yuen Ren, 1968, *The Language Problem of Chinese Children in America. Aspects of Chinese Socio-linguistcs*, Stanford University Press. 中译本见卢德平(1987)《美国华裔儿童的语言问题》,《国外外语教学》第 4 期。

Fishman, J., 1964, Language Maintenance and Language Shift as a Field of Inquiry: A Definition of the Field and Suggestions for Its Future Development. *Linguistic*, 9.

马来西亚华人社会、华语社区与华语传承[*]

姚　敏

一、引言

近年来,华语传承研究受到越来越多学者的关注。在以往的研究中,讨论多集中在华文学校和华人家庭的作用上。本文尝试从"华语社区"的视角考察海外华语是如何在华人代际间传承的。"华语社区"是在徐大明(2004)言语社区理论基础上发展起来的一个概念。徐大明、王晓梅(2009)使用了"全球华语社区"的说法,认为华语除了沟通作用,还有重要的认同作用,而"华语社区"最大的特点就是其成员对华语具有归属感和认同感。

"社区"这一概念源自社会学,强调地域、人口、民族身份等意义;而"华语社区"则是根据社会语言学的标准来判定的。如此看来,"华语社区"既符合社会学定义的社区概念,又是一种强调具有语言特性的社区,是言语互动的实体。这个概念的提出有利于将语言学和社会学的各类研究有机结合起来,是社会语言学研究的一个独特视角。

马来西亚是公认的海外华语传承典范。马来西亚华人至今保持着

　　* 本文是国家社科基金重点项目"海外华语资源抢救性搜集整理与研究"(19AYY003)、国家社科基金重大项目"境外华语资源数据库建设及应用研究"(19ZDA311)资助成果。成文过程中,马来西亚学生徐佳珉协助提供了翔实的数据,多位师友对文章提出了修改意见,在此一并致谢! 本文原载《语言战略研究》2021 年第 4 期。

相当高的华语水平,这得益于马来西亚华人家庭、华语社区和华文学校的共同努力。华人家庭是华语传承的基础,华语社区是华人进行华语生活的实体,华文学校为华裔新生代的华语学习提供了保证。三者都在华语传承中发挥着重要的作用,共同构成了"三角"关系,互为依存,相互促进。本文聚焦马来西亚华语社区,分析其形成历史,考察从华人社会到华语社区的变迁,以期总结马来西亚在华语传承方面特有的经验。当然,要讨论马来西亚的华语社区,就需要先从社会学意义上的"华人社会"谈起。

二、从华人社会到华语社区

根据 2020 年的统计,马来西亚华人大约 670 万,占全国人口的 22.6%[①],属于当地少数族群中的"大户"。华人迁徙到马来西亚的历史已经超过 300 年。17 世纪末,马来西亚被荷兰殖民。荷兰殖民当局很早就认识到华人"勤劳、质朴、节俭"(胡波,2019:5),想方设法吸引华人劳力。17 世纪五六十年代,柔佛就已经成为华人在马来西亚进行贸易的中心。英国人汉密尔顿曾谈道:"那些勤勉的人都是中国人,他们居住在自己的城镇里。"(林远辉、张应龙,2008:80)可见,马来西亚华人在迁徙初期就已自发形成了华人社会。

中国人受农耕文化和宗族文化的影响,喜欢聚族而居,尤其是远在异国他乡,更需要抱团取暖。在异国他乡重建华人社会,有助于海外华人抵抗孤独,消除寂寞,共同防御攻击,保护自身权利。华人社会也在无形之中成为马来西亚华人的地域共同体、利益共同体和命运共同体。

---

　　① 数据来源:《马来西亚统计局报告》(*Current Population Estimates*,Malaysia,2020)。

　　早期马来西亚华人社会的雏形是各个方言帮群。华人移民为交流方便，习惯按方言分成不同的帮群，如闽方言的福建帮、粤方言的广府帮、潮州方言的潮州帮、客家方言的客家帮、海南方言的海南帮以及其他方言群体，形成了一个个方言社团。各自的会馆为同乡提供休闲场所，组织祭祀、节庆活动。有的会馆为同乡新客提供食宿，为他们找工作牵线搭桥；有的还有治病救人、协助同乡婚丧嫁娶的功能。这些活动增强了同乡之间的凝聚力，延续了当地华人对中华传统文化的情感。

　　然而，由于方言差异较大，不同地方的华人无法顺畅沟通，这也带来了很多弊端。到 19 世纪末 20 世纪初，因为方言问题，海外华人内部引发了不少矛盾、分歧，甚至是械斗。晚清政府意识到民族共同语的传播和推广有助于加强海外华人作为"华人"的整体认同感，开始提倡用官话进行海外教育，并派遣官员出使新马等地劝学，以增强海外华人之间的凝聚力，促进海外华社的沟通、团结和融合（姚敏，2017）。以此为契机，华人社会开始出现中华总商会、中华大会堂这样的超越了地域藩篱和帮派界限的大型组织机构，逐步形成更广泛意义上的华人社会，为不同籍贯华人之间进行华语沟通和交际提供了重要场所。

　　随着马来西亚华人的思想由落叶归根逐渐转变为落地生根，当地华人社会的发展也日臻成熟，功能渐趋完备，在诸多方面为华语的传承发挥了积极的作用，无形之中使一代代华人青少年浸润在中华传统文化之中。马来西亚华人社会在社会活动、公共服务、华文传媒、捐资兴学、语言景观等方面发挥了独特且至关重要的作用。

（一）社会活动

　　华人社会的重要职能之一就是组织祭祀、信仰崇拜和节日庆典等活动。这些活动不仅创造了更多华人聚会交流的机会，也在无形之中将中华民族传统的祖先崇拜、民间信仰、宗族观念、价值倾向、风俗礼仪等刻入每一代华人心中,具有传承中华文化、促进身份认同、提高凝聚力等功能。

马来西亚华人社团组织是维系华人社会的重要枢纽,既包括综合性社团,也包括地缘、血缘、业缘、文缘及神缘性社团。这些社团活动比较频繁,地缘性与血缘性的会馆和姓氏宗祠每年都会定期举办祭祖、家庭日、节庆联谊等活动;宗教、神缘性社团脱胎于华人社会,不同宗教信仰的华人信众各自活动、互不干涉;文缘性的社团以文会友,用华语进行文学再创造,不仅为马来西亚华语的形成提供了养分,还创造出了别具特色的马来西亚华人文学;业缘性与学缘性的商会组织和文教青年团体则经常举办讲座、读书会、球赛、商业联谊等活动(郑达,2010)。丰富的华人活动和社团互动提升了马来西亚华人解决华社问题的能力,给了当地华人底气和自信,帮助他们更好地融入当地社会,扩大华人的影响力。在这些活动中,华语都是重要的沟通和交际工具。

(二) 公共服务

华人社会从一开始就是高度自治、高度自觉的。华人宗族观念浓厚,彼此之间有天然的默契。华人社会自然而然地提供了很多公共服务场所,如各种会馆、社团、药店、诊所、棋牌娱乐室、阅览室、图书馆、电影院等;同时还为各种商业买卖提供了交易场所,如各类集市、商场、餐馆等。因为华语(包括汉语方言)往往是华人在这类场景中进行沟通交流的首选,所以这些(包括华人开的小摊位)为当地华人提供了最天然的华语交际场所。

2020 年 6 月,我们对一家典型的马来西亚华人家庭进行了为期一个月的线上深度访谈,包括音频、视频通话和文字信息交流。家庭成员中有一位是笔者的马来西亚学生。她是第三代客家移民,大学毕业后在一所华文小学当老师。其父曾赴英国留学深造,但对华人身份和华语都有很强的认同感,从小便送她去华文小学读书。她和家人的华语听说读写水平非常高,与中国人无异。她的外公、爷爷对中华传统文化的保持与热爱深深地影响了后代,其子孙对祖籍国语言文化有着非常强的认同感。她的舅舅可以写一手漂亮的书法。该学生及其家人认为,除了受家人影响外,居住地的华人社会也在无形之中帮助她巩固、实践了华语。华人社会的存在让她一直都觉知自己是一个"华人"。访谈中我们还发现,华人社会的语言选择在代与代之间存在不同的特征。七八十岁的老一辈华人同乡更习惯用方言拉近彼此之间的亲近感;五六十岁的老人则更愿意选择华语作为交流工具,特别是与晚辈进行交流时,更是会主动选择华语;而年轻一代华人能说方言的则越来越少,他们在华人社会活动时,会自然而然地选择使用华语。有趣的是,从前小一辈与长辈交流时会主动选择方言,如今则变成了老一辈主动放弃方言而选择华语与年轻一代交流。总的趋势是:华语已经逐渐代替方言,成为更多马来西亚华人在华人社会沟通交流时的首选语言。

(三)华文传媒

华文传媒孕育、脱胎于华人社会,主要服务于华人社会,是华人社会产出的最大文化产品。马来西亚的华文传媒高度发达,既包括传统意义上的报纸杂志、广播电视,也包括新型传播媒介和传播平台,为广大华人提供华文的新闻与消息,以华文为桥梁,构建起了马来西亚华人与世界、与中国和其他地区华人的连接,不仅提供了华人表达观点和立场的平台,也是华人之间进行沟通、传播中华文化的重要途径。

马来西亚华文报业位列东南亚华文报纸市场第一梯队,具有强大的竞争力,市场空间广阔。据马来西亚世界华文媒体集团统计发现,大约有八成马来西亚华人读者订阅了《星洲日报》《光明日报》《南洋商报》和《中国报》中的一种,其中《星洲日报》订阅量最高,其他报纸之间竞争异常激烈。这种竞争已经从马来西亚市场延伸到了邻近国家,如《亚洲日报》成功打通文莱的报业市场,《星洲日报》则打通了柬埔寨、印度尼西亚的报业市场(张艳萍,2020)。除了纸媒外,马来西亚华人社会还孕育出了自己的华语电台、电视台和华文网络媒体、自媒体。这些华文传媒对于华语在马来西亚甚至是东南亚华语圈的传播起到了极大的推动作用。同时,马来西亚华人对于中国的友好情感促使他们主动通过华文媒体了解中国最新的政策和动态,建立起对中国积极正向的评价,也在无形之中搭建了一座中马之间沟通、交流的桥梁。总的来看,华文媒体使得马来西亚华语固化、流通、传播到了纸张、电台、电视、网络等媒介上,为华语传承和传播提供了视觉、听觉等感官全方位的渠道,为马来西亚华语的传承、传播发挥了独特作用。

(四) 捐资兴学

中国人向来重视子女教育,具有捐资兴学的光荣传统。早期华人移民在安身立命之后,首先考虑的就是子女教育问题。马来西亚华文教育萌芽期多以方言私塾形式存在,后来逐渐变成由各自会馆出面组织兴建各种旧式学堂或书院。随着晚清政府教育新政的发布,官话的推行和新式华文学校的普及,海外华人社会也出现了创办新式学校的高潮。1901—1911 年,马来西亚就有 30 多所华侨学校诞生(胡波,2019:211)。新式学校一律采用国语教学,打破了以往方言社区各自为政、互不往来、语言不通的局面,更激发了华人社会捐资助学的热情。邹春燕(2018)也将华人的结社、捐资视为马来西亚华文教育成功的重要因素。

时至今日,大部分华校还要靠当地华人社会的支持和帮助。每到重大节日,华校师生就会组织各种形式的活动深入当地华人社会募集资金。而在马来西亚,由于华人社会很好地保持了对中华优秀美德和尊师重教观念的传承,不断涌现出了像林连玉、沈慕羽、郭全强、林源瑞等许许多多不计个人得失、为华教无私奉献的民族英雄和热心人士,一代接一代不遗余力地支持华文教育。在华人社会的积极支持下,华文教育界还成立了专门的组织机构:马来西亚华校董事联合会总会(简称"董总")和马来西亚华校教师会总会(简称"教总")。尽管马来西亚建国后,政府担心华族力量太过强大,从政策上限制华文学校的发展,但华文教育在马来西亚华人的共同努力下,仍形成了"华文小学—独立中学—华文高等院校"的完整华文教育体系。可以说,马来西亚华文学校是在当地华人社会中孕育,并在其积极扶持、帮助下才发展壮大的。马来西亚华文教育的成功离不开华人社会在财力、物力和人力上的支持。

(五)语言景观

本文的"语言景观"不仅指出现在华人社会的公共路牌、广告牌、街名、地名、商铺招牌等语言景观,还包括店铺、饭馆、茶室所特有的装饰、摆设,甚至是颜色的选择和使用等景观。这些景观对当地华语传承也起到了积极的促进作用。王晓梅(2020)对吉隆坡唐人街语言景观的历时变化进行的调查显示,从殖民时期(1824—1956)、建国后(1957—1990)、全球化时代(1991年至今)唐人街语言景观的变化来看,马来西亚华人社会的语言变化表现为:从华语单语(使用繁体字)过渡到中英双语,再演变为中英马三语。尽管华人社会的语言景观随着马来西亚华人在马来西亚社会中的角色变化以及语言能力的变化有所发展,但马来西亚华人一直以来都坚持使用汉字(包括繁体字和简体字)。除汉字外,以前还使用方言拼音,近年来因为华语的普及和教育的需求,汉语拼音在华人社会中的使用也逐渐增多。华人社会独特的华语景观一方面显示了华语的优势,另一方面将视觉刺激转化为语言行为,从视觉上强化了汉字、拼音和华语的传承。除语言文字本身外,华人社会极具中国特色的庙宇、祖屋等的建筑风格,甚至是店铺装饰摆设及颜色的选择都还原了华人特有的文化信息。这些都在无形之中渗透到当地华人的生活之中,增强了马来西亚"华人"的身份认同感。

三、华语社区:华语传承的稳定器

在马来西亚华人社会,无论是哪个方面,华语都是最重要的沟通工具,都始终作为华人社会重要的"设施"(徐大明,2018)。不管是公共服务的提供者,还是社团活动的组织者、参与者,都会自然而然地使用华语,甚至华文传媒和语言景观都在无形之中给当地华人带来对华语的归属感和认同感。华语在马来西亚华人社会不仅是沟通的工具,更是一种认同工具。马来西亚华人一直认为华语是华人的母语(徐大明、王晓梅,2009)。马来西亚的华人社会已经不仅仅是社会学意义上的社会概念,也符合言语社区理论中对"华语社区"的界定,即马来西亚华人在对华语的认同与沟通之上共构的华语社区。马来西亚华语社区在华语传承上发挥了重要的作用。

(一)形成华语生活,保障华语传承

马来西亚华语社区可以说完整地涵盖了当地华人语言生活的方方面面,不仅提供了平台和场所,更重要的是使华语走出家庭,扩展到生活领域、公共领域甚至工作领域,不断地运用,从而保持更加持久的活力。更不要说,马来西亚华人社会所形成的共识——鼎力资助华文学校的发展,使得华语传承进入到了理性层面。而学习这种华人的共同语反过来会促使华语社区更加团结在一个族群意识之下,而非分散的方言群体之中。同时,马来西亚华语的广泛学习和使用,也使其影响力波及东南亚,甚至更广阔的"华语社区"。

正是有"华语社区"这个重要的华语传承稳定器的存在,才使得马来西亚华语能够不只囿于华人家庭内部,也不仅仅局限于华文学校的学习上,而在一个更为广阔的平台和路径上不断深化,持续散发活力。在语言选择上从最初的方言林立到后来的华语通行,构建马来西亚华人的整体意识,在华人社会中搭建表达社情民意诉求的平台,积极构建和发展华语社区,使华语主动成为中国和马来西亚两国交流的传播载体和桥梁,等等,这些都应当成为马来西亚华语传承可供其他国家华语社区借鉴的经验。

(二) 构建华语认同,增进族群归属感

语言与族群、与族群文化认同存在着必然联系,语言是族群及其文化认同的核心要素之一。马来西亚华语的形成和发展,对于马来西亚华人族群认同与文化认同的形成和发展起到了重要的作用;同时,马来西亚华人族群认同和文化认同的形成与发展,也为华语的形成和发展提供了有力的内在动力和良好的环境,两者具有高度的关联性(徐玥,2018)。除了华语的语言知识外,华人社会所蕴含的中华传统民间宗教信仰、家族祭祀、节俗礼仪、价值观念等,都是华人礼仪习惯、言行举止的关键养成要素(王建红,2020)。马来西亚华裔新生代除了能在家庭中使用华语、在华文学校学习华文之外,还可以在华语社区中用华语进

行沟通、生活,浸润在华语景观所呈现的中华文化元素之中。华语社区所呈现出的中华文化思维、认知方式和归属意识,形成了一代代马来西亚华人对祖籍国语言文化深深的认同感和归属感。这种认同感和归属感又成为马来西亚华人将华语一代代传承下去的不竭动力。

四、华语传承新趋势:突破物理空间限制

纵观当今时代,世界正面临着前所未有的巨变。新一轮科技革命正在深刻影响着人们的生产生活方式,人类已经进入了智能时代。随着大数据和云计算等新技术的融合,物联网迅速发展,实现了万物互联,信息和资源的分享已经突破物理空间限制,不再受时间和空间的束缚。特别是在新冠肺炎疫情的影响下,人们虽然足不能出户,但信息的沟通和交流却不曾停滞。网络教育改变了学校教育的形式,而华文传媒已不再囿于华人社会内部,开始向主流社会传播扩散。这也为华语的代际传承转向不同族群之间的横向传播提供了更多可能性。

李宇明(2016)提出语言竞争理论,将语言的功能空间分为5个层次:最底层是语言的最后营垒,第二层是语言保护层,中间层是语言的理性传承层,再往上是语言活力层,最高一层则是权威语言层。从上文分析来看,马来西亚华语社区所发挥的作用涉及除权威语言层外语言竞争的各个层次,这就为马来西亚这样一个多语国家的华语传承甚至是传播创造了极佳的条件。

(一) 华文传媒功能的变化

在前文分析的华人社会五个主要方面中,华文传媒最为特殊,从功能空间来看,属于语言竞争层次较高的"语言活力层"。华文传媒虽然

孕育于华人社会,但随着传媒技术的更新迭代和传媒事业的发展壮大,其传播华语的能力逐渐突破了华语社区在时间和空间上的约束,传播受众越来越广泛。从这个意义上说,华文传媒有突破华语社区固有物理空间的趋势。

传统的报纸杂志、新闻出版和广播电视是有"守门人"作用的大众媒体,其语言既引导大众语言的走向,又及时反映着大众的语言创造。随着全球数字经济时代的到来,网络平台、智能手机等新型传播形态的发展,许多新媒体、新平台应运而生。无论是华文网站、全媒体平台,还是自媒体交流渠道和年轻人喜欢的社交 APP,都在不断用华语传播华人声音,讲述华人故事,传承中华文化。更为难能可贵的是,新技术的推广使得华语媒体负载着大量信息冲出本地,向其他国家的华语社区传播。未来,华语传播的竞争恐怕要在网络空间进行。

在访谈中,笔者曾委托学生对周边华人做过调查,调查结果与我们的判断基本一致。目前真正阅读报纸等华文传媒的读者大多是 60 岁以上的华人,他们基本保持着阅读华文报纸的习惯;但 60 岁以下的华人越来越多地通过网络媒体来了解时事;30—40 岁的华人更倾向于通过广播电视、网络新闻平台、社交媒体(如 Facebook)新闻推送、视频网站(如 YouTube 新闻频道)等获取资讯,偶尔会看报;而 30 岁以下的华人几乎不看纸媒;20 岁左右的华裔青年则很少会关心新闻资讯,他们更喜欢刷抖音、看选秀节目、追剧等。

据此可知,马来西亚华人对网络平台、社交媒体的依赖性越来越高,华文纸媒的历史使命似乎随着年轻人的成长趋于终结。与之前传统媒体的受众人群有限不同,新兴华文传媒这种突破界限和疆域的特征,吸引了更多华人年轻人的关注,使得华语的受众范围更加宽泛,功能更加强大,影响力和传播力以数倍于从前的速度增加,科技的发展带动了华文传媒的发展,也必定会给华语带来更多的生命活力。如果想要继续做好下一代的华语传承,则急需从年轻人感兴趣的内容上下功夫,做出年轻人喜闻乐见的华语优秀作品,这样才能在未来与马来语、英语的竞争中保持优势。

(二)华语功能的扩展

华人家庭是基石,基石动摇会影响整个华语传承的效果。华文学校属于华语的理性保护层,其特性决定了在这一路径下华语传承的专业性和规范性。而华语社区则发挥了更为综合的作用,是华人社交网络、人际关系、教学实践和语境资源的提供者,其作用涉及语言保护层、语言使用层和语言活力层。在马来西亚华语社区中,华语由家庭语言发展到了社区语言,甚至成为社区工作语言。无论是华文教师、对华贸易的商人、华人文学的创作者、华文媒体从业者还是华人社会的建设者,华语的使用域都在不断拓宽,在更大范围内发挥作用。在未来,华语如果能突破家庭和社区的使用,上升为更多华语社区以外的工作语言,与人们的生存发生更密切的关系,能够在华语社区的努力下提供更多有吸引力的华语文化产品,其传承和传播的生命力将会更加持久。

通过分析马来西亚华语社区在华语传承中所发挥的作用,我们可以清楚地认识到:如果一种语言仅仅存在于家庭之中,是非常脆弱的;只有在更大范围内活跃使用,广泛用于生活、交际、社团活动,提供语言服务,甚至形成语言产业,才能使这种语言保持足够的活力。马来西亚华语传承之所以取得如此骄人的成绩,就在于马来西亚华语功能的发挥遍及华语社区的各个领域。而从发展趋势来看,由于华文媒体新技术的发展,马来西亚华语的功能有了两个方面的突破:一方面,从传播对象看,突破了华人族群,开始向马来西亚其他族群扩散;另一方面,从空间上看,突破了本国华族,向其他国家华人族群扩散。这就使得马来西亚华语传承不再是一般意义上的传承,而是实现了华语功能空间的扩大,从而使其从本国本族内部的纵向传承转变为向他族和他国的横向传播。

从语言功能空间竞争视角来看,马来西亚华语传承占据了语言的最后营垒——家庭和宗教场所,语言的保护层——民俗活动和社区交际,语言的理性传承层——华文教育,语言活力层——大众传媒和社区语言运用这四大空间,如果华语可以努力成为马来西亚的工作语言,则会进入权威语言层。这样,马来西亚华语就会占据语言竞争的所有功能空间,形成华语传承助力华语传播、华语传播带动华语传承的良性循环,为马来西亚华语保持和应用提供不竭的动力。

五、结语

研究马来西亚华语社区与华语传承可以帮助我们深入了解全球华语社区和华语传承之间的关系和互动机制。郭熙(2017)指出,"祖语处于其他强势语言包围"之下。讨论一种语言的传承,前提就是这种语言是远离母语环境,处在多语环境或强势语言包围之下。在这种环境下,一种语言的传承,如果只依靠家庭,是岌岌可危的。学校教育有助于将这种语言维持在语言的理性传承阶段。不过,仅有学校教育,没有这种语言的应用,没有开展语言生活的土壤,语言传承也很难延续。而华语社区正是语言保持活力的关键,是一种语言由学习上升到使用的关键渠道,是从应用到语言生活再到形成语言认同的重要路径。世界上传承做得较好的语言,亦多有较为完备的言语社区,如西班牙语在美国的传承。

从马来西亚华语传承经验来看,华语社区与华语传承之间存在着必然联系:没有华语传承就难以形成华语社区;同样,没有华语社区也会影响华语传承。可以说,华语社区最重要的标志就是要有用华语构成的语言生活。马来西亚华人社会成为真正意义上的"华语社区",就是因为马来西亚华人对华语和华人身份的高度认同,并且在华语社区用华语进行沟通、交际和生活,使当地华语始终保持活力。正是由于华语社区的存在,马来西亚华语才形成了华人家庭、华语社区和华文学校三个稳定的代际间纵向传承渠道。这些都给语言传承以启示:建构语言生活,努力形成言语社区,是一种语言在多语环境下能够上升到更高一级语言竞争层面进行传承的关键所在。

随着科技进步和社会发展,华语社区逐渐发展出超物理空间的特性,不再囿于一地,具备了突破时间和空间局限的能力。这就为华语突破纵向传承,进行跨族裔间的横向传播提供了更多的可能性。如能顺势而为,不断拓宽华语的功能领域,可能会出现传承与传播相互促进的良好互动局面。在马来西亚华语社区打破原有物理空间的趋势之下,可以预见,华语的影响范围会持续扩大,华语将从某一地华语社区走向全球华语社区甚至是更为广阔的空间。随着传播范围的扩大,传播对象的增加,全球华语社区在未来该如何发展才能顺应这样的形势,助力华语高质量地传承、传播,这或许是全球华语传承研究的下一个重要命题。

参考文献

郭熙,2017,《论祖语与祖语传承》,《语言战略研究》第 3 期。

胡波,2019,《马来西亚华侨华人史话》,广东教育出版社。

李宇明,2016,《语言竞争试说》,《外语教学与研究》第 2 期。

林远辉、张应龙,2008,《新加坡马来西亚华侨史》,广东高等教育出版社。

王建红,2020,《东南亚华裔幼童华人身份养成——以马来西亚槟城闽粤华人
　　为例》,《浙江师范大学学报(社会科学版)》第 4 期。

王晓梅,2020,《语言景观视角下的海外华语研究》,《云南师范大学学报(哲
　　学社会科学版)》第 2 期。

徐大明,2004,《言语社区理论》,《中国社会语言学》第 1 期。

徐大明,2018,《语言是言语社区的设施——关于"语言识别"和"语言认同"
　　的讨论》,《外国语言文学》第 2 期。

徐大明、王晓梅,2009,《全球华语社区说略》,《吉林大学社会科学学报》第
　　2 期。

徐祎,2018,《马来西亚华语与华人族群认同的历时共变》,《文化软实力研
　　究》第 1 期。

姚敏,2017,《中国官方语言的演变对海外华文教育的影响》,《华侨华人历史
　　研究》第 2 期。

张艳萍,2020,《马来西亚华文报业发展的现状与启示》,《传媒》第 5 期。

郑达,2010,《试析 20 世纪 80 年代以来马来西亚华人总会组织的发展——以
　　吉隆坡暨雪兰莪中华大会堂为例》,《东南亚研究》第 4 期。

邹春燕,2018,《马来西亚华语传承:从语言意识形态到实践》,《语言政策与
　　语言教育》第 2 期。

缅甸华语传承模式研究[*]

李春风

一、华语传承及传承模式

"语言传承"指族群语言在不同代际的传承。我国语言传承研究领域中的"华语传承""祖语传承",是能将国内外华人语言传承研究联系起来的重要术语(李春风,2019),可用于所有社会主体语言之外的族群语言,现阶段多用于海外华人的语言文化传承。

关于"华语"概念的内涵和外延,很多学者已做过探讨(李宇明,2017;周明朗,2017;陆俭明,2019;等)。郭熙(2004,2006)认为,海外华人社会的"华语"不是汉语的任何一种方言,它建立在方言之上,同时又是超方言的,是一种标准语。他把华语定义为一种"祖语"(郭熙,2015)。祝晓宏和周同燕(2017)也认同华语是指向更具包容性的全球华人共同语。郭熙的祖语阐释中,则包括方言等。基于缅甸的实际,本文采用更广义的华语概念,把汉语方言也包括进来。

郭熙(2017)从代际传承角度将祖语传承分为完全传承、传承中断、完全隔绝3类。完全传承,即除了完整习得母语之外,还有机会接受系统的祖语教育;传承中断,分为新移民后代和史上华裔两种情况,

———————

＊ 本文系国家社科基金重大项目"境外华语资源数据库建设及应用研究"(19ZDA311)、国家社科基金重点项目"海外华语资源抢救性搜集整理与研究"(19AYY003)成果之一。本文原载《语言战略研究》2021年第4期。

总的来说是缺乏或者难以持续下去的祖语教育；完全隔绝，即下一代完全没有接触祖语，即使他们所处的祖语家庭或者社区或多或少地给了他们一定程度的接触机会。

周庆生（2018）从跨境移民群体语言文化适应性角度，将语言传承模式分为"顺外弃内""顺外传内"和"隔外存内"3类。"顺外弃内"指顺应并转用主流强势语言，放弃本民族语言，达到语言融入或同化的结果；"顺外传内"指既顺应主流强势语言，也保留本民族语言，兼通本族语和主流语言；"隔外存内"指与主流强势语言保持一定隔阂，只在封闭的本民族语言圈内生活。

周文揭示了跨境移民群体与当地主体民族语言文化的强弱关系，郭文则是对祖语传承过程及结果进行定性。二者皆适用于华语传承研究，我们将其整合为"关系—结果"的语义结构，以此构建缅甸华语传承模式，即在描述缅甸华语现实传承状态的基础上为其定性。

二、研究路线、研究方法

缅甸华人华侨约250万，主要分布在仰光、曼德勒、勃生、毛淡棉等主要城市，一般从地域上划分为缅南地区（以仰光为中心的仰光、内比都等地）和缅北地区（曼德勒及以北的腊戌、木姐、八莫、东枝等地）。从祖籍地看，滇（云南）籍最多，闽（福建）籍次之，粤（广东）籍位居第三，还有海南、四川、广西等籍。闽、粤籍主要分布在中部和南部地区，缅北地区则以滇籍为主。

缅甸华语传承情况比较复杂：从祖籍地看，滇籍与闽粤等籍差异明显；从地缘看，缅南、缅北地域差异明显。20世纪60年代开始，缅甸实施非常严厉的遏制华文教育发展的语言政策，直至90年代才有所松动。这一语言政策对缅甸华语传承产生了巨大而深远的影响,又把当下缅甸华人划分出华语能力差异明显的 4 个年龄段:老年段(60 岁以上,生于 1960 年以前)、壮年段(30—59 岁,生于 1961—1990 年)、青年段(20—29 岁,生于 1991—2000 年)、少年段(6—19 岁,生于 2001—2014 年)。

　　本文探讨的对象为缅甸华语传承模式。研究路线上,我们以历时时间为纵轴,共时地域为横轴,结合时间、空间两个维度,在"关系—结果"内梳理华语传承模式下缅甸华人与缅甸主体民族的语势(语言势力的强弱)、语言—文化适应关系,构建缅甸华语传承模式系统,探析缅甸不同代际华人华语传承模式变迁及其成因,客观认识流动性社会中,华语传承的特点、走向。

　　本文研究方法有:(1)问卷调查法:对缅甸曼德勒、毛淡棉、仰光、掸邦(东枝、果敢、腊戌、景栋)、八莫、瓦城、密支那等地华人进行问卷调查,共回收有效问卷 166 份。其中缅北华人 137 份,缅南华人 29 份;老年段 22 人,壮年段 20 人,青年段 45 人,少年段 79 人。学历从小学至研究生,职业有学生、律师、教师、商人、政府公务员、公司职员及自由职业者等,其中以学生、华文教师为主。问卷内容包括个人信息(年龄、性别、祖籍、出生地、现居住地等)、语言生活(家庭、社区等)、语言(文化)态度(对母语、缅语、祖籍国文化的认同等)、语言规划等。(2)访谈、观察法:对近 30 人进行访谈,并现场观察。(3)个案调查法:对一些华人进行家庭个案调查,直观展现华语传承代际差异。(4)资料法:部分访谈内容、材料来自戴庆厦等(2019)的《缅甸的民族及其语言》①。

---

　　① 本文中关于曼德勒、东枝等缅北地区的材料均取自该书。笔者为该书作者之一,材料属于集体成果,特向调查团队致谢。

三、缅甸华语传承模式变迁及成因

缅甸华语传承模式表现出鲜明的历史时段特征和地域特征:以历史标志性事件为节点,分为 4 个发展阶段;结合地域特征,形成南北两条传承链。缅北为:顺外传内—完全传承→顺外传内—传承受阻→顺外传内—传承复苏;缅南为:顺外传内—完全传承→顺外弃内—传承中断→顺外拾内—传承复苏→顺外传内—传承复苏。其中"内"为华语,"外"为缅语。下面以时间为纵轴具体讨论。

（一）第一阶段（1960 年以前）:全缅"顺外传内—完全传承"

1960 年以前,缅甸华人华语传承模式为"顺外传内—完全传承"。华人为了生存,融入缅甸社会,接受当地语言文化,但同时坚定地保留中华民族传统语言文化;华人社会完全传承华语。在华人社区华语是强势语言,使用范围比缅语大,即内势大于外势。华语与缅语是共生关系。

这一时期华语传承模式的形成,家庭教育和学校教育都起到积极作用。我们调查的 22 名老人,全部同时会说华语、缅语,大部分水平都很高。22 人全部在家里学会华语,其中 18 人在儿童时期学会,4 人是在青少年时期。22 人在家中与长辈、同辈全部使用华语交流,与晚辈也多用华语;交际场合中,一般只有对方为非华人时才用缅语。一些访谈对象告诉我们:缅甸这个年龄以上的华人都不同程度地会讲华语(以方言为主),大部分达到熟练程度,有的老人还在华文学校学会了普通话。但出生地在中国的华人,有些是不会缅语的。华人很团结,一般多在迁居地聚居,所以即使不会缅语也没关系,用云南话、广东话(粤方言)、福建话(闽南话、客家话等)、海南话交流就可以了。

　　1960 年以前的缅甸华文教育从无到有、从起步到兴盛,是华语在离开祖籍国后也得以顺利传承的重要保障。仰光东方语言与商业中心董事长曾圆香女士(76 岁)说:"大概在晚清时期 1902 年左右,有一些华侨移居到缅甸,他们认为要想和家乡的亲人保持联系就要会写汉字,想了解世界也要有文化知识,所以他们纷纷办起了华文学校。20 世纪四五十年代,缅甸共有 300 多所华文学校。我是福建女子师范学校毕业的,我的母校有 140 多年的历史,华侨中学也有一百多年的历史。那时候缅甸的华文学校很红火,整个东南亚的华侨子弟都来缅甸学中文。那时的华文学校都是三语学校,教中文、缅文和英语。这种情况一直持续到 1962 年。像我们这些 60 岁以上的人当时都受过华文教育。"

　　强烈的民族认同感和国家认同感是这一时期华语传承的深刻根源。绝大多数移居缅甸的第一代华人至死只承认自己是中国人,心心念念要落叶归根。很多华二代从小深受家庭、父母的影响,也对祖籍国怀有深深的眷恋之情。仰光华文教师郑瑞发(69 岁)出生于缅甸,是二代华人。他在接受访谈时说:"我们那一代人的传统观念还是很强的,我们受到来自老家的老一辈的言传身教。还记得小时候,我爷爷总是说'我要回老家,我要回老家',可一年又一年,一拖再拖,始终没有再回去过。他们没有回去,并不是乐不思蜀,而是条件所迫。他在这里勤勤恳恳劳作,得到的收入全部寄回老家,自己不留分文。"临别时,郑老师说:"能够相遇并交流,这是难得的缘分,再相见不知何年何月了。我们这一代人,看到中国人就当是自己人。"

(二)第二阶段:缅北"顺外传内—传承受阻",缅南"顺外弃内—传承中断"

　　20 世纪 60—90 年代,华文政策的指挥大棒几令缅南华语传承中断,缅北也是苦苦支撑,华语传承遭到重创。20 世纪 60 年代缅甸军人执政后,政府采取激进的"缅甸社会主义路线",强制实施民族化政策,规定华校只能利用课余时间加授华文,英文授课时间每天不得超过 1 小时,必须授足缅文课程。1965 年 4 月,《私立学校国有化条例》颁布,政府将全国所有私立中小学收归国有。1965—1966 年,政府将全缅几百所华校收归国有。1967 年,《私立学校登记条例修改草案》颁布,规定除单科补习学校外,不准开办任何形式的私立学校。华文教育从正规教育转为非正规教育,以"华文补习班或家庭补习班"形式存在。1967 年 6·26 排华事件后,政府规定"缅甸教育由国家承办,不允许私人办学,任何补习班不得超过 19 人",连家庭补习班也被禁止。从此,缅甸国内一律不允许教授华文。在奈温政府(1962—1988)执政的这近 30 年时间里出生的华人,华语水平整体大幅下降。缅北、缅南出现两种华语传承模式。

1. 缅北:"顺外传内—传承受阻"

缅北各地华语传承模式以"顺外传内—传承受阻"为主。华人接受缅甸主体民族语言文化,融合加速。同时,受国家严厉的华文教育政策影响,华语艰难地保持传承,出现传承受阻。缅语逐渐成为强势语言,华语与缅语形成竞争局面。

1965 年,缅甸华文学校全部被收为国有,华裔小孩只能穿纱笼、学缅文、说缅语。20 世纪 60 年代末、70 年代初,缅北地区一些华语教师冒着危险,偷偷为华人子女开设家庭补习班,一些家庭坚持让孩子以各种形式学习华语。这个情况持续了二三十年。1981 年后,缅北华校在讲授佛经的名义下变相地恢复起来,但也只是遮遮掩掩、苟延残喘地维持华文教育的火种而已。这是如今四五十岁的缅甸华人不会说华语或华语水平较差的主要原因。

以缅北曼德勒市 55 位华人调查数据为例。30—59 岁的华人 36 名,有 5 人不会华语,11 人略懂,20 人熟练;缅语则全部熟练。而 16 位 60 岁以上的华人,15 位华语熟练,缅语全部熟练。相比之下,20 世纪 60 年代以后出生的华人,华语水平出现明显下降。

东枝也是如此。为不使民族文化失传、子孙后代忘记母语,东枝有老师坚持开办补习班,学生东躲西藏地艰难补习。很多年轻人受不了这种压力,最终放弃学习。这一时期的华文教育几近瘫痪,直接导致华人后裔缅化速度加快,造成今日东枝地区很多 40 岁以下的闽、粤籍华裔不会说华语,出现华语传承受阻。华语一般只在家庭内部或熟人间才敢使用,缅语使用场合越来越多,逐渐成为强势语言。

2. 缅南:"顺外弃内—传承中断"

缅南华语传承模式为"顺外弃内—传承中断"。华人被迫放弃本民族语言文化,被迫融入缅甸主体民族,逐渐被同化。华文教育在学校、家庭几近灭绝,华语出现传承中断。缅语成为华人日常生活用语,是强势语言。

1967 年 6·26 排华事件中,仰光等缅南地区华人遭到烧杀抢掠。为确保人身安全,华人不敢承认身份,很多华人在家里都改说缅语,更不敢教下一代说华语。缅南尤其是仰光的华文教育出现断层,消失近 30 年。那个年代成长起来的华人几乎都不会说汉语,对中华文化一无所知,很多人连自己的祖籍地和汉语姓名都不知道。据曾圆香女士说:"排华事件时,市场附近有个教师联合会,30 多位教师被砍死了。我们都不敢说自己是中国人,只能说是缅甸人,不敢讲中文,每天穿纱笼。我们初中毕业后就没有机会上高中了,只能靠家庭补习的方式学习汉语。"郑瑞发老师感慨道:"仰光的中文教育已经出现断层了。我这把年龄是正规华校最后一届小学毕业生,再小一点的就完全没有受过华文教育了。"

这一时期的华文教育在缅甸几乎灭绝,既有外因又有内因:外因是缅政府实行民族主义政策,华人华侨经济遭受重创,华文教育失去了经济和政策支持,无以为继;内因是许多华人生活困窘,无暇顾及,人们觉得学习华文没有用处,加之第二、三代华人逐渐被缅化,逐渐接受了"华文无用论"的说法。

形成南北传承模式差异的原因有两点。

一是南北地理位置差异带来的政治迫害程度不同,所以华文教育发展状况不同。

这一时期的政治路线,实则消灭了华语学习途径。6·26事件给缅南华人带来巨大的心理阴影,人们对华语和华文教育采取了极其谨慎小心的态度,能让下一代继续学习华语的家庭极少。缅南华文教育在学校和家庭都受到严格监控,导致缅南华语传承中断。曾圆香女士说:"缅南地区家庭补习方式受众面极小,很多华人为了自身安全,干脆放弃华语。这导致下一代华人对自己的语言文化没有感情,华语传承中断则是必然。"

缅北华文教育事业也受到重创。但缅北多为山区少数民族联邦地区,离政治中心较远,其政治影响辐射减弱,且缅北华人也被视为少数民族,受迫害程度相对小些,华人可在政策夹缝中求生存。如1960年中缅划定边界时,被划为缅甸的果敢居民(多是杨姓滇胞)成为缅甸少数民族之一,腊戍果敢中学成为缅甸境内唯一获得政府认可的华文学校,用"果文"(实为中文)进行母语教育。缅北其他地区有人冒险开办10人以下的家庭补习班。有的华人则从缅南逃到缅北教授华文,如缅甸东方语言与商业中心的黄校长,就和先生一起逃到缅北租牛棚、稻草棚,在背面搭建简易教室教授华语。虽然条件极其艰苦恶劣,但老一辈华文教育者正是凭借一腔爱国热忱,用青春、热血和信念保护民族语言文化传承的火种。

二是缅南华人籍贯复杂,方言差距大,传承难度相对较大;缅北滇籍华人居多,方言差距小,传承难度相对较小。

早期来缅甸定居的闽、粤籍华人多居于仰光等南部地区,后逐渐迁居曼德勒。这些华人说粤方言、闽南话、海南话等,彼此之间不能通话,华语使用范围非常有限,只能用于家庭、同乡之间。政治环境使华语不易传播和代际传承,而有的方言与普通话差异大,也不利于华语教学传承。

而早期多从云南入缅的华人,还有从云南边界进入的国民党残余部队、在缅远征军等,都居于缅北地区。果敢地区的果敢族从前就是汉族华人。滇籍华人和果敢民族都要求自己的青少年保持华语。云南方言成为缅北地区重要交际用语之一,且与普通话差异小,有利于华语教学传承。到了20世纪七八十年代,缅北以学习佛经的名义,比较早而广泛地开展了佛堂佛经式华文教育。

(三)第三阶段:缅北"顺外传内—传承复苏",缅南"顺外拾内—传承复苏"

1990—2000年的十年间,缅南和缅北华文教育事业得到不同程度发展,华语传承出现复苏。

1984年,缅甸默许语言补习班合法。1988年后,可在寺庙里采用"佛学教科书"教授中文。缅甸华文教育事业遇到新契机。缅北凭地缘优势、经济优势及族群意识,积极兴办华文教育,华语传承模式为"顺外传内—传承复苏"。缅北地区主要是滇籍汉人,省籍单一,人口较集中,办学正规,教师队伍较稳定,学生毕业时颁发正式毕业证书。20世纪90年代缅甸对外开放后,缅北华人通过开展中缅边贸等方式先富起来,为华文教育发展提供了经济支持。缅北华人在继续融入缅甸主体民族社会的同时,凭借华文教育的薪火相传而得以传承中华语言文化,使一度受阻的华语传承出现复苏。

缅南历史遗留问题较为复杂,很多华人对排华事件带来的心理创伤还心有余悸,对重拾华文教育顾虑重重,家长不让孩子接触中文,都想把孩子送到西方国家去,因此都很重视学习英文。直到 20 世纪 90 年代后,受中国经济发展的影响,华人意识到中文的重要性,缅南地区出现一些营利性质的华文补习学校,重拾中断了近 30 年的华文教育,其华语传承模式为"顺外拾内—传承复苏"。但缅南华文教育发展迟缓,新生华人缅化程度非常高,语言认同、民族认同与先辈大相径庭,华语传承受到的重击不可逆转,只是形式上的复苏。

整体来看,这一时期出生的华人,华语水平最低,民族认同度低,缅语水平很高,对缅甸国家认同度高。华语学习主要依赖华文学校,缅南华人家庭已经很少使用华语,华语使用空间非常小。如调查的 45 名青年段华裔中,38 人在学校学会华语,达到熟练程度的仅 22 人,且日常用语以缅语为主。被问到"为什么学习华语"时,他们大多选择"父母要求或自己感兴趣",只有 2 人选择"因为长辈是华人"。华人被缅甸主体民族语言文化同化是大势所趋,缅语是缅甸的国家通用语言,是地区和族群内的强势语言。

(四) 第四阶段:全缅"顺外传内—传承复苏"

2000 年 1 月,缅甸政府特别表示要汲取周边国家教育发展经验,这为华文教育创造了发展空间。受经济利益及其激发的民族自豪感驱动,缅甸华人学习华语的热情空前高涨,全缅华文教育事业快速发展。这一时期出生的华裔青少年华语学习明显低龄化、家庭化。受调查的少年段(79 人)中,81%在儿童时期学习华语,青年段(45 人)则只有

35.6%;少年段 40.5%在家中学习华语,青年段则只有 11.2%。少年段母语认同、民族认同感较青年段有显著提高。此阶段南北华语传承模式都为"顺外传内——传承复苏"。

　　缅甸对中文的需求不断增大,以华语为第二语言的新兴华文学校越来越多。缅北这一时期的华文学校如雨后春笋般涌现,以佛经学校、果敢语文等名义开设的华校、语言与电脑学校在各地创办,形式多样,如幼儿教育班、会话班、补习班、家教等。至 2012 年,缅甸已有 161 所华文学校。其中,缅北 138 所,规模较大、学生千人以上的有 40—50 所,学生共计68107 人;缅南 23 所,学生总数约 3800 人。① 这对缅甸华语传承有一定积极作用,但缅语仍是强势语言,华人语言文化的趋势仍是被同化。

四、华语传承模式系统发展趋势

　　如上文所述,缅甸华语传承模式、华人与主体民族的语势和语言——文化适应关系在 4 个发展阶段也有所变化,这三者构成缅甸华语传承模式变迁系统,该系统内部各要素在不同时期的发展情况如表 1 所示。

表 1　缅甸华语传承模式系统表

历史阶段	地域	华语传承模式	华—缅语语势	华—缅语言文化关系
第一阶段	全缅	顺外传内—完全传承	内势大于外势	共生
第二阶段	缅北	顺外传内—传承受阻	外势大于内势	竞争
	缅南	顺外弃内—传承中断	外势大于内势	同化
第三阶段	缅北	顺外传内—传承复苏	外势大于内势	融合—同化
	缅南	顺外拾内—传承复苏	外势大于内势	同化
第四阶段	全缅	顺外传内—传承复苏	外势大于内势	同化

---

① 本部分数据来源于邹丽冰(2012)。

表 1 中,第一阶段到第二阶段的变迁主要受缅甸国内政治环境、语言政策的制约和影响;第三阶段的"传承复苏",是受中国经济发展影响,缅甸政府调整国内外语言政策,为华文教育提供发展空间;第四阶段的"传承复苏",根本原因是受经济利益驱动,全缅对华语人才需求激增,缅甸政府放松华文教育政策,并积极配合开展国际中文教育。这三个系统要素总体发展趋势如下。

1. "顺外传内—传承复苏"模式是缅甸华语传承的历史选择

华语传播一直是一种非排他性传播(郭熙、李春风,2016),即使是在经济上占一定优势时,缅甸华人仍然以尊重当地文化、努力融入当地社会为目标,积极"顺外"。华人对华语都有较强的认同感,认为华语是他们的根,很多老年华人受访时都语重心长地说"根不能断,载体不能丢失"。即使在排华时期,有些家庭仍想方设法让小孩学习华语,很多华文教师冒着生命危险教授华语,坚持"传内"。但受语势(缅语是强势语言)和语言—文化适应关系(同化)现状制约,华语出现的传承复苏,很难从质和量上恢复至盛景时期,华族语言文化销蚀非常严重,只能说华人学习华语的意愿有所恢复,学习人数有所增加,华语水平有所提高。受经济利益驱动,年轻华人让下一代学习华语的越来越多了。"顺外传内—传承复苏"是最符合当前缅甸华人华语传承发展的模式,是历史的选择。

2. "外势大于内势"是缅甸华语语势的客观趋势

缅甸国家通用语言缅语是强势语言,华语为弱势语言。虽然华语学习者数量不断增加,华人华语水平有所提高,但华语在缅甸的使用范围未见扩大,尤其对年轻华人来说,华语多是华人祖语传承的工具或者谋生工具,很少用于日常生活交流,缅语仍是华人族群的强势语言。

缅北一些有老人居住的华人家庭或社区才使用华语,年轻人在社

交场合大多愿意使用缅语。缅北克钦邦八莫一个 29 岁的年轻人说:
"爷爷奶奶那一辈只会汉语,不会说缅语。父母都是在缅甸出生的,会
讲汉语和缅语(汉语好于缅语)。到我们这一辈,会讲缅语和汉语(缅
语好于汉语)。再下一辈,像我哥哥的孩子基本只会说缅语了。我在家
跟父母一般讲汉语,跟兄弟姐妹们讲缅语较多。年轻人被缅化得越来
越严重。"一位曼德勒滇籍华人研究生说,她的家庭用语是云南话,她
曾试过在家说缅语,遭到父母制止,因为爷爷奶奶那一代人会很生气。
但是她跟 4 个哥哥都说缅语。缅北很多华人会说云南方言,但年轻人
使用的很少。掸邦东枝一位华校校长说:"大部分年轻人积极去缅校、
学缅文,即便是在华文传承最好的果敢地区,果敢人也普遍认识到缅语
的重要作用。"缅南日常生活中使用华语的场合更少。可见,缅语在缅
南、缅北都是强势语言,其缅甸国家通用语言地位非常稳固,"外势大
于内势"是缅甸华语语势的客观趋势。

3. 同化是华—缅族语言文化关系的发展走向

族群青年人对本民族语言、风俗习惯、宗教信仰等的态度,往往决
定该族语言文化的发展走向。缅甸华裔青年在以下三方面表现出了同
化的趋势。

(1)对缅化现状非常包容。华裔青年都认为缅语歌很好听,缅甸
传统服装很美。访谈中问及华人缅化问题,很多年轻华人表示:"家庭
教育比较传统的,怕孩子被缅化,反应很强烈,但现在年轻人越来越能
接受这些了,可能(缅化)速度要加快了吧。"东枝一位 21 岁的华文女
教师说:"我在东枝出生,是第三代。我妈妈是缅族。我户口本上民族
写缅族和汉族两种,不过我更倾向于写缅族。"对此,年长者很无奈,但
已无法改变。

(2)对缅语的认同高于华语。如反对"家人不会说或不肯说缅语"

的分别占 66.5%、62.5%，而反对"家人不会说或不肯说汉语"的分别是27.5%、37.5%。一位 25 岁的华人研究生说："我不会感到不高兴。但爷爷奶奶那一代应该不会接受，父母一代应该可以接受得了。"一位果敢学生郑重地说："自己是缅甸国民，应该学习自己国家的语言，学会了缅语就便于果敢人融入缅甸社会。"这说明缅甸华裔青少年在保持华族特征的同时，已逐渐融入所在国文化生活，找到社会归属感。

（3）能够接受族际婚姻。老一代华人很难接受族际通婚，但多数年轻人表示可以接受。他们说："爷爷奶奶那一代是肯定不会接受了。爸妈都还是比较传统的，我们家亲戚都比较排斥与外族人结婚。我们这一代倒觉得没关系。"

五、几点启示

世界华语传承是动态变化的，与社会时代背景息息相关。因此，缅甸华语传承模式研究具有普遍意义，能为我们认识海外特别是东南亚各国不同时代的华语传承特点提供参考和指导。纵观缅甸百年华语传承模式变迁系统中各要素的变化，有些是客观规律在起作用，如移民群体与住在国主体民族的语言文化关系的发展规律；有些是要素间相互制衡的结果，如不同历史时期的语言认同、民族认同、国家认同与国家政治政策、经济政策的关系，住在国与祖籍国的邦交关系对跨境群体生存地位的影响，等等。这些都给了我们很多启示。

（一）国家语言政策对跨境移民群体语言文化有制衡作用，甚至对其走向起决定作用

本研究表明，缅甸的国家语言政策对缅甸华人语言文化传承有着

根本性的影响。该国语言政策对移民群体语言传承具有制衡作用:如果有民族主义语言政策干涉,则相融同化过程加速;如果没有这类政策,则是一个自然融合同化的过程。从缅甸华语传承模式成因看:在缅南,客观外因即缅甸国家语言政策影响非常大,且在历史跨度中,外因影响主观内因,影响了少数民族的语言认同;在缅北,客观外因与主观内因共同作用,形成阶段共峙、同化,仍影响语言认同。跨境移民群体语言文化与国家主体民族语言文化相融、同化是大势所趋。即便政策再放松,受某个契机或者因素驱动,母语传承或许会出现复苏,但复苏程度各有不同,语言文化传承已出现销蚀。

(二)经济价值是永恒的变量,是激发新生代华人传承华语的最主要动力

在华语传播动机中,群体利益和个体利益都在客观上促进了华语的传承和维护(郭熙,2013)。20世纪60年代以前,华人经济优势较明显,华文教育事业兴盛,华人语言文化传承顺畅。当华人被政策打压,经济、安全状况无法保障时,华文教育事业难以为继,华语传承则中断、受阻。而当中国经济飞速发展,乘着缅甸国内语言政策环境放松的东风,缅甸华文教育事业再度兴起,激发了华人的民族认同感和自豪感,华语不但是民族传承语,更被赋予了经济价值,刺激华语传承复苏。

新生代华人对华语认同、民族认同、国家认同由困惑到明晰,他们清楚自己的华人身份,更认同自己是缅甸公民,华语传承的第一要素则是经济因素。诚如年轻受访者所说:"华裔学汉语当然有民族感情的因素在里边,但近些年来考虑到实用的因素会更多点。"一位华文教师说:"开始的时候华人并不支持(学华语),我们去当家教的时候要说服家长让孩子学中文。现在祖国富强了,学习汉语的热潮遍布全球。"缅

甸华校提出的学习宗旨由"中国人必学中文"转变为"人人学华语"①，本质上也是弱化华语的民族传承属性，凸显华语的社会经济价值。华语的这一重要经济属性，能够解决华语传承复苏与华人融入缅甸主体民族之间的矛盾，还能弥合华人社会、缅甸主体民族与缅甸政府的关系，更好地为缅甸社会发展服务，形成民族团结局面。

（三）跨境移民群体语言文化被同化是不可避免的，要及时抢救挖掘海外华语资源

缅甸华语传承的变迁涉及华人经济、政治、文化历史的发展变化，是几代华文教育者的奋斗史、辛酸史，很多华人为此做出巨大牺牲和奉献。但跨境移民群体被不同程度同化是不可避免的，随着同化程度加深，华人族群特征被逐渐销蚀，年轻人缅化速度会越来越快。

海外华语资源是全球华人共享的社会资源，其资源属性体现在经济、文化、社会及个人等多方面、多层次（郭熙、刘慧、李计伟，2020）。缅甸一代又一代的华语传承者，在华语传承方面做出了很大的贡献，他们在传承实践中的经验、认识、过程，同样是宝贵的财富。对华语传承调查研究，挖掘整理不同时代华人社会文化特征，与时间赛跑，尽早尽快记录华人尤其是老一代华人时代背后发生的故事，是我们海外华语研究者应尽的责任。

（四）华人处理好语言认同、民族认同、国家认同的关系，可为中缅搭起互信互助的桥梁

语言认同、民族认同与国家认同看似属于不同层级领域，实则相互

---

① "缅甸华文教学融入社会主流"，《华声报》，2003 年 12 月 11 日，https://news.sina.com.cn/o/2003－12－11/09591315368s.shtml。

牵动延展(李春风,2021)。越来越多的缅甸华人既承认自己的华人身份,又明确表示祖籍国与住在国不同,认为中国是祖籍国,缅甸是祖国,对缅甸的国家认同度更高。一位 28 岁的年轻人说:"华人在内心深处认为自己是中国人,但这种认同感逐渐淡薄。祖辈会 100%认可,父辈可能只有 80%认可,而到了我们这年轻一代,可能只有 50%了,华人被缅化的程度越来越深,民族认同感越来越淡,更倾向于认为自己是缅甸人,缅甸是自己的祖国。"

在缅甸出生的新生代华裔,自觉、积极地融入主体社会,接受缅化。他们兼用缅语、华语,给自己带来了经济利益;承认自己的华人身份,有民族认同,也促进了民族团结和发展;正视中国与缅甸在华人心中的地位和关系,认同祖籍国中国,认同祖国缅甸,疏通中缅文化差异,为中缅两国搭起一座互信互助的桥梁。正如曼德勒福庆语言电脑学校李祖清校长所说:"我们的目标就是通过华文教育这种民间外交来促进住在国缅甸跟祖籍国中国之间的友好关系。对我们这些华人来说,中国跟缅甸的关系就像娘家和婆家的关系,娘家跟婆家的关系好了,我们才会好。"

当今缅甸华语不但对华裔后代有吸引力,很多缅族子弟也投身到中文学习中。这让缅族人有了更多接触、了解华人历史文化的机会,将加深缅族与华人间的信任和融合。2021 年 2 月,缅甸军方宣布接管政权,冲突不断升级,局势愈加复杂,在缅华人受到一定冲击。未来,缅甸华文教育的发展值得进一步关注。

参考文献

戴庆厦等,2019,《缅甸的民族及其语言》,中国社会科学出版社。

郭熙,2004,《论"华语"》,《暨南大学华文学院学报》第 2 期。

郭熙,2006,《论华语研究》,《语言文字应用》第 2 期。

郭熙,2015,《论汉语教学的三大分野》,《中国语文》第 5 期。

郭熙,2017,《论祖语与祖语传承》,《语言战略研究》第 3 期。

郭熙、李春风,2016,《东南亚华人的语言使用特征及其发展趋势》,《双语教育研究》第 2 期。

郭熙、刘慧、李计伟,2020,《论海外华语资源的抢救性整理和保护》,《云南师范大学学报(哲学社会科学版)》第 2 期。

李春风,2019,《国内语言传承研究综述》,《海外华文教育》第 1 期。

李春风,2021,《缅甸华人母语认同代际差异及成因》,《八桂侨刊》第 1 期。

李宇明,2017,《大华语:全球华人的共同语》,《语言文字应用》第 2 期。

陆俭明,2019,《树立并确认"大华语"概念》,《世界华文教学》第 1 期。

周明朗,2017,《全球化与大同?》,《语言战略研究》第 1 期。

周庆生,2018,《语言适应—传承模式:以东干族为例》,《语言战略研究》第 4 期。

祝晓宏、周同燕,2017,《全球华语国内研究综述》,《语言战略与研究》第 2 期。

邹丽冰,2012,《缅甸汉语传播研究》,中央民族大学博士学位论文。

东南亚华校的三语教学:趋势与方向[*]

林瑀欢

一、引言

随着经济全球化的不断发展,国际交流日益深化,越来越多人掌握了两种及以上的语言,多语现象日趋普遍,三语习得、三语教学研究随之愈受重视。如张斌和王林(2020)从国际中文教育的大背景出发,注意到了"大多数汉语初学者是在具备了母语(L1)、L2 的基础上,将汉语作为 L3 来进行学习"这一客观事实,呼吁国际中文教育重视三语习得理论研究成果。郭熙(2020)也提出了关注华文教育领域出现的"三语生"趋势:华裔学生不仅在所在地学习当地主流社会语言,还要学习华语和英语。

华文教育、华人社团、华文传媒是华人社会的三大支柱和力量,华文学校(简称"华校")作为华语历代传承的基础,在不同时期均发挥了重要作用。自 20 世纪 90 年代起,东南亚各国华校开始了本土化转型(韩晓明,2017),不少进入所在国正规教育体系的华校已经出现了三语教学模式。如 2000 年以来,印度尼西亚复办或新办的华校,凡开设三种语言课程的学校,基本以"三语学校"自称,已形成办学潮流。菲

———————
    * 本文得到国家社科基金重大项目"境外华语资源数据库建设及应用研究"(19ZDA311)的支持。本文成文过程中得到了郭熙教授、祝晓宏副教授的悉心指导,多位师友提供翔实数据,谨此一并致谢!本文原载《全球教育展望》2021 年第 10 期。

律宾、文莱、马来西亚的华校以"三语并重"为办学宗旨,但不标榜自己是"三语学校"。老挝、柬埔寨、泰国的华校也多开设三语课程,但三语地位和学时差距较大,未受关注。

　　结合国际多语多元文化大背景,从现有的东南亚华校三语教学扩散趋势来看,"国语+英语+中文"①的办学模式将来很有可能向非英语国家的华校"蔓延",具有很重要的研究价值和意义。本文旨在观察、分析东南亚地区华校已经广泛存在的三语教学模式,以期为国际中文教育的新变化和新发展拓宽思路。本研究主要基于学界已公开发表的调研报告、语言教育政策研究成果和访谈语料进行。访谈语料出自暨南大学海外华语研究中心正在建设的华语及华文教育口述史资源库,文章使用的 5 篇语料的受访者信息见表 1,受访者均是当地资深华教人士。

表 1　受访者信息

编号	姓名	国籍	职位/身份	受访时间
T1	陶菊	中国籍华侨	寮都公学校长	2019 年 9 月
			波桥会赛程自德华文学校校长	2020 年 9 月
T2	杨金义	柬籍华人	金边端华学校校长	2019 年 9 月
T3	孙胜利	文莱籍华人	都东中华学校校董	2019 年 10 月
T4	饶兴生 郭爱珍	印尼籍华人	必利达三国民语学校董事长 必利达三国民语学校校董	2018 年 7 月
T5	陈锦球	印尼籍华人	泗水新中三语国民学校校长	2018 年 9 月

---

　　① 在"国语+英语+中文"的三语组合中,"国语"指的是海外学习者所在国或驻在地的国语,即各国法律规定的国家共同语;"中文"包括现代汉语普通话和以普通话为基础的华人共同语,各国华校、公立学校对汉语、华语、华文等概念有不同的使用习惯,本文不对这些概念进行区分。由于国际中文教育既可包含面向海外华人的华文教育,也可以涵盖非华人的汉语国际教育,为行文方便,本文将以"中文"为主,参照各国使用习惯少量兼用其他。

二、三语学校的定义及三语教学研究状况

（一）三语学校/三语教学的定义

西方国家尤其是欧洲地区的三语教学研究成果相当丰富，弗里斯兰研究院（Fryske Akademy）出版了文集《欧洲的三语小学教育》（*Trilingual Primary Education in Europe*），收录了芬兰、西班牙、荷兰、意大利、奥地利、德国、卢森堡等国三语小学的办学情况。书中指出，三语教育的目标是"三语并进"，即三种目标语言都是学校教学科目，且在一定教学时数内可作为教学媒介语。

2012 年，印尼成立了三语学校协会。陈友明（2014）①指出，三语学校是"三种语言并进或以三种语言为教学语言的学校"。其实，无论是"三语并进"还是"三种语言都作为教学语言"，在印尼乃至整个东南亚似乎都只有极少华校能做到，与欧洲地区一致的三语教学目标对印尼来说暂时还难以实现。后来，陈友明（2019）将"三种语言并进"修改为"教三种语言"，以更加贴合当地华语传承及教育实际。本文采用陈友明（2019）对三语学校的宽式定义，只要华校课程体系包含（所在国）国语、英语、中文三种语言即纳入研究范围。

（二）三语教学研究现状

与欧洲地区多语现实相适应的多语教学领域发展迅速，既有理论

---

① 陈友明系印尼三语学校协会主席、中爪哇华文教育协调机构副主席、普禾格多普华基金会暨三语学校主席、苏迪曼将军大学汉语讲师。

发展,也包含了教学法的探索、教学概况的调研。多语主义呼吁改变分开教学、孤立看待一门语言的传统,而应关注学习者的整个语库,关注各语言之间的联系(Cenoz & Gorter, 2011)。超语实践教学法(pedagogical translanguaging)①也是三语教学研究的热门话题。在教育语境下,尤其是当学校教学语言与学生日常语言不同时,超语被认为是有效的教学实践方法,它使师生得以转变权力关系,关注教与学过程中的意义创造、经验强化以及身份认同的发展(Li, 2018)。如莱昂内特等(Leonet et al., 2017)、塞诺兹和桑托斯(Cenoz & Santos, 2020)、阿尔德科亚等(Aldekoa et al., 2020)都结合巴斯克自治区的三语/多语现实探索并证明了超语教学法的有效性。

华文教育领域的三语教学研究成果集中在印尼的三语学校,主要讨论了三语学校的发展历史、办学现状、性质、存在的问题等(陈友明,2014;卓宥佑、梁宇,2019)。此外,除了雷向阳和谢文婷(2017)专论缅甸的三语学校,其余文章虽注意到了三语教学现象,但未系统观察和研究,如孙德安(2003)将文莱华校特色总结为"三语并重",郭熙(2003)提到"马来西亚华社在坚持华语教育的同时提倡学好三语"。

郑通涛等(2014a)和韩晓明(2017)分别基于语言教育政策和本土化转型程度对东南亚十国中文的教学情况进行了宏观分类研究。而三语教学作为东南亚地区华校出现的新情况和新现象,同样值得我们进行系统观察。

---

① 超语实践(translanguaging)的表现形式之一是多语同时使用。在 20 世纪末、21 世纪初,超语实践进入双语教育研究领域,成果丰富。加西亚和李嵬(García & Li, 2014)对教育领域的超语的内涵有过系统梳理:威廉姆斯(Williams, 2002)提出超语概念,认为教育领域的超语指的是用一种语言来强化另一种语言,以增进理解、增强学生在两种语言中的活动能力;加西亚和卡诺(García & Kano, 2014)扩展了该定义,认为超语包括学生为发展新语言、巩固旧语言所进行的所有语言实践,也包括沟通和适当性知识,以及通过审视语言不平等来表达新的社会政治现实的声音。

三、东南亚华校三语教学模式与类型

本文主要对开设三语课程、具有独立办学资质、学历为政府承认的各国华校进行分类观察。以此为标准，我们从东南亚十一国中选出菲律宾、柬埔寨、老挝、马来西亚、泰国、文莱、印度尼西亚等七国为研究对象①。我们根据中文在华校内的教学地位，将七国华校分为中文主导型、"国+中"双媒介语型、中文强化型三类，具体见表2。

表2　东南亚华校三语教学类型

三语教学类型	国家	国语/官方语言	中文在华校内的教学地位
中文主导型	马来西亚	马来语	（华小和独中）主要教学媒介语，且独中统考成绩可用于升学。
"国+中"双媒介语型	老挝	老挝语	主要教学媒介语之一。
	柬埔寨	柬埔寨语	（半日制华校）主要教学媒介语。
中文强化型	菲律宾	菲律宾语、英语	仅限于语言、文化课，部分华校设有华文数学课。
	文莱	马来语、英语	仅限于语言、文化课，非其他科目教学媒介语。
	印度尼西亚	印尼语	
	泰国	泰语	

---

① 越南华校主要以华文中心的形式依附于国民学校，不具有独立办学资质；东帝汶和缅甸华校未进入国民教育体系，为补习机构/学校；新加坡华校虽然合法，但国家教育政策主要实行"英语+母语"的双语教育，而非三语。

(一) 中文主导型:马来西亚

中文主导型华校在校内以中文为主要教学媒介语。马来西亚的华文教育为华人母语教育,是近似中国的母语教育体系。该国华校在20世纪五六十年代已经进入国民教育体系①。华文小学(简称"华小")均为国民型学校,由政府管理,教学媒介语以中文为主,英语和马来语为必修课程。华文中学分为国民型华文中学和独立中学(简称"独中")两类。国民型中学初期以英文为教学媒介语,80年代后改为马来文(教总等,2017)。不接受改制的华文中学为独中,祝家丰和王晓梅(2016)的调查指出,独中的主要教学媒介语是华语。决定在当地升学就业的政府考试以马来文、英文为主,独中不以政府考试为教学目标,实行独立的"统一课程、统一考试"制度,学生可参加以中文为主的独中统考(Unified Examination Certificate,UEC)。

以马来西亚著名的独中——韩江中学为例,图1为该校高中一年级线上评估时间表。如图1所示,高中一年级各班的考评课程均包含了中文(Chinese)、英文(English)和马来文(Bahasa Melayu)三种语文。正如《华文独立中学建议书》所指出的,独中以"兼授三种语文"为使命之一,总的办学方针第二条也明确表示"坚持以华文为主要教学媒介","在不妨碍母语教育的原则下,加强对国文和英文的教学"②。兼通多种语言是独中毕业生的优势,加上学校管理严格、教学成绩优秀,许多其他源流的学生也纷纷入学,还吸引了大量东南亚其他国家的华

---

① 参看马来西亚董总官网的《华教60年大事记要(1954年—2014年)》板块内容:https://resource.dongzong.my/historical-figure/60year-important。

② 参看董总官网公布的《华文独立中学建议书(1973.12.16)》:https://resource.dong-zong.my/memorandum/1971‑1990memorandum/1792‑memorandum‑048#。

裔生源。目前,独中统考成绩已得到全球多个国家认可,学生升学出路多元。

槟城韩江中学 Han Chiang High School, Penang
2021 年度 年中线上评估（高中一）
2021 Mid-Year Online Assessment (Senior One)

Date	Time	CV1_V	C11,CV1_C	C12,C13	S1	SE1	CE1
12.07.21 Monday	9:00-10:00	Chinese	Chinese	Chinese	Chinese	Chinese	Chinese
	12:00-1:00	美工	经济	经济	Biology	Biology	Economics
13.07.21 Tuesday	9:00-10:00	B.Malaysia	B.Malaysia	B.Malaysia	B.Malaysia	B.Malaysia	B.Malaysia
	12:00-1:00	B.Studies	B.Studies	B.Studies	Physics	Physics	Science
14.07.21 Wednesday	9:00-10:00	English	English	English	English	English	English
	12:00-1:00	Maths	Maths	Maths	Chemistry	History/Geography	History/Geography
	2:10-3:10	-	-	-	-	Add.Maths	Accounting
16.07.21 Friday	9:00-10:00		Bookkeeping	Bookkeeping	Adv.Maths	Maths	Maths
	12:00-1:00	地理/电脑资讯			地理	B.Studies	B.Studies
	2:10-3:10	-	-	-	-	Chemistry	-

*评估作答时间：40 分钟

图 1　韩江中学高中一年级 2021 年度年中线上评估时间表[①]

(二)"国+中"双媒介语型:老挝、柬埔寨

在老挝和柬埔寨,公立学校基本没有中文课程[②],但在华校内部,中文都是必修课,且具有教学媒介语地位,课时得到保证。老挝和柬埔寨都有一定数量的华校的学历获得政府认可,但决定学生在当地升学就业的考试仍以所在国国语为主。于是,就读于老挝和柬埔寨华校的学生,一般同时接受所在国国语和中文的双媒介语教学,因此我们称其为"国+中"双媒介语型。英语无论在华校还是公立学校,都只是语言课,课时较少。

---

① 图 1 出自韩江中学官网公告栏:http://www.hchs.edu.my/news/%e7%ba%bf%e4%b8%8a%e8%af%84%e4%bc%b0%e6%97%b6%e9%97%b4%e8%a1%a8%e5%92%8c%e5%85%b6%e4%bb%96%e8%af%a6%e6%83%85 - online-assessment-timetable-and-other-information/。
② 据中国国务院新闻办公室网站介绍,2012 年中文就进入了老挝两所公立学校成为必修课:http://www.scio.gov.cn/zhzc/35353/35354/Document/1509865/1509865.htm;但由于公立学校的师资问题,华校仍是主要的教学阵地:http://gjc.gxun.edu.cn/info/1068/2723.htm。而柬埔寨的中文教育未进入国民教育体系,公立学校暂无中文课。

1. 老挝

老挝政府于 20 世纪 90 年代"允许开办执行国家教育大纲的私人学校,完备教育体系"(彭运锋,2008),自此,华校进入老挝国民教育体系。当前,老挝共有 10 所正规华校,多数实行中文和老文的双媒介语教学,学生除了要学习国民学校的全部必修课程,还要学习中文版的数理化科目(郑通涛等,2014b)。华校内,老文和中文都可作为内容科目的教学媒介语,而英语只是一门外语课程,每周仅 2—5 个课时。关于老挝华校的课程体系设置,见受访者 T1 口述内容(1)以及表 3、表 4。

(1)T1－1:除他曲寮东公学和琅勃拉邦新华学校外,其余学校除了汉语外还开设有数学、物理、化学、英语课程。有的学校还开设中国地理常识、历史常识、文化常识、思想品德等科目,老文课程也有数、理、化、自然等科目。

寮都公学是老挝最大华校,也是东南亚第二大华校。表 3 是该校高中一年级课表。可以看出,寮都公学提供了三种语言的课程,中、老双媒介语课程是穿插进行的,数学、化学、物理同时由老文和中文授课,具有一定独特性。通过查阅当年小学至高中的 12 个年级课表,历史、地理在不同年级以不同媒介语教授,也有一些课程是只有老文的,如老文社会、老文生物、老文常识。科技、自然、电脑等科目只有中文授课。表 4 是对高中阶段四个年级课表课时的分类汇总,英语为单纯的外语课,课时较少。中老媒介语课时数基本相当,在低年段是中文课程略多,慢慢转向高年段由老文课程居多。

表3 寮都公学 2019/2020 学年度第二学期课程表①

			一	二	三	四	五	六
上午		7:30—7:40 打扫卫生　7:40—7:50 早读						
	1	7:50—8:35	数学	语文	化学	语文	物理	英语
	2	8:45—9:30	语文	老数学	数学	数学	语文	英语
		9:30—9:50 课间操						
	3	9:50—10:35	老地理	电脑	老化学	物理	老社会	数学
	4	10:45—11:30	老地理	数学	老化学	老历史	老数学	语文
下午		午休						
		1:20—1:30 班务						
	5	1:30—2:15	化学	老生物	老数学	HSK	老物理	放假
	6	2:25—3:10	老文	老生物	HSK	作文	老物理	
		3:10—3:25 课间休息						
	7	3:25—4:10	老数学	物理	老文	化学	体育	

表4 寮都公学 2019/2020 学年度高中阶段课时分类统计

年级	中文及相关媒介语课时	老文及相关媒介语课时	英语课时	课时长度	周总课时
高一	21	16	2	45 分钟	39
高二	21	16	2	45 分钟	39
高三	18	18	3	45 分钟	39
高四	13	23	2	45 分钟	38

2. 柬埔寨

柬埔寨政府于 20 世纪 90 年代末允许华校复课并统一为华校签发

---

① 表3—表7均是根据各华校教师提供的课表照片转写、计算得出,下文不再另行标注。

毕业证书,自此华校办学合法化(侯瑜,2021)。柬埔寨学校以半日制为主,半日制的华校与半日制的柬校构成了类似双轨并行却又相对独立的双媒介语教学,具体课程设置参见访谈内容(2)。

(2)T2-1:我们就按照它柬埔寨体制这样,也叫双语,但是我们的双语是纯分开。就是半天他学柬埔寨的柬文,是国家认可的,国家承认,小学、中学、高中,和他一起会考的,他承认的,然后我们自己就半天华文。

近年,一些柬埔寨华校的学历陆续得到了政府承认。受访者介绍,金边的端华学校、崇正学校,都开设了符合国家教育体系的柬文班,其学历得到政府承认。华校课程仍以中文为主要媒介语,课程设置参见表5及访谈内容(3)(4)。

(3)T2-2:我们双语是分得清楚的。就是你读柬文就柬文,中文就中文的班另外,柬文就是列入政府的教育体系。

(4)T2-3:(金边端华学校)全部(数学、历史、体育都是用华文),连音乐唱歌也是唱中文。

端华学校是东南亚最大的华校,表5为该校初中二年级的课表,右上角标明了上下午的半日制轮换安排。从课程内容看,端华学校不仅以中文为教学媒介语,且开设了柬文课和英文课。柬文课是以中柬翻译的形式进行教学,英语只是语言课程。柬、英均为副科,周课时较少。中文在史地、体育、电脑等课程均具有教学媒介语的地位。此外,柬埔寨华校是否开设三语课程并不统一。据资料记录及笔者调查,桔井省的中山学校,金边市的端华学校、公立华明学校、崇正学校、民生学校、立群学校、集成学校等条件较好的华校一般开设三语课程。但一些规模较小、位置偏远的华校,受办学条件和师资所限,则无法提供三语教学。

表5　端华学校2020/2021学年度上学期课程表

中二上(6)班 双周上体育						双月上午 单月下午	
	上午	下午	一	二	三	四	五	六
第一节	7:30—8:10	1:30—2:10	周会	华文	华文	华文	电脑	华文
第二节	8:20—9:00	2:20—3:00	华文	英文	数学	数学	电脑	作文
第三节	9:10—9:50	3:10—3:50	数学	数学	柬文	英文	华文	作文
第四节	10:00—10:30	4:00—4:40	柬文	体育	史地	史地	数学	—

（三）中文强化型:菲律宾、文莱、印尼、泰国

"强化"一词借自陈友明(2014)归纳的"强化型的国民学校"的定义,指"增加、强化某种课程",中文课更接近于附加语(additional language)的教学地位。我们将菲律宾、文莱、印尼、泰国的华校都归入此类。中文在这些国家的国民学校中都获得了选修课的地位,华校以民办学校的身份隶属于国民教育体系。在华校内部,中文多限于语言课,几乎不可作为内容科目教学媒介语。

菲律宾和文莱实行的是"国语+英语"的双语教育政策。最初是双语并重、各有分工,到21世纪后,英语的教育地位逐渐赶超国语。"三语并重"只是华校内部的目标。

1. 菲律宾

菲语和英语均为菲律宾官方语言,前者同时也是国语。1976年,伴随菲化法令对华文课时的削减,华校、华文课程进入菲律宾的教育体

系,获得合法性(黄端铭,2013)。2011 年,中文以外语特别项目(Special Program in Foreign Language,SPFL)的身份进入公立学校成为中学的外语选修课。当前,菲律宾华校的三语课程中,英语为主要教学媒介语①,菲语存在于语言课和少量文科课程中,中文在一些学校是单一的语言课,部分华校也将其作为数学课的教学媒介语,与英文数学并行教授(黄端铭,2013;任正,2014)②。

以菲律宾规模最大的华校之一——中正学院为例,该校教学层次覆盖幼儿园至大学。基础教育阶段的小学和初中都分设英文班(English Instruction)和中文班(Chinese Instruction)。2016 年高中新课程项目介绍明确指出,核心课程、应用类课程和专业课程由英语和菲语授课。中文课程基于 HSK 水平开设汉语、中国文化、中国历史课。福建话也作为外语课、核心课程之一。多语教育、国际化是该校一大特色,国际文凭中学项目课程(IB-MYP)也兼授三门语言课程,内容科目教学媒介语主要是英语③。

2. 文莱

马来语为文莱的国语和官方语言,英语为通用语言。文莱华文教育在其历史上从未中断。20 世纪八九十年代,由于私立学校被要求与国民学校一起参加教育部统一组织的会考,考试内容以英文试卷为主,

---

① 参看菲律宾教育部官网公布的《特殊外语计划师资培训通知书》(Summer Training Courses for Teachers Adopting the Special Programin Foreign Language (SPFL)):https://www.deped.gov.ph/wp-content/uploads/2011/04/DM_s2011_094.pdf;《142 号备忘录》:https://www.deped.gov.ph/wp-content/uploads/2020/03/NCR_RM_s2020_142.pdf;《189 号备忘录》:https://www.deped.gov.ph/wp-content/uploads/2003/06/DM_s2003_189.pdf。

② 菲律宾华教中心主席黄端铭(2013)的报告显示,菲律宾华校对华文课程设置有一定自主权,华校根据自身条件和需求开办华文及其他相关课程。华文数学不在菲华校的代表性华语课程之列。任正(2014)的调研显示棉兰老岛地区的 20 所华校中有 5 所华校开设了华文数学。

③ 参看菲律宾中正学院官网:https://www.cksc.edu.ph。

华校不得不逐渐加强英文媒介语教学,中文的教学地位急转直下。受访者T3介绍了文莱华校中文科目教学情况的演变,参见访谈语料(5)(6)。

(5)T3－1:(1980年左右,政府会考)只考英文、马来文、数学,开始是三科而已,那么英文、马来文当然没有影响咯。那么数学就有影响了,因为卷子是英文版,所以当时我们就开始,老师加强他们的英文,但是课本还没改,我们还是照旧用我们的中文课文。那么到了五年级、六年级,我们加强英文版的数学。到了大概五年后(教材)才全部更改。

(6)T3－2:大概三十年前,就是不管小学、中学,这些华校,全部改成英文本,只保留一本中文,一本马来文。英文一本……剩下的副科,包括数学,全部是英文本。包括中学的数学,三角、集合、代数这些都是英文本。

访谈语料大概可以看出,中文在文莱华校内经历了由母语教育向语言教育的转变。2009年,中文进入国民教育体系,成为国民中学的外语选修课。同年,文莱教育部颁布《21世纪国家教育体系》(SPN21),基于原有政策强化了英语教学,英语的教学地位超过了马来语[1],而中文仍为一门单一的语言课程。

---

[1]　文莱教育部《21世纪国家教育体系》文件显示,中文自7—8年级始进入选修课体系。课程体系还详细介绍了1—11年级的核心课程和选修课程及相关媒介语,马来语在伊斯兰宗教教育和国民教育两门课中始终保持媒介语地位,其余课程均逐渐转向英语。

2021 年文中定期评估 (2) 时间表
JADUAL WAKTU PENILAIAN BERKALA (2), S.M.C.H., BSB 2021
PERIODIC ASSESSMENTS (2) TIMETABLE, C.H.M.S., BSB 2021

八年级 / TAHUN 8 / YEAR 8

地点 / TEMPAT / VENUE : 原班课室 & BM/MIB 动室 2 / KELAS MASING-MASING & BILIK AKTIVITI BM/MIB 2 / RESPECTIVE CLASSROOMS & BM/MIB ACTIVITY ROOM 2

日期 TARIKH DATE	时间 MASA TIME	科目 MATA PELAJARAN SUBJECT	时数 TEMPOH DURATION
02/08/2021 星期一 ISNIN MONDAY	9:45 ~ 11:45 A.M.	BAHASA MELAYU 1 & 2	2 HRS
03/08/2021 星期二 SELASA TUESDAY	8:15 ~ 9:15 A.M.	MATHEMATICS 1	1 HR
	9:45 ~ 11:15 A.M.	MATHEMATICS 2	1 HR 30 MINS
04/08/2021 星期三 RABU WEDNESDAY	7:45 ~ 9:15 A.M.	ISLAMIC RELIGIOUS KNOWLEDGE (FOR MUSLIM STUDENTS ONLY) VENUE: ROOM 13	1 HR 30 MINS
	9:45 ~ 11:15 A.M.	MELAYU ISLAM BERAJA	1 HR 30 MINS
05/08/2021 星期四 KHAMIS THURSDAY	9:45 ~ 11:45 A.M.	SOCIAL STUDIES	2 HRS
07/08/2021 星期六 SABTU SATURDAY	7:45 ~ 9:15 A.M.	SCIENCE	1 HR 30 MINS
	9:45 ~ 11:45 A.M. 9:45 ~ 11:15 A.M.	华文 P2 MANDARIN CHINESE	2 HRS 1 HR 30 MINS
09/08/2021 星期一 ISNIN MONDAY	8:15 ~ 9:15 A.M.	ENGLISH LANGUAGE 2	1 HR

图 2　文莱中华中学八年级定期评估 2 时间表①

文莱中华中学是文莱规模最大的华校。初中部和高中部都开设了马来文、英文、华文三语课程②。图 2 是该校八年级定期评估时间表,如图所示,马来语(BAHASA MELAYU)、华语(MANDARIN CHINESE)和英语(ENGLISH LANGUAGE)三种语言均为评估科目。数学(MATHE-MATICS)由英文授课,宗教课(MELAYU ISLAM BERAJA)为马来语授课。学校设有独立的华文部门,通过观察 7—11 年级的华文教学计

---

① 图 2 出自文莱中华中学官网公告栏:https://home.chunghwa.edu.bn/wp-content/uploads/2021/05/2021-y8-periodic-assessment2.pdf。

② 参看文莱中华中学官网中学部介绍:https://home.chunghwa.edu.bn/? page_id=509/。

划①,华语课程内容主要是语言教学。

3. 印度尼西亚

印度尼西亚的国语和官方语言是印尼语。自 20 世纪 90 年代华校陆续复办至今,不开设三语的学校甚至已经"不吃香"。在印尼,三语学校隶属于国民教育体系(陈友明,2014),汉语教学自 2004 年后正式进入了国民教育系统②。

从主要教学媒介语来看,我们可将印尼三语学校大致归为英文主导和印尼文主导两类。各三语学校有不同的课时分配和语言教学侧重,没有统一标准。如雅加达必利达国民三语学校(Sekolah Pelita II)是重英文的国民型学校,受访者 T4 来自必利达国民三语学校,其访谈中有如下介绍,见访谈语料(7)。

(7)T4－1:我们学校虽然是三语学校,不是国际学校,但是我们的英文是有六十巴仙③,印尼语二十巴仙。还有印尼历史用印尼语,其他的科目用英语。(华语课一周)只有五节课。

此外,如棉兰崇文三语学校、八华国民三语学校、三宝垄南洋三语国民学校等以重视中文著称的老牌华校,尽管三语课时相当,但印尼语为其他科目教学媒介语,仍占主导地位,英语和中文主要是语言课程,中文课时略微多于或等于英文课时,参见表6。

---

① 参看文莱中华中学华文部门网站:http://home.chunghwa.edu.bn/chinesedept/2016-igcse-0547%e5%8d%8e%e6%96%87-%e5%8f%8a-mandarinchinese/。

② 参看《暨南大学 20 名汉语教师志愿者奔赴印尼国民学校任教》,《暨南大学华文学院学报》2004 年第 3 期。

③ "巴仙"属于华语区域特有词,由英语 percent 音译形成,表示"百分之",东南亚华人常用。

表 6　三宝垄南洋三语国民学校 2021/2022 学年度中学阶段课时分类统计

年级与语言课时数	汉语	英语	印尼语	爪哇语	课时长度	周总课时
七年级	4	4	3	2	40 分钟	36
八年级	4	4	3	2	40 分钟	36
九年级	4	4	3	2	40 分钟	36

　　三宝垄南洋三语国民学校是中爪哇的著名华校,表 6 由 2021 年三宝垄南洋三语国民学校中学段三个年级的课程表计算得出。三个年级的周总课时都为 36 节。如表中所示,三个年级语言课时相当,都包含了 4 个课时的中文和英文、3 个课时的印尼语以及 2 个课时的爪哇语。值得注意的是,语言课之外的其他课程均以印尼语为教学语言。因此,从教学媒介语来看,该校属于印尼语主导的国民学校,英文和中文都是语言课。总之,印尼华校无论是英文主导还是印尼文主导,中文都是语言课程。

　　4. 泰国

　　泰语是泰国的国语和官方语言,也是学校的教学语言。中文是该国继英语之后的第二大外语,泰国同时也是亚洲孔子学院最多的国家,中文教育发展形势良好(黄小芳、黄海燕,2010)。目前,中文课程作为外语选修课在泰国的小学至高中阶段都可以开设,同时也是大学入门考试的外语之一(郑通涛等,2014b)。泰国华校一般将中文和英文在校内设置为必修课程,但各华校的中文周课时不同,同一华校内部的不同分班也有不同的课时分配,少的每周只有 1—2 节,多的班级则达到 10 节(参看下表 7)。郑通涛等(2014c)指出,"目前泰国华校在教学设施、课程设置、教学管理等方面与泰国公立学校已经没什么区别了"。泰国华校多开设泰语、英语、中文三语课程,泰语是教学媒介语,英汉课时比例各校不同,但都为语言课。

表7 江东中华学校2021学年度高一课时分类统计

	华文	英文	泰语	课时长度	周总课时
高中一年级（自然—数学理科班）	1	5	3	50分钟	40
高中一年级（文化艺术班/英语）	2	6	3	50分钟	40
高中一年级（文化艺术班/华文）	10	4	3	50分钟	40

以泰南董里府最大的华校——江东中华学校为例,该校教学层次覆盖小学至高中。学校高中部分设"自然—数学理科班"和"文化艺术班"两类班级,后者又细分为英文班和华文班,表7为各班三语课时情况。华文班重视华文教学,课时较多,但无论语言类课时多或者少,各班其他内容科目均以泰语为教学媒介语。

四、东南亚华校发展的三条路径

东南亚是汉语在全球传播最好的地区,但国别差异较大(吴应辉、何洪霞,2016)。各国华校成为合法的、政府承认学历的教学实体,使中文作为祖语(heritage language)的传承事业获得了"安身立命"之所。不同类型的华校,都是面向当地教育政策的产物,也是华文教育本土化的体现。从校内教学地位来看,中文主导型、"国+中"双媒介语型和中文强化型华校三者之间,中文教学的地位呈现出递减趋势。不同类型的华校,将来可能要走不同的发展道路。

（一）考虑超语实践教学法,开发"三语并进"的教学体系

在中文主导型的国家,如马来西亚,中文是华族母语,可作为华校主要教学媒介语,教学地位居三语之首。但由于马来文和英文是政府统考语言,尤其是在中学阶段,二者与中文形成竞争关系,部分独中近

年开始转向英文、马来文教育。华小虽然暂时保住了中文母语在数理科目的媒介语地位,但仍将不断受到英语科目的强势挤压。尽管马来西亚的华文教育系统保持最为完整,但其面临的打压其实是最多的。

王晓梅(2021)曾对西马 5433 名独中生的语言使用状况进行调查,场景包含巴刹、餐厅、诊所、百货公司银行,结果显示,独中生不仅具有华语和英语的使用能力,还掌握了一种(或以上)方言。从马来西亚华人多语使用状况及多语能力来看,马来西亚很可能成为东南亚地区三语教育最成功的国家,其华校提供的三语教育也最接近欧洲地区的"三语并进"。借鉴西方国家丰富的三语教育模式、三语教学方法研究成果,关注多语主义与超语实践教学,开发"三语并进"的教学体系和办学特色,将是马来西亚华校与教育界值得努力的方向。

超语实践教学法希望学生可以带着开放式思维,作为共同学习者进入课堂,并且相信学生彼此之间能学到很多知识(李嵬、沈骑,2021)。目前已有不少研究者论证了超语实践教学法的多方面益处,如王丹萍(Wang,2018)认为,超语实践在课堂教学中可发挥解释、管理和互动等功能。莱昂内特等(Leonet et al.,2017)论证了超语在联系学习者语库中的多种语言、发展语言意识及元语言意识方面的有效性,认为超语教学法能够与少数族群语言的维持与复兴目标相适应。伊尔马兹(Yilmaz,2019)从教育公平、教学成就和身份认同方面论述超语教学的优势。结合马来西亚华人社会已经存在的多语现实、华人普遍具有的多语能力,华文教育应该积极推动多语教育理念的更新与探索。

(二)改革中文媒介语课程,推动中文融入国民教育体系

在"国+中"双媒介语型国家,如老挝和柬埔寨,中文在华校内具有教学媒介语的地位。老挝和柬埔寨华校虽然学历为政府承认,属于正

规教育,但决定学生在当地升学和就业的仅限于国家统考成绩,中文未进入考试科目。这对中文教学发展是有一定限制的。当前两国政府对中文教学的态度友好,如老挝不少政要子女都就读或毕业于寮都公学,起到了很好的引领作用,而柬埔寨政府不仅支持并促成了柬华理事会,教育部还为华校统一颁发毕业证书(柬华理事总会文教处,1999)。总体上,两国的教学环境都较为宽松,发展趋势良好。

此类华校主要的努力方向有三点:第一是推动中文融入国民教育体系,中文教学的地位和生源得到保证,才是扩大传播范围的前提。这同时也符合我国加大汉语国际推广力度的发展战略(吴勇毅,2020)。第二是加大培养本土中文教师的力度,解决师资问题。改"输血"为"造血"的呼吁一直是华文师资发展的共识,而老、柬两国华校中,中文具有教学媒介语的地位,这对师资的数量和质量都有更高的要求,师资问题不妥善解决将限制中文媒介语教育的发展。如老挝原本有8所华校可提供双媒介语教学,但部分华校受师资限制不得不缩减课程①。第三是课程体系研发的问题。老挝华校具有成套的中文媒介语课程,但目前主要还是照搬国内,如"语文科目",主要通过"高中阶段使用初中教材"的方式来缓解语言能力不匹配的问题②。柬埔寨的中学数学也存在照搬国内九年义务教育教材的现象,教学难度很大。再者,2007年柬埔寨政府提出了"健全全柬华校全日制",目前已有一小部分华校开始了全日制办学。半日制向全日制的转变,意味着需要整合柬文和中文的课程体系,探索融合型的双语/三语发展道路。课程体系的研发

---

① 据受访者 T1 介绍,老挝原有 8 所华校开设了中文媒介语课程。但 2020 年由于疫情,国内师资派遣道受限,老挝的寮北、程自德学校因缺老师不得不取消语言课之外的中文媒介语课程。

② 寮都公学高中部语文使用的是暨南大学出版社经人民教育出版社授权改编的《语文》教材,高一使用七年级教材,高二使用八年级教材,以此类推。

与改革,不仅关系到华校教育质量,对中文是否能进入国民教育系统也至关重要。

(三) 关注语言与内容科目综合学习的教学方法

中文强化型的国家,既有双语制国家,也有单语制国家。菲律宾和文莱的通用语言为国语和英语,英语的教育地位正在甚至已经超越国语。印尼和泰国均为单语制国家,国语是主要的教学语言,英语为第一大外语。但无论英语地位高低,中文都只是语言课程。这些国家的中文课程均已获得合法地位,从课程学时来看比较稳定,但在教学体系中的地位和发展空间是有限的。

如何在有限的学时内提升中文的使用频率和功能价值,是这些国家华校的努力方向。目前,英语教育领域关于语言和内容综合教学的研究成果可资借鉴,如英语(L2)媒介语教学(Medium of Instruction, EMI)、基于内容的语言教学(Content-based Instruction, CBI)以及内容和语言综合学习(Content and Language Integrated Learning, CLIL)等研究已经相当发达,而目前中文媒介语教学(Chinese Medium of Instruc-tion, CMI)研究在中国香港地区和美国已逐渐开展,但东南亚地区的研究者还未注意到该领域(Lo & Macaro, 2012;惠天罡, 2020)。将语言教学与内容科目进行整合、综合学习的方法,在欧洲已被证实可在不影响内容学习的前提下,同时发展学习者的语言能力(Dalton-Puffer, 2011; Pérez-Cañado, 2012)。若能有效整合语言和内容学习,不仅可以在有限的课时内提升教学效率,还能培养学习者"用汉语学"的能力,大大提升中文的功能价值。吴勇毅(2020)结合新时代出现的学历生趋势、专业汉语教学与专业汉语人才发展需求所提出的落实"汉语+",郭熙(2020)基于"在用中学"提出的"华语+专业/职业"的教学理念也可作为发展中文媒介语教学模式的思路。

在访谈中,受访者 T5 也表达过类似的使用中文媒介语进行教学的看法,参看访谈语料(8):

(8)T5－1:最近我在想,就是因为我们的这个(华语)实用性不强,所以我们的孩子把他当作口语来学。我想是不是我们必须在一些科目,我们要增加一些……就是说你在科学这个方面,给他中文。

受访者 T5 还讲述了其所在学校实施中文媒介语教学的尝试和失败经历:从中国赴印尼的中国籍地理教师,由于语言不通,无法实施中文媒介语教学。在教学过程中,学生的中文不仅没有得到很好的发展,反而由于教师不得不借助英文辅助讲解遭遇学习上的困难。

无论是海外一线教师对中文作为媒介语教学的朴素探索,还是各国学者已有的对教研理论的深化和推进,我们都可以从中看到提升华语在海外实用性的迫切需求。教学媒介语课程体系的研发具有重要的意义和发展前景。

五、关于三语教学的几点思考

海外华裔需要掌握当地主流语言适应本土化,掌握英语拓宽国际视野,具有跨文化交际的能力和多元身份认同的能力(李国芳,2020)。三语学校是可以为海外华裔的多语能力发展、身份意义构建提供教育支持一种办学模式。依托办学特色和教学质量,华语的传承与传播事业迎来了新的发展,也给我们带来了新的认识。

（一）不同类型的三语学校有其适用环境和贡献

实施三语教学的华校是海外华语多路径传承的一环，是海外华校本土化和现代化的转型，同时也让我们看到了华文教学多样化的发展趋势。传统的单语教学模式对华语水平的追求和期待，对课时量、教学地位、课程种类的单一评价维度可能低估现有的三语教学模式的不同价值。如同样是提供三语教学的华校，中文主导型的华校，通过保持中文作为主要媒介语的地位捍卫了本族群母语教育的权利，同时也使自身具备了"三语并进"的教学优势和独特吸引力；"国+中"双媒介语型的华校，通过开设符合国家教育大纲的国语和英语课程，融入国民教育体系以支持华文的合法教学，并且通过过硬的教学质量，得到了主流社会的认可；中文强化型的华校以注重中文为办学特色，扩大了中文的横向传播，不少华校的友族生源甚至超过了华裔。海外华裔、海外中文学习者的特点和需求复杂多元，各国教育体系和语言政策也有不同，这些不同类型的三语教学模式，为不同国家的华语传承提供了多样化的支持。各国华校、华裔生所拥有的语言与社会文化资源、知识应该受到重视。结合华人社会的未来总趋势——三语、海外华文教育最基本的定位——服务性（郭熙，2021a），作为祖籍国，我们应该关注海外教学一线的发展需求、结合国家语言发展战略目标，为其提供精准的教育服务，共促国际中文教育的协同发展，为三语学校的下一步发展提供支持。

（二）三语学校要处理好三种语言的关系

在与主流语言、强势外语的竞争中，中文教育的发展空间有限，优势也相对不明显，有时甚至不得不面临一些政策性打压。但从华校的三语教学现状来看，实施三语或多语的教学模式既符合经济全球化对多语言文化人才的培养和发展需求,同时也能使华校依托国语和英语的地位对中文教育形成"保护伞",如缅甸的三语学校通过三语教学实现了中文教学的部分合法性(雷向阳、谢文婷,2017),这是三种语言教学的成功合作。同时,从三语教学的市场吸引力来看,这种办学模式推动了中文向友族子弟的横向传播,而这种横向传播又能反过来激励华人群体重拾对祖语的热情和信心(郭熙,2021b)。

在与强势语言的合作与竞争中,明确中文教育的定位尤为重要。帮助学生正确、全面、客观地理解国语、英语、中文这三种语言的关系,是实施三语教学华校的重要任务。中文的性质是母语、祖语、民族语还是外语,定位是一语、二语还是三语,分别对应着不同的教学目标和方法,需根据不同国家、不同人群的特点有针对性地加以考虑。各语言的教学地位将直接影响学生的语言学习态度和认同。如文中部分"中文强化型"的三语学校,中文和英语都是单纯使用第二语言教学法的语言课程,这种单一关注语言维度的教学容易导致华裔生从一外、二外的角度来看中文,这会让华语传承的效果大打折扣。教育对构建身份认同的重大影响应该受到重视。当代学生的多元身份认同具有流动性,受族群、国籍、年龄、性别、认知和心理、当地历史事件、全球意义等维度的影响(Aronin,2005)。华校在发展学生语言应用能力的基础上,应该拓展文化阵地,实现语言和文化的传承,也即除了交际、经济等实用价值外,华语在教学中还应被赋予文化认同和身份价值(郭熙、林璃欢,2021)。

(三)华文教育领域应加强关注三语习得与三语教学研究

国内关于三语习得与教学的研究对象主要是少数民族学生、学习二外的大学生、将中文作为第三语言的留学生。海外华裔子弟的三语/

多语学习特征近年逐渐受到关注,研究才刚刚起步。东南亚华校广泛实施的三语教学模式作为一个正在发展壮大的新趋势,对很多师生来说都是新的经历,关注学界已有的三语习得与教学研究成果,将有助于科学推动华文教育中的多语教学实践。

在教学体系中出现的第三种语言,在广义的习得与学习研究中也属于二语。但三语习得与教学有其独特性,更加复杂。从习得的影响因素来看,阿罗宁(Aronin,2005)将复杂性归因为习得顺序、正规教学、习得语境(包括语言的数量、地位、与说话人的关系、语言类型学)等方面。从学习者特点来看,双语/多语者在元语言意识、学习策略、可使用的语库(语言距离)方面具有优势(Aronin,2005;Cenoz,2013)。从多语言之间的相关性和交互作用来看,多项研究证明了语言水平之间具有高度相关性(Muñoz,2000;Lasagabaster,2000)。一二语均可能对第三语言产生影响,但交互作用的发生方向还有待更多研究。如拉萨伽巴斯特(Lasagabaster,2000)发现第二语言对第三语言的影响大于第一语言,斯温等(Swain et al.,1990)证明了当学习者具有祖语(第一语言)的读写能力时,对第三语言的学习有很强的正向影响。语言类型和使用者对语言距离的感知也对语言的迁移有显著影响(Clyne,1997)。

从现有的三语习得与教学研究成果来看,三语教学的复杂性可见一斑。为了更好地支持海外华文教育、为华语传承提供精准服务,华语研究者既要加快对华文教育"家底"的研究,包括华校的数量、教学模式的实施、师资、教学效果、在学人数、华语生活等方面信息的收集(郭熙、王文豪,2018),还应对各国语言政策、华校教学模式等新现象进行更加深入、细致、系统的研究,做好理论结合实践的探索。

参考文献

陈友明,2014,《印尼三语学校华文教学考察探析》,《汉语国际传播研究》第2期。

陈友明,2019,《印尼华文教学现状研究》,《世界华文教学》第1期。

郭熙,2003,《马来西亚槟城华人社会的语言生活》,《中国社会语言学》第1期。

郭熙,2020,《新时代的海外华文教育与中国国家语言能力的提升》,《语言文字应用》第4期。

郭熙,2021a,《服务海外华语传承之思考》,《华教播种者——纪念董鹏程先生文集》,世界华语文教育学会。

郭熙,2021b,《主持人语:华语与华语传承研究再出发》,《语言战略研究》第4期。

郭熙、林瑀欢,2021,《明确"国际中文教育"的内涵和外延》,《中国社会科学报》3月16日。

郭熙、王文豪,2018,《论华语研究与华文教育的衔接》,《语言文字应用》第2期。

韩晓明,2017,《20世纪90年代以来东南亚各国华文教学的本土化转型》,《云南师范大学学报(哲学社会科学版)》第2期。

侯瑜,2006,《柬埔寨华文教育的现状和发展趋势》,《侨务工作研究》第4期。

黄端铭,2014,《菲律宾华侨华人的留根工程——菲律宾华文教育》,见丘进主编《华侨华人研究报告(2013)》,社会科学文献出版社。

黄小芳、黄海燕,2010,《东盟各国盛行"中文热"汉语课渐成主流科目》,《广西日报》6月9日。

惠天罡,2020,《基于CBI的美国汉语沉浸式教学的分析与思考》,《世界汉语教学》第4期。

柬华理事总会文教处,1999,《柬埔寨华文教育》,柬华理事总会。

教总、林连玉基金、校友联总,2017,《马来西亚华教常识手册(第九版)》,

http://www.chhs.edu.my/web/images/files/department/jwc/changshi2017.pdf。

雷向阳、谢文婷，2017，《三语学校——缅甸汉语传播的新路径》，《东南亚纵横》第 6 期。

李国芳，2020，《海外华裔学生教育的核心问题及趋势——基于国际化和本地化的研究》，《西南交通大学学报(社会科学版)》第 3 期。

李嵬、沈骑，2021，《超语实践理论的起源、发展与展望》，《上海外国语大学学报》第 4 期。

彭运锋，2008，《老挝基础教育现况简介》，《基础教育研究》第 4 期。

任正，2014，《菲律宾棉兰老岛地区华语教育现状调查研究》，四川师范大学硕士学位论文。

孙德安，2003，《文莱华教之现状》，《暨南大学华文学院学报》第 4 期。

王晓梅，2021，《马来西亚华人社会语言研究》，商务印书馆。

吴应辉、何洪霞，2016，《东南亚各国政策对汉语传播影响的历时国别比较研究》，《语言文字应用》第 4 期。

吴勇毅，2020，《国际中文教育"十四五"展望》，《国际汉语教学研究》第 4 期。

张斌、王林，2020，《关注三语习得研究 优化国际中文教育》，《中国社会科学报》7 月 15 日。

郑通涛、蒋有经、陈荣岚，2014a，《东南亚汉语教学年度报告之一》，《海外华文教育》第 1 期。

郑通涛、蒋有经、陈荣岚，2014b，《东南亚汉语教学年度报告之四》，《海外华文教育》第 4 期。

郑通涛、蒋有经、陈荣岚，2014c，《东南亚汉语教学年度报告之三》，《海外华文教育》第 3 期。

祝家丰、王晓梅，2016，《海外华文教育的奇葩：马来西亚华文独立中学的办学方针研究》，《八桂侨刊》第 3 期。

卓宥佑、梁宇，2019，《印尼三语学校华语教学现状调查与分析》，《国际汉语教育(中英文)》第 2 期。

Aldekoa, Ana, Ibon Manterola & Itziar Idiazabal, 2020, A Trilingual Teaching Sequence for Oral Presentation Skills in Basque, Spanish and English. *The Language Learning Journal*, 48(3).

Aronin, Larissa, 2005, Theoretical Perspectives of Trilingual Education. *International Journal of the Sociology of Language*, 171.

Björklund, Siv, Cabianca, Annabella & Cenoz, Jasone et al., 2011, *Trilingual Primary Education in Europe*. Fryske Akademy.

Cenoz Jasone, 2013, The Influence of Bilingualism on Third Language Acquisition: Focus on Multilingualism. *Language Teaching*, 46(1).

Cenoz, Jasone& Alaitz Santos, 2020, Implementing Pedagogical Translanguaging in Trilingual Schools. *System*, 92.

Cenoz, Jasone& Durk Gorter, 2011, Focus on Multilingualism: A Study of Trilingual Writing. *The Modern Language Journal*, 95(3).

Clyne, Michael, 1997, Some of the Things Trilinguals Do. *International Journal of Bilingualism*, 1(2).

Dalton-Puffer, Christina, 2011, Content-and-language Integrated Learning: From Practice to Principles?. *Annual Review of Applied Linguistics*, 31.

García, Ofelia & Li, Wei, 2014, *Translanguaging: Language, Bilingualism and Education*. Palgrave Macmillan.

Lasagabaster, David, 2000, Three Languages and Three Linguistic Models in the Basque Educational System. In Cenoz, Jasone and Jessner Ulrike (Eds.), *English in Europe: The Acquisition of a Third Language*. Multilingual Matters Ltd.

Leonet, Oihana Jasone Cenoz & Gorter, Durk, 2017, Challenging Minority Language Isolation: Translanguaging in a Trilingual School in the Basque Country. *Journal of Language, Identity & Education*, 16(4).

Li, Wei, 2018, Translanguaging as A Practical Theory of Language. *Applied Linguistics*, 39(1).

Lo, Yuen Yi & Ernesto Macaro, 2012, The Medium of Instruction and Classroom Interaction: Evidence from Hong Kong Secondary Schools. *International Journal of Bilingual Education and Bilingualism*, 15(1).

Ministry of Education Brunei Darussalam, 2013, *The National Education System for the 21st Century: SPN21*. Ministry of Education Brunei Darussalam.

Muñoz, Carmen, 2000, Bilingualism and Trilingualism in School Students in Catalonia. In Cenoz, Jasone and Jessner, Ulrike (Eds.). *English in Europe: The Acquisition of a Third Language*. Multilingual Matters Ltd.

Pérez-Caado, María Luisa, 2012, CLIL Research in Europe: Past, Present, and Future. *International Journal of Bilingual Education and Bilingualism*, 15(3).

Swain, Merrill, Lapkin, Sharonlapkin, Rowen, Norman & Hart, Doug, 1990, The Role of Mother Tongue Literacy in Third Language Learning. *Language, Culture and Curriculum*, 3(1).

Wang, Danping, 2018, *Multilingualism and Translanguaging in Chinese Language Classrooms*. Springer.

Yilmaz, Tuba, 2019, Translanguaging as A Pedagogy for Equity of Language Minoritized Students. *International Journal of Multilingualism*, 3.

柬埔寨华人家庭语言规划与华语传承调查研究[*]

刘　慧

一、引言

华人在海外诸国多属少数族群。少数族群的语言保持因使用人口、社会地位、使用范围等因素的影响,常面临困境。少数族群语言保持包括书面语言记录和实践活动传承两个层面的含义(Thieberger,1990)。因此,海外华语研究既要加强历史文献的收集和海外华语变体的描写记录,对其进行抢救性的采集整理(郭熙、刘慧、李计伟,2020),也要重视华语活态传承的研究。少数族群语言传承的关键不在“外援”而在“自救”(Fennel,1980)。除了运用法律保障少数族群使用本族语的权利之外,最重要的是要保证族群语言扎根于社区和家庭。菲什曼(Fishman,1991)指出,少数族群语言传承如果缺乏家庭和社区基础,即使得到传媒、政府等的支持,仍像是给有破洞的气球吹气,吹气再多

　　*　国家语委重点项目“东南亚华族家庭语言规划及认同研究”(ZDI135 - 62),国家社科基金青年项目“东南亚华族新生代多语能力与文化认同研究”(16CYY019),国家社科基金重点项目“海外华语资源抢救性搜集整理与研究”(19AYY003),暨南大学广东语言文化海外传承研究基地 2021 年度自设项目阶段性成果。本次调研得到了暨南大学华文学院柬埔寨籍研究生黄彩芯同学以及乌廊启华公立学校校长黄明忠、副校长陈金叶、训导主任杨雅达的大力支持和帮助。匿名审稿专家和编辑部对本文修改提出了诸多宝贵意见,谨此一并致谢。本文原载《语言战略研究》2021 年第 4 期。

气球也不完整,因为破洞并未补上。

家庭是海外华人维持族群语言活力、传承族群语言文化的重要场所。家庭语言规划①指家庭成员针对语言使用所实施的显性及隐性的规划和管理活动,是一种微观层面的规划,对家庭成员语言能力的发展影响较大。家庭语言规划可分为语言实践、语言意识和语言管理 3 个部分(斯波斯基,2016:5)。调查海外华人家庭语言规划有助于摸清海外华语传承的"家底"(郭熙、王文豪,2018),也可为国际中文教育事业发展提供参考。故本文以柬埔寨华人家庭为调研对象,考察其家庭语言规划及华语传承情况。

二、相关研究回顾

有关东南亚华人家庭语言规划的研究目前尚处于起步阶段。2000—2017 年主要国际期刊发表东南亚地区家庭语言政策或规划研究的论文仅 21 篇(尹小荣、李国芳,2017)。现有研究成果显示,东南亚地区华人家庭语言规划的情况因国别及地区而异,情况复杂。华人家庭内部是否使用华族语言与家庭成员的多语能力和族群认同具有密切的联系。如马来西亚绝大多数华人家庭较好地保留了汉语方言,新生代华人对华族语言的认同度较高,也较为坚持民族语言传承(沈玲,2020)。在缅甸、菲律宾、泰国,以及印尼的雅加达、泗水、日惹、帕卢、梭罗等地,华人家庭的华族语言使用比例要么随代际降低,要么已基本被当地语言替代。新生代华人的华族语言文字使用能力和华族语言文化

---

① 有学者也称之为家庭语言政策(斯波斯基,2016)。在国外研究中,"语言规划"和"语言政策"内涵基本一致(尹小荣、李国芳,2017),在中国"家庭语言规划"更为常用,因此本文使用"家庭语言规划"进行论述。

认同都有待增强（李春风，2021；郝瑜鑫、王琳、王乙棋，2020）。白娟（2019）指出家庭语言政策是华文教育的原生驱动力。但目前大部分研究成果对华人家庭语言规划的驱动作用关注不够，主要通过问卷调查来了解华人家庭成员的语言使用及族群认同，对华人家长在族群语言传承中的主观态度及具体行为缺乏实地调研，对家庭成员在语言实践和语言意识中表现出的华语忠诚缺少考察，很少同时发放家长卷和子女卷，这些都在一定程度上影响了信息收集的准确性和全面性。

本次调研聚焦柬埔寨乌廊地区的华人家庭语言规划。柬埔寨目前约有100万华侨华人，其中华人约80万，华侨约20万（方侨生，2020）。近代柬埔寨华文教育始于20世纪初，20世纪50—60年代华文教育发展较快，全国有华文学校200多所，学生5万多人。但自20世纪70年代起，受时局影响，柬埔寨华人锐减。柬埔寨政府颁布禁令，禁止华人在任何场合学习及使用华族语言文字（廖小健，1995），造成了华族语言文化传承的中断甚至濒危。直至1990年底，柬埔寨华人理事总会成立并促成华校于次年10月起陆续复课，华文教育方得以延续。

关注柬埔寨华文教育既可以从学者视角，也可以从当地华社领袖视角。学者视角主要从国家政策、中柬合作、华人社团及华校办学情况等方面考察柬埔寨华文教育的现状并提出建议（周月、罗安迪，2020；野泽知弘，2012；林志忠，2008）。华社领袖视角是指柬埔寨华社领袖对兴办华文教育的态度和看法，其论及较多的关键词如"责任、坚守、传承"等，体现出较强的华族认同、对华语传承的坚守和对华文教育的支持（杨豪，1999；方侨生，2020；郑棉发，2018）。家庭是语言传承的基站，但目前还没有见到有关柬埔寨华人家庭语言规划研究的文献。

三、研究设计

（一）调研地点

本次调研地点位于柬埔寨中南部的实居省乌廊市，时间为 2019 年 7 月。乌廊华人祖籍以广东潮州为主。该市有 2 所华校，其中规模较大的为乌廊公立启华学校①，现有 20 位汉语教师和 762 名学生。

（二）研究对象

综合考虑受访家长的性别、年龄、收入、华人代际、受教育程度等因素，我们选取了乌廊 50 户华人家庭进行调查，每户家庭包括 1 名受访家长（下文简称"家长"）及 1—2 名受访子女（下文简称"子女"）。家长和子女的基本信息见表 1 和表 2。

（三）研究方法及内容

本次调研通过问卷、访谈、参与式观察、个案考察等方法，调查乌廊华人家庭语言规划及华语传承的情况。经前期试点预调查显示，问卷的折半信度为 0.82，效度良好②。我们将问卷调查的数据与观察和访谈得到的结果进行了三角验证，确保调研结果真实可靠。

---

① "乌廊公立启华学校"中的"公立"是指由柬埔寨华人社团兴办管理的华校，与私人兴办的私立华校相区别（符气志，2013）。华文公校由柬华理事总会及下设分会创设并进行日常管理。

② 问卷设计主要参考了尹小荣、李国芳（2017），康晓娟（2015），罗伯茨等（Roberts et al.，1999），菲尼（Phinney，1992）等对家庭语言规划及族群认同调查的问卷及研究，包括"家庭语言实践、语言意识、语言能力、语言管理、族群认同"5 个部分。

表 1 受访家长基本信息(N=50)

背景		人数	百分比/%	背景		人数	百分比/%
性别	男	23	46.0	受教育程度	小学	8	16.0
	女	27	54.0		初中	21	42.0
年龄	31—40 岁	13	26.0		高中	15	30.0
	41—50 岁	18	36.0		大学本科	6	12.0
	51—60 岁	16	32.0	职业	个体工商户	15	30.0
	60 岁以上	3	6.0		农民	6	12.0
子女数量	多子女	37	74.0		手工业者	6	12.0
	单子女	13	26.0		无稳定职业或无业	6	12.0
华人代际	第二代	7	14.0		小企业主	5	10.0
	第三代	32	64.0		医生	4	8.0
	第四代	11	22.0		华文教师	4	8.0
收入水平	低收入	6	12.0		公司职员	2	4.0
	中低收入	12	24.0		翻译	1	2.0
	中等收入	10	20.0		小农场主	1	2.0
	中高收入	15	30.0				
	较高收入	7	14.0				

表 2 受访子女基本信息(N=60)

背景		人数	百分比/%
性别	男	17	28.3
	女	43	71.7
年龄	9—14 岁	20	33.3
	15—20 岁	20	33.3
	21—25 岁	20	33.3

（续表）

背景		人数	百分比/%
目前就读或 工作情况	小学	10	16.7
	初中	16	26.6
	高中	14	23.3
	大学	10	16.7
	工作	10	16.7
华人代际	第三代	20	33.3
	第四代	20	33.3
	第五代	20	33.3

　　我们还对一份自传式民族志文本进行了考察。作者阿龙①是乌廊第四代华人，他撰写了约 3 万字的自传文章，详细叙述了他在家庭影响下，学习华语并成为华文教育工作者的经历。

　　本文的研究内容主要包括：(1)调研乌廊华人家庭语言规划，考察其传承华语的情况；(2)对比家长和子女在传承华语的行为、态度、动机等方面的异同；(3)分析影响华人家庭语言规划和华语传承的各类因素。

四、调查结果分析

（一）华语实践逐渐复苏

　　家庭语言规划中最重要的是语言实践，因为语言实践是单语双语等语言模式以及口头及书面的语言能力形成的基础，也在较大程度上

---

　　① 　阿龙出生于乌廊普通华人家庭，在乌廊华校学习了 6 年，后考上暨南大学华文学院华文教育系本科，目前是乌廊一所华校的领导。因文中较多内容涉及受访者家庭情况，为保护受访者隐私，文中受访者的名字为化名。

影响着人们的隐性语言管理(斯波斯基,2016:8)。

我们通过发放家长问卷和子女问卷,调查了他们与家庭成员等交际时的语码使用情况,结果如表3和表4所示。

表3 家长的语码使用情况及比例(可多选) 单位:%

交际对象	语码			
	汉语方言或汉语方言为主	华语或华语为主	柬语或柬语为主	英语或英语为主
与祖父母	68.0	6.0	20.0	0.0
与父母	28.0	6.0	68.0	0.0
与配偶	6.0	10.0	86.0	0.0
与兄弟姐妹	14.0	10.0	82.0	0.0
与子女	8.0	16.0	82.0	0.0

表4 子女的语码使用情况及比例(可多选) 单位:%

交际对象	语码			
	汉语方言或汉语方言为主	华语或华语为主	柬语或柬语为主	英语或英语为主
与祖父母	3.3	26.7	98.3	0.0
与父母	1.7	30.0	95.0	0.0
与兄弟姐妹	0.0	31.7	90.0	5.0
与同学	0.0	56.7	91.7	4.3

表3显示,家长在家中的语码使用以柬语为主,汉语方言为辅,偶用华语。表4显示,子女的语码使用以柬语为主,华语为辅。由此可见,在乌廊受访华人家庭中,柬语为主要语码,华语使用开始逐步复苏。子女辈的华语使用频率较父辈和祖辈有明显增长。

　　表 3 和表 4 对比可见,子女自报的华语使用频率高于父母所报告的数值①。超过一半的子女与同学之间常使用华语,近三分之一的子女与兄弟姐妹常使用华语,26.7%—30%的子女与祖辈、父辈及其他长辈常用华语。我们通过问卷、访谈和参与式观察,考察了其华语使用的具体情况,结果如下:

　　1. 少数家长与其祖辈或父辈使用华语。6%的家长表示,家中老人很关心孙辈的华语学习,当他们询问孙辈在华校的学习情况时,家长或子女会使用一些华语回答。

　　2. 家长与平辈和晚辈交谈时,华语使用频率有所上升。10%—16%的家长与兄弟姐妹、配偶、朋友、子女等交谈时使用华语,所谈论的内容包括孩子的华语学习、华人社团活动、与中国企业做生意等。有少数家庭将华语作为主要交际语言之一,如夫妻一方为华文老师、中柬语翻译、商人、医生等。他们将工作语言带入家庭域,为孩子营造学习华语的家庭环境。

　　3. 子女在与兄弟姐妹和朋友交谈时,华语的使用频率明显高于父辈和祖辈。74%的受访华人家庭为多子女家庭(见表 1),约 30%的子女在家中交谈时常使用华语,具体场合及内容包括:一起写华语作业,谈论华校发生的事以及不想让家长知道的小秘密,一起观看华语影视剧和综艺节目,模仿剧中人物所说的华语台词,谈论华人明星,等等。

　　4. 子女在使用电脑、手机等新媒体进行娱乐休闲活动,如听歌、看影视剧及综艺节目时,最常用语码是华语,使用频率明显高于父辈(见表 5)。近年来,海内外华语新媒体大量出现,为华人家庭传承华语文

---

　　①　我们访谈了部分家长和子女,以了解其中原因。家长表示,他们经历了 1970—1991 年华文教育的中断期,只会说潮州话和柬语,不太会说华语,和子女说华语的频率较低。子女表示,他们放学回家以后,会用华语读课文、讲故事或者唱歌给父母听,父母用柬语或潮州话表扬他们。

化提供了丰富的资源。这些资源有助于提升子女的华语听说能力,增强其对华语文化的认同和喜爱①。

表5 家长和子女使用不同媒体时的常用语码及比例(可多选) 单位:%

媒体使用	受访者常用语码类型及比例	
	家长	子女
看书报等纸媒	柬:67.2;华:21.7;英:9.2	柬:47.4;华:34.5;英:18.1
听歌曲	柬:41.5;华:33.3 英:14.4;方:8.8	柬:36.3;华:40.2 英:21.6;方:2.0
看影视剧及综艺节目	柬:50.7;华:32.6;英:14.7	柬:35.4;华:55.2;英:9.4
上网看新闻	柬:53.4;华:19.1;英:25.5	柬:32.2;华:23.3;英:44.4
书写	柬:60.7;华:18.6;英:18.7	柬:51.4;华:25.7;英:22.9

(二)子女辈华语能力提升

家庭成员华语实践的复苏,尤其是子女辈华语使用频率的增加,与华语能力密切相关。我们采用问卷为主、访谈和观察为辅的方式,调查了家长和子女的语言或方言能力②,结果如表6所示。

---

① 除新媒体之外,柬埔寨国家电视台于2014年推出了《中国剧场》栏目。该台播放的影视节目中华语片占60%,柬语片和英语片各占20%。1994年版《三国演义》在柬埔寨首播的收视率高达46.7%。

② 我们的参与式观察和访谈结果显示,受访者对自身语言或方言能力的评估基本客观。表7中自评的最高分为5分。口语能力自评的选项设置和分值分别为:A.5分——能流利地与人交谈,没有任何困难;B.4分——能熟练地使用,但个别时候会遇到困难;C.3分——基本能交谈,但不熟练;D.2分——能听懂,但不太会说;E.1分——能听懂一些,但不会说;F.0分——听不懂,也不会说。书面语能力自评的选项设置和分值分别为:A.5分——能读能写,没有任何障碍;B.4分——能读能写,但偶尔会遇到障碍;C.3分——基本上能读能写,不太熟练;D.2分——能读,但不太会写;E.1分——能读一些,但基本上不会写;F.0分——不会读,也不会写。

表6　家长和子女语言或方言能力自评结果

家庭成员	语言或方言能力评分（满分 5 分）						
	汉语方言	华语		柬语		英语	
		口语	书面语	口语	书面语	口语	书面语
家长	2.66	1.63	1.50	4.80	4.45	1.25	0.86
子女	0.56	3.58	3.19	4.92	4.67	2.76	2.14

表6显示，家长和子女的柬语能力都很好；家长的华语和英语能力偏低，汉语方言能力中等；子女的华语和英语能力较父辈有明显提升，汉语方言能力较父辈有明显下降。当我们用华语与子女就日常话题进行交谈时，他们能听懂并进行回答。部分子女曾在中国留学，攻读本科和研究生，华语的听说读写能力都较好。

（三）家长和子女都主动传承华语

子女的华语使用频率和华语能力较父辈有明显提升（见表6），这与家长对子女华语学习的管理以及子女在华语学习方面的主观能动性密切相关。

1. 华语传承动机兼具象征性与工具性

动机是影响族群语言传承的主要因素之一，指使用及传承族群语言的意愿与需要，可以包括经济、社会或文化等方面的因素（Chrisp，2005）。我们通过问卷调查了家长让子女学习华语的动机和子女自身学习华语的动机，并让被调查者按照动机重要性的高低加以排序。依据排序赋值，所得结果如表7和表8所示。

表7 家长让子女学习华语的动机

您让孩子学习华语的原因是(可多选,满分6分):	
学习华语可以让孩子有更多的工作机会。	5.48 分
我们是华人,应该学习华语。	4.04 分
现在中国越来越强大,华语的地位和影响力越来越重要。	3.78 分
学习华语可以帮助我们了解和传承中华文化。	3.31 分
学习华语可以让华人家庭关系更亲密。	2.22 分
学习华语可以让孩子认识更多的华人朋友。	2.22 分

表8 子女学习华语的动机

我学习华语的原因是(可多选,满分5分):	
我对华语学习很感兴趣。	4.70 分
为了以后找到好工作。	4.57 分
我是华人,我爸妈要我学华语。	4.05 分
我以后想去中国留学。	3.70 分
为了跟中国人交朋友。	2.72 分

由表7和表8可知,无论是家长还是子女,其传承华语的动机均为象征性与工具性相结合的混合性动机。对于家长而言,最强烈的动机是工具性动机,即"让孩子有更多的工作机会"(5.48分),其次为体现华族认同和华语忠诚的象征性动机,即"华人应该学习华语"(4.04分)。对于子女而言,最强烈的动机是内在动机,即"我对华语学习很感兴趣"(4.70分),其次是工具性动机,即"为了以后找到好工作"(4.57分);此外,体现族群语言传承的象征性动机,即"我是华人,我爸妈要我学华语"分值也很高(4.05分)。这反映出家长对子女的华语学习进行了主动干预,并且对子女的语言意识产生了影响。

　　我们通过访谈询问了部分家长让孩子学习华语的动机,大多数家长的第一反应都是:华人当然要学习华语。还有不少家长表示,近年来很多中国企业在柬埔寨投资办厂,懂中柬双语比只懂柬语收入更高。部分家长表示与中国客商做生意,子女学好华语可以帮忙。我们也对部分受访子女进行了访谈,他们表示学习华语的主要原因是华人的身份和就业的需求,以及喜欢华语圈的流行文化。

　　2. 对华语能力的期待值高

　　家庭成员对语言能力发展的期待体现了其对未来家庭语言生活及语言管理的一种"想象"。"想象"在跨国移居家庭传承语保持和转用问题上发挥着关键作用(李嵬、祝华,2017),也是影响乌廊华人家庭华语传承的要素之一。

　　我们通过问卷调查了家长对子女的"方、华、柬、英"4 种语码能力发展的期待值,满分为 5 分。结果显示,家长对子女柬语和华语能力的期待值都很高,分别为 4.82 分和 4.70 分。这表明家长希望子女既能适应当地主流语言环境,也能传承华语。此外,家长对子女英语能力的期待值也较高,为 4.16 分。

　　家长对子女汉语方言能力的期待值则相对较低(2.58 分)。问卷调查显示,一半家长认为子女会不会说汉语方言都没关系,还有一半家长认为孩子一定要会说汉语方言。我们通过访谈了解到,部分家长认为汉语方言①是祖辈用的语言,和华语的差别很大,现在会说的人越来越少,而且主要是在家里说,对子女未来发展的帮助不太大。但也有部分家长认为,汉语方言既是华人家庭语言也是一种商业语言,部分华人仍在使用,而且多学几种语言没有坏处。

---

　　① 本次访谈的华人家庭所使用的汉语方言均为潮州话。

我们还调查了子女对未来求学地点及所学内容的期望,借此了解其对未来语言能力发展的看法。结果显示,子女中有 33.3%想去中国留学,21.7%想去柬埔寨首都金边继续学习华语。可见逾半数子女将提升华语能力作为未来学业及职业发展规划的重要组成部分。

3. 综合利用家庭内外的资源进行华语管理

家庭成员的语言管理行为是将传承动机与实践相结合,进而实现华语传承的关键性环节。移民家庭的父母为了保留自己的祖裔语言而做出种种努力的行为构成了其家庭语言管理(斯波斯基,2016:7)。本次调查显示,家长综合利用外援①和家庭内部资源,帮助子女掌握族群语言。具体来说,大部分家长既联合华人社团、华校、补习班等机构,为子女华语学习提供专业指导,又发动家庭成员积极参与,为子女营造家庭华语使用环境(见表9)。

家长对华语的管理行为也体现了族群语言的"沟通外功能"。部分家长在访谈中表示,他们小时候想学华语但没有机会,现在通过询问孩子的华语学习情况、检查华文作业,从孩子那里学到了一些汉语拼音和华文字词。听孩子背唐诗、读课文,家长感到开心自豪。这表明族群语言传承有助于家庭成员的情感传递,构建家庭成员的集体记忆和族群语言文化认同,这正是族群语言"沟通外功能"的具体体现。此外,44%的家长在问卷中表示鼓励孩子跟祖辈学说汉语方言,但问卷和访谈显示,子女传承汉语方言的意愿并不强烈,原因主要是汉语方言使用环境的萎缩、缺乏媒体和流行文化的支持等。

---

　　① 斯波斯基(2016:32)指出,家长为了加强家庭语言管理活动,有时可能会寻求外援,而寻求外援的常见方法有 3 种:(1)为儿童建立以语言为动机的玩伴群体;(2)为儿童建立以语言为取向的独立学校(independent school);(3)采取各种方法来影响政府及其管辖的机构。

表9 家长管理子女华语学习及使用的做法(N=50)

为了让孩子学习或使用华语,你做过下列哪些事情?(可多选)	人数	比例/%
A.把孩子送到华文学校学习。	50	100.0
B.询问孩子在华文课上的学习内容,检查孩子的华文作业。	45	90.0
C.送孩子参加华文补习班。	39	78.0
D.鼓励孩子和兄弟姐妹用华语聊天。	32	64.0
E.给孩子买华文书报并鼓励其阅读。	31	62.0
F.带孩子参加华人社团活动并鼓励孩子说华语。	27	54.0
G.自己或配偶用华语和孩子聊天。	15	30.0

调查显示,大多数家长每月供子女学习华语的费用不高,约15—30美元,占其月收入的5%—10%。由于乌廊公立华校受柬埔寨华人理事总会管理和资助,学费低廉①,如学生家庭困难还可为其减免学费。因此,尽管当地多数华人家庭经济条件一般,但子女都有机会学习华语。

子女在华语学习和使用方面采用了多种途径和方法,既有家长为其选择或提供的,如表10的A、C、G、H选项,也有其出于喜爱而主动选择的,如表10的B、D、E、F、I选项。这表明子女在学习华语时并非被动接受家长的指令安排,而是体现出了较强的自主性和学习兴趣,这也印证了表8"子女学习华语的动机"调查中,"我对华语学习很感兴趣"的选项得分居首的结论。

---

① 据乌廊启华公立学校黄明忠校长介绍,目前启华学校的学费收费情况是:幼儿园和小学一年级、二年级为50美元/学期,小学三年级至五年级为60美元/学期,六年级学费为75美元/学期,初中学费为100美元/学期。当地华人的月平均收入约为250—350美元,完全有能力负担公立华校的学费。

表10　子女在学习及使用华语方面的做法（N=60）

为了学习或使用华语,你现在(或曾经)常常做以下哪些事情?(可多选)	人数	比例/%
A.在华校学习华语。	60	100.0
B.在电视或手机上看华语节目(配柬语字幕)。	49	81.7
C.到补习班学习华语。	42	70.0
D.听华语歌曲。	41	68.3
E.和朋友用华语聊天。	40	66.7
F.看华语书。	34	56.7
G.在家里跟家庭老师学华语。	31	51.7
H.在家里和家人用华语聊天。	29	48.3
I.写华语作文。	27	45.0

（四）家长和子女具备华语忠诚与族群认同

　　语言忠诚是指当第一语言或家庭语言的地位或传承面临真实的或感知到的威胁时,言语社团成员为维持其语言所付出的努力(Bowerman,2006)。语言忠诚可以在不同的场域或功能域有所呈现,比如家庭语言规划中的母语保持和传承(郭熙,2017)。前文分析可见,家长和子女在动机及行为上都体现出积极主动传承华语的特点,而且子女的华语使用频率和华语能力较之家长都有所提高。这与家长和子女所具备的华语忠诚密切相关。

　　语言忠诚一般被看作一种语言态度,在多语社会和多语人的语言认同中发挥着决定性的作用(王春辉,2018)。为此我们通过问卷分别调查了家长和子女的多语态度(见表11)。

表 11　家长和子女的多语态度①

语码类型态度评分（满分 5 分）		家庭成员			
		家长		子女	
		单项分值	综合分值	单项分值	综合分值
对汉语方言的态度	情感	4.06	3.60	2.45	2.62
	功能	3.52		2.78	
	地位	3.23		2.62	
对华语的态度	情感	4.29	4.04	4.26	4.30
	功能	3.93		4.46	
	地位	3.90		4.18	
对柬语的态度	情感	4.01	4.19	4.22	4.39
	功能	4.23		4.61	
	地位	4.32		4.34	
对英语的态度	情感	3.68	3.60	3.43	3.97
	功能	3.54		4.35	
	地位	3.57		4.12	

　　由表 11 可知，无论是家长还是子女，对柬语和华语的态度都很积极，综合分值均在 4 分以上。家长的多语态度按分值高低排列依次为：柬（4.19）>华（4.04）>方（3.60）＝英（3.60）。子女的多语态度分值依次为：柬（4.39）>华（4.30）>英（3.97）>方（2.62）。这表明家长和子女同时具备柬语忠诚和华语忠诚。前者体现了国家公民对官方语言的忠诚，后者体现了跨国移民家庭对族群语言的忠诚。这也表明语言忠诚是跨

---

　　① 语言态度是语言使用者基于感性或理性的立场，对语言的情感、功能、社会地位等所做出的评价。我们通过问卷调查，让家长和子女对汉语方言、华语、柬语、英语进行评价，评价维度包括情感（是否亲切好听）、功能（是否有用）、地位（在当地是否有影响力）3 个方面。每项评价满分分值为 5 分。

国移民群体中的典型现象(王春辉,2018)。

华语忠诚是华族语言认同的体现,其在范畴上应归于族群认同的一种属性(黄行,2016)。族群认同是一个有层级、动态的系统①,可分为"族群知觉、族群态度、族群行为模式、族群归属感"4个层级(刘慧,2016)。问卷调查显示,家长和子女族群认同的分项及综合分值都在4.1分以上,表明其具有较强的族群认同感。家长的族群认同综合分值为4.63分,分项分值依次为:族群知觉(4.72)>族群态度(4.67)>族群行为模式(4.56)>族群归属感(4.55)。66%的家长认为华族与高棉族的文化差异很大。我们通过访谈了解到,乌廊华人与高棉族通婚比例很低,多数家长具有华族文化优越感,希望子女与华人结婚。当地华人常以家庭为单位参加华族聚会,聚会时也会使用汉语方言或华语。

子女辈的族群认同感较父辈有所下降,但分值仍较高,综合分值为4.19分,分项分值依次为:族群归属感(4.28)>族群行为模式(4.17)=族群态度(4.17)>族群知觉(4.15)。71.67%的子女表示最喜爱的语言是华语。所有受访子女均表示最喜爱的节日为华族节日,如春节、元宵节、端午节等。他们都曾经或正在华校学习,喜爱华语流行文化。多数子女在访谈中表示,将来组建家庭后也会让孩子学习华语。而族群语言的学习也有助于族群认同的建构。

我们还分别调查了家长和子女的个体身份认同②,结果如图1所示。

① 本次调查我们采用了MEIM(The Multigroup Ethnic Identity Measure)族群认同五度量表(Phinney,1992;Roberts et al.,1999),并将其翻译为柬华双语版本发放。该量表共12题,每题满分均为5分。其中第1、4、7题调查的是族群知觉,第3、5、12题调查的是族群态度,第2、8、10题调查的是族群行为模式,第6、9、11题调查的是族群归属感。

② "身份认同"是指个体成员对其所属群体、阶层、地域、民族、国家等多重社会身份的感知,以及对不同类型身份的认可度及接受度(刘慧,2020)。

□A.首先是华人，然后是柬埔寨人　　■B.首先是柬埔寨人，然后是华人
■C.不分先后，既是柬埔寨人，也是华人　□D.只是柬埔寨人，不是华人

图1　家长对自身的身份认同类型及比例　　图2　家长对子女的身份认同类型及比例

图3　子女对自身的身份认同类型及比例

　　由图1可知,受访华人的身份认同具有多元、动态的特点。大部分家长和子女体现出复合型身份认同。家长中华人身份认同优先型占比最高(42%)。家长对子女的身份认同也与自己类似(图2),但子女问卷结果(图3)却显示,子女中"华—柬"身份认同并重型占比最高(36.7%)。子女对所在国公民的身份认同感较之父辈明显增强,但其对华族的身份认同也维持在较高水平,85%的子女都认可或优先认可自己的华人身份。

五、柬埔寨华语传承的民族志个案

　　少数族群语言传承研究,只有结合传承者的具体经验,才能深入了解其特点及动因。阿龙的自传式民族志文本从个体成长的视角,提供了深入了解华语传承的个案材料。

阿龙父母在其出生时就已离婚,阿龙一直和母亲一起生活。母亲会说潮州话,不会说华语;父亲则潮州话和华语都较好,华语忠诚度很高。尽管阿龙不在他身边,但他仍然很重视并关心阿龙的华文教育。

(1)我爸爸告诉妈妈说:"我的儿子不能这样。每天放牛、赌博打牌、东跑西跑、东游西荡,没有人管,这不行。他一定要上课,而且要上的是华校。……阿龙不去学习汉语,他不是我的儿子,你想个办法吧。"……这时我只想见到我爸爸,什么都没有想,马上回答说:"妈妈我要去上学。"

由文段(1)可知,阿龙年幼时,父亲运用家长的权威来管理儿子的华语学习,告诫儿子"一定要上课,而且要上的是华校",还将阿龙学习华语作为维系父子关系的重要条件。阿龙受父亲影响,意识到华语学习的重要性。

(2)我来华留学之前,妈妈对我说:"不管发生什么事,我不会给你到中国去的。"爸爸也对我说:"如果你不能去中国留学,你必须到金边孔子学院学习。"我爸爸为了我能受到华文教育,不但多次帮我申请,还跟妈妈解释,说服了妈妈。因为爸爸多次出面,我终于能来华留学了。

由文段(2)可知,母亲本来舍不得让儿子远赴中国读书,但父亲最终说服了母亲。阿龙能够来华读完华文教育系的本科课程,与家庭尤其是父亲的支持和帮助是密不可分的。

（3）老天有眼，让我能到华校学习中文，接受华文教育，能有中文名字，能有跟爸爸一样的姓。……开始上第一课，人、口、头、刀、天、地、日、月等等。下课之前老师还说："在家靠父母，出门靠朋友，在家有妈妈，在学校有老师，老师就是你们的第二个母亲。有什么事，尽管跟老师说，老师很乐意帮你们。"

由文段（3）可知，华语不仅有交际功能，还是维系华人家庭和华族成员情感的重要纽带。阿龙最初学习华语的动因就是希望能够经常见到父亲。他因为学习华语而有了中文名字，有了和父亲一样的姓氏，父子间的情感联系更紧密，家族的身份认同感和华语忠诚度更强。

（4）华校是我的家，华文教育是我的母亲，没有华文教育就没有了我，没有华文教育就没有热爱学习的我。华文教育不但帮助了我，也帮助了许多柬埔寨华人华侨，连柬埔寨本地人也帮助了许多。

由文段（3）（4）可知，阿龙第一次上华语课时，老师用"家庭、母亲"等与亲情有关的词语来比喻华校和师生之间的关系，这种比喻符合学习者和华语之间的情感联系，有助于增强华人青少年对华语的亲近感。十多年之后，当阿龙在中国留学并撰写此文时，他也用"家、母亲、热爱"等词语，表达了其对华校和华文教育强烈的情感认同。这也表明华语传承和汉语传播的对象和功能不完全相同。

（5）学习汉语对我来说很重要。每次来到学校，我都很开心。到了学校，就有老师来教育我，指导我，让我学习更多的知识。……"德育"课是民生中学的校长教我们的。我还记得，他教的是:"忠、孝、仁、爱、礼、义、廉、耻""先预习,后复习,温习,专心听课,做作业,交作业",就是这些。他教的内容不多,但我觉得太有意思了。到了现在我们每个同学还是忘不掉。我们都记得他,尊重他,佩服他,感谢他。

由文段(5)可知,华文教育作为华族传承族群语言文化的重要手段,不仅教授华语,也重视学生的德育、美育修养和中华文化知识的掌握。德学兼备的华文老师对学生的正面影响是非常大的,阿龙用"记得他,尊重他,佩服他,感谢他"来表达对民生中学校长的敬爱之情。这种模范和榜样的力量对阿龙从事华文教育工作产生了潜移默化的影响。

(6)柬文学校和华文学校学习时间有很大的冲突。1995年乌廊华校复办以来,来校学习中文的学生都受到这件事的影响。为了学好中文,他们迫不得已放弃了学习柬文的机会。我也跟他们差不多,但是我还是走出来了,现在暨南大学华文学院学习。

由文段(6)可知,当国家的语言教育规划与族群的语言教育规划发生矛盾时,即面对柬校和华校上课时间冲突的问题,华族语言规划的影响力占了上风,包括阿龙在内的大部分华人学生选择了放弃柬语、学习华语,但他们也因无法兼顾华语忠诚和柬语忠诚而感到矛盾。

(7)虽然不喜欢说话,但我喜欢写作。刚来暨大华文学院的时候,我很关注毕业论文的事情。听说毕业生写毕业论文只需要1万个字就能毕业。到了第一次寒假,我毫不犹豫地写了1万多个字,然后交给老师。老师说:"那么厉害。"我说:"哪里,哪里。"

由文段（7）可知，阿龙作为柬埔寨土生土长的第四代华人，在家庭的帮助和自身的努力之下，华语能力得到了全面提升，使用华语的自信心也明显增强。

（8）近年来，柬华总会果断进行教育改革，在办好华文教学的同时，对学生进行正规的柬文英文教育。另一方面，总会带领华人积极参加各类赈灾活动，出钱出力，赢得了当地人民的尊敬与信赖，更为增进柬中两国的经贸合作起到了沟通桥梁的作用。

由文段（8）可知，阿龙高度肯定了柬华总会在华文教育等方面所做的改革和贡献。华人家庭和社团以实际行动为华人青少年传承华族语言文化、融入当地社会树立了榜样。

在本文撰写期间，我们再次对阿龙进行了访谈。当被问及柬埔寨华文教师待遇不太好，为什么他还要坚持在华校工作时，他说一是因为他是华人，热爱华语和华文教育；二是因为父亲的嘱咐和华社前辈的影响，他希望像他们一样，把华语传承下去。

六、华语传承的影响因素

（一）华族的自我赋能

从前文所述受访家庭语言规划情况来看，华族作为移居海外的少数族群，其族群语言传承的关键在于华人的自我赋能与活态传承。曹云华（2020）强调，华文教育要真正能够在一个国家扎根，最重要的还是依靠当地华侨华人自己的力量。

　　本次调研显示,虽然华语并非柬埔寨官方语言,华文教育尚未纳入柬埔寨国民教育体系,华侨华人也仅占柬埔寨总人口的 6.5%,但华族具备华语忠诚,对族群语言文化及华人身份也具有较强的认同感和优越感。华人家庭、华人社团、华文学校形成"华语传承联盟",努力实现华语在日常语境中的使用,共同维持华语的活力和韧力。

　　家庭是母语传承最初的摇篮和最后的堡垒。20 世纪 70—90 年代,受政治运动影响,华人不能在任何场合使用族群语言,但仍有华人冒着被监禁的风险在家中教授华文(杨豪,1999:2)。本次调查显示,受访家庭主动进行华语管理,华人青少年华语能力提高,华语使用频率增加,华语传承已逐渐复苏。

　　华校是培养青少年传承华族语言文化的专业机构,它可以推动华语在家庭、社区等环境下的活态传承,也能实现华人青少年接受增益式的双语教育,即在掌握柬语的同时也能传承华语。柬埔寨华校多为半日制,教学媒介语以华语为主(郑通涛、蒋有经、陈荣岚,2014)。目前乌廊多数华人青少年同时就读柬校和华校。我们实地考察了乌廊公立启华学校并进行了课堂观察,该校采用沉浸式为主、半沉浸式为辅的华语教学[①]。沉浸式的语言教学相对于每周仅有几节课的点滴喂养式语言教学而言,更有助于青少年成长为增益式的双语使用者,使族群语言和当地语言共存共荣(贝克,2008:201)。

　　华人社团是华人家庭和华校传承华语的指挥部和坚强后盾。柬华总会与各分会把建设华校、发展华文教育事业作为主要任务(方侨生,

---

　　① 乌廊公立启华学校设有华文幼儿园、小学、初中和夜校。在幼儿园和小学低年级阶段采用半沉浸式华语教学,小学高年级、初中、夜校采用沉浸式为主的华语教学。课程涵盖华语听说读写技能训练,和《三字经》、数学、音乐、汉语水平考试(HSK)、硬笔书法等课程。此外还开设了用华柬双语讲授的电脑课、中柬翻译等。华族新生代在接受华语和中华文化教育的同时,也学会了一些实用技能。近年来在柬华理事会和祖籍国企业及公益组织的帮助下,校园环境和软硬件设施有了较大改善。

2020），还与中国海外交流协会、国务院侨办等部门合作，共同推进华校建设、师资培训、教材编写等事业的发展（野泽知弘，2012）。

（二）华语的声望价值及华语新媒体的传播

乌廊地区的华语传承与全球华语的传播密切相关。随着中国经济的发展和国际影响力的增强，华语在全球范围内的声望和价值持续提升，在观念层面上增强了世界华人的凝聚力和认同感，在实践层面上推动了各地华语的传承传播以及交流互动（郭熙，2006；李宇明，2017）。此外，网络全球化时代，华语新媒体在世界各地广泛传播，华人青少年常使用手机、电脑等新媒体收听收看华语歌曲、影视剧及综艺节目，对华语流行文化的喜爱也成为其学习和使用华语的动力。

（三）华语韧力与华语传承的相互影响

语言韧力是在语言活力概念的基础上提出的。语言活力着眼于语言当前的状态，其评估框架客观细致全面，但也存在单语思维、缺乏历史深度、预测性弱等不足。语言韧力更关注语言的长远发展趋势，重视语言认同等主观因素，可用于描述某种语言在逆境下适应环境甚至茁壮成长的能力（方小兵，2020）。纵观柬埔寨乃至东南亚地区华文教育数落数起的曲折发展史，我们认为从语言韧力的角度考察东南亚地区华语现状并预测其未来发展可能更为合适。

语言韧力可以从心理韧力和生态韧力两方面考察。心理韧力是与民族精神、文化传统、语言忠诚度等因素相关的主观语言活力（方小兵，2020）。结合本次调研结果和柬埔寨华文教育的文献资料可知，柬埔寨华族具备华语忠诚和族群认同，华语传承联盟将传承族群语言文化视为己任，并落实到行动上。子女的华语能力和华语使用频率较父辈有明显提升,对华语圈的流行文化也很喜爱。方侨生(2020)也指出,从华人的观念来讲,华文教育不单单是学习一门语言,而是传承文化,培养华人的思维与智慧。

生态韧力是移民等流动人群对语言环境的抗压力。从近代至今柬埔寨华文教育曲折的发展历程可以看出,当地华族在传承族群语言文化时具有较强的抗压能力和主观能动性。柬埔寨华族经历了政府禁用华文、种族屠杀和强迫同化,族群语言传承被迫中断长达20余年。在政府利好政策出台之后,华族迅速复办华校,办学规模不断扩大,办学体系日趋完善。截至2019年,柬华理事总会及下属分会共开办华文学校58所,共有华文教师1200余人,学生约5.5万人。金边的端华学校已成为东南亚地区规模最大的华文学校。2021年1月,柬华理事总会下属潮州会馆兴建的柬埔寨第一所华文大学——"端华大学"主体结构建设已基本完成。在华人的努力下,柬埔寨即将形成从幼儿园到小学、中学直至大学的完整的华文教育体系。

综上,乌廊地区乃至柬埔寨华语的语言韧力处于较高水平,而且华语传承和华语韧力之间是相互影响的,华语韧力使华族在面临种种挫折困难时仍坚持传承华语,而华语传承的延续也增强了华语的韧力。

(四)中柬两国的友好关系与经贸合作

20世纪90年代初,柬埔寨政府推行经济开放、文化多元的政策,对华人开展华文教育也由禁止转为允许,并曾给予过一些财力物力的支持(杨豪,1999:5;野泽知,2011)。2010年起中国和柬埔寨建立了全面战略合作伙伴关系。近年来,中国既是柬埔寨第一大援助国和贸易伙伴,也是柬埔寨国际游客的第一大来源国。柬埔寨政府积极响应"一带一路"倡议,与中国签署了多领域合作协议。中资企业在柬埔寨投资办厂,急需大量柬华双语人才且薪酬待遇较好,柬埔寨民众也因此更重视华语的学习。华文教育的普及已成为柬埔寨国家竞争力的重要组成部分(方侨生,2020)。

七、结语

本文实地调研了柬埔寨实居省乌廊市华人家庭的语言规划,分析其传承华语的态度及行为。结果显示,华人家庭在华语传承中起着留根育苗的重要作用。具体而言可概括为 3 个方面:(1)观念影响。父母利用家长的权威影响子女的语言意识,让子女从小接受华文教育,并逐渐形成华语忠诚和华族认同。(2)资源引入。家庭与华校、华社相辅相成,为青少年提供专业的华语教育机构,鼓励子女在家庭及族群交际环境中使用华语,发挥华语的沟通外功能,实现活态传承。(3)监督管理。大部分家长在日常生活中都关心、督促子女学习华语,支持子女完成初高中甚至本科及研究生阶段的华语学习,保证了华语传承的代际延续。此外,子女学习华语时的主观能动性也不容忽视。除在华校学习之外,他们与兄弟姐妹和同学交流时会使用华语,也喜爱观看华语媒体的节目,华语能力较父辈有所提高。

柬埔寨华族的华语传承经历了由盛及衰、重又复苏的复杂历程,在某种意义上可视为移民型少数族群语言历经挫折后恢复传承,并向复兴道路发展的一个案例。杰拉德·罗谢等(2019)指出,语言复兴总是以人而非语言为中心,对特定社区的语言复兴民族志研究是未来语言复兴研究的方向之一。上述观点及思路值得海外华语传承研究借鉴。未来包括华人家庭语言规划在内的华语传承研究应重视以下两点:一是深入海外华人社区进行田野调查,考察当地的社会环境、华人的语言意识、语言实践及认同情况;二是突破语言中心论的研究方法(斯波斯基,2016:14),采用跨学科的理论方法。站在华语传播的高度,今后华语传承研究应采用跨学科的理论方法,分析各类因素对华语传承的影响,归纳华语传承的普遍机制。就我们目前实地调研情况看,东南亚各国华族的语言传承与语言韧力各不相同,与华族内部特点、语言文化生态、政治、经济、媒体、宗教等因素有关。这需要我们综合全球化、本土化、区域化的视角,进行深入细致的研究。

参考文献

白娟,2019,《华文教育中的家庭语言政策驱动机制和影响分析》,《语言战略研究》第 4 期。

博纳德·斯波斯基,2016,《语言管理》,商务印书馆。

曹云华,2020,《全球化、区域化与本土化视野下的东南亚华文教育》,《八桂侨刊》第 1 期。

方侨生,2020,《华文教育的普及是柬埔寨国家竞争力的重要组成部分》,《柬华日报》9 月 26 日第 1 版。

方小兵,2020,《从语言活力到语言韧力:语言生态评估理念的优化》,《云南师范大学学报(哲学社会科学版)》第 1 期。

符气志,2013,《柬埔寨华文教育现状和发展趋势》,《国际汉语教育研究》第 2 辑,高等教育出版社。

郭熙,2006,《论华语研究》,《语言文字应用》第 2 期。

郭熙,2017,《论祖语与祖语传承》,《语言战略研究》第 3 期。

郭熙、刘慧、李计伟,2020,《论海外华语资源的抢救性整理和保护》,《云南师范大学学报(哲学社会科版)》第 2 期。

郭熙、王文豪,2018,《论华语研究与华文教育的衔接》,《语言文字应用》第

2 期。

郝瑜鑫、王琳、王乙棋,2020,《印尼华人母语使用情况调查:代际差异的比较》,见贾益民等主编《华侨华人研究报告(2020)》,社会科学文献出版社。

黄行,2016,《论中国民族语言认同》,《语言战略研究》第 1 期。

杰拉德·罗谢、琳恩·辛顿、莱纳·胡斯,2019,《国际语言复兴研究的理论和实践》,《语言战略研究》第 3 期。

康晓娟,2015,《海外华裔儿童华语学习、使用及其家庭语言规划调查研究——以马来西亚 3～6 岁华裔儿童家庭为例》,《语言文字应用》第 2 期。

科林·贝克,2008,《双语与双语教育概论》,中央民族大学出版社。

李春风,2021,《缅甸华人母语认同代际差异及成因》,《八桂侨刊》第 1 期。

李嵬、祝华,2017,《想象:跨国移居家庭传承语维持与转用的关键因素》,《语言战略研究》第 3 期。

李宇明,2017,《大华语:全球华人的共同语》,《语言文字应用》第 1 期。

廖小健,1995,《战后各国华侨华人政策》,暨南大学出版社。

林志忠,2008,《近百年来柬埔寨华校教育发展之探讨》,《台湾东南亚学刊》第 2 期。

刘慧,2016,《印尼华族集聚区语言景观与族群认同——以峇淡、坤甸、北干巴鲁三地为例》,《语言战略研究》第 1 期。

刘慧,2020,《城中村语言景观与农民工身份认同研究——以广州石牌村为例》,《语言战略研究》第 4 期。

沈玲,2020,《马来西亚华人家庭民族语言文字使用情况调查》,见贾益民等主编《华侨华人研究报告(2020)》,社会科学文献出版社。

王春辉,2018,《语言忠诚论》,《语言战略研究》第 3 期。

王焕芝,2019,《"一带一路"视阈下海外华文教育发展的动力机制与策略:以东南亚为中心的探讨》,《海外华文教育》第 3 期。

杨豪,1999,《柬埔寨华文教育》,柬华理事总会。

野泽知弘,2011,《柬埔寨的华人社会——华人与新华侨的共生关系》,《南洋资料译丛》第 4 期。

野泽知弘,2012,《柬埔寨的华人社会——华文教育的复兴与发展》,《南洋资料译丛》第 3 期。

尹小荣、李国芳,2017,《国外家庭语言规划研究综述(2000—2016)》,《语言战略研究》第 6 期。

郑棉发,2018,《乌廊市柬华理事会就职典礼暨"华文教师培训班结业仪式"隆重举行》,《柬华日报》1 月 16 日第 1 版。

郑通涛、蒋有经、陈荣岚,2014,《东南亚汉语教学年度报告之二》,《海外华文教育》第 2 期。

周月、罗安迪,2020,《中柬教育合作的现状与挑战》,《南亚东南亚研究》第 4 期。

Bowerman, S., 2006, Language loyalty. In K. Brown (Ed.), *Encyclopedia of Language and Linguistics* (2nd edn.). Elsevier Science.

Chrisp, S., 2005, Maori Intergenerational Language Transmission. *International Journal of the Sociology of Language* 172.

Fennel, D., 1980, Can a Shrinking Linguistic Minority Be Saved? Lessons from the Irish Experience. In E. Haugen, J. D. McClure & D. Thompson (Eds.), *Minority Languages Today*, 32 – 39. Edinburgh University Press.

Fishman, J. A., 1991, *Reversing Language Shift*. Multilingual Matters.

Phinney, J., 1992, The Multigroup Ethnic Identity Measure: A New Scale for Use with Adolescents and Young Adults from Diverse Groups. *Journal of Adolescent Research* 7.

Roberts, R. E., J. S. Phinney, L. C. Masse, et al., 1999, The Structure of Ethnic Identity in Young Adolescents from Diverse Ethno-cultural Groups. *Journal of Early Adolescence* 19.

Thieberger, N., 1990, Language Maintenance: Why Bother?. *Multilingua* 9(4).

祖语水平保持的影响因素研究[*]

——以在日华裔青少年为例

韦九报

一、引言

语言保持是某一言语社团代内和代际母语^①的继续使用以及语言能力的保持(Winford,2003)。在有关语言保持影响因素的研究中,大多关注的是家庭(Fishman,1991;Collier & Auerbach,2011;Guardado,2002)、社会(Tannenbaum,2003)、文化(Schumann,1976)和政策(Borland,2006;Bianco,2017)等外在环境因素,对学习者个体因素的研究比较少。动机是语言学习研究中最受关注的个体因素之一。它是"一种认知和情感的唤醒状态",能"促使学习者在一段时间内付诸努力以达成一系列既定目标"(Tremblay & Robert,1995),对语言保持起着重要作用。

   * 本研究得到国家语委项目"东南亚华人多语能力现状及其在'一带一路'中的作用研究"(YB135-133)和北京华文学院2018年重点项目"日本华裔青少年祖语保持研究"(HW-18-A01)的支持。郭熙教授对本文给了重要指导,谨此致谢。本文原载《语言文字应用》2021年第4期,收录时删去了附录表格。
   ① 母语指向民族共同语(李宇明,2003),与语言使用者所处的语言环境无关。学界把在社会主体语言之外作为语言文化传承的祖辈语言称为"祖语"(郭熙,2017)。鉴于语言环境对语言保持的重要作用,我们认为,对绝大多数海外华裔来说,中文是他们的祖语,但是引用相关学者原文时仍使用"母语"。

已有的动机相关研究多在第二语言学习领域。研究表明,动机能影响第二语言学习 33% 的效果(Jakobovits,1971)。对于海外移民来说,祖籍国的语言并非所有人的第二语言,而是一种在社会主体语言之外作为语言文化传承的祖辈语言,即祖语。祖语保持是语言保持研究的迫切话题(郭熙,2017),对祖语者个体的研究也是语言保持研究三大视角之一(吴勇毅,2017)。那么,对于祖语学习者而言,动机是否起着和第二语言学习者同样的作用呢? 本文以华裔祖语学习者为例,研究以下四个问题:动机因素对中文作为祖语水平保持的影响有多大? 其中重要的动机因素有哪些? 各动机因素是如何影响中文水平保持的? 对国际中文教育有何启示?

二、研究设计

(一) 研究对象的选择

不同社会文化环境下学习者的心理和语言学习效果存在差别(Schumann,1976;Gardner,1988),有必要分国别、分环境地进行针对性的研究。本研究的对象是在日本的华裔青少年。这主要是基于两方面的考虑。第一,目前中文作为祖语保持研究多关注老一代华侨华人较多的东南亚地区,或是新移民较多的欧美地区,而日本既有和东南亚一样的老华侨华人群体,也有和欧美类似的庞大的新华侨华人群体。日本华裔青少年的祖语同时符合祖语的宽式和严式的定义(Fishman,2001;Valdés,2014),比较典型。第二,现有的祖语水平保持研究多是针对成人的,对未成年人关注较少。而据估计,海外低龄的中文学习者数量可能已达 50%(李宇明,2018)。本研究可为低龄中文学习者研究提供借鉴。

研究选取日本一所华文学校 234 名五年级（11 岁）至初中三年级（15 岁）的学生为研究对象。男生 111 人（47%），女生 123 人（53%）。出生在日本者 194 人（83%），出生于中国后移居日本者 32 人（16%），出生于其他国家者 3 人（1%）。日本国籍者 159 人（68%），中国国籍者 75 人（32%）。在日二代者 145 人（62%），三代者 41 人（18%），四代及以上者 48 人（20%）。最先学会的语言是日语者 151 人（65%），中文（含普通话和方言）者 75 人（32%），同时学会多语的 8 人（3%）。在家庭中"经常说中文"者 51 人（22%），"一半时间说中文"者 104 人（44%），"较少时间说中文"者 79 人（34%）。在中国生活经历较少者 49 人（21%），在中国生活三个月以下者 44 人（19%），在中国生活超过三个月者 83 人（35%），在中国生活超过三个月且接受过学校教育者 58 人（25%）。

（二）研究步骤与无关变量控制

本文采用量化研究，这是以往祖语保持研究较少使用的方法（方小兵，2017）。首先，进行数据收集，测量学生中文水平、调查其学习动机。其次，进行数据分析。分析各因素间及其与中文水平的相关性；进行多元线性回归分析，确定能显著预测中文水平的因素。再次，进行探讨分析，讨论学习动机对中文水平的影响。最后，提出中文作为祖语保持的建议和相关启示。

研究的自变量为中文学习动机的种类和水平，因变量为中文水平。控制无关变量干扰的方法有：结合常规的教学与考核活动隐性进行，避免霍桑效应；对较为抽象的问题进行转述，使之符合青少年的理解能力，避免信度受损；对回收问卷进行人工干预，如剔除通篇均选同一个选项的样本。共发放问卷 258 份，回收 249 份，回收率为 97%，有效问卷 234 份,有效率为 94%。

(三) 学习动机测量问卷的设计

　　本研究的理论模型是第二语言学习动机的三层面说(Dörenyei,
1994)。该理论将学习者的动机分为语言、学习者和学习情景三个层
面。它借鉴了早期关于学习动机研究的经典社会教育理论(Gardner et
al.,1972),又对早期理论所忽视的教学因素加以考虑,因此受到了第二
语言学习研究界的广泛关注。在编制问卷①具体问题的时候也参考了
比较成熟的 Attitude/Motivation Test Battery (AMTB) 量表 (Gardner,
1985),以及内外两大类动机理论的内容(Williams et al.,1997)。在本
问卷中,我们增加了家庭因素作为独立的层面之一,这是考虑到家庭在
华裔学生学习中的重要作用已经得到一些研究的支持(原一川等,
2008;闻亭,2009;康晓娟,2015),而且"父母的鼓励"也是 AMTB 量表
的小类之一。

　　最终,从语言、语言学习者、学习情景和家庭影响 4 个层面编制出
11 大类共 52 道题,均为积极表述。要求学生对题目给予从"非常不同
意"(1 分)到"完全同意"(5 分)的打分。所得数据使用社会科学统计
软件包(SPSS23.0)进行计算。可靠性检测显示,问卷数据的整体信度
系数是 0.904,内部一致性非常好。

　　第一,语言层面的动机设 14 题,信度系数是 0.858。包含"工具动
机"4 题(分数、证书、工作、考试)和"融合动机"10 题(喜欢、积极学、获
得感、愿意学、继续学、专心致志、华侨华人身份、中国综合国力、文化理
解、中外交流)。

　　第二,学习者层面的动机设 18 题,信度系数是 0.611。(1)"成就

---

①　现有量表主要是针对第二语言学习领域设计的,但是也常被用于祖语学习研究领域。

期望"设了高成就期望(要学得很好)、一般成就期望(获得成就感)2题;(2)根据"焦虑"是"一种产生于外语学习过程和课堂外语学习相联系的有关自我知觉、信念、情感和行为的独特的综合体"的定义(Horwitz et al.,1986),设4题,分别为在"同学""教师""陌生人"面前及"考试"时的焦虑程度。(3)归因按照内/外、可控/不可控、稳定/不稳定的维度(Weiner,1986)区分设了"努力""运气""他人帮助""智力能力""状态""突击复习""难度""老师松严"8题。(4)"自我效能感"设4题,"我试过了,努力真的学好了"(直接经验)、"我看到有人努力就学好了"(替代经验)、"我总有办法解决中文学习困难"(能力信念)、"努力就能学好"(行为信念),主要参考班杜拉提出的影响自我效能感的两个因素(陈琦、刘儒德,2007)和吉布森等人提出的两分法(Gibson et al.,1984)。

第三,学习情景层面的动机设15题,信度系数是0.847。主要参考的是三层次说中有关方面(Dörnyei,1994)。"课程"因素7道题包括"中文课很好"(整体评价)、"喜欢中文课"(兴趣)、"中文课有用"(实用)、"是有用的中文课"(预期)以及喜欢中文课的"教学方法""教材""教学活动"等。对"教师"因素设了"最好的老师"(整体评价)、"课下愿意聊天""让老师高兴""愿意答问""不懂就问"(附属内驱力)、"鼓励不同观点"(权威类型)6题。对"群体"因素设了"为班级或小组赢得荣誉"(规范和奖励体系)和"为了超过其他同学"(课堂目标结构)2题。

第四,家庭影响层面的动机共5题,信度系数是0.669。参考了班杜拉认为的"言语劝说"是自我效能感的来源之一(陈琦、刘儒德,2007),设"家人附属"动机2题(家人要求、为了让家人高兴)和"家人支持"动机3题(家人说重要、家人常询问、家人常鼓励)。

（四）祖语保持水平的测定设计

以往对祖语保持水平的测定多采取学生自我报告的形式,不如语言测试严谨;或者通过一次测量的方式获得,没有兼顾历时性。为了更加客观全面地反映学生祖语保持的水平,本研究使用语言测试和形成性评价相结合的方式进行测量,包括模拟中文水平考试、平时测验、期末考试成绩和中文演讲大会①四部分成绩,充分考虑了听、说、读、写四种技能。计算方法为取各成绩百分制的平均分。正态性检验显示其正态分布显著性为 0.75（>0.05）,符合正态分布。

三、结果报告

（一）基本情况报告

学生平均成绩低于 70 分,听说成绩与读写成绩差异不大,读写成绩的标准差大于听说成绩（见表 1）。学生中文学习动机（见表 2）整体积极,总平均值为 3.16 分,其中相对较低（低于 3 分）的动机是"焦虑""归因""工具动机"和"家人附属"。标准差总平均值为 0.85,其中相对较高（高于 1）的是"成就期望""群体""家人附属"和"家人支持"。

表 1　学生成绩描述性统计表

统计方面	成绩（听说）	成绩（读写）	成绩（总分）
平均值	67.85	67.06	67.33
中位数	68.00	67.50	68.00
标准差	11.87	17.19	13.72

---

①　演讲大会的评分表包括语音语调、内容充实、流利熟练和表现力四个方面,由校长（中文教学专业背景）和中文教师等 5 人共同打分。

表 2　学生 11 个动机方面的描述性统计表

统计方面	工具动机	融合动机	成就期望	焦虑	归因	自我效能	课程	教师	群体	家人附属	家人支持	总平均值
平均值	2.97	3.47	3.33	2.63	2.91	3.58	3.24	3.19	3.04	2.98	3.42	3.16
中位数	3.00	3.50	3.50	2.75	2.88	3.60	3.25	3.17	3.00	3.00	3.33	3.18
标准差	0.88	0.71	1.02	0.88	0.61	0.83	0.67	0.69	1.02	1.03	1.03	0.85

（二）动机因素对祖语保持水平的影响

1. 相关性分析

皮尔逊相关系数显示,除了"工具动机"外,其余 10 个动机因素均在双尾水平上与中文水平显著相关。其中,在 0.05 水平上显著相关因素有 3 个——"归因""群体""家人支持"。在 0.01 水平上显著相关因素有 7 个——"融合动机""成就期望""焦虑""自我效能""课程""教师""家人附属"。这 10 个因素将作为自变量进入多元回归分析。

2. 多元回归分析

学界在探讨此类问题时,主要采用多元回归分析法(Svanes,1987;Wen,1997)。以上述 10 个显著相关因素为自变量建立多元回归模型来预测祖语保持水平,方法为"输入",结果显示这个模型是显著的,$F(10,223)=11.65,p<0.01,R^2=0.34$,能解释 34% 的成绩变量(见表 3)。显著预测因素有 4 个(见表 4):"融合动机""焦虑""自我效能""家人附属"。改变多元线性回归分析的方法为"逐步",构拟的预测模型显示由这 4 者组成的模型最优,$F(4,229)=28.69,p<0.01,R^2=0.33$,4 个因素能解释 33% 的成绩变量。

表3 中文学习动机与祖语保持水平的多元回归分析结果

数据	平方和	自由度（df）	平均方差	回归方程显著性检验（F）	显著性	拟合优度（R²）	调整后拟合优度(R²)
回归	15041.951	10	1504.195	11.653	<0.001	0.343	0.314
残差	28786.049	223	129.085				
总计	43828	233					

表4 中文学习动机对祖语保持水平的多元回归分析详情

动机方面	未标准化系数 B	标准误差	标准化系数 Beta	t	显著性
（常量）	48.574	6.395		7.596	<0.001
融合动机	6.529	2.054	0.338	3.179**	0.002
成就期望	−0.934	1.264	−0.07	−0.739	0.461
焦虑	−2.536	0.901	−0.163	−2.813**	0.005
归因	0.14	1.296	0.006	0.108	0.914
自我效能	5.786	1.349	0.349	4.288**	0.001
课程	−1.488	1.852	−0.072	−0.803**	0.423
教师	1.664	1.605	0.084	1.037	0.301
群体	−1.086	0.966	−0.081	−1.124	0.262
家人附属	−3.264	0.793	−0.246	−4.114**	0.001
家人支持	−0.786	0.96	−0.059	−0.819	0.413

四、讨论与分析

回答问题一："动机因素对祖语保持的影响有多大？"本研究显示，动机因素能解释34%的中文水平变量，效应量大，与前文提到的，动机能影响33%的第二语言学习水平的研究结果（Jakobovits,1971）几乎一致。回答问题二："影响祖语保持的重要因素有哪些？"有4个：语言层面的"融合动机"、学习者层面的"焦虑""自我效能"和家庭层面的"家人附属"。回答问题三："动机因素是如何影响祖语保持的？"回答这个问题需要详细分析。

（一）语言层面

第一，关于融合动机。语言学习中的融合型动机是指在语言学习时对语言本身产生兴趣，进而产生跟目的语社团直接进行交际，与目的语文化有更多的接触，甚至想进一步融入其语言社团，成为其中的一员的想法（Gardner et al.,1972；张莉,2015）。本研究表明，融合动机与中文水平显著正相关（r=0.41,P<0.01），这也与以往研究结论基本一致。

第二，关于工具动机。工具型动机是中文学习动机中的一个极为重要的因素（Wen,1997；Lu et al.,2008）。本研究发现其并非祖语保持水平的显著相关因素，与以往对美国华裔大学生的研究（张莉,2015；温晓虹,2012）、对日本华裔成人学习者的研究结论（邵明明,2018）不同。这与本研究的对象青少年对语言的工具价值认识不够有关。此前研究也表明日本华裔学习者学习中文的"工具动机"较低（韦九报,2017）。

第三，融合动机与工具动机哪个更有利于语言学习？本研究表明，二者显著相关（r=0.524,p<0.01）。融合动机与祖语保持水平的关系更紧密，是祖语保持的显著预测因素，与在二语环境下的研究和一些对来华留学生的研究结论相同（曹贤文、吴淮南,2002）。但是也有研究认为工具动机更有利于语言学习，如对印度（Lukmani,1972）、菲律宾（Gardner,1985）和巴林地区（Al-Ansari,1998）语言学习的研究等。产生这一差异的原因是学习者接触目的语社区和文化的程度不同。如果

在课堂之外不能接触到目的语社区,融合型动机就不会发挥作用(Al-Ansari,1998;张莉,2015)。祖语学习者能较多接触目的语社区。

(二) 学习者层面

学习者层面的4种动机均与中文水平显著相关,但是只有"焦虑""自我效能感"两个是显著预测变量,而且二者相关性不强(p>0.05),应当是相对独立地对祖语保持产生作用。非显著预测变量是"成就期望"和"归因"。

1. 自我效能感

自我效能感是指学生个体对自身成功完成学业任务所具备能力的认识和判断(Bandura,1977)。本研究发现,自我效能感是祖语保持水平的显著正相关和显著预测因素,是学习者层面的关键动机之一。日本华裔青少年对自我效能四个方面的评判(表5)中,最高的是"行为信念"(努力就能学好),这与美国华裔大学生中文学习的自信心明显高于其他亚裔者(温晓虹,2013)的研究结论类似。第二高的是"替代经验"(我看到有人努力就学好了),"替代经验"是自我效能感的重要来源之一。第三高的是"直接经验"(我试过了,努力真的学好了)。对于学习者来说,知道努力就能学好、看到别人成功都是比较容易的事情,但是自身实践和经验往往较为滞后。对美国华裔大学生的研究也表明,他们感受到的较为正面的学习体验明显偏弱(温晓虹,2013)。这与得分最低的"能力信念"(我总有办法解决中文学习困难)(M=3.02)有关,因为能力信念低而影响了学习行为。据此前研究,日本华裔学习者对"能力信念"的认识较低(韦九报,2017)。

表 5　自我效能感详情

指标	行为信念	直接经验	替代经验	能力信念
平均值	4.0684	3.4872	3.6709	3.0172
标准差	1.02523	1.20880	1.17496	1.11645

2. 焦虑

焦虑分为"促进性焦虑"和"抑制性焦虑",但是,本研究只表明,焦虑对语言学习是一种消极的抑制因素,是中文水平的显著负相关因素($r=-0.20, P<0.01$)。这表明学习者感受到的焦虑越多,祖语保持水平越差。美国华裔大学生的中文成绩和焦虑不显示相关性,原因是在课堂上"大部分时候还是使用英语",而在课堂之外几乎没有使用中文的环境(张莉,2015)。但是在本研究中,课堂外的祖语环境是存在的,学生在家庭、社区中有较多使用中文的机会。

学习者的焦虑值与其对语言交际环境的熟悉程度有关。学习者处于较为熟悉的教学环境时焦虑值低,处于较为陌生的实景环境时焦虑值高。四种环境下学习者的焦虑水平从高到低依次为"和不认识的人用中文聊天"($M=3.11, SD=1.37$)、"突然有中文考试时"($M=2.59$, $SD=1.3$)、"上课用中文回答问题时"($M=2.53, SD=1.26$)、"我说中文,同学们可能笑我"($M=2.28, SD=1.25$)。四种情景与日常生活环境越来越近。这也与社会教育模式中的文化距离学说(Schumann,1976)相一致。

我们还发现了一个有趣的现象,即虽然焦虑总均值是祖语保持水平的显著相关和预测因素,但是四种情形下各自的焦虑值却与中文水平均没有显著差异($p>0.05$),这表明,焦虑对祖语保持的影响是综合的。

3. 成就期望

"成就期望"是影响行为的重要因素,"对成功的期望几乎处于所有关于动机认知理论的中心位置"(Eccles,1995)。本研究中,学生对中文学习的一般成绩期望(M=3.38,SD=1.11)高于高成就期望(M=3.27,SD=1.24)。这与常识相符。本研究中,成就期望虽然不是祖语保持水平的显著预测变量,却是显著正相关(r=0.29,p<0.01)变量,与此前对日本华裔青少年中文学习意愿的研究结论相似(韦九报,2017)。

表6　成就期望详情

指标	一般成就期望	高成就期望
平均值	3.3803	3.2735
标准差	1.11014	1.24041

"成就期望"与显著预测因素的"自我效能"显著正相关(r=0.577,p<0.01)。这种相关性可以用期望价值理论来解释。期望价值理论认为动机是由三部分组成的,"能力信念"与"期望值"均为动机系统中一个方面。用公式表达为,动机总值(M)=期望值(E)×价值感(V)×能力信念(A)(Mitchell,1974)。但是为什么能显著预测祖语保持水平的是"自我效能"而不是"成就期望"呢,解释之一是,对成就的期望并不必然改变学习行为,能对学习行为产生更多影响的是学习者对自己能力的信念。

4. 归因

归因是指对事件发生原因的解释,对成败的归因会影响学生的下一步行为(陈琦、刘儒德,2007)。本研究中,学生归因方式总体上与中文水平显著相关(r=−1.41,p<0.05)。具体来看,8个题目中,与中文水平显著相关的有3个:"努力"(r=0.188,p<0.01)、"运气"(r=−0.267,p

<0.01）、"他人帮助"（r=-0.218,p<0.01）。这表明,越将成败归因到"努力"上,中文水平越好;越是归因到"运气""他人"等外在、不可控、不稳定因素上,中文水平越低。5 个不显著相关的因素是"智力能力""状态""突击复习""难度""老师松严"。这些结论与一般教育研究的发现（Bar-Tal,1978）类似。

"归因"并非祖语保持水平显著预测因素,但与显著预测因素"焦虑"显著相关（r=0.216,p<0.01）。对此的解释是,焦虑是影响祖语保持水平更根本的因素。在学习心理中,焦虑在先,之后影响了中文水平表现,再后是学生对中文水平高低的归因。

（三）学习情景层面

从相关性来看,课程因素是中文水平的显著相关因素（r=0.26,p<0.01）,与对美国华裔大学生的相关研究结论（张莉,2015）一样。但教师因素与中文水平显著相关（r=0.263,p<0.01）,却与对美国哥伦比亚华裔大学生的研究相反。原因是哥伦比亚大学"教师水平比较整齐"（张莉,2015）,而华文学校教师水平差异较大。群体因素与中文水平显著正相关（r=0.146,p<0.05）。

从预测性来看,"课程""教师""群体"这三者都不是显著预测变量。然而,仅以"课程""教师""群体"三者为自变量进行的多元回归分析显示,这个模型又是显著的,F(3,230)=6.89,p<0.01。这表明,学习情景层面三因素原本能显著预测祖语保持水平,但在受到其他动机因素的干扰后,对祖语保持水平的影响力变小变弱了。

（四）家庭层面

在第二语言学习中家庭的作用并不明显,但是在祖语保持中,家庭的重要作用得到了以往研究和本研究的支持。仅以家庭层面 5 题为自变量进行的多元回归分析显示,该模型是显著的,$F(5,227)=7.74$,$p<0.01$,对祖语保持水平的方差解释率达 14.6%。这表明,家庭因素确实是祖语保持的重要且显著影响。但也有研究表明美国华裔大学生受到的家庭鼓励(温晓虹,2013)与其中文成绩无显著相关(张莉,2015)。这是因为成年人行为相对独立,而未成年人受家庭影响则更大。虽然以往研究和本研究都发现,动机对祖语学习者和第二语言学习者语言水平的影响总量几乎相同,但是二者的动机结构存在重大区别。至少在祖语学习动机中,家庭因素是一个非常重要的方面。

"家人附属"动机与中文水平显著负相关($r=-0.248$,$p<0.01$)。这与此前的研究和我们的常识相符。我们可以将之与"融合动机"的正向作用结合着看:正是融合动机对祖语保持水平有正向的显著预测作用,来自外力的"家人附属"动机的负向作用才更显现。越不是来源于家人要求的学习动机,越有利于学习。虽然我们知道,祖语在社会主体语言之外要实现保持需要有意的学习(Lynch,2003;郭熙,2017),但是这种有意学习最好是来源于学生自己需要,而不是家人要求。

"家人支持"是中文水平显著正相关($r=0.139$)但非显著预测因素。家长支持能为祖语保持提供初始动力和良好环境,但是二者并不构成因果关系。家长对祖语保持的作用是如何发生的,还需要更细致的研究。

(五)小结

动机因素是影响中文作为祖语保持水平的重要因素,能解释 34% 的水平方差。除了工具动机外的 10 个动机方面均与水平显著相关,其中显著预测变量是"融合动机""自我效能感""焦虑""家人附属"4 个。

第一,在语言层面,融合动机是中文水平显著预测变量。但因为学生年龄较小,对工具动机的认识尚不足。第二,在学习者层面,两个显预测因素是"自我效能感"和"焦虑"。自我效能越高,祖语保持水平越好;焦虑水平越低,祖语保持水平越好,焦虑对祖语保持水平的影响是综合发生的。"成就期望"与"自我效能感"显著相关,"归因"与"焦虑"显著相关。第三,在学习情景层面,"课程""教师""群体"均为显著相关但非显著预测因素,其对祖语保持水平的作用不大,也不直接。第四,家庭因素确实是影响保持的显著相关因素,其中"家人附属"是显著预测因素。总之,祖语保持的动机体系应有语言、学习者、学习情景、家庭因素4个层面。虽然显著预测变量只有4个,但是各动机因素对祖语水平保持均发生着作用。

五、建议和启示

(一) 对中文作为祖语保持的建议

一是强化融合动机的作用,探索发挥工具动机的作用。本研究同以往诸多研究一样,证明了融合动机能促进祖语水平的保持。特别是对祖语学习者来说,中文是交流工具外,更是文化认同的标志。与此同时也应看到,二者都能促进语言学习(Brown,1987;张莉,2015)。随着中文在世界上的持续升温,工具性作为最没有争议的属性(郭熙,2008),应当予以适当重视。

二是从学到用,围绕"降焦虑、增效能"开展中文教育教学工作。"自我效能感""焦虑",一正一负、一积极一消极地作用于祖语保持水平。首先,鉴于环境越熟悉焦虑感越低的发现,可以使用系统脱敏法逐渐降低学习者的焦虑,同时加强归因训练,引导华裔学习者将中文水平归因为内部的、稳定的、可控的因素上。其次,鉴于语言不是教会的,是学会、用会的(郭熙 2020),应通过提供难度适中的语言实践机会,引导学生更多地"用"中文,在用中学,通过"直接经验"提升自我效能。"用"也不应限于课堂之内,还可以用在学校活动中、华侨华人社会乃至祖籍国的相关活动中。

三是淡化学生对家人的附属动机。本研究表明家人附属动机对祖语保持水平有着负向的预测作用,而且对于青少年来说,强化家人附属动机反而可能会激发他们的逆反心理。家庭对于祖语保持的重要作用并不表现为家长"要求"甚至"迫使"孩子去接受祖语学习,而是表现在创设家庭语言环境,激发孩子内在动机方面。

四是注意低龄学习者间的年龄差异。越来越多的学者认为,年龄在祖语保持中起到了区别性的作用。首先,要注意区分成人与低龄学习者的差异。低龄学习者更容易受到家庭影响,认知能力正在发展。目前海外中文学习者低龄化趋势越来越明显,但相关研究还不够。其次,本研究新发现,在低龄学习者群体内,1—2 岁的年龄差异就能造成祖语水平的显著差异。单因素方差分析显示,除了"归因"外,其他 10 类动机都因年龄的不同而有显著差异。低龄学习者身心发展迅速,我们需要对不同年龄段学生的情况进行细微深入的研究。

五是将眼光从课堂教学延伸到家庭与社会。本研究发现,学习情景是祖语水平的正相关因素。应提高教师亲和力,增强课程趣味性、实用性,开展有助于强化集体荣誉感的语言学习活动等。但学习情景并不是祖语水平的显著预测因素,而目前中文作为祖语的学习仍主要发生在学校场景中。学校多为周末学校,课程较为单一,基本局限于课堂教学,对祖语保持的促进作用有限(郭熙,2020)。那么,要想实现祖语保持,在进行课堂教学的同时,我们要将更多眼光放远到课堂以外的情境中,如家庭、社区、社会、网络空间等。

六是祖语学习者研究应受到更多关注。研究发现,动机因素对祖语保持具有显著的较大影响。在祖语保持的研究中,除了关注环境等外在因素外,也要对祖语学习者的个体因素予以重视。他们"组成复杂,动机背景各异",需要"有针对性地开展教育"(郭熙,2017)。毕竟,环境对祖语保持的作用,还是要通过个体心理来实现。

(二) 对国际中文教育工作的启示

第一,鉴于家庭在祖语保持中的重要作用,可以尝试利用家庭的力量,以家庭(特别是华侨华人家庭)为中转站,使国际中文教育更快更好地从学校走向社区、社会。第二,中文作为祖语和作为第二语言的教育是不同的,但应当同属"国际中文教育"。国际中文教育内涵不应仅仅限定为"中文作为第二语言"的教育。国际中文教育的外延应当包括四部分:国内对外汉语教学、国际上的汉语作为第二语言教学、海外华文教育、国内开展的华文教育。将华文教育作为国际中文教育的一个部分(周小兵等,2015;吴应辉,2016;郭晶、吴应辉,2021)是科学且必要的。如此则更有利于促进四类工作的资源共享和互补合作(郭熙、林瑀欢,2021;郭熙,2021)。例如华文教育长期致力于少儿的中文学习研究和实践,其经验可供面向低龄学习者的国际中文教育工作参考。

六、余论

本研究还有一些不足。一是动机四个层面内各个因素是如何对祖语保持水平起作用的,还没有展开论述。二是对各个因素之间的关系以及如何共同作用于祖语水平保持的影响机制研究还有待进行。三是对有些关键因素的探讨还不够,例如,大家都认为家庭因素是祖语保持的重要影响因素,但本研究表明"家人支持"并不是显著预测因素,"家人附属"又是负向预测因素,那么家庭在祖语保持中究竟是如何起作用的,应该怎样起作用等问题还有待探讨。

参考文献

曹贤文、吴淮南,2002,《留学生的几项个体差异变量与学习成就的相关分析》,《暨南大学华文学院》第 3 期。

陈琦、刘儒德,2007,《当代教育心理学》,北京师范大学出版社。

方小兵,2017,《国际祖传语研究焦点分析——基于〈祖传语期刊〉历年文献》,《语言战略研究》第 3 期。

郭晶、吴应辉,2021,《大变局下汉语国际传播的国际政治风险、机遇与战略调整》,《云南师范大学(哲学社会科学版)》第 1 期。

郭熙,2017,《论祖语与祖语传承》,《语言战略研究》第 3 期。

郭熙,2020,《新时代的海外华文教育与中国国家语言能力的提升》,《语言文字应用》第 4 期。

郭熙,2021,《服务海外华语传承之思考》,《华教传播者——纪念董鹏程先生文集》,世界华语文教育学会。

郭熙、林瑀欢,2021,《明确"国际中文教育"的内涵和外延》,《中国社会科学报》3 月 16 日。

康晓娟,2015,《海外华裔儿童华语学习、使用及其家庭语言规划调查研究——以马来西亚 3~6 岁华裔儿童家庭为例》,《语言文字应用》第 2 期。

李宇明,2003,《论母语》,《世界汉语教学》第 1 期。

李宇明,2018,《海外中文学习者低龄化的思考》,《世界汉语教学》第 3 期。

邵明明,2018,《汉语继承语学习者家庭因素和学习动机研究——以日本汉语继承语学习者为例》,《华文教学与研究》第 2 期。

韦九报,2017,《华裔学生中文学习的期望、价值认识及其对学习意愿的影响——以在日华裔青少年为例》,《海外华文教育》第 6 期。

温晓虹,2012,《中文作为第二语言的习得与教学》,北京大学出版社。

温晓虹,2013,《中文为外语的学习情感态度、动机研究》,《世界汉语教学》第 1 期。

闻亭,2009,《不同文化距离下的态度与习得水平调查研究》,《语言教学与研究》第 3 期。

吴应辉,2016,《汉语国际教育面临的若干理论与实践问题》,《云南师范大学学报(哲学社会科学版)》第 1 期。

吴勇毅,2017,《语言传承研究的三个视角:主体、客体与环境》,《语言战略研究》第 3 期。

原一川、尚云、袁焱、袁开春,2008,《东南亚留学生汉语学习态度和动机实证研究》,《云南师范大学学报(对外中文教学与研究版)》第 3 期。

张莉,2015,《美国大学生汉语学习动机与成绩的相关分析——以美国哥伦比亚大学学生为例》,《华文教学与研究》第 3 期。

周小兵、陈楠、郭珹,2015,《基于教材库的全球华文教材概览》,《海外华文教育》第 2 期。

Al-Ansari, Saif, 1998, Attitudinal and Motivational Variables in Foreign Language Learning: A Case Study of Students in Bahrain. *Surveys in Linguistics and Language Teaching.* Peter Lang Publishers Inc.

Bandura, Albert, 1977, Self-efficacy: Toward a Unifying Theory of Behavior Change. *Psychological Review*, 2.

Bar-Tal, Daniel, 1978, Attributional Analysis of Achievement-related Behavior. *Review of Educational Research*, 2.

Bianco, Joseph Lo., 2017, Policy Activity for Heritage Languages: Connections with Representation and Citizenship. *Heritage Language Education*. Routledge.

Borland, Helen, 2006, Intergenerational Language Transmission in an Established Australian Migrant Community: What Makes the Difference?. *International Journal of the Sociology of Language*, 1.

Brown, H. Douglas, 1987, *Principles of Language Learning and Teaching*. Pentice-Hall.

Collier, Shartriya & Susan Auerbach, 2011, "It's Difficult because of the Language": A Case Study of the Families Promoting Success Program in the Los Angeles Unified School District. *Multicultural Education*, 2.

Dörenyei, Zoltán, 1994, Motivation and Motivating in the Foreign Language Classroom. *Modern Language Journal*, 78.

Eccles, Jacquelynne S. & Allan Wigfiel, 1995, In the Mind of the Actor: The Structure of Adolescents' Achievement Task Value and Expectancy-related Beliefs. *Personality and Social Psychology Bulletin*, 3.

Fishman, Joshua A., 1991, *Reversing Language Shift*, Vol.76. Multilingual Matters.

Fishman, Joshua A., 2014, Three Hundred-Plus Years of Heritage Language Education in the United States. *Handbook of Heritage, Community, and Native American Languages in the United States*. Routledge.

Gardner, Robert C. & Lambert, Wallace E., 1972, *Attitudes and Motivation in Second-language Learning*. Newbury House Publishers, Inc.

Gardner, Robert C., 1985, The Attitude/Motivation Test Battery: Technical report. http://publish.uwo.ca/~gardner/docs/AMTBmanual.pdf.

Gardner, Robert C., 1988, The Social-Educational Model of Second Language Learning: Assumptions, Findings and Issues. *Language Learning*, 38.

Gibson, H. & Dembo, M., 1984, Teacher Efficacy: A Construct Validation. *Journal of Educational Psychology*, 569.

Guardado, Martin., 2002, Loss and Maintenance of First Language Skills: Case

Studies of Hispanic Families in Vancouver. *Canadian Modern Language Review*, 3.

Han, Ye, 2010, Chinese as a Heritage Language: Fostering Rooted World Citizenry. *International Journal of Bilingual Education and Bilingual Education and Bilingualism.*University of Hawaii press.

Horwitz, Elaine K. & Horwitz, Micahael B. &Cope, Joann., 1986, Foreign Language Classroom Anxiety. *Modern Language Journal*, 2.

Jakobovits, Leon A., 1970, *Foreign Language Learning; A Psycholinguistic Analysis of the Issues*. Newbury House.

Lu, Xuehong & Li, Guofang, 2008, Motivation and Achievement in Chinese Language Learning: A Comparative Analysis. *Chinese as a Heritage: Fostering Rooted World Citizenry*. University of Hawwaii Press.

Lukmani, Yasmeen M., 1972, Motivation to Learn and Learning Proficiency. *Language Learning*, 22.

Lynch, Andrew., 2003, The Relationship between Second and Heritage Language Acquisition: Notes on Research and Theory Building. *Heritage Language Journal*, 1.

Mitchell, Terence R., 1974, Expectancy Models of Job Satisfaction, Occupational Preference and Effort: A Theoretical, Methodological, and Empirical Appraisal. *Psychological Bulletin*, 12.

Peyton, Joy Kreeft, Donald, A. & Scott McGinnis, 2001, Heritage Languages in America: Preserving a National Resource. *Language in education: Theory and Practice*. Center for Applied Linguistics & Delta Systems Company Inc.

Schumann, John H., 1976, Social Distance as a Factor in Second Language Acquisition. *Language Learning*, 26.

Svanes, Bjorg., 1987, Motivation and Cultural Distance in Second Language Acquisition. *Language Learning*, 3.

Tannenbaum M., 2003, The Multifaceted Aspects of Language Maintenance: A

New Measure for its Assessment in Immigrant Families. *International Journal of Bilingual Education and Bilingualism*, 5.

Tigert, Johanna M., 2015, *Handbook of Heritage, Community, and Native American Languages in the United States: Research, Policy, and Educational Practice*. Routledge.

Tremblay, Paul F. & Gardner, Robert C., 1995, Expanding the Motivation Construct in Language Learning. *Modern language journal*, 79.

Valdés, Guadalupe et al., 1999, Heritage Language Students: Profiles and Possibilitie. *Heritage Languages in America: Preserving a National Resource*. Center for Applied Linguistics & Delta Systems.

Weiner, Bernard, 2012, *An Attribution Theory of Motivation and Emotion*. Springer.

Wen, Xiaohong, 1997, Motivation and Language Learning with Students of Chinese. *Foreign Language Annals*, 2.

Winford, Donald, 2003, *An Introduction to Contact Linguistics*. Blackwell Publishing.

美国新泽西州华二代华语传承调查研究[*]

曹贤文　金　梅

一、引言

在人口流动愈加频密的全球化时代,移民族群的语言传承问题受到越来越多的关注。周庆生(2017)指出:"语言传承旨在研究语言的代际传递和延续,研究一种民族语言作为该民族大多数成员的母语,是如何一代一代不中断地使用下去。"移民族群在新的环境中如何保持自己的母语,以及是否转用其他语言,早就成为研究课题(Kloss,1927;Haugen,1953;等等)。菲什曼首先从理论上提出将其设定为一个专门研究领域,明确指出:"语言保持和转用研究关注的是,操不同语言的人们彼此接触交往时语言使用习惯的变化或维持,及其与变化中的社会、心理或文化进程之间的关系。语言或语言变体有时会在一些说话者之间相互替换,尤其是在群体间接触的某些条件下,发生在语言行为的某些类型或领域中。"(Fishman,1964:35)

移民族群的语言传承问题通常发生在不同语言群体密切接触和互动的双语或多语环境中。在传承语与当地主体语言的互动环境中,语言的保持和转用是常态现象。人们对特定社会中某种语言或语言变体

＊　本研究得到国家社科基金项目"传承语与二语学习者的汉语表现特征比较研究"(20BYY119)的资助。本文原载《语言战略研究》2021年第4期。

的维护就是语言保持;如果人们逐渐掌握另一种更有声望或更具竞争力的语言,而放弃原来的语言使用模式,就意味着语言转用(王晓梅,2005)。海外华人一般生活在主导语言非华语的社会中,华语传承面临着当地更强大的主体语言的竞争和挑战。已有研究显示,在受到主体社会同化的强大压力时,少数族裔往往会发生从本族语向主体语言的使用转移(Fishman,1966)。研究少数族裔是保持本族语还是转换到主体语言,分析他们在双语或多语环境下对两种或多种语言的接触和使用情况,是语言传承研究的中心内容(Hornberger,2002)。

　　华人是美国亚裔中最大的族群,中文是除英文和西班牙文之外美国使用人口最多的第三大语言。研究美国华裔群体的语言保持和转用情况,不仅是了解美国多元语言文化社会的基础,对于海外华语传承和发展也具有重要意义。关于美国华语传承研究,已经有了不少调查和分析,例如郭振羽(Kuo,1974)通过对明尼苏达州双子城44个华人移民家庭47名学前儿童的调查,发现随着年龄增加,移民儿童有从中文向英文转用的倾向。李(Li,1982)调查发现,生活在唐人街的华人比散居的华人保持和传承华语的可能性更高。张东辉和斯劳特-迪福(Zhang & Slaughter-Defoe,2009)通过对费城唐人街及郊区不同华人社区的调查,认为父母和子女的中文学习态度对中文保持有很大的影响。陈颖(2012)通过对美国华人社区中华人语言使用情况与外部社会因素的关系和变化规律的讨论,揭示了全球华语社区的演变机制。魏岩军等(2013)以美国华裔中文学习者为调查对象,考察了其母语保持和转用情况。

　　上述研究有助于加深对美国华语传承状况的了解,不过不少研究在调查对象的选择方面缺乏一致性。例如,张东辉和斯劳特-迪福(Zhang & Slaughter-Defoe,2009)的研究把聚居在唐人街和散居于其他族群中的调查对象混在一起;魏岩军等(2013)以美国大学中的华裔学生为研究对象,但其调查对象约有一半为中国国籍,在美生活时长也不清楚;陈颖(2012)的研究对象跨越各个年龄段,但按调查对象的实际年龄分为三代,而非按照出生地和移民时间来分代。调查对象的混杂和移民分代的不准,使得不少研究结果缺少针对性。

周庆生(2018)对吉尔吉斯斯坦东干移民群体的语言传承研究显示:当年从北路进入中亚的东干族在聚居的环境下,使东干语得以传承;而从南路进入的东干族由于人口少,散居在庞大的乌兹别克社区中,导致母语传承彻底中断。传统上,早期美国华人移民多以唐人街为中心聚居,加上中华会馆等华社的组织力量(麦礼谦,1999),为华语传承提供了比较深厚的社区土壤。近几十年来,随着中国经济腾飞和在美华人移民数量的快速增长,全球化时代的美国华人社区分布发生了极大变化,"新华人一般不聚居,而通常散居在当地国民之中"(周明朗,2014)。全球化时代,处于典型散居条件下在美出生的年轻华二代的华语传承状况如何,目前仍缺乏必要研究。

二、研究设计

(一)调查对象

本研究以美国新泽西州中产阶层家庭相对比较集中的爱迪生地区和大普林斯顿地区的华裔青少年为调查对象,他们均为从中国到美国第一代移民的子女,属于典型的华二代。新泽西是美国第三大移民州,移民数量仅次于加利福尼亚州和纽约州。其中部爱迪生地区和大普林斯顿地区华裔人口相对密集,不过是与其他族裔混合居住,没有专门的华人社区。这种散居方式是目前美国新华人的主要分布状况。同时由于该区域华裔人口相对集中,比较容易找到背景相似的调查对象。为了使调查对象更有代表性且具有较高的内部一致性,本研究选取的被试均为典型的华二代,基本都是在美国出生(只有 1 人在中国出生,5 岁以前随父母移民到美国),年龄在 8—22 岁之间,涵盖了从小学到大学的各个阶段,以便观察各个学龄阶段华裔青少年的语言保持和转用情况。

(二)问卷设计

问卷分为 4 个部分。第一部分 8 个问题,内容为被试的背景信息;第二部分 10 个问题,内容主要是关于被试的家庭中文环境、日常生活中的中文使用和接受中文教育的情况;第三部分 1 个大问题,内容是被试对自己中英文听说读写能力的自测;第四部分 6 个问题,内容是关于被试的中文学习和使用态度,以及对中华文化和身份认同的观念。为方便被试回答,问卷用浅易的英文表述。

(三)数据收集和处理

调查问卷设计完成后,先选取 10 名被试进行试调查,根据试调查情况对问卷进行了一些调整,然后进行正式调查。问卷调查于 2016 年 11 月下旬到 2017 年 1 月初进行,所有问卷都由笔者亲自发送到调查对象手中,年龄小的被试(8—10 岁)在父母的帮助下完成调查问卷。一共收回调查问卷 88 份,除去不符合要求的 7 份,得到 81 份有效问卷数据。数据收集后,用 Excel 和 SPSS 统计软件进行数据录入、整理和分析。

三、调查结果统计与分析

（一）被试的背景情况

本研究调查的 81 名华二代中，男生 34 名，占 42%；女生 47 名，占 58%。其中包括 12 名小学生，年龄为 8—11 岁；39 名初中生，年龄为 10—14 岁；18 名高中生，年龄为 14—18 岁；12 名大学生，年龄为 18—21 岁。在所有调查对象中，中学生共占 70%，其中初中生 48%，高中生 22%。大学生和小学生各占 15%。

关于儿时最先接触的语言，近 90% 的被试最早听到和学会说的是中文或中英双语，这说明，作为传承语的中文是其母语。不过在读写方面，情形则不相同。超过 65% 的被试最先学习认读的是英文单词，只有不到 15% 最先学习认读的是汉字。超过 82% 的被试最先学会书写的是英文单词，只有不到 9% 最先学习书写的是汉字。具体情况见表 1。

表 1　华二代被试儿时最先接触的语言人数统计表（单位：人）

儿时最先学习的语言	中文	中英双语	英文
儿时最先学听说	37	35	9
儿时最先学认读	12	16	53
儿时最先学书写	7	7	67

尽管大部分被试在家庭中最早接触的语言是中文，不过一旦他们进入以英文作为主导语言和教学媒介语的当地主流教育系统，就意味着中文接触的急剧减少和英文接触的大量增加。调查结果显示，79 名被试上小学前就进入幼儿园、托儿所等英文主导的学习环境中，另 2 名学生也从小学一年级就进入英文主导的学校环境。

（二）被试在家庭和社区中使用中文的情况

在很多华裔家庭里,父母与子女之间常常不仅仅使用一种语言交流,例如,父母对子女讲中文,子女却常常用英文回答。因此,我们分别从3个方面调查被试家庭的中文使用情况:家人对被试说中文,被试对家人说中文,被试跟华裔朋友用中文交流。

1. 家人对被试说中文

表2　家人对被试说中文的情况统计表(单位:人)

家人	总是	经常	有时	很少	从不	不适用
母亲	29	40	10	1	0	1
父亲	26	36	11	4	3	1
兄弟姐妹	1	3	13	25	30	9
祖父母	70	1	1	0	0	9

在家里,绝大多数父母经常或总是用中文跟孩子交流,不跟孩子说中文的很少,而且有意思的是,母亲跟孩子说中文的频率比父亲更高。然而,兄弟姐妹之间却很少用中文交流。绝大多数被试有祖父母跟他们一起居住过,几乎所有的祖父母都总是用中文跟被试交流。华语传承代际之间的使用差异非常明显。

2. 被试对家人说中文

表3　被试对家人说中文的情况统计表(单位:人)

家人	总是	经常	有时	很少	从不	不适用
母亲	4	7	24	43	2	1
父亲	5	6	22	40	7	1
兄弟姐妹	1	1	10	23	37	9
祖父母	69	1	0	1	1	9

被试在家里对父母说中文,比父母对他们说中文的频率要低得多,大多数被试很少用中文跟父母交流。兄弟姐妹之间用中文交流就更少,83%左右的人声称他们与兄弟姐妹之间很少或从不用中文交流。被试在家里最常说中文的对象似乎是祖父母,几乎所有被试(97%)都是用中文跟祖父母交流。

3. 被试跟华裔朋友用中文交流

声称从不与华裔朋友用中文交流的有 29 人,很少用中文交流的有 49 人,有时用中文交流的仅 3 人。没有一个人经常用中文跟华裔朋友交流,这说明被试与华裔朋友使用中文交流的频率很低。

根据被试跟家人及华裔朋友用中文交流的情况,可以看出,被试的日常中文使用基本上局限在家中。尽管父母很努力地保持跟子女说中文的习惯,尽量跟他们说中文,但是在可以不说中文的情况下,大多数被试一般选择不说中文。换句话说,即使在家中,大多数被试自主的语言转用频率已经超过了语言保持。

(三)被试在家庭中接触中文和中国文化

这部分主要调查被试日常在家中接触中文的情况以及家中庆祝主要节日的情况。

表 4 被试日常在家接触中文的情况统计表(单位:人)

接触中文的方式	总是	经常	有时	很少	从不
在家看中文电视	4	7	15	32	23
在家听中文故事/歌	2	5	21	33	20
在家读中文书	2	4	4	34	37
在家写中文电邮/故事	1	3	14	29	34
跟国内亲友用中文网上交流	6	12	31	21	11

　　大多数被试在家很少或从不接触中文书籍、电视等。大约68%的人很少或从不看中文电视,65%很少或从不听中文故事或歌曲,88%很少或从不读中文书籍,78%很少或从不写中文电邮或故事。跟国内亲友用中文网上交流成为最常用的方式,只有很少的被试声称从不用这种方式接触中文。

　　问卷就被试家庭庆祝中国节日与美国节日的情况做了对比调查。我们选择了4个美国人最常庆祝的节日:元旦、感恩节、圣诞节和万圣节。在美国,元旦、感恩节和圣诞节都会放假;万圣节虽然不放假,但很受青少年欢迎。同时也选择了4个具有中国文化特色的传统节日:春节、元宵节、端午节和中秋节。这几个中国节日新泽西州都不放假。

表5　被试家中庆祝主要节日的情况统计表(单位:人)

节日		总是	经常	有时	很少	从不
美国节日	元旦	63	9	6	2	1
	万圣节	43	6	8	9	15
	感恩节	64	5	6	4	2
	圣诞节	69	4	3	2	3
中国节日	春节	72	7	2	0	0
	元宵节	20	11	26	16	8
	端午节	10	12	22	27	10
	中秋节	45	14	13	4	5

　　尽管春节那一天大家很可能都得上班上学,但被试家庭都会庆祝春节,比例高于所有美国节日。庆祝中秋节的比例也很高;庆祝元宵节和端午节的比例也不低,不过比美国节日低。由此可见,绝大多数华裔

家庭通过庆祝春节等传统节日,给子女提供接触和传承中华文化的机会。在家中庆祝中美两国节日的调查数据,显示了华裔家庭中两国文化对子女的影响。

（四）被试接受中文教育

所有被试都曾经或正在学习中文,其中 22 人曾经学过,59 人正在学习。所有被试上小学时都学过中文,不少人到了初中、高中和大学就不再继续学习,具体数据参见表 6。

表 6　不同年级的被试曾经或正在学习中文人数分布表（单位:人）

所在学校	人数	正在学习中文人数	曾经学习中文人数
小学	12	12	0
初中	39	36	3
高中	18	11	7
大学	12	0	12
总数	81	59	22

华二代在美国学习中文的主要渠道是周末中文学校和常规学校。周末中文学校的课程是针对华语传承语学习而设计的,课程难度适中,缺点是一周仅一次,一般两小时左右。常规学校则是开设中文作为外语学习的课程,不是专门针对华语传承语者设计,而是面向各个族裔的学生。其优点是课程纳入了国民教育体系;缺点是教学内容相对容易,而且进度比较慢。此外,还有课外私教和家长教学等方式,其好处是教学有针对性,缺点是单独教学、不易坚持、系统性也比较差。表 7 统计了本次调查被试的学习渠道分布情况。

周末中文学校是华二代学习中文的主要渠道,超过 86% 的被试正在或曾经在周末中文学校学习中文,也有相当比例的家长自己在家教孩子学习中文。这些被试所在的学区都有中文作为外语的课程,但正在学习中文的被试选择上周末中文学校的高达93%,说明常规学校的中文课程并不适合华裔学生。可以看出,现在华裔家庭普遍重视子女的中文学习,学习中文的热度在增加,对教学质量和深度的要求更高。

表7 被试曾经和现在学习中文的渠道分布统计表(单位:人)

接受中文教育	周末中文学校	常规学校	课外学习	家长教学	总人数
正在学习中文	55	2	3	18	59
曾经学过中文	15	5	1	1	22

很多华二代在常规学校没有修读中文课程,不过选修了别的语言课。调查结果显示,81名被试中,75人(93%)除了英文和中文以外,还学习了别的语言,其中21人学习了两种或多种其他语言。在这些外语中,学习西班牙语的最多,共53人,占总人数的65%。其次是法语,共24人,占30%。另外,有7人学习拉丁语,3人学习德语,学习意大利语、日语、韩语的各有2人。

(五) 被试中英文水平的评估

我们请被试从听说读写4个方面对自己的中文和英文水平进行自我评估。语言水平等级从1到10逐步升高:1为最弱,10为最强。为了便于归纳分析,我们把1和2定为几乎不会,3和4定为较差,5和6定为一般,7和8定为良好,9和10定为优秀。被试的中英文自我评估数据见表8和表9。

表8　被试的中文听说读写水平统计表（单位：人）

中文能力	几乎不会	较差	一般	良好	优秀
中文听力	2	8	13	34	24
中文说话	6	10	22	27	16
中文阅读	15	14	26	23	3
中文写作	21	25	22	13	0

　　被试的中文听说读写4项能力逐项递减。听力良好以上的比例最高，共58人，占72%；说话良好以上的43人，占53%；阅读良好以上的26人，占32%；写作良好以上的仅13人，占16%。这里的中文写作是指打字写作，倘若是手写汉字，结果将更差。

表9　被试的英文听说读写水平统计表（单位：人）

英文能力	几乎不会	较差	一般	良好	优秀
英文听力	0	0	1	4	76
英文说话	0	0	1	2	78
英文阅读	0	0	1	5	75
英文写作	0	0	2	13	66

　　相对于中文自测，被试的英文自测相对容易和准确一些。因此，我们请他们在中文自测的同时进行英文自测，并要求以英文自测为坐标，使得中文自测有一个相对的标准。数据显示，绝大多数被试都肯定了自己的英文水平，几乎所有被试都认为自己掌握了所在年龄层面上的英文听说读写技能。这4项技能没有显著的差别，只有写作技能相对弱一点，这符合语言学习发展的规律。

（六）被试对中文的态度

在同时可以使用中英双语的情况下选择其中的哪一种，可在一定程度上反映说话人对这种语言的态度和使用习惯。调查结果显示，在4个选项中，44人倾向于英文中夹杂点中文，占54%；28人倾向于仅使用英文，占35%；另外，8人倾向于中文夹杂点英文，只有1人仅使用中文。由此可见，华二代总体上倾向于主要使用英文，从中文向英文的转用现象很明显。我们也调查了被试对自己的身份认同情况。在4个选项中，绝大多数被试认同美籍华裔身份，共68人，占84%；另有9人认为自己是美国人，3人认为自己是华人，还有1人选择了其他。

问卷还调查了移民美国的中国人对第二代子女学习中文的态度。几乎所有被试（80人）都回答父母希望他们学习中文，其中25人回答父母希望并逼迫他们学习中文，32人回答父母希望并强烈鼓励他们学习中文，23人回答父母希望但不强求他们学习中文，只有1人回答父母对他学不学中文无所谓。与此同时，问卷也调查了华二代对将来的子女（华三代）学习中文的态度，从中多少可以反映中文逐代传承和华三代继续学习中文的可能趋势。调查结果显示，绝大多数被试（68人）表示希望自己将来的子女学习中文，其中，18人表示他们会逼迫将来的子女学习中文，50人则表明虽然希望将来的子女学习中文，但会尊重孩子的意愿，不会逼迫他们学。另有9人表示不赞成也不反对，3人表示不想让孩子学习中文，但如果孩子愿意学就让孩子学，只有1人表示不会让将来的子女学习中文。由此可以看出，年轻的华二代对传承中文的态度整体上比较积极正面。

问卷接着对被试学习中文的态度做了一项细分调查，统计结果见表10。

表10　被试对中文及学习中文的态度统计表(单位:人)

态度	强烈不同意	不同意	中立	同意	强烈同意
喜欢用中文	6	9	31	29	6
喜欢学中文	6	14	34	23	4
中文是一项很必要的技能	3	10	21	23	24
中文是一项很有价值的技能	3	3	8	28	39
中文是我很重要的组成部分	5	4	13	26	32

　　绝大多数被试都很肯定中文的价值,也认同中文是其自身重要的组成部分。大多数人认为中文是一项必要的技能,不过喜欢用中文和喜欢学中文的比例相对低一些。这说明中文的价值在观念上得到了华二代的普遍认可,不过离落实到具体的用和学行动仍存在一些距离。

　　问卷还对学习中文的意义及其影响进行了调查,统计结果见表11。

表11　学习中文的意义及其影响统计表(单位:人)

学习中文的意义及影响	是	中立	不是
学习中文可以帮助我更深地理解中国文化	65	11	5
学习中文可以帮助我在美国更好地跟家人和朋友交流	45	22	14
学习中文可以帮助我跟中国的亲友交流	78	2	1
学习中文可以方便在中国旅行	64	13	4
学习中文可以帮助我交朋友	30	23	28
学习中文可以提升自信及自我满足感	38	26	17
学习中文让我觉得难堪	8	16	57
学习中文使得常规学校学习更难	12	13	56
学习中文会阻碍英文的学习	7	7	67
学习中文使得学校生活缺少乐趣	5	19	57

大多数被试都肯定学好中文的意义：普遍认为学好中文有益于跟中国亲友交流；绝大多数认为学好中文有助于更好地理解中国文化，方便在中国旅行；大部分认为学好中文有助于跟家人和朋友交流。对于学好中文是否有助于交朋友这一点分歧最大，同意、不同意和中立几乎各占三分之一。关于学习中文对学校学习的影响，大多数人觉得没有负面影响。不过对于学好中文是否能提升自信和自我满足感，只有不到一半的人认同。少数人认为学好中文使得常规学校的学习更难，这可能是因为学习中文需要占用一定的时间和精力。

（七）语言态度、语言行为和语言能力之间的关系

为进一步了解华二代对中文的态度、使用行为与中文能力之间的关系，我们对问卷中涉及这 3 方面的数据进行了统计分析。数据处理方法如下：（1）语言态度。表 10 统计了关于中文和中文学习态度 5 个问题的调查结果。采用李克特五度量表（Likert Scale）对每个问题的 5 个答案进行数据化处理，从"非常不同意"到"非常同意"5 个等级依次对应 1—5 共 5 项分值，然后对 5 个问题的得分进行加总，得到被试对待中文和中文学习态度的总分。（2）语言行为。指被试日常生活中接触和使用中文的情况。本次问卷调查中包括两个部分：第一部分是被试跟家人用中文互动交流的情况，表 2 和表 3 统计了相关的结果；第二部分是被试在家中接触中文材料的情况，表 4 统计了相关结果。采用李克特五度量表对上述两个部分中每个问题的 5 项答案进行数据化处理，从"从不"到"总是"5 个等级依次对应 0—4 共 5 项分值。然后对得分进行加总，分别得到被试的中文互动和中文接触总分。（3）语言能力。指被试的中文听说读写能力，表 8 统计了相关结果。由于问卷调查中这部分本来就是采用等级分值回答的，可以直接导入答案分值，将

被试的听说读写 4 项能力分值相加得到中文综合能力总分。然后,使用 SPSS 25 统计软件对上述几个部分的数据进行相关性分析,对于被试无法提供答案①的题目采用缺省值计算,相关性统计结果见表 12。

表 12　语言态度、语言行为和语言能力之间的相关性统计表

			中文互动	中文接触	中文态度	中文综合能力
斯皮尔曼 Rho	中文互动	相关系数	1.000	.548**	.479**	.506**
		Sig.(双尾)	.	.000	.000	.000
		N	81	81	81	81
	中文接触	相关系数	.548**	1.000	.603**	.675**
		Sig.(双尾)	.000	.	.000	.000
		N	81	81	81	81
	中文态度	相关系数	.479**	.603**	1.000	.385**
		Sig.(双尾)	.000	.000	.	.000
		N	81	81	81	81
	中文综合能力	相关系数	.506**	.675**	.385**	1.000
		Sig.(双尾)	.000	.000	.000	.
		N	81	81	81	81
**.在 0.01 级别(双尾),相关性显著。						

统计结果显示,被试与家人和朋友使用中文互动的频率、接触中文学习材料的频率、对中文和中文学习的正面态度、中文综合能力这 4 项因素彼此之间均显著正相关。这说明语言态度、语言行为和语言能力之间具有相互影响、相互促进的正向关系。态度积极的学习者更愿意

---

① 例如,如果被试是独生子女,就无法提供与兄弟姐妹互动的答案;如果没有祖父母,就不能提供与祖父母互动的数据;等等。

用中文与人交流，更愿意接触中文资源，而中文使用频率越高，越能促进中文能力提升。反过来，中文学习方面的成就感也促进学习者更愿意努力学习，更易于与人用中文交流。

四、调查结果讨论

（一）中文学校在华语传承中发挥显著作用

总体来说，大多数被试明显呈现出从中文到主导语言英语的转用过程。90%的被试最早接触的语言是中文或者中英文双语，中文是他们的母语。然而他们的中文熟练度远逊于父母，自主使用中文的意识不强，在生活和学习中使用中文的频率不高，例如，当跟兄弟姐妹和华裔朋友交流时，绝大多数人很少或者从不用中文。不过，虽然被试表现出从中文向英文转用的特征，调查结果也显示，他们的中文并没有丢失，听说读写4项技能在不同程度上都得以保持。这一结果不同于韦尔特曼（Veltman，1983）根据20世纪70年代的调查数据得出的"语言转用"结论。韦尔特曼认为，传承语在第一代和第二代之间完成转用过程。由于现在美国社会对传承语远比20世纪六七十年代宽容得多，多元语言文化观念得到普遍倡导，主流社会基本从理念上接纳了传承语教育。同时，少数族裔移民也更深切意识到保持自己族裔语言和文化的重要价值。与20世纪中后期相比，传承语保持和教育在美国社会有了一定的土壤。

影响语言保持和转用的因素很多。本调查结果显示，华二代跟家人用中文交流的频率与听说能力紧密相关，而读写能力更依赖于接触中文材料的频率，语言的接触和使用直接影响到语言能力的保持和发展。陈保亚(2013)指出,儿童母语的习得通过家庭和周围环境中的自然接触而获得,弱势语言需要在语言的自然接触中以家庭学习模式习得,而强势语言是在周围环境中习得。在美国,不少华裔家庭缺少构建自然接触中文环境的意识,家庭之外又受到强势语言英语的压倒性影响,使得华二代从中文向英文的转用倾向很明显,中文的传承和保持面临着巨大挑战。

本研究中的所有被试都表示,他们正在以各种方式学习或曾经学习过中文,绝大多数选择上周末中文学校。现在新华人移民子女从5—6岁就开始进入周末中文学校学习中文,跟他们在常规学校学习的年级同步。因此,即便他们从高中停止学习中文,也能接受到 9 年左右的周末中文学校教育。这一结果表明,虽然这些华二代跟家人一起散居于其他族群之中,但他们能通过各种方式坚持到当地华人自己开办的周末中文学校学习。周末中文学校对华二代的中文听说读写能力,尤其是读写能力的提高有非常大的帮助,已成为华二代学习中文的主要渠道,对华语保持和传承起着不可低估的作用。另一可喜的现象是,现在华裔家庭更加重视中文作为传承语的学习,并且更加追求中文学习的深度和质量。由此可以预测,华二代的整体中文水平将继续呈上升趋势,其中英双语能力的发展将会加强,从而在一定程度上减缓语言转用或扭转中文丢失过程。

(二) 语言态度和家庭环境对华语传承发挥关键作用

语言态度与语言传承的相关性为很多学者所证实。尽管本研究没有对家长进行专门调查,但从学生的回答中仍可以观察到父母的态度。调查结果显示,现在的华人移民普遍鼓励子女的中文学习和传承,希望子女能掌握中文,了解中国文化,提高对族裔的认同感和自豪感。大多数父母在家经常跟孩子们用中文交流,有趣的是,母亲对孩子说中文的频率要高于父亲。他们在家中提供让孩子接触中文的机会,比如中文电视、书籍、音乐,以及鼓励孩子们跟中国亲友网络联系。在保持中国文化的传统节日庆祝方面,几乎所有的家庭每年都庆祝春节,高于庆祝圣诞节、元旦和感恩节的比例。调查结果还显示,正在学习中文的华二代,父母在家辅导子女中文学习的比例远高于曾经学过中文的华二代,说明华裔父母更加积极采取措施支持子女的中文学习。

　　本调查结果显示,华二代的语言态度、语言行为、语言能力三者之间存在显著的相关性。几乎所有被试都回答父母希望他们学习中文,绝大多数华二代表示希望自己将来的子女学习中文,他们基本都认同自己的美籍华人身份,大部分人认为中文是自己的重要组成部分,这既表明了华二代对待传承中文的积极态度,也显示了一定程度的语言忠诚和身份认同。王春辉(2018)认为:"语言忠诚往往被看作语言态度的一种……在多语社会和多语人的语言认同中发挥着决定性的作用。"绝大多数华二代都肯定学好中文的意义,对华语学习和传承具有积极的态度,不但自己坚持学习,还愿意将其传承给下一代。语言态度和语言忠诚直接影响语言选择和语言使用,并对华语传承产生关键作用。

　　韦尔特曼(Veltman,1983)的"语言转用"分析认为,超过90%的移民第二代之所以完成了母语的转用,是因为主观上希望融入主流社会而尽量消减自己族裔的痕迹。魏岩军等(2012)也指出,美国华裔对母语社团的认同倾向与母语保持具有一定的相关关系。本研究显示,华二代对中文的正面态度和对华裔身份的认同,为保持中文传承奠定了基础。这一结论符合兰伯特(Lambert,1963)的语言学习"社会心理模型":二语习得和传承语习得都会受到学习者认知因素和情感因素的影响,学习者对操该语言族裔的取向和对该族裔社区的态度影响语言习得状态,语言能力与态度和动机等情感因素存在相关性。

张东辉和斯劳特-迪福(Zhang & Slaughter-Defoe,2009)曾针对美国华裔青少年(6—14 岁)的中文学习进行过一项调查,发现这些调查对象总体上对学习中文的态度是消极的,缺乏学习动力,认为中文很难、汉字很难。这与本次调查中被试对中文以及学习中文的态度有所不同。本调查结果显示,绝大多数被试认为中文是有价值的,大多数人认为中文是一项必要的技能。张东辉和斯劳特-迪福(Zhang & Slaughter-Defoe,2009)的调查取样于费城周边的普通话家庭和福建移民家庭,本研究的调查对象为中产阶层家庭。我们认为两次调查结果有差异的原因,可能是取样和观察的切入点有所不同,更重要的是语言态度和语言认同是动态变化的。自 2009 年以来,随着中国国际影响力的进一步增强以及传承语教育观念在美国的普及和推广,美国华裔对保持中文的意识愈加强烈,周围环境对华二代学习中文更加温和正面,华裔家长及其子女对待华语态度的转变将更有利于华语传承和保持。

语言态度和家庭环境对子女的语言选择产生直接影响,不同的语言态度和家庭环境使得语言使用者做出不同的语言选择。移民第二代儿童时期的语言选择往往是父母选择的结果(王春辉,2018),父母对待传承语的态度直接影响着子女的语言选择。研究显示,父母的态度与移民儿童的传承语熟练度显著正相关(Luo & Wiseman,2000)。对于海外华语的传承和保持,家庭的作用十分关键,"孩子的语言学习选择权在家长手里,但未来的最终决定权还是学习者个人。如果孩子在语言关键期受到祖语的刺激,有了这些储备,就有可能形成自己的语言优势。一旦未来他希望学习祖语,就可以利用已有的积累,最大限度地提升自己的祖语学习能力"(郭熙,2020)。

五、结语

总之,美国新泽西州散居的华人家庭中华二代的华语保持和语言转用情况基本符合瓦尔德斯(Valdés,2001)的代际双语能力转用模式,这些华二代的英语能力明显高于汉语能力,形成了"以英语为主导语,汉语为从属语的双语能力模式"(吴英成、邵洪亮,2014)。菲什曼(Fishman,2006)认为,移民进入美国超过两代以后,移民的孙辈和曾孙辈绝大部分成为英语单语者,与他们的祖父母或曾祖父母带到美国的语言及其说话者失去了直接的社会性接触,极少有人继续使用非英语传承语。从调查结果来看,由于周末中文学校和家庭的有力支持,华二代仍能维持较好的中文水平,如果这一状况能够持续,他们将有效保持中英双语能力,有可能打破菲什曼(Fishman,2006)"两代人的时间足以消除对非英语语言的熟练掌握"的论断。调查中发现的一个有趣现象是,所有华二代几乎都用中文跟祖辈交流,说明华人祖孙三代居住的家庭抚养结构有利于华语保持,至少可以延缓华语转用的过程。此外,中国的持续崛起、网络时代的全球联通以及华人和中华文化特有的韧性等等,都是新时代海外华语保持的有利因素。特别是互联网联通和网络社交软件与现实生活的深度交融,如果能够将虚拟华语社区有效纳入华语学习和华语保持之中,将大大加强华二代与华语社区的联系和互动,起到类似华人传统语言社区唐人街那样的对华语保持所起的重要作用。

同时,我们也要认识到,不同国家的华语保持和语言转用情况不尽相同,即使在同一个国家,不同时期、不同群体和不同社区中的情况也有所不同。通常如果聚居人口达到一定规模,传承语在社区范围内得到维持使用,在社区和家庭中保持一定活力,传承语就有了代际传承保持的土壤。"一定数量的聚居人口、相对集中的定居点,是保持语言文化传承的基本条件。"(周庆生,2017)观察一下世界各地的情况,依托言语社区的语言互动来维持移民族群语言,传承语保持超过三代的实例比比皆是。从全球华语传承史来看,东南亚华人社区、欧美唐人街和中亚东干人聚居社区,通过各自的社区力量形成了华语多代传承的社区模式。当前的问题是,当全球化时代的新华人群体不再结合为传统上的社区,而是散居于当地各族裔之中时,家庭和虚拟社区便成为传承语保持的堡垒。能否借助中国崛起而日益凸显的中文价值、华裔父母对待中文的积极态度、华二代对华人身份的认同、广泛分布可及的周末中文学校、网络时代便利的虚拟中文社区以及多元语言文化观念等有利因素,在全球华人散居的情况下发展出一种新型"顺外传内"模式(周庆生,2018),通过双语或多语实践进一步促进海外华语传承,将是全球化时代华语传承研究的重大课题。

　　为了系统深入了解全球华语的保持和传承状况,今后需要对不同国家和地区进行更多的比较调查。首先应根据调查对象的居住分布,即聚居于华语作为交际语的华人社区与散居于当地主导语言的非华人社区,对居住于不同社区中的华人语言传承情况进行调查和比较研究。其次,也需要对欧美国家与东南亚国家的华语保持进行比较研究。欧美国家与中国相距遥远,华语在这些国家为低势语,而东南亚国家与中国地理上接近,华语在这些国家的地位相对较高,华语在欧美国家与东南亚国家的传承情况很不相同。通过广泛细致的调查,了解和分析海外华语在双语和多语社区中的保持和转用状况,从而采取相应策略推动华语传承和国际中文教育持续发展。华语是全球华人的共同语,是全体华人祖传下来的宝贵语言文化资源,海外华语传承需要社会、社区、家庭及个人多方合作和努力。增强华语保持意识,提升华语传承的积极态度和学习动机,给华裔下一代创造更好的条件,提供更多接触、使用和学习华语的机会,才能使海外华语得到代代传承、持续发展,才能让海外华人后代把根留住。

参考文献

陈保亚,2013,《语势、家庭学习模式与语言传承——从语言自然接触说起》,《北京大学学报(哲学社会科学版)》第 3 期。

陈颖,2012,《美国华人社区的语言使用与语言认同——从大华府和纽约都会区为例》,南京大学博士学位论文。

郭熙,2020,《应重视方言在海外中华文化传承中的作用》,《中国语言生活要况》,商务印书馆。

麦礼谦,1999,《传承中华传统:在美国大陆和夏威夷的中文学校》,《华侨华人历史研究》第 4 期。

王春辉,2018,《语言忠诚论》,《语言战略研究》第 3 期。

王晓梅,2005,《马来西亚雪兰莪州万津华人的语言保持和语言转用》,《中国社会语言学》第 1 期。

魏岩军、王建勤、魏惠琳,2013,《美国华裔母语保持与转用调查研究》,《华文教学与研究》第 1 期。

魏岩军、王建勤、魏惠琳等,2012,《影响美国华裔母语保持的个体及社会心理因素》,《语言教学与研究》第 1 期。

吴英成、邵洪亮,2014,《华裔汉语学习者解读:新加坡视角》,《世界汉语教学》第 2 期。

周明朗,2014,《语言认同与华语传承语教育》,《华文教学与研究》第 1 期。

周庆生,2017,《东干语案例可以作为语言传承畅通与中断的典型》,《语言战略研究》第 3 期。

周庆生,2018,《语言适应-传承模式:以东干族为例》,《语言战略研究》第 4 期。

Fishman, Joshua A.(ed.), 1966, *Language Loyalty in the United States: The Maintenance and Perpetuation of Non-English Mother Tongues by American Ethnic and Religious Groups*. Mouton.

Fishman, Joshua A., 1964, Language Maintenance and Language Shift as a Field of Inquiry: A Definition of the Field and Suggestions for Its Future Development. *Linguistics* 9.

Fishman, Joshua A., 2006, Language Maintenance, Language Shift, and Reversing Language Shift. In T. K. Bhatia & W. C. Ritchie (eds.), *The Handbook of Bilingualism*. Blackwell Publishing Ltd.

Haugen, Einar, 1953, *The Norwegian Language in America: A Study in Bilingual Behavior*. University of Pennsylvania Press.

Hornberger, Nancy H., 2002, Language Shift and Language Revitalization. In R. B. Kaplan (ed.), *The Oxford Handbook of Applied Linguistics*. Oxford University Press.

Kloss, Heinz, 1927, Spracherhaltung. *Archiv für Politik und Geschichte* 8.

Kuo, Eddie 1974 Bilingual Pattern of a Chinese Immigrant Group in the United States. *Anthropological Linguistics* 16(3).

Lambert, Wallace E., 1963, Psychological Approaches to the Study of Language Part II: On the Second Language Learning and Bilingualism. *Modern Language Journal* 14.

Li, Wenlang, 1982, The Language Shift of Chinese Americans. *International Journal of the Sociology of Language* 38.

Luo, Shiow-Huey& Wiseman, Richard L., 2000, Ethnic Language Maintenance among Chinese Immigrant Children in the United States. *International Journal of Intercultural Relations* 24.

Valdés, Guadalupe, 2001, Heritage Language Students: Profiles and Possibilities. In J. K. Peyton, D. A. Ranard & S. McGinnis (eds.) , *Heritage Languages in America: Preserving a National Resource*. Center for Applied Linguistics & Delta Systems.

Veltman, Calvin, 1983, *Language shift in the United States*. Walter de Gruyter & Co.

Zhang, Donghui & Slaughter-Defoe, Diana T., 2009, Language Attitudes and Heritage Language Maintenance among Chinese Immigrant Families in the USA. *Language, Culture and Curriculum* 22(2) .

巴西华文教育现状调查研究[*]

陈雯雯

一、引言

巴西,位于南美洲东部,人口 19370 万。巴西全国共分为 26 个州和 1 个联邦区,首都巴西利亚,是拉丁美洲地区唯一以葡萄牙语作为官方语言的国家。按照 2010 年的数据,巴西人口中 47.3% 为白种人,43.1% 为混血种人,7.6% 为黑人,2.1% 为亚洲人,其余则为印第安人。巴西作为一个民族大熔炉,接纳了来自欧洲、非洲、亚洲等近 70 个国家的移民。

1812 年华侨以"契约华工"的屈辱身份来到当时在葡萄牙王室统治下的巴西,为其传授"茶艺"。2012 年是华侨华人移民巴西 200 周年。目前同为金砖国家的两国提升为全面战略伙伴关系,中国移民数量也随之不断增加。据统计,截止到 2007 年,巴西华侨华人总数为 25 万(一说如今在巴西工作和生活的华侨华人达 30 余万),主要分布在圣保罗、里约热内卢、巴西利亚等大城市。

巴西华侨华人慢慢地从"落叶归根"转变为"落地生根",华裔的中文学习也越来越受到重视。巴西华文教育迄今已有近 60 年的历史。1958 年 1 月 3 日,"圣保罗第一中文学校"(Escola Chinesa São Paulo)

———————————
　＊　本文原载《华文教学与研究》2015 年第 2 期。

成立。总体而言,巴西的华文教育"草创"于 20 世纪 50 年代,"中衰"于 20 世纪 60 年代末,"重起"于 20 世纪 70 年代,"旺盛"于今时,"辉煌"与"收获"于未来(高伟浓,2012)。

笔者发现针对巴西华文教育的研究较少,已有的研究主要从巴西华文教育特点(零页,2006)、中国大陆和台湾"两大分支"在巴西的华文教育特色(高伟浓,2012)进行论述。目前巴西的办学形式已经从周末制转向平时半日制教学甚至全日制教学,因此,有必要对巴西华文教育的情况重新进行总结。

海外华文教育不同于对外汉语教学,需要加强对其历史、发展趋势的研究,理清各国华文教育的形式、层次,并对涉及人群、师资、学生、办学条件等展开针对性的调研(丘进,2010)。2014 年 4 月至 12 月,笔者作为我国国务院侨务办公室外派巴西的中文教师在"圣本笃学校"和"华侨天主堂中文学校"进行为期一年的任教,任教期间走访了圣保罗华文学校 20 多所,针对丘进(2010)所提及的上述方面进行了半年的调研,访谈对象包括国侨办侨务领事、校长、教师、华侨社团负责人等;向华校发放问卷 20 份,回收 13 份;向华文教师发放调查问卷 113 份,回收 70 份;向华裔学生发放问卷 100 份,回收 67 份。希望通过分析相关内容加深人们的认识,并为华文教育实际工作提供参考。

二、巴西的教育管理体制

巴西是一个典型的教育分权国家,形成了联邦、州、市三级管理模式。巴西学校分为公立学校和私立学校两类。巴西政府在 1996 年颁布的《全国教育方针和基础法》中将巴西的教育层次分为:幼儿教育(1—5 岁)、基础教育 9 年(6—14 岁,其中 6—10 岁是 1—5 年级,11—

14 岁是 6—9 年级)和高中教育 3 年(15—17 岁)。1988 年起将基础教育阶段(9 年,6—14 岁)优先权首先赋予市级教育体系。这点和澳大利亚类似,中小学课程的开设由全国各个州和地区的教育部门来决定,联邦政府起着统筹规划、引导和支持作用,即使在同一个州和地区的每个学校课程安排也会有所不同,学校的校长有很大的自主权(陈平,2013)。

　　不同于澳大利亚等其他国家的全日制教学,巴西学校的最大特色在于中小学无论是公立学校还是私立学校都是半日制教学,学生根据自己的情况选择学校、上课时间,周一至周五上午上课或者下午上课。可以说,巴西的教学体制比其他国家更为灵活,学生也较为轻松,这为巴西华文教育办学提供了有效的教学时间和一定数量的学生生源。

三、巴西华文教育办学形式

　　华文教育是以母语或第一语言非汉语的海外华侨华人为主要对象开展的中国语言文化教育(也包括少数非华裔学生)(贾益民,1998)。本文除特殊说明外,仅用华文教育的狭义概念,也就是对象只包括海外华侨华人子女的华文教育。

　　巴西华文教育的办学形式有 3 种:家庭补习;正规幼儿园、小学、中学;补习学校或者补习班。巴西尚无正规的大学在进行华文教育(详见表 1、表 2)。

表 1　中国主办的巴西华文学校、机构一览表

序号	机构名称	位置	创办时间	性质	办学背景	经营主体	教师人数	学生人数
1	★华侨天主堂中文学校①	圣保罗	1958	私立中文补习学校	中国大陆	宗教团体	30	140
2	华联中文学校	里约	1998	私立中文补习学校		侨团	未知	40
3	青田同乡会中文班	圣保罗	2002	私立中文补习班		侨团	3	30
4	启智华文学校	圣保罗	2004	私立中文补习学校		私人	15	260
5	华光语言文化中心	圣保罗	2004	私立中文补习学校		私人	25	350
6	★袁爱平中巴文化研究中心	里约	2004	私立中文补习学校		私人	20	700
7	亚华中文班	圣保罗	2004	私立中文补习班		侨团	5	60
8	德馨双语学校	圣保罗	2005	私立中文补习学校		私人	30	400
9	华人文化交流协会中文学校	圣保罗	2006	私立中文补习学校		侨团	5	70
10	育才学园	圣保罗	2007	私立中文补习学校		私人	6	70
11	巴西华文语言文化中心	贝洛	2007	私立中文补习学校		私人	20	600
12	圣本笃学校中文部	圣保罗	2008	私立正规中文学校		宗教团体	10	70
13	天天幼儿园	圣保罗	2010	私立中文补习学校		私人	5	60
14	华侨天主堂中文学校	圣保罗	2013	私立中文补习学校		宗教团体	4	30
15	伊瓜苏中文班	巴拉那	2014	私立中文补习班		合作办学	未知	未知
16	安琪儿中文学校	圣保罗	未知	私立中文补习学校		私人	10	200
17	中华会馆中文补习班	圣保罗	1972	私立中文补习班	中国台湾	侨团	8	60
18	华侨基督教联合浸信会中文班	圣保罗	1973	私立中文补习班		宗教团体	15	130

---

① 国侨办第一批"海外华文教育示范学校"（2009）。

（续表）

序号	机构名称	位置	创办时间	性质	办学背景	经营主体	教师人数	学生人数
19	华侨基督教会中文班	圣保罗	1975	私立中文补习班		宗教团体	未知	未知
20	基督长老教会中文学校	圣保罗	1983	私立中文补习学校		宗教团体	11	110
21	苏珊诺镇中文学校	圣保罗	1987	私立中文补习学校		私人	未知	40
22	慕义基督教会中文学校	圣保罗	1987	私立中文补习学校		宗教团体	8	150
23	全真道院中文学校	圣保罗	1990	私立中文补习学校		宗教团体	7	70
24	圣约瑟中文学校	圣保罗	1992	私立中文补习学校		私人	5	50
25	幼华学园	圣保罗	1993	私立中文补习学校	中国台湾	私人	40	300
26	里约佛光中文学校	里约	1995	私立中文补习学校		宗教团体	6	70
27	康宾那斯中文学校	圣保罗	1995	私立中文补习学校		私人	3	30
28	乐儿学园	圣保罗	1997	私立中文补习学校		宗教团体	10	100
29	乐青中心	圣保罗	1997	私立中文补习学校		宗教团体	15	150
30	仁德国际学校	圣保罗	1998	私立正规中文学校		私人	25	400
31	圣儒华文学校	圣保罗	2003	私立中文补习学校		私人	35	600
32	陈老师语文中心	圣保罗	2011	私立中文补习学校		私人	3	30
33	天津中文学校	圣保罗	2013	私立中文补习学校		私人	10	50
34	天侨基督长老教会语言学校	圣保罗	未知	私立中文补习学校		宗教团体	5	40
35	佛光缘中文班	圣保罗	未知	私立中文补习班		宗教团体	3	20

表2　巴西主办的华文学校、机构一览表

序号	机构名称	位置	创办时间	性质	经营主体	教师人数	学生人数
1	Colégio Avanço 中文班	圣保罗	2008	私立正规巴西学校	合作办学	1	50
2	Água Viva 国际学校	圣保罗	2008	私立正规巴西学校	私人	1	20
3	巴中双语学校	里约	2014	公立正规中文学校	合作办学	未知	未知

（一）中文家教

本文所指的巴西华文教育中的家教主要是教师去学生家里或者学生去教师家里开展的中文补习,有的家教教师还在其他中文补习学校兼职上课。据笔者走访了解,由于圣保罗消费水平较高,做家庭教师的课时费比在中文补习学校上课高,补习每小时50—100 R＄（1R＄约合人民币不到3元）,而课时费每节课30—50 R＄。目前对于从事家庭教师的数量、学生数量没有准确统计。

（二）正规的中文学校（班）

1. 公立学校

正规地开展华文教育的公立学校,据笔者了解目前仅有1所,是由巴西里约热内卢州政府教育厅与中国河北师范大学共同创办的巴中双语学校（见表2）。作为第一所建立在巴西教育体制内的学校,也是巴西境内第一所以中、英双语教学及理工科为特色的普通高中,该校于2014年9月23日在里约州尼泰罗伊市正式举行揭牌仪式,这使我国的文化进入巴西的主体教学当中,对中巴交流意义非常重要。

2. 私立学校

正规地开展华文教育的私立中小学,据笔者所了解目前也仅有 2 所(见表 1)。一所是位于巴西圣保罗地区哥琪雅市、成立于 1998 年的仁德国际学校。这所学校是由台商张胜凯所办,校园宽阔、设施齐全,学校实行中、葡、英三语全日制教学,从幼儿园、小学到中学采用小班制教学。目前有 400 名学生,到五年级(相当于初中一年级)为止,中文都是必修课程,之后才可以选修西班牙文。另一所是笔者所外派的圣本笃学校(Colégio de São Bento)。该校是一所正规的巴西教会学校,学校的中文部是单独登记的中文学校(PSF Cursos e Treinamentos Ltda-me)。周一到周五上午,孩子们在圣本笃学校接受正规的巴西中小学葡语教育,在学校用过午餐后,下午学习中文;中文教学对象覆盖幼儿园到小学六年级。全校学生人数 400 人,学习中文的学生 70 人左右,其中华裔学生 60 人,非华裔 10 人。据校长萧思佳神父所讲,华裔学生比例会影响上午巴西学生的生源。这主要是由于该校曾经历过"生源危机","开始什么学生都接收"结果造成华裔比例偏高,上午巴西学生被"吓得跑掉了",华裔家长本来把学生送到巴西学校是"为了学习葡文的,一看班里全是中国孩子也全撤了"。萧神父认为华裔学生比例占到 50% 以上会造成巴西学生的流失,所以华裔学生"年龄太大的不要""葡文不过关的不要",也就是说华裔学生葡文过关才可以下午学习中文。

3. 巴西学校校内中文课

巴西正规私立中文学校(班)主要兴起于 2008 年北京奥运会后,主要有两种学习形式。一是在巴西学校内部开设中文选修课,如 Colégio Avanço 学校。据走访发现,此类学校主要以巴西人为主,有少数华裔学生。另一种是在语言国际学校里。在笔者走访的 Água Viva

国际幼儿学校(葡、中、韩、英四语),中文作为一门外语学习,有少数华裔学生。但是一共有多少所中文作为选修课和作为外语的国际学校,目前没有统计。

(三) 非正规的中文补习学校(班)

巴西华文教育的主要办学形式是非正规的私立中文补习学校(班)(以下简称私立中文补习学校/班)。根据我们的调查,绝大多数的中文学校不属于巴西政府严格意义上正规的私立学校,应该归为中文补习学校(班),这主要是由于这些学校离巴西政府对私立学校的要求,如学生规模、师资力量、硬件设施、教学评估、午餐供应等还有很大的差距,因此这些学校并未被纳入所在地区的巴西正规幼儿教育或是基础教育的体系中。

据笔者不完全统计(数据有的来源于 2000 年以前,部分原因是有的学校负责人心存戒备,无法获知完整准确信息,所以待进一步核实和更新),目前巴西的私立中文补习学校(班)共计 33 所。其中圣保罗州 28 所,里约州 3 所,贝洛州 1 所,巴拉那州 1 所(见表 1、表 2)。

1. 办学团体

中国开办的私立中文补习学校按照开办背景,主要分为两类:台湾人士开办的补习学校(班)和大陆人士开办的补习学校(班)(见表 1)。

台湾人士开办的中文补习学校(班)具有"开办时间早""依附宗教团体""逐渐衰落"的特点。据不完全统计,2000 年以前,台湾人士主办的中文补习学校(班)20 所左右。但是 2000 年后台湾华侨开办的华文学校生源不断下滑,如成立于 1972 年的圣保罗中华会馆中文学校已经盛极而衰,现在面临转型,学生数量也从盛时的 500 人左右下降至目前仅有 40 人左右。同样的情况也出现在其他台湾华侨开办的学校里。

其衰落原因有三点：一、新移民大量减少；二、由于很多学校仍坚持教授繁体字，导致很多学生转学去学简体字；三、现在已经是老移民第三代甚至第四代，已经融入巴西社会，他们的子女学习中文的动机不强。

大陆开办的中文补习学校（班）则呈现"后来者居上""遍地开花"的特点。大陆开办的中文补习学校（班）主要兴起于 2000 年以后，目前约有 15 所。这些学校的创办者多是这一二十年来的新移民，与台湾华文学校不同的是，华文教育在这里正在不断发扬光大。以德馨双语学校为例，2004 年开始时学生不到 30 人，增加到目前近 400 人，教学规模不断扩大。教学对象已覆盖幼儿园到小学六年级，有 3 处校区。

2. 经营主体

私立中文补习学校按照经营主体来分，分为私人办学、团体办学和合作办学。

（1）私人办学。据了解，33 所私立中文补习学校中 46% 是私人办学。私人办学的优势在于：独立的人事管理，教学要求严格，灵活掌握中文教学市场的变化。其缺点在于大部分学校缺乏资金，限于场地不能更好地开展和扩大教学，缺乏专业师资。

（2）团体办学。团体办学分为教会办学和侨团办学两种。其中宗教团体办学占到 36%。巴西是一个多种族多宗教的国家，以天主教为盛，另外还有基督教、佛教等。许多中文补习学校（班）借助或依附于宗教团体的帮助得以开办和发展。在巴西华文教育的萌芽期，成立于 1958 年的华侨天主堂中文学校正是得益于天主教陈启明等神父的帮助才得以成立。华侨天主堂提供上课场地和资金支持。这所见证华文教育史的教会中文补习学校历经近 60 年的考验，时至今日依然在为华文教育的传播做贡献。在萧思佳神父的管理下，目前华侨天主堂中文学校已经有 3 处校区。教会学校大都以其各自的宗教教义来对学生进行品格上的教诲,天侨基督长老教会语言学校(Escola de lingua chinesa IPC)周六上午的课程安排可以为例:第一堂课(9:00—10:00),下课/点心(10:00—10:15),唱《圣经》歌和分享(10:15—10:50),第二堂课(11:00—12:00)。

侨团办学目前占到 15%。侨团办学有利于发挥其组织活动的优势,在人力、财力上给予一定的支持并经常举行华侨华人中文演讲比赛、才艺比赛等,推动了华文教育的发展。如青田同乡会中文班就吸引了大量的华裔学生前往。

(3)合作办学。合作办学目前仅占 3%。合作形式是中文补习学校(班)"嫁接"于巴西正规的学校或者是教会,前者提供学生和师资,后者提供场地设施。目前有三种合作形式:一是孔子课堂与巴西正规私立学校合作。2014 年 9 月 18 日下午,圣保罗亚洲文化中心孔子课堂与伊瓜苏市知名私立综合学校 DINAMICA 合作,从 10 月 2 日起在该校内开设首个简体中文班(见表1),并且对外招生,凡年满 7 岁的学龄儿童均可报名参加。二是中文补习学校与巴西正规私立学校合作。如德馨双语学校由于发展的要求,与巴西正规的警察学校 INSA 合作开展中文教学。三是中文补习学校与国内的中小学合作,如育才学园与我国浙江省莲都小学进行各方面的合作。总之,以上三种合作双赢的模式均值得借鉴。虽然目前比例不高,但是作为过渡发展阶段的合作办学,合作办学将成为未来巴西华文教育中文学校正规化过程中的一个重要手段和阶段。

四、教学类型和学生构成

（一）教学类型

关于海外华文教学类型，不同的学者有不同的分类。按照李宇明[①]（2009）的分类，巴西华文教育属于"Ⅰ"（作为第一语言的母语教学）和"Ⅱ"（作为第二语言的母语教学）两类。是否在国内接受过中文教育再来到巴西是区分这两类的标准。对于曾在国内接受过幼儿教育或者小学教育的中国第一代华裔来说，中文是第一语言，来到巴西后接受的中文教育属于非母语环境下第一语言的母语教学，属于第Ⅰ类；一直在巴西接受教育的中国大陆第一代华裔和中国台湾第三代华裔则属于第Ⅱ类。

巴西的华文教育这两类教学类型中，"前一条腿"作为第二语言的母语教学已经跟得上世界学习中文的潮流，而"后一条腿"非母语环境下的第一语言的母语教学则和20世纪80年代东南亚国家华文学校语文教学在海外的延伸相一致。"两条腿"步子不一样，使得巴西华文教育显得比较复杂，尤其表现在"后一条腿"上。可以预见的是，伴随着中国移民的持续增加，在今后二三十年左右的时间里，这仍将是巴西华文教育重要的一个组成部分。

（二）学生构成

为了更清晰地反映现状，笔者选取了具有代表性的3所中文补习

---

① 依据汉语与学习者的文化关系和语言习得的顺序分五种类型：Ⅰ作为第一语言的母语教学、Ⅱ作为第二语言的母语教学、Ⅲ少数民族的国家通用语言教学、Ⅳ东亚型的第二语言教学和Ⅴ纯粹的第二语言教学（李宇明，2009）。

学校,即德馨双语学校(私立中文补习学校)、圣本笃学校中文部(教会私立正规中文学校)、华侨天主堂中文学校(60年办学历史)的100名华裔学生进行了调查,回收有效问卷67份。

在被调查的67名巴西籍华裔学生中,77%出生在巴西,22%出生在中国,1%的学生出生在其他国家(见图1)。华裔学生祖籍地最为集中的是浙江22人(青田、温州),福建19人(福州、莆田、连江)。这和最近十几年来,中国第一代新移民不断涌现,主要以来自广东(四邑)、浙江(青田、温州)、江苏、北京等地为主相一致(图2)。据了解,这些华裔学生的父母受教育水平普遍较低,大多是抱着"出国赚钱"的目的来到巴西,主要从事开饭馆、做服装或鞋子生意工作,父母会说葡语的不多。这些移民的子女数量大幅上升,逐渐成为巴西华文教育的主体,据估算全巴西华裔学生中学习中文的近7000人(包含台湾华裔学生)。

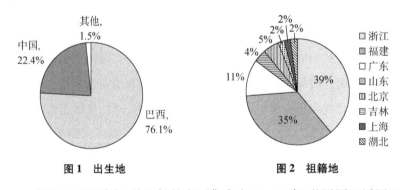

图1　出生地　　　　　　　图2　祖籍地

从图3可以看出,学生年龄主要集中在9—16岁,送回国又返回巴西的学生年龄主要集中在2—5岁,也就是说大部分华裔学生在上小学前回到巴西。64名学生(3个学生未填写)中,71%的学生在中国读过书。由于中国是九年义务制教育,读过五年级(有的地区是六年制)的学生等于完成了小学阶段的教育,完成小学学业的比例为48%,具体参考图4。

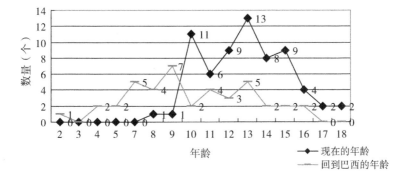

图3 学生现在的年龄和回中国后再返回巴西的年龄

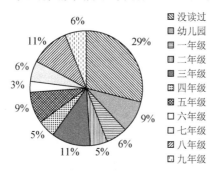

图4 在中国读到几年级

从上述分析中发现,部分学生在来到巴西时已经完成了小学阶段的教育,这部分学生中,23%基本不再学习中文。这是由于除了升学考试不考中文以外,他们的父母普遍认为"会读报、会写字、会做生意就可以了",应该把学习重点放在葡语上面。这也使得很多中文补习学校为了使学生积极融入巴西社会,在中文特色教学的基础上开设了葡语课程。这样既留住了学生在本校全天学习,也使得学生可以接受中葡双语教学。根据59名学生(有8人未填写)的课程表调查结果显示,27%的学生全天学习葡文,这和上面完成小学阶段学业23%的比例基本一致。在学中文的学生中,"上午葡文下午中文"的学生比例最高,占36%;"上午中文下午葡文"的学生比例占16%,"周末中文"占6%,其他9%。

整体来说,学中文的学生实际中文年级落后于实际的葡文年级,实际葡文年级又落后于理论上的年级。举例来说,有一名华裔学生年龄12岁,应该读葡文七年级,但是实际葡文读五年级、中文读三年级。"葡文先行、中文跟上"式的双语课程对学生来说,学习课程安排比较紧张,在走访中,许多学生提及"学习压力较大"。

五、师资力量

(一)华文教师数量及构成

据估计,目前在巴西从事华文教育的教师数量约有500人。在笔者调查的70位教师中,男教师占11.43%,女教师占88.57%。40岁及以下的老师有34人,41—50岁有8人,51—70岁有28人。巴西华文教师主要由台湾老华侨和大陆新移民为组成。台湾老华侨年龄大多数较大,教学工作多是出自喜爱教学工作本身;而大陆新移民教师大多葡语不过关,由于刚到巴西找不到更合适的工作,做中文教师多是权宜之计。目前,巴西华文教师处在年轻教师与年老教师并存、逐渐更新换代的过程中。

除了教师队伍年轻化以外,教师专业素质趋向专业化。由于历史上的巴西华文教育常常依附于教会或是侨社,所以教师大部分都是义务性质的,全职性质的很少。但是义工性质的教师在当前形势下已慢慢转向专业化,不再是"帮忙"性质。很多学校在招聘时要求应聘者具有一定的学历和教学经验。以上两点也和华文教育大陆移民不断增加、台湾移民不断减少的趋势相符。

（二）华文教师工资待遇

巴西华文教师可以兼职多所学校。华文教师可以在两所或者更多学校任教，这是法律允许的。据对 70 名教师的调查显示，全职教师占 53.25%，兼职教师占 36.36%，义工教师占 11.29%，其他占 2.6%。巴西华文教师工资普遍较低，其工资主要由课时量决定。每课时工资 30—50 R＄（巴西雷亚尔）不等（参照：麦当劳汉堡包 1 个 12 R＄,1R＄≈1.34CNY），课时量具体参见图 5。由此可以推算出这些华文教师的工资平均水平为 1000 R＄（周一到周五半天上课）。据了解，全巴西教师的基本工资为每月 1697 R＄,也就是说 80% 左右的华文教师工资低于全巴西教师的基本工资。许多学校由于是私立补习学校，未能给教师登记入册，造成许多教师无法享受巴西政府给予教师的正当权利、福利等，除课时费之外基本无其他福利待遇。

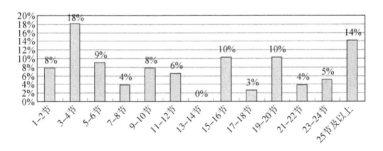

图 5　课时量

六、教材

（一）华文教材使用概况

据初步调查，巴西目前使用的华文教材有以下三类：

1. 中国大陆出版的教材

据不完全统计,中国大陆出版的教材有 10 种(见表 3)。面向中国大陆华裔母语学生使用的人民教育出版社出版的幼儿园教育活动幼儿用书《语言》、幼儿园教育活动幼儿用书《语文》、小学《语文》(1—6 年级),面向中国大陆华裔第二语言学习者使用的多是暨南大学出版社的《汉语拼音》《幼儿汉语》《中文》。

表 3　中国大陆出版的教材

教材名称	出版社	册数	语言对照	字体	编者	使用对象
幼儿园教育活动幼儿用书《语言》	人民教育出版社	2	中文	简体	人民教育出版社幼儿教育室	大陆华裔母语幼儿学习者
幼儿园教育活动幼儿用书《语文》	人民教育出版社	6	中文	简体	人民教育出版社幼儿教育室	大陆华裔母语幼儿学习者
《阅读识字》	新蕾出版社	8	中文	简体	新蕾编写组	大陆华裔母语幼儿学习者
《语文》	人民教育出版社	12	中文	简体	课程教材研究所	大陆华裔母语小学一至五年级
《汉语拼音》	暨南大学出版社	1	中文	简体	北京华文学院	第二语言幼儿学习者
《幼儿汉语》	暨南大学出版社	4	中文	简体	北京华文学院	第二语言小学学习者
《汉语乐园》	北京语言大学出版社	6	中葡	简体	刘富华等	第二语言小学学习者
《中文》	暨南大学出版社	12	中文	简体	暨南大学华文学院	第二语言小学学习者

教材名称	出版社	册数	语言对照	字体	编者	使用对象
《当代中文》	华语教学出版社	4	中葡	简体	吴中伟	第二语言成人学习者
《新实用汉语课本》	北京语言大学出版社	6	中英	简体	刘珣	第二语言成人学习者

2. 中国台湾出版的教材

据不完全统计,中国台湾出版的教材有 4 种(见表 4)。其中面向中国台湾华裔第一语言母语学生使用较多的是《华语》;面向中国台湾华裔第二语言母语学生使用较多的是《生活华语》。上述两种教材大多是台湾地区有关组织免费赠送给巴西华校的。值得关注的是:(1)教材如《生活华语》已经实行"注音和拼音""繁体和简体"并行排版印刷的方式,这也说明使用拼音、简体字是目前教学的趋势;(2)许多台湾人士开办的补习学校也使用大陆教材,如《汉语乐园》《新实用汉语课本》《中文》等。

表 4 中国台湾出版的教材

教材名称	出版社	册数	语言对照	字体	编者	使用对象
《华语》	流传文化事业股份有限公司	12	中英	繁体	金荣华等	台湾华裔母语小学学习者
《初中华文》	汉大印刷股份有限公司	6	中英	繁体	金荣华等	台湾华裔母语初中学习者
《生活华语》音标首册及 KI－K3	社团法人台湾语言文化社	4	中英	繁体	庄舒雯等	台湾第二语言幼儿学习者

（续表）

教材名称	出版社	册数	语言对照	字体	编者	使用对象
《生活华语》	社团法人台湾语言文化社	12	中英	繁体	庄舒雯等	台湾第二语言小学学习者
go! CHINESE	Cengage Learning Asia Pte Ltd.	8	中英	繁体	罗秋昭、薛意梅	台湾第二语言成人学习者

3. 巴西自编或改编教材

巴西华光语言文化中心根据《汉语教程》（北京语言大学出版社）自编过中葡双语教材；巴西华文语言文化中心目前正在组织教师编写中葡双语本土化教材。

（二）华文教材存在的问题

在对教材使用的调查中发现，教师普遍认为教材存在"一多三少"：基础阶段教材的需求量多，中葡对应的教材数量少、适合学生的配套读物少和适合幼儿阶段的教材少。在上述 15 种使用的教材中，我们可以发现大多数教材以中文或者是中英双语编写，中葡双语的只有 2 套，《当代中文》和《汉语乐园》。笔者查阅了中山大学国际汉语教材研发与培训基地研发的"全球汉语教材信息库"，发现葡萄牙语编写的教材只有 6 种；学生葡语读物 1 本，《一位葡萄牙汉学家眼中的中国》（*China Vista por um Sinologo Portugues*）；工具书 1 本，《汉语图解小词典：葡萄牙语版》。除教材、配套及工具书匮乏以外，31.17% 的教师认为教材不符合巴西当地风俗习惯，23.38% 的教师认为缺乏趣味性，18.18% 的教师认为当前使用的教材不符合华裔学生听说较好、读写较差的情况，14.06% 的教师认为教材不适合学生的实际认知水平。

七、教学质量管理

由于缺乏深入的研究,本文在此仅列举一些教学质量管理方面的实例,以期能对今后的研究抛砖引玉。

（一）教学大纲与教学进度

巴西的中文教学没有统一的中文教学大纲。母语教学方面,教授人教版小学《语文》的学校大多为了接轨国内的小学教育,遵从《义务教育语文课程标准:2011 年版》[①]。由于课时不足、学制轻松,许多学校完不成教学目标。圣本笃学校中文部的要求是 2 年完成 3 本书(教学要求 2 年 4 本书)。第二语言的母语教学方面,也是进程较慢,有的教师半年才完成零起点的拼音教学。

在巴西,中文地位较低,大部分的中文学习课程要让位于葡文等课程。巴西中小学每年有统一的校历,在巴西学校进行期中或者期末考试时段内,中文教师不能布置中文家庭作业,如果学生要求课上复习其他课程,也要准许。由于巴西考试周期较长,大多持续一个星期,常常打乱中文教学的进度。

（二）学生考试

巴西目对国内的中文教学没有统一的考试。巴西大学入学考试承认的外语语种是英语和西班牙语。中文考试,每个学校都是自查。以笔者所在的圣本笃学校中文部为例,每学期进行两次考试,每次考试都是教师根据教学进度出题并自己阅卷。鉴于华裔学生听说能力较强,

---

① 中华人民共和国教育部制定,北京师范大学出版社 2011 年版。

读写能力较差,为此学校经常组织写字和作文比赛,要求学生在两节课50分钟内完成作文(一年级 150 字、二年级 250 字到六年级 650 字,以此类推)。

由于巴西政府没有统一组织的中文考试,华裔学生多是参加我国教育部举办的汉语水平考试(HSK)、汉语水平口语考试(HSKK)、中小学生汉语考试(YCT)和我国台湾地区组织的"华语文能力测验"(Test of Chinese as a Foreign Language,TOCEL)。

关于中国大陆组织的考试,由于考生中有华裔也有巴西第二语言学习者,很难厘清,笔者没有掌握考生具体信息,只能从总量上加以介绍。据笔者不完全统计,从 2010 年圣保罗州立大学孔子学院①第一次举办 HSK 考试到 2014 年(包括 HSK、HSKK、YCT),考生累计有 1141人,其中 HSK 考生 1034 人,HSKK 考生 71 人,YCT 考生 36 人。考试级别从考生只参加 HSK1—3 级考试到现在参加全部 6 个级别的考试;考试类型也增加了 HSKK、YCT;考点也从圣保罗州立大学孔子学院拓展到圣保罗亚洲文化中心孔子课堂和其他州、地区,如 2013 年 10 月巴西南大河州联邦大学孔子学院首次成为考点。

对于中国台湾地区组织的考试,笔者仅获得外派期间 2014 年 5 月31 日举办的数据。当日参加考生数 46 人,其中 Band A(入门基础级)16 人,繁体字考生 9 人、简体字考生 7 人;Band B(进阶高阶级)19 人,繁体字考生 15 人、简体字考生 4 人;Band C(流利精通级)11 人,全部是繁体字考生。

---

①　目前巴西有孔子学院 10 所、孔子课堂 2 个,分别是:圣保罗州立大学孔子学院(2008)、巴西利亚大学孔子学院(2008)、圣保罗亚洲文化中心孔子课堂(2008)、里约热内卢天主教大学孔子学院(2010)、南大河州联邦大学孔子学院(2011)、华光语言文化中心孔子课堂(2011)、FAAP 商务孔子学院(2012)、米纳斯·吉拉斯联邦大学孔子学院(2013)、伯南布哥大学孔子学院(2013)、坎皮纳斯大学孔子学院(2014)、塞阿拉联邦大学孔子学院(2014)、帕拉州立大学孔子学院(2014)。

八、巴西华文教育中存在的问题及对策

（一）困难与问题

巴西华文教育相较于其他国家而言，起步较晚、发展平缓，在发展的过程中，主要有以下几个问题：

（1）中文作为外语语种，地位不高。巴西教育部从 1998 年开始推行的中等教育全国考试（ENEM），其外语考试是在英语和西班牙语中二选一。由于政府未把中文作为外语考试，使华裔在升学、就业等压力下纷纷放弃中文转向西班牙语、英语，选修学习中文的学生数量呈明显"金字塔"状，学到初中阶段的已经微乎其微。

（2）已有的学校多是中文补习类学校，不被巴西主流社会认可。很多华文学校面临经费运转、场地不足等问题。除教会学校有教会及教友的资助外，大部分私立华文学校面临经费紧张的问题，这主要是由于华文教育是一项需要长期投入的事业，没有主流社会的支持，许多学校师资不足、学生数量不稳定，办学举步维艰。

（3）巴西华裔学生在中国和巴西之间摇摆不定，既融入不了巴西社会，也回不到中国，导致错过了最佳语言学习时间。尤其是那些在国内读过书的华裔学生，其父母大多忙着照顾生意无暇关心子女的教育，容易出现人格、品行上的问题，这一点需要引起足够的重视。

（4）教学上无统一的中文教学大纲，复式教学。即使是面向第一语言的母语学生，在巴西使用中国义务教育标准下的人教版小学教材，也是不符合巴西当地的实际教学情况的。由于学生水平不同，再加上来巴西的时间不同，有的在国内读过、有的没读过，学校出于经济等考虑很容易造成在同一个班级内进行复式教学。以笔者所在的圣本笃学校中文部为例,在同一个时间段、同一个班级内,有二年级下、三年级上和三年级下共 3 个级别的学生共同上课,教学情况复杂而艰难。

(5)师资队伍参差不齐,教学水平难以保证。教师工资待遇处于巴西中等以下水平,大部分华文教师无教学经验,专业不对口。在目前以小学语文母语教学为主时多是采用传统的"抄写、背诵""课文+辅导书+做练习"的方式,在转向第二语言教学过程中不能完成第二语言教学任务,师资整体水平亟待提升。

(6)教材及配套用书匮乏。面向巴西华裔的教材不多,中葡双语对照的教材很少;人教版小学《语文》在涉及德育、文化等方面的内容不符合当地文化特色。

(二) 对策及建议

巴西华文教育困难重重,笔者认为,可以从以下几个方面努力改进:

(1)提高中文作为外语语种的地位。这需要中国和巴西政府相关部门、学校共同努力,尽早把中文纳入巴西教育部门承认的外语考试中,或是承认中文的学分。据了解,巴西华人协会会长李少玉(曾当选圣保罗市议会议员)正利用自己的影响力为此而努力。

(2)办学形式正规化。中文补习学校需要向正规学校的方向发展,学校办学不正规,很难有统一的大纲和考试,华文教育也难成气候。

(3)师资培训专业化。针对巴西的实际情况,中国相关政府部门可派遣中小学语文教师和以中文作为第二语言教学的教师来巴西讲学。同时,鼓励当地教师来华参加师资培训,圣本笃学校吴桂秋老师就曾于 2014 年 7 月参加了中国海外交流协会主办、暨南大学承办的"华文教育·教师研习"华文教师证书班并取得了高级资格证书。

（4）组织编写中葡双语教材及配套读物。可以由中国有关机构组织相关专家学者，与巴方教学人员一起合作，在调查研究的基础上编写出符合巴西特色的国别化教材，尤其是编写面向中国第一代华裔的小学教材、配套练习、配套读物等。

（5）引进标准化评估测试。对于巴西华裔学生，面向外国留学生的汉语水平考试（HSK）不符合其听说较好、读写较差的特点，中国台湾地区的华语文测试仍以繁体字为主，因此，亟待推出适合华裔学生的华文语言测试。

参考文献

陈平,2013,《政治、经济、社会与海外汉语教学——以澳大利亚为例》,《世界汉语教学》第 3 期。

高伟浓,2012,《拉丁美洲华侨华人移民史、社团与文化活动远眺》(上),暨南大学出版社。

郭熙,2004,《海外华人社会中汉语(华语)教学的若干问题——以新加坡为例》,《世界汉语教学》第 3 期。

贾益民,2012,《华文教学概论》,暨南大学出版社。

李嘉郁,2007,《海外华人的语言生活与华文教学的内容、方法和目标》,《华侨大学学报(哲学社会科学版)》第 4 期。

李宇明,2009,《海外华语教学漫议》,《暨南大学华文学院学报》第 4 期。

梁延秋、方彤,2008,《当代巴西基础教育政策及其影响浅析》,《外国中小学教育》第 10 期。

丘进,2010,《海外华文教育与对外汉语教学比较》,《教育研究》第 6 期。

丘进(主编),2014,《华侨华人研究报告(2013)》,社会科学文献出版社。

徐捷源,2012,《巴西中文教育概况兼谈华人的双语现象》,《南美华人天地——三十年来南美华人生活文化学术研讨会文集》,巴西南美华文作家协会。

徐捷源、邓幸光等,1998,《巴西华人耕耘录》,巴西美洲华报出版社。

袁一平,2013,《华人移民巴西 200 周年纪念特刊——华人移民巴西二百年简史》,《南美侨报》。

张向前,2010,《世界华文教育发展研究》,中国言实出版社。

中华人民共和国国家统计局(编),2013,《金砖国家联合统计手册》,中国统计出版社。

宗世海,2010,《简论海外华文教学的质量及其控制——以美国和东南亚为例》,《华文教学与研究》第 4 期。

Presidente Da Federação Nacional Das Escolas Particulares, 2014, *Números Do Ensino Privado 2013*. Sao Paulo.